Dieter Korp

Fiat 131 Mirafiori 1300 und 1600

Jetzt helfe ich mir selbst

Unter Mitarbeit von
Wolfgang Schmarbeck

Motorbuch-Verlag Stuttgart

Umschlagentwurf und Buchgestaltung: Peter Werner / Siegfried Horn
Titelbild: Wolfgang Schmarbeck

ISBN 3 – 87943 – 465 – 4

Auflage Nr. 101 679
Copyright © by Motorbuch Verlag, 7 Stuttgart 1, Postfach 1370.
Eine Abteilung des Buch- und Verlagshauses Paul Pietsch GmbH & Co. KG.
Alle Rechte vorbehalten, einschließlich auszugsweiser Wiedergabe, Übersetzung,
Radio- und Fernsehübertragung.
Die in diesem Buch enthaltenen Ratschläge werden nach bestem Wissen und
Gewissen erteilt, jedoch unter Ausschluß jeglicher Haftung.
Idee und Gestaltung des Störungsfahrplanes in der vorderen Buchklappe: Verfasser.
Fotos: Fiat 8, Schmarbeck 107.
Werkszeichnungen: Fiat 7, Schmarbeck 4, Solex 2, Weber 1.
Den Schaltplan in der hinteren Buchklappe fertigte Raimund Schmarbeck
nach Werksunterlagen.
Satz und Druck: Druckerei Maisch & Queck, 7016 Gerlingen.
Bindung: Verlagsbuchbinderei Wilhelm Nething, 7315 Weilheim/Teck.
Printed in Germany.

Sie finden in diesem Buch

Seite
- 7 Vorwort — Statt einer Rede

Ratschläge und Tips

- 9 Prüfen ohne Werkzeug — Zum Hineinfinden
- 18 Werkzeug und andere Hilfen — Beim Scherenschleifer
- 25 Werkstatt, Garantie und Reparaturen — Facharzt oder Heilpraktiker
- 33 Schleppen und Abschleppen — Verbundenheit

Die Karosserie

- 36 Karosserieteile — Sicherheitszelle
- 46 Wagenwäsche — Das Vollbad
- 49 Lackpflege — Jung und schön
- 53 Winterschutz — Kaltstart

Pflege nach Plan

- 63 Wartung – wann und wo? — Check up
- 67 Der kleine Wartungsdienst — Stichproben
- 69 Schmieren – was und wie? — Öl in Dosen
- 81 Schaubild Motorraum — Unter der Haube

Der Motor

- 82 Des Motors Innenleben — Gesundes Herz
- 98 Kühlung und Heizung — Zum Wohlsein
- 106 Vom Tank zur Kraftstoffpumpe — Gesicherter Nachschub
- 110 Vergaser-Beschreibung — Mischmaschine
- 117 Vergaser-Praxis — Maßvolle Behandlung

Antrieb und Fahrwerk

Seite

127	Die Kupplung	—	Standhafte Verbindung
132	Getriebe und Achsantrieb	—	Transmission
137	Vorder- und Hinterachse, Lenkung	—	Fundamentales
146	Die Bremsen	—	Stopp-Stellen
158	Räder und Reifen	—	Abgerundete Sache

Die elektrische Anlage

169	Die Batterie	—	Strom-Behälter
176	Lichtmaschine und Anlasser	—	Geheime Triebkräfte
184	Die Zündanlage	—	Gesteuerte Blitze
198	Elektrische Leitungen	—	Drahtzieher
202	Scheinwerfer und Leuchten	—	Lampionfest
211	Signaleinrichtungen	—	Dringende Mitteilungen
215	Instrumente und Geräte	—	Dienstboten

Dies und Jenes

223	Technische Daten	—	Zahlen und Werte
227	Änderungen am Fiat 131	—	Geschichtsunterricht
228	Stichwortverzeichnis	—	Wegweiser
230	Erläuterungen zum Schaltplan		

Vorwort

Statt einer Rede

Ständig steigende Preise und Kosten lassen es immer wichtiger werden, ein im Unterhalt wirtschaftliches Auto zu fahren. Für den Fiat 131 trifft dieser Vorzug zu. Bei seiner Konstruktion griff man auf Bewährtes zurück und man richtete bewußt das Augenmerk auf den erwünschten kostengünstigen Betrieb.
Doch es gibt kein Auto, das dauernd einsatzbereit ist. Regelmäßig vorzunehmende Wartungsarbeiten sollen zwar ein Fahrzeug vor Hinfälligkeit schützen, aber irgendwann einmal tritt dennoch ein Defekt auf und die Weiterfahrt wird in Frage gestellt. Inspektionen oder Reparaturen müssen aber nicht immer Anlaß zu großen Geldausgaben sein. Kämen Sie z. B. in Verlegenheit, wenn unterwegs scheinbar grundlos plötzlich die Warnlampe für den Öldurck aufleuchtet?*)
Sowohl den größten Teil der anfallenden Pflegearbeiten wie auch eine ganze Reihe von eventuell nötigen Instandsetzungen können Sie mit Hilfe dieses Buches selbst erledigen. Dabei ist es der wichtigste Zweck dieses Handbuches, Ihnen Kosten sparen zu helfen. Ohne Zuhilfenahme einer schwer verständlichen Fachsprache wird Ihnen das Wissen vermittelt, das Sie zum Umfang mit Ihrem Fiat brauchen. So erwerben Sie mit den erteilten Ratschlägen »ganz nebenbei« die Möglichkeit, den Wert Ihrer Anschaffung – des Fahrzeugs – optimal zu erhalten. Ferner gewinnen Sie für unvermeidliche Werkstattbesuche das nötige Rüstzeug und vor den turnusmäßigen TÜV-Besuchen können Sie sachkundige Vorbereitungen treffen.
In dem vorliegenden Buch sind die nach Deutschland gelieferten Ausführungen des Fiat 131 Mirafiori behandelt. Diese Modellreihe war bei ihrem Erscheinen im Jahr 1974 zur Ablösung des Fiat 124 bestimmt. Der Fiat 131 vereint die bei seinen Vorgängern stark beachteten positiven Eigenschaften und als sein Besitzer ziehen Sie aus dem verwerteten »Knowhow« und aus der Wartungsfreundlichkeit Ihren Nutzen.
Viele freundliche Menschen steuerten zu den folgenden Seiten ihre Erfahrungen bei – ohne sie wären die dargebotenen Anregungen und Empfehlungen kaum möglich geworden. Dafür sei herzlich gedankt!

Die Verfasser

---

*) Wenn der Ölpeilstab eine ausreichende Ölmenge anzeigt, wenn Sie in der Sommerhitze nicht stundenlang mit »Bleifuß« gefahren sind und wenn auch die Kühlmitteltemperatur stimmt, dann dürfte lediglich der Öldruckschalter ausgefallen sein. Wie man das feststellen kann, ist auf Seite 217 nachzulesen.

Den beiden Herren scheint der Regenschauer weniger auszumachen als das Problem, das ihnen offensichtlich ihr Auto bereitet. Vermutlich handelt es sich aber nur um eine Kleinigkeit und es mangelt lediglich an dem berühmten »Gewußt-wo«.
Dieses Handbuch hilft Ihnen, ähnliches Mißgeschick zu verjagen. Wirft man dazu noch seine Hemmungen über Bord, wird man sehr schnell Herr der Situation.

Prüfen ohne Werkzeug

Zum Hineinfinden

Bestimmt gehören Sie nicht zu denen, die keinen Fahrradreifen aufpumpen oder nicht die Batterien im Kofferradio wechseln können. Jeder Handgriff, den man – vielleicht nur aus Bequemlichkeit – machen läßt, muß heutzutage mit Geld aufgewogen werden. Dazu gehört z. B. auch das Einsetzen einer neuen Scheinwerferlampe unterwegs an fremder Tankstelle. Ohne jegliche Spezialausbildung kann man sich als Autofahrer selbst helfen oder wenigstens einen entstehenden Schaden rechtzeitig entdecken, obgleich man auch nicht immer in der Lage sein wird, ihn selbst zu beheben.
Sie brauchen also kein Fachmann zu sein, um sich über den Zustand Ihres Fiat im Klaren zu sein. Dazu müssen Sie noch nicht einmal Werkzeug haben und sogar die Hände bleiben sauber. Gewiß verfügen Sie über so viel Beobachtungsgabe, um auch in größeren Zeiträumen allmählich entstehende, äußerlich sichtbare Veränderungen festzustellen (Rost-»Anfälle« sind damit nur nebenbei gemeint). Wie einfach es ist, lediglich mit Auge und Ohr verschiedene Kontrollen durchzuführen, das wird Ihnen beim Lesen des nächsten Abschnitts sofort deutlich.

Prüfen im Stand

Wenn man sich davon überzeugen will, ob sich ein Auto in einwandfreiem technischen Zustand befindet, muß man eine Probefahrt vornehmen. Probefahrten beginnen aber schon im Stand. Nur ein guter Zustand aller Aggregate und Teile garantiert auch während der Fahrt deren richtige Funktion.
Gehen Sie gelegentlich um Ihren Wagen herum. Bei hellem Tageslicht erkennt man am ehesten
- Kratzer im Lack,
- Beulen,
- Rostansatz,

und im gleichen »Arbeitsgang« beurteilt man den
- Zustand der Reifen.

Zu jeder Tages- und Nachtzeit läßt sich die Beleuchtungsanlage überprüfen:
- Abblendlicht?
- Standlicht?
- Fernlicht?
- Rückleuchten?
- Bremslichter?
- Alle Lichtspender sauber?

Machen Sie die Motorhaube auf:
- Ölstand?
- Vergaser feucht?
- Keilriemenspannung?
- Kühlwasserstand?
- Scheibenwaschbehälter gefüllt?
- Stand der Bremsflüssigkeit?
- Batteriepole sauber?
- Zündkabel locker?

Starten Sie jetzt den Motor und nehmen Sie Ihr Gehör zu Hilfe:
- Ungleichmäßiger Leerlauf?
- Ventilgeräusche?
- Sonstige, früher nicht wahrgenommene Geräusche?

Als nächstes sehen Sie sich den Standplatz des Wagens an. Frische Ölflekken? Wenn ja, woher? Und wie verhält es sich mit der Unterseite des Autos? Nutzen Sie zu dieser Betrachtung den nächsten Ölwechsel bei Ihrer Tankstelle, wenn der Fiat über einer Grube oder auf einer Hebebühne steht. Sollte bis dahin aber noch längere Zeit vergehen, vergewissern Sie sich folgendermaßen: Schieben Sie Packpapier, alte Zeitungen oder praktischer noch eine öfter verwendbare Kunststoffolie unter das Auto und kriechen Sie so weit wie möglich unter Ihren seitlich angehobenen Wagen. Schauen Sie sich in Ruhe und der Reihe nach an:

- Öl am Kurbelgehäuse, Getriebe?
- Bremsleitungen verrostet?
- Anschlüsse der Bremsleitungen feucht?
- Handbremsseil locker?
- Stoßdämpfer ölverschmiert?
- Auspuff durchgerostet?
- Unterbodenschutz angegriffen?
- Rostansatz?

Sie sollten diese Kontrollen »unten herum« auch von der anderen Seite des Wagens aus vornehmen. So können Sie mehr erkennen und gleichzeitig feststellen, ob alle freihängenden Räder schwergängig sind und ob die Radlager zu viel Spiel aufweisen.

Wenn Ihre Untersuchung irgendwelche Mängel aufdeckte, können Sie selbst beurteilen, wie Sie Abhilfe schaffen wollen. Suchen Sie im Stichwortverzeichnis dieses Buches den entsprechenden Abschnitt und lesen Sie diesen durch. Welche Möglichkeiten der Eigenhilfe sich bieten oder wie eventuell die Werkstatt vorgehen würde, um einen Schaden zu beheben – die Beschreibung wird Sie zu dem für Sie günstigsten Entschluß führen. Der Sinn dieses Buches ist es ja, Ihnen Ratschläge zu erteilen, wie Sie in möglichst perfekter und zugleich kostengünstigster Art den Zustand Ihres Autos bewahren.

Probefahrt
Pflegearbeit Nr. 40

Im Anschluß an die eben beschriebene Untersuchung muß man natürlich auch beobachten, wie sich das Auto während der Fahrt verhält. Probefahrten, die in den Werkstätten nach Inspektionsdiensten und nach größeren Reparaturen vorgenommen werden, führen dort nicht immer zu echten Aufschlüssen. Zeitmangel im Betrieb und Verkehrsdichte vor dem Werkstattor verhindern oder verfälschen manchmal diese wichtige Kontrolle. Der Fachmann kommt auch zu aufschlußreichen Beobachtungsergebnissen, wenn der Wagen in der Werkstatt auf dem Prüfstand steht.

Eine selbst ausgeführte und mit Umsicht unternommene Probefahrt bietet Sicherheit und läßt rechtzeitig eventuelle Mängel erkennen. Jedermann kann – je nach Erfahrung – eigene Methoden entwickeln, solche Probefahrten mit wirklichen Erkenntnissen über sein Auto zu beenden, ohne irgendwelchen Täuschungen zu unterliegen. Wir schlagen vor, die Reihenfolge der Kontrollen nach folgendem Schema einzuhalten:

Bremsen – Lenkung – Motor – Kupplung – Getriebe – Elektrik.

- Bremsen: Siehe Abschnitt »Bremsen prüfen« im Kapitel »Die Bremsen«.
- Rollt der Wagen leicht (Motor im Leerlauf, Schalthebel neutral) weiter? (Sonst zu schwergängige Räder; nicht zurückgezogene Bremsbeläge?)
- Wagen mit Gas und ohne Gas fahren und rollen lassen, Hände vom Lenkrad. Der Wagen darf nicht einseitig wegziehen (die Straße darf nicht gewölbt sein, gilt auch für den Bremsversuch). Lenkung kurz anreißen und loslassen: Kommt der Wagen von selbst in die Geradeausrichtung zurück? Stellt sich die Lenkung nach der Kurve ohne Nachhilfe zurück? Läßt sich das Lenkrad leicht drehen? Kein zu großes Spiel in der Lenkung?
- Läuft der Motor im Leerlauf leise und gleichmäßig? Auch nach längerer

Fahrt? Sauberer Übergang und ruckfreies Beschleunigen beim Gasgeben? Gaswegnehmen aus höherer Geschwindigkeit: Unübliche Geräusche von Motor, Getriebe, Auspuff? Patschen im Vergaser oder im Auspuff?
■ Trennt die Kupplung beim Schalten (kein Kratzen im Getriebe)? Rutscht sie beim scharfen Gasgeben gleich nach dem Schalten und bei entlastetem Kupplungspedal durch (Motor dreht hoch, ohne daß der Wagen schneller wird)? Bei Getriebeautomatik: Reagiert der Wagen in allen Fahrstufen in gewohnter Weise?
■ Funktionieren alle Scheinwerfer, Leuchten und Kontrollampen? Arbeiten die Blinker richtig? Zeigen die Instrumente an? Funktioniert das Gebläse?

Prüfen vor der TÜV-Kontrolle?

Allgemein würde die Verkehrssicherheit leiden, müßten nicht die Autos alle zwei Jahre beim Technischen Überwachungsverein vorgeführt werden. Wann der nächste Vorführungstermin für Ihren Wagen festgelegt ist, das ersehen Sie aus der farbigen Plakette auf dem hinteren polizeilichen Kennzeichenschild und aus dem entsprechenden Vermerk im Kraftfahrzeugschein.
Zu der gewöhnlich mit Sorge entgegengesehenen Kontrolle können Sie mit ruhigem Gewissen vorfahren, wenn Sie Ihren Fiat sachverständig, anhand dieses Buches, gepflegt haben. In Selbsthilfe oder in der Werkstatt abgestellte Mängel beweisen dem Prüfer Ihr Verantwortungsgefühl und lassen seine Beurteilung bei einer eventuell doch noch bestehenden Beanstandung sachlicher ausfallen, als wenn er ein im ganzen verkommenes Fahrzeug vor sich hätte. Deshalb gehört es auch dazu, die Wagenunterseite direkt vor der Fahrt zum TÜV gründlich reinigen zu lassen. Das bekommt man an jeder Tankstelle gemacht. Die Fahrwerkteile und die Bremsleitungen müssen für den Prüfer mühelos und ohne Dreckkruste zu erkennen sein. So vorbereitet dürfte die TÜV-Untersuchung nur zu einer Routineinspektion werden.
Freilich müssen Sie vorher Ihren Fiat selbst eingehend unter die Lupe nehmen. Der Auspuff ist auf Durchrostung, die Reifen sind auf Profiltiefe zu prüfen. Die nicht serienmäßigen Anbauteile, etwa fremde Auspufftöpfe, überlaute Signalhörner, Eigenbau-Schaltungen, nicht erlaubte Zusatzscheinwerfer sind zu entfernen beziehungsweise zu ersetzen.
Man kann auch einer Werkstatt den Auftrag erteilen, den Wagen für die TÜV-Kontrolle vorzubereiten. Aber das wird möglicherweise teuer. Solchen gern gesehenen Kunden könnte manche geschäftstüchtige Werkstatt Ersatzteil- und Reparaturkosten auf die Rechnung setzen, die mit dem Auftrag nur wenig zu tun hätten.
Gewitzte Autobesitzer handeln umgekehrt. Sie führen erst einmal ihren gesäuberten Wagen dem TÜV vor und erklären dabei, daß sie sich über eventuelle Mängel informieren wollen. Nach der Kontrolle überreicht der Prüfer einen schriftlichen Befund, nach dem sich jetzt die Werkstatt richten soll. Der ausdrückliche Hinweis, nur die vermerkten Mängel zu beheben, verhilft zu einer preislich angemessenen Instandsetzung. Danach stellt man den Wagen ein zweites Mal dem TÜV vor, möglichst unter Beifügung der detaillierten Rechnung. Die neue Prüfplakette wird man jetzt ohne Verdruß erhalten. Trotz Nachgebühr hat man mit diesem erneuten Besuch schließlich doch Geld gespart.
Vor dem Besuch beim TÜV ist außerdem noch einiges zu beachten, was Sie in einzelnen, diesbezüglichen Abschnitten des vorliegenden Buches erklärt finden. An dieser Stelle sei besonders auf die Seiten 96 und 119 hingewiesen. Und noch einige Tips: Die Untersuchung braucht nicht bei einer TÜV-Stelle am Wohnort zu erfolgen (man kann sich also eine solche aussuchen, bei der

Kraftstoffverbrauch messen

man sich mehr Entgegenkommen verspricht). Ungünstige Prüfzeiten sind die Tage vor den Ferien und vor den Feiertagen, allgemein jedoch das Frühjahr. Eine Anmeldung ist nicht immer möglich, doch man kann mit einzelnen Prüfstellen Termine vereinbaren.

Verkehrsverhältnisse, Belastung und Witterung beeinflussen den Verbrauch eines jeden Autos, insbesondere aber die Fahrweise dessen, der da schaltet und Gas gibt. Fallen diese Umstände insgesamt negativ aus, liegt der Benzinverbrauch merklich höher als normal. Wie anschließend zu lesen ist, kann zu hoher Verbrauch natürlich auch andere Ursachen haben. Um aber realistisch beurteilen zu können, wann und warum der Verbrauch eventuell zu hoch ist, beherzigen Sie: Gleichmäßiges und aufmerksames Fahren ist immer rentabler als ein sehr flotter und nervöser Fahrstil. Bei den hohen Benzinpreisen ist es für viele Autofahrer wichtig zu wissen, welche Sparmöglichkeiten gegeben sind. Eine überlegte Fahrweise wirkt sich ökonomisch günstig aus.

Was ist der Normverbrauch?

Zunächst muß der Begriff Normverbrauch klar sein. Diesen Verbrauch kann man in der eigenen Praxis nur erreichen, wenn man so fährt, wie es die DIN-Vorschrift 70 030 für die Ermittlung des Treibstoffverbrauches vorschreibt. Der Wagen muß mit halber Nutzlast und gleichbleibend bei ¾ seiner Höchstgeschwindigkeit, höchstens jedoch 110 km/h, auf ebener Straße bei vorschriftsmäßigem Reifendruck gefahren werden. Zu der so ermittelten Verbrauchsmenge wird noch ein Sicherungszuschlag von 10 % gegeben. Nach diesen Richtlinien wurde der Normverbrauch der Fiat 131-Typen auf 100 km Fahrstrecke wie folgt festgestellt: Motor 1300 = 8,6 l Normalkraftstoff, Motor 1600 mit Viergang-Getriebe = 9,6 l, mit Fünfgang-Getriebe = 8,6 l Super.

Allgemein muß man mit höheren Durchschnitten als mit dem als »Normverbrauch« bezeichneten Wert rechnen. Nur unter sehr günstigen Bedingungen wird man diese Angabe unterschreiten können. So wird der Verbrauch bei den Limousinen schließlich zwischen 10 und 13 Liter/100 km liegen, letztere Angabe auf Stadtbetrieb oder winterliche Bedingungen bezogen, die sich beim vollbeladenen Kombiwagen noch entsprechend erhöhen kann. Die Schwankungen im Verbrauch bei einem hubraumstarken Wagen wirken sich stärker aus als bei einem schwachmotorisierten Wagen, bei dem eine 50prozentige Verbrauchssteigerung (etwa im Winter) wegen des an sich schon geringen Normverbrauchs weniger ins Geld geht.

Der Verbrauch steigt mit der gefahrenen Geschwindigkeit. Wäre es möglich, ständig ein bestimmtes Tempo einzuhalten, so sähe die Sache noch ganz gut

Ein Fiat 131 in Peru. Zum Glück kennt man solche Straßen bei uns nicht. Die harten Beanspruchungen unseres Alltags zwingen aber auch dazu, dem Auto eine planvolle Pflege angedeihen zu lassen. Gut gewartet wird der Fiat auch dann noch treue Dienste leisten, wenn er einmal hart hergenommen wird.

aus. Aber derart ideal sind die Verkehrsbedingungen selten und man muß abbremsen und wieder Gas geben, was den Konsum erhöht. Rechnen Sie deshalb bei der 55-PS-Limousine ruhig mit dem gleichen Durchschnitt wie beim Wagen mit 75-PS-Motor. Ersterer benötigt zwar nur Normalkraftstoff, verbraucht davon aber relativ mehr als sein stärkerer Bruder, der das Superbenzin besser in Leistung umsetzen kann.

Messen durch Volltanken

1. Lassen Sie den Tank immer gleichmäßig vollfüllen. Der Wagen muß an der Tankstelle waagerecht stehen. Der Kilometerstand wird notiert (Fahrtenbuch) und nach der Meßstrecke läßt man wieder bis zur gleichen Höhe im Einfüllstutzen volltanken. Diese Menge wird durch die zurückgelegte Entfernung geteilt. Beispiel: km-Stand beim ersten Tanken 36 416, beim zweiten 36 797. Die Meßstrecke beträgt 381 km. 40 Liter wurden nachgefüllt. Demnach: 40 : 381 = 0,10499 Liter pro Kilometer oder rund 10,5 Liter auf 100 Kilometer.
2. Volltanken, wie oben beschrieben, und dann alle 300 oder 400 km auffüllen lassen. Dann können Sie die Literzahl mit dem letztenmal vergleichen und sofort eine Zunahme oder Minderung feststellen. Wird die Literzahl durch die gefahrene Strecke geteilt, braucht man die getankte Menge nur durch 3 oder 4 zu teilen. Voraussetzung: Zur passenden km-Zahl eine Tankstelle finden.

Um über längere Zeit hinweg ein möglichst eindeutiges Bild von dem Spritverbrauch seines Autos zu erhalten, muß man die regelmäßig ermittelten Werte in ein Bordbuch eintragen. Ein solches bekommt man an Tankstellen.

Zu hoher Verbrauch

Natürlich verbraucht das Auto Ihres Nachbarn weniger Benzin als Ihr Fiat. Bei näherer Nachprüfung verschieben sich die angeblichen Verbrauchswerte aber spürbar in Richtung der Tatsachen.
Dauernd sparsam fahren kann man gar nicht. Das lassen die heutigen Verkehrsverhältnisse überhaupt nicht zu. Es ist nicht vertretbar, als rollendes Verkehrshindernis zu erscheinen, dessen Fahrer sich scheut, auf das Gaspedal zu treten. Ständiger, allzu geiziger Blick auf den Kraftstoffanzeiger schadet nämlich am Ende. Fortwährend niedrigtourig und lahm gefahrene Motoren erreichen besonders auf kurzen Strecken kaum die günstigste Betriebstemperatur. Trotz scheinbar schonender Fahrweise unterliegen sie einem höheren Verschleiß und leiden unter Rückstandsablagerung aus der unvollkommenen Verbrennung von Kraftstoff und Öl.
Sollte also das kostbare Naß nicht durch ein Loch im Tank ins Freie rinnen, wenn auch Ihre Fahrweise Ihrer Ansicht nach benzinsparend ist und wenn der Motor Ihres Fiat trotzdem über alle Maßen säuft, dann müssen Sie den Grund dazu in einer der nachstehend aufgeführten Ursachen suchen.

Fahrerursachen

■ Beschleunigen mit voll durchgetretenem Gaspedal. Man spart Benzin durch langsames Niederdrücken des Gaspedals in der Weise zunehmend, wie der Motor Gas annehmen kann.
Der günstige Verbrauch liegt im Bereich der höchsten Durchzugkraft des Motors (= günstigstes Drehmoment bei bester Zylinderfüllung). Das maximale Drehmoment der Fiat 131-Motoren liegt bei folgenden Drehzahlen: 1,3-Liter-Motor mit 55 PS = 2700 U/min, dagegen 3000 U/min bei dem Motor mit 1,6 Liter Hubraum (75 PS). Dem entspricht beispielsweise, daß man innerhalb der 50-km/h-Beschränkung am sparsamsten im 2. und 3. Gang fährt.
■ »Bleifuß« fahren. Die Differenzgeschwindigkeit zwischen dauerndem Vollgas und leicht zurückgenommenem Gasfuß ist unerheblich. Der Benzinverbrauch sinkt bei besonnener Fahrweise jedoch spürbar.

Wagenursachen

- Ein vollbesetzter Wagen oder Urlaubsgepäck kosten mehr Verbrauch. Man merke sich: 100 kg Zuladung erfordern ca. 0,5–1 Liter mehr Benzin auf 100 km.
- Zu niedriger Reifendruck erhöht den Rollwiderstand. Vor Autobahnfahrt Luftdruck prüfen. Falls nötig erhöhen; siehe Seite 165.
- Zu knappes Radlagerspiel oder schleifende Bremsbeläge machen die Räder schwergängig. Die Handbremse muß auch richtig eingestellt sein.
- Radeinstellung der Vorderräder stimmt nicht. Einseitige Abnutzung der Reifen und unsaubere Lenkeigenschaften lassen dies erkennen.
- Reifenart beeinflußt den Verbrauch. Die ohnehin vorgeschriebenen Gürtelreifen verhelfen zur Sparsamkeit. Winter-Reifen erhöhen den Rollwiderstand und damit den Verbrauch.

Motorursachen

- Ein neuer Motor braucht ungefähr 5000 km, bei ungünstigen Fahrbedingungen bis zu 8000 km, bis er die vorteilhaftesten Leistungs- und Verbrauchswerte erreicht.
- Verschmutztes Luftfilter behindert eine optimale Zylinderfüllung.
- Schwimmer klemmt oder ist porös, oder Schwimmerventil ist undicht. Siehe Kapitel »Vergaser«.
- Zündung nicht in Ordnung. Zündzeitpunkt verstellt. Zündkerzen verschmutzt, locker oder verbraucht. Siehe Kapitel »Die Zündanlage«.
- Kraftstoffpumpe ohne ordnungsgemäße Förderleistung. Siehe Kapitel »Vom Tank zur Kraftstoffpumpe«.
- Kraftstoffleitungen gelockert. Kurz nach dem Abstellen des Wagens meist mit einem Blick unter das Fahrzeug festzustellen, wenn Benzin auf den Boden tropft.
- Starker Motorverschleiß. Schlecht schließende Ventile, verschlissene Kolben und Zylinder ergeben mangelhafte Kompression und führen zu Leistungsverlusten und ansteigendem Benzin-Durst.

Äußere Ursachen

- Vorwiegend Stadtverkehr. Der Motor dreht zuviel im Leerlauf. Notwendige Betriebstemperatur wird nicht erreicht. Starkes Beschleunigen nach Kreuzungen läßt sich meist nicht vermeiden, steigert aber den Verbrauch erheblich.
- Niedrige Außentemperaturen lassen den Motor nicht warm werden. Schmierstoffe in Motor, Getriebe und Radlagern bleiben länger steif und leisten Widerstand.
- Schnee und Matsch, aber auch Kurven und schlechte Straßenoberflächen erhöhen den Rollwiderstand.
- Gebirgsstrecken zwingen zum vielen Schalten und Beschleunigen. Winterlicher Stadtverkehr kann den Verbrauch bis um 3 Liter ansteigen lassen.

Die Benzin-Qualität

1972 wurde die Zumischung einer Bleiverbindung als Antiklopfmittel von Gesetzes wegen auf 0,4 Gramm je Liter Kraftstoff begrenzt. Damals gab es kritische Stimmen, die vor möglichen Motorschäden warnten. Die zum Schutz gegen die Umweltverschmutzung eingeleitete Maßnahme, die Anteile des giftigen Bleis im Benzin zu vermindern, hatte aber nur bei sehr wenigen hochverdichteten Motoren zu Schwierigkeiten geführt.

An die Qualitäten der Kraftstoffe sind gemäß den Vorschlägen des Mineralölwirtschaftsverbandes und des Verbandes der Deutschen Automobilindustrie Mindestforderungen gestellt worden. Als wichtige Maßstäbe gelten dabei die Begriffe ROZ (Research-Oktanzahl) für das Beschleunigungsklopfen und MOZ (Motor-Oktanzahl) für das Hochdrehzahlklopfen.

1976 verschärften sich die Bestimmungen über das Verhältnis der Zusätze im Kraftstoff erneut und brachten eine weitere ROZ-Verringerung mit sich, hervorgerufen durch die Reduzierung des Bleigehaltes auf 0,15 g/l. Damit bestehen bei uns die härtesten Bestimmungen innerhalb Europas.
Mögliche Schäden des Motors wird man je nach Typ durch ausschließlichen Betrieb mit Superkraftstoff oder durch Zurücknahme des Zündzeitpunktes verhindern müssen. Die Zündzeitpunktzurücknahme vom werkseitig festgelegten Normalwert der Frühzündung auf etwas weniger Frühzündung (also in Richtung Spätzündung) läßt aber den Verbrauch ansteigen und kann verbrannte Auslaßventile zur Folge haben. Sie sollte nur in besonderen Notfällen und auch nur in engen Grenzen vorgenommen werden. Auf Seite 191 sind Kontrollieren und Ändern des Zündzeitpunktes beschrieben.

Verdichtungsverhältnis bestimmt die Kraftstoffart

Die Fiat-Motoren sind keinesfalls so hoch verdichtet, daß man bei der gegenwärtigen Kraftstoffqualität oder bei künftigen, eventuell weiter einschränkenden Maßnahmen Bedenken aufkommen lassen müßte. Setzt man ab 1976 die offiziell für Superkraftstoff versprochenen 98,0 ROZ und 87,0 MOZ (für Normal entsprechend: 91,0 ROZ und 82,0 MOZ) an, lassen sich die Bedürfnisse der beiden 131-Triebwerke anstandslos erfüllen.
In einigen Ostblock-Ländern muß man allerdings wachsam sein und bei Reisen dorthin rechtzeitig Informationen über die dort angebotenen Kraftstoffe einholen. Schwierigkeiten in westlichen Ländern sind nicht zu erwarten.
Man sollte – als Vorsichtsmaßnahme – vom Übergang vom längeren Stadtverkehr, wenn die Verbrennungsräume des Motors durch Rückstandsbildung verkokt sind, auf scharfe Fernfahrt vor der ersten Stunde je nach Motor maximal nur 4000–4400 U/min drehen lassen. Das sind in den beiden oberen Gängen rund 90/100 km/h und 120/135 km/h. Der Motor braucht dann speziell auf der Autobahn diese Zeit zum Einlaufen bzw. Freibrennen der Brennräume. Im Sommer ist es wichtig, das Warnlicht für mangelhaften Öldruck im Auge zu behalten. Siehe hierzu den Abschnitt »Die Öldruckanzeige« Seite 217.

Was ist Klingeln oder Klopfen?

Es gibt zwei Arten dieser für den Motor schädlichen Erscheinungen, entweder durch die Verwendung falschen Kraftstoffs oder durch eine abweichende Zündzeitpunkt-Einstellung verursacht. Die eine Art, das sogenannte Beschleunigungsklopfen, tritt nur kurzzeitig – beim Beschleunigen – auf und auch nur in den seltenen Fällen, wenn etwa der superkraftstoffbedürftige Motor mit Normalbenzin betrieben wird. Das Klingeln wird dann bei plötzlichem Gasgeben aus niedrigen Drehzahlen heraus hörbar, wenn Sie beispielsweise im 3. Gang aus 20 bis 30 km/h heraus kräftig beschleunigen oder an einer Steigung schaltfaul fahren, also den Motor quälen. Man muß aber ein aufmerksames Ohr haben, um das Klingeln im Motor zu hören, denn es wird zum Teil von Fahrgeräuschen überdeckt. Es ist besser hörbar, wenn man den zu prüfenden Wagen an sich vorbeifahren läßt.
Das Hochdrehzahlklopfen ist die üblere Art des Klingelns, weil es praktisch nicht wahrnehmbar ist und dazu noch über längere Entfernungen auftritt. Es kommt nicht nur bei hohen Dauergeschwindigkeiten vor, sondern auch bei langsamer Fahrt im kleinen Gang bei Vollgas. Für beide Arten des Klopfens ist der 131-Motor nicht sonderlich ausgelegt, trotzdem wollen wir kurz schildern, was es mit dem Klingeln (mit Klopfen wird dieses Geräusch weniger genau bezeichnet) auf sich hat.
Normalerweise verbrennt das Kraftstoff-Luft-Gemisch im Zylinder auf Befehl der Zündkerze. Springt an ihren Elektroden der Funke über, entflammt das

Gemisch. Die von dem Zündfunken ausgelöste Flammenfront kann Teile des Kraftstoff-Luft-Gemischs in eine Ecke drängen, wo sie sich separat – nach dem eigentlichen Entzündungsvorgang durch den Funken – entzünden. Dabei bilden sich örtliche Überhitzungsherde und Druckwellen, die den Motor bis in seine Kurbelwellen- und Pleuellager erschüttern. 5 km Strecke, die unter Klingelerscheinungen zurückgelegt werden, können den Motor mehr verschleißen als etwa 150 km normale Fahrtstrecke.

Nachdieseln

Nachdieseln oder Nachlaufen des Motors macht sich manchmal nach dem Abstellen der Zündung bemerkbar. Dieses Weiterlaufen des Motors ohne Fremdzündung ist ein Zeichen örtlicher Überhitzung im Zylinderkopf, hervorgerufen meistens durch glühende Rückstände, manchmal – nach strammer Fahrt – durch überhitzte Auslaßventile. Derartige Glühzündungen tun keinem Motor gut. Zum Glück sind sie beim Fiat 131 kaum anzutreffen. Bei innen sauberen Motoren – solche, die mit einer gut gewarteten Zündanlage, durch richtiges Ventilspiel und durch gelegentlich längere Fernfahrten sich im Betrieb selbst reinigen – wird es zu keinen Schwierigkeiten kommen. Ein nachlaufender Motor wird zum Stehen gebracht, wenn man den 1. Gang einlegt, Fuß- und Handbremse betätigt und langsam einkuppelt. Auf diese Weise würgt man den Motor ab.

Die Höchstgeschwindigkeit

Die tatsächliche Höchstgeschwindigkeit eines Autos ist immer einmal von Interesse. In Autofahrergesprächen spielt die »Spitze« (gemeint ist die Spitzengeschwindigkeit) stets eine wichtige Rolle, aber kaum jemand berücksichtigt, daß sie in der Praxis nur selten erreicht wird. Nur sachliche Beobachtungen können Aufschluß über die wirklich erreichbare Höchstgeschwindigkeit vermitteln.

Der Fiat-Fahrer muß zunächst damit rechnen, daß ihm seine Tachometeranzeige etwas vorgaukelt. Üblicherweise ist nämlich die bei anderen Fabrikaten anzutreffende Voreilung ebenfalls vorhanden: Ein Tachometer im 131 zeigt meistens zuviel an, und der Gesetzgeber erlaubt eine gewisse Tachovoreilung sogar. In den oberen beiden Dritteln des Anzeigenbereichs darf das Tachometer bis zu 7 % zu viel anzeigen.

Die Tachometervoreilung hängt zudem nicht immer mit einer »Fehlkonstruktion« des Instruments zusammen, sie kann auch auf äußeren Umständen basieren: Vor allem die Reifengröße und mit ihr der Abrollumfang sowie der Reifendruck haben auf die Geschwindigkeitsanzeige Einfluß, in geringerem Maße auch Fertigungstoleranzen innerhalb der mechanischen Übertragung der Anzeige. Die amtliche Tendenz, Geschwindigkeitsbegrenzungen immer mehr pauschal zu verfügen, läßt es ratsam erscheinen, sich von der Differenz zwischen tatsächlicher Geschwindigkeit und Anzeige zu überzeugen.

Sie können die Voreilung auf einer ebenen, mäßig befahrenen Autobahnstrecke nachprüfen. Voraussetzungen: Beifahrer(in) mit Stoppuhr, notfalls Armbanduhr mit Sekundenzeiger. Bei Vollgas die Zeit für einen Kilometer messen lassen. Die Tachonadel darf dabei während der Messung nicht mehr ansteigen, was einen kilometerlangen Anlauf bedingt (Fenster schließen). Die Geschwindigkeit in Kilometer pro Stunde (3600 Sekunden) ergibt sich, wenn Sie 3600 durch die gestoppte Zeit (in Sekunden) dividieren.

Übrigens läßt sich ähnlich auch das Tacho eichen: 3600 geteilt durch die zwischen zwei km-Markierungen auf der Autobahn gestoppte Zeit, während man genau nach Tacho ein bestimmtes Tempo fuhr. Beispielsweise 3600 : 38 sec = 95 km/h (Tacho zeigte 100 km/h).

Die Höchstgeschwindigkeit wird bei Gegen- und Seitenwind nicht erreicht, und sie wird durch Rückenwind oder abgefahrene Reifen gleichfalls verfälscht.

Nun zur Sache: Die 1300er Fiat 131-Limousine erreicht normalerweise eine Geschwindigkeit von 143 km/h und die 1600er Limousine von gut 160 km/h. Herstellungstoleranzen bei der Fertigung, Einfahrbedingungen und Alter des Wagens sind natürlich Kriterien, die sich auf die Spitzengeschwindigkeit auswirken können. Wenn man vollbeladen fährt, ist an die Höchstgeschwindigkeit sowieso nicht zu denken, sie verringert sich sogar um 10 km/h bis maximal 25 km/h, wenn sperrige Dachlast mitgeführt wird. Die strömungsgünstigere Form des Kombiwagens bringt eine um 2–3 km/h verbesserte Spitze. Bei Wagen mit automatischem Getriebe muß man jeweils etwa 5 km/h abziehen.

Werkzeug und andere Hilfen

Beim Scherenschleifer

Wer sich mit dem Gedanken trägt, diese oder jene Wartungsarbeit selbst auszuführen, muß im Besitz entsprechenden Werkzeugs sein. Mit der Zange, die vielleicht irgendwo »für den Hausgebrauch« bei Ihnen aufbewahrt wird, sind Sie ebenso wenig bedient wie mit dem Inhalt des Werkzeugkästchens in Ihrem Fiat. Dessen Inhalt ist wirklich nur für den Notfall gedacht und für eine wirkungsvolle Selbsthilfe ist einiges vonnöten, das Sie sich wahrscheinlich erst anschaffen müssen. Ein solches Instrumentarium ist ganz gewiß dann nützlich, wenn unterwegs einmal ein kleiner Defekt zu beheben ist. Ohne den passenden Schraubenschlüssel müssen Sie vielleicht das Zehnfache der Kosten bezahlen, die dieser Schlüssel wert ist.

Empfehlenswerte Grundausrüstung

Gutes Werkzeug ist nicht billig. Daher müssen Sie daran interessiert sein, Ihr gutes Geld zweckmäßig anzulegen. Es wäre ungeschickt, gleich ins nächste Kaufhaus zu laufen und zu besorgen, was man sieht. Auf diesen Seiten soll Ihnen geholfen werden, sich zunächst das wichtigste und richtige Werkzeug anzuschaffen.

Kaufen Sie kein minderwertiges Werkzeug. Damit kann zur Not einmal ein Werkmeister hantieren – er weiß sich zu helfen. Aber ein Heimwerker, der damit nur nebenbei und ungelernt umgeht, ist mit schlechten Schraubenschlüsseln und verbogenen Schraubenziehern schnell mit seiner Kunst am Ende.

Wesentliche Arbeiten am Fiat 131 kann man durchführen, wenn man den heimischen Werkzeugschrank mit einer Ausrüstung auffüllt, wie sie sich aus der folgenden Liste ergibt. Anschließend ist die Verwendungsmöglichkeit der einzelnen Werkzeuge erläutert, wonach entschieden werden kann, welche Arbeiten man selbst ausführen möchte:

4 Doppel-Gabelschlüssel 7 x 8, 10 x 11, 12 x 13, 19 x 22
5 Gabel-Ringschlüssel SW 10, 11, 14, 17, 19
1 Rohrsteckschlüssel 10 x 11
1 Inbusschlüssel SW 12
2 Schraubenzieher Größe 2 und 6, für Querschlitzschrauben
2 Schraubenzieher für Kreuzschlitzschrauben, verschiedene Größen
1 Vergaser-Schraubenzieher, kurze Form, für Querschlitzschrauben
1 Rohrzange. 240 mm lang
1 Kombizange, isolierter Griff
1 Seitenschneider
1 Schlosserhammer, 300 Gramm
1 Fühlerblattlehre, darin 0,05, 0,10, 0,20, 0,40 mm
1 Flachmeißel und 1 Kreuzmeißel
1 Körner
1 Durchschläger, 3 mm
1 Satz Schlüsselfeilen, flach, dreikant, rund

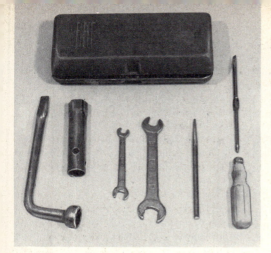

Das serienmäßige Bordwerkzeug im Fiat 131 kann nur für Notfälle ausreichen. Es ist auch nicht von Fiat beabsichtigt, daß man mit diesem Besitz auf Werkstätten verzichtet. Wer aber an seinem Fiat 131 selbst Hand anlegen möchte, sollte auf diesen Seiten einmal überprüfen, welche Werkzeuge und Hilfsmittel ihm bei seinen Bemühungen von Nutzen sein können.

1 Zündkerzenschlüssel SW 21
1 Radmutterschlüssel SW 19
Wer die Schiebemuffe an der Kardanwelle regelmäßig selbst abschmieren möchte, braucht eine kleine Handfettpresse.

Bedeutung der Größenangaben

In Italien, dem Heimatland des Fiat, werden wie in Deutschland Maschinenteile und Werkzeuge nach dem metrischen Maßsystem gemessen. Vielleicht wissen Sie, daß es Wagen gibt (vor allem englische und amerikanische), bei denen man mit unserem Werkzeug nicht viel ausrichten kann, weil in jenen Ländern ein Maßsystem in Zoll üblich ist. Die Bedeutung dieses im ersten Augenblick vielleicht unerheblich erscheinenden Unterschiedes liegt für Sie als Fiat-Besitzer einfach darin, daß Sie keine »englischen« Schraubenschlüssel verwenden dürfen, die nicht genau auf die Schrauben passen. Man beschädigt mit ihnen nur die Flanken von Schraubenköpfen und Muttern. Richtig passende Schraubenschlüssel sind dann nicht mehr anzusetzen.
Bei Schraubenmuttern und Schrauben mit Sechskantkopf mißt man den Abstand der sich gegenüberliegenden Flanken in Millimeter oder Zoll und schreibt auf den passenden Schraubenschlüssel die entsprechende Schlüsselweite (Kurzbezeichnung SW). Ein Doppelgabelschlüssel – man nennt ihn auch vielfach Maulschlüssel – mit der Bezeichnung 12 x 14 hat also eine Gabel für eine 12 mm breite und am anderen Ende für eine 14 mm breite Schraube. Im metrischen System werden demnach alle Größen in Zentimeter und Millimeter angegeben, im amerikanischen Maßsystem in Zoll.

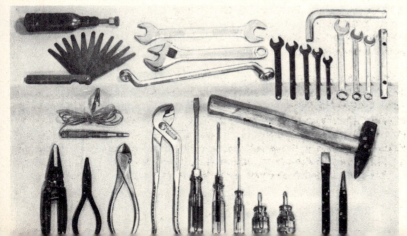

Welches Werkzeug man beim Umgang mit dem Fiat 131 gebrauchen kann, ist auf der nebenstehenden Seite aufgezählt. Dieses Bild zeigt eine etwas geänderte Zusammenstellung und enthält Inbus- und Rohrschlüssel, verschiedene Schraubenschlüssel, Prüflampe, Hammer, diverse Zangen und Schraubenzieher, Meißel und Körner. Links oben sind Fettpresse und Fühllehre zu sehen.

Welches Werkzeug zu welchem Zweck?

Am Fiat findet man Schrauben und Muttern in reicher Größenauswahl. Verschiedene davon sind ohne Umstände zu betätigen, andere weniger bequem, weil sie an schlecht zugänglicher Stelle sitzen. Davon hängt es ab, ob Maul- oder Ringschlüssel vernünftiger sind oder ob gar Rohrsteckschlüssel verlangt werden. Ringschlüssel sind den Maul-(Gabel-)schlüsseln vorzuziehen, weil sie auf alle sechs Kanten einer Schraube gleichmäßigen Druck ausüben und dadurch wirkungsvoller und öfter umgesetzt werden können. Ringschlüssel sollen hochgekröpft und nicht zu lang sein, um auch bei engem Raum mit ihnen hantieren zu können. Bei Bedarf verlängert man sie (und vergrößert dadurch die Hebelwirkung), indem man ein zweites Werkzeug durch die Ringöffnung des anderen Endes hindurchsteckt.

Lassen wir einige Beispiele der unterschiedlichen Schraubengrößen folgen: Einen Gabelschlüssel SW 7 braucht man zum Herausdrehen der Blechschrauben, die den Kotflügeleinsätzen vorn Halt sind. Das Kupplungsseil ist an der Ausrückgabel durch eine 8-mm-Muffe arretiert. Den Diagnoseanschluß der Zentralelektrik löst man mit einem Rohrschlüssel SW 10, den Deckel der Benzinpumpe und die Batteriekabel mit einem Gabel- oder Ringschlüssel der gleichen Größe. Die Ausfräsung an den Spurstangen zum Festhalten bei der Einstellung, ist entweder für SW 11 oder SW 12 Gabelschlüssel eingerichtet. Für die Bolzen der Bremstrommel am Radträger nimmt man besser einen 12er Ringschlüssel, für das Schwimmernadelventil reicht ein gleich großer Gabelschlüssel. Aber ein Inbusschlüssel der Weite von 12 mm ist für die Ablaßschraube der Ölwanne und des Schaltgetriebes sowie dessen Einfüllschraube nötig. Einzelne Teile an der Karosserie (z. B. Schlösser) sind mit Schrauben SW 13 befestigt und mit dem dazu nötigen Schlüssel kann man auch das Ventilspiel regulieren. Das Benzinsieb am Vergaser löst man mit einem 14er Schlüssel, die Einfüll- und Ablaßschraube am Differential mit einem 17er. Wenigstens zwei Gabelschlüssel SW 19 benötigt man zum Nachstellen der Kupplung, und die Kontermutter der eben schon erwähnten Spurstange hat die Weite von 22 mm.

Statt der verschiedenen Schraubenzieher kann man sich auch einen Einsteckwerkzeugsatz mit entsprechenden Einsteckklingen für Querschlitz- und Kreuzschlitzschrauben zulegen. Mit letzterem sind z. B. die Deckgläser der Rückleuchten, die Lenksäulenverkleidung und das Kombiinstrument befestigt. Den sogenannten Vergaser-Schraubenzieher, kurz und mit dickem Handgriff, braucht man oft für beengt sitzende oder für widerspenstige Schrauben, da er kräftig zu greifen ist. In gleicher Form gibt es ihn auch für Kreuzschlitzschrauben. Rohrzange, Kombizange (mit isoliertem Griff) und der Seitenschneider zum Abschneiden von Kabeln dienen als allgemeine Hilfswerkzeuge, ebenso Hammer, Meißel, Körner, Durchschläger und die feinen Feilen in verschiedenen Ausführungen. Die Fühlerblattlehre wird zum Messen des Ventilspiels, des Unterbrecher-Kontaktabstandes und des Elektrodenabstandes der Zündkerzen gebraucht.

Ergänzung nach Wunsch

Wer oft an seinem Auto hantiert und vielleicht noch andere handwerkliche Ambitionen hat, kann die Werkzeugausrüstung natürlich noch vervollständigen. So führt die Ergänzung des Ringschlüssel-Sortiments zu mehr Freude bei der Arbeit. Noch universaler lassen sich Steckschlüssel mit Zwölfkant-Einsätzen (sogenannte »Nüsse«) handhaben, weil man sie auf sechskantigen Schrauben vielseitig versetzen und bei geringem Bewegungsraum über ein dazugehöriges Gelenkstück abgewinkelt bewegen kann. Zu solch einem Schlüsselkasten gehören Gelenkgriff mit verschiebbarem Querhebel, Verlängerungsstücke und eine Knarre (Hebel mit Drehsperre, den man nicht abzusetzen braucht); alle Teile lassen sich über Vierkant-Verbindungen ineinanderstecken.

Hierbei möchten wir noch die praktischen Vorsatzgeräte erwähnen, die sich mit wenigen Handgriffen an eine dazu vorgesehene Bohrmaschine koppeln lassen. Mit solchen Geräten – etwa von Bosch – kann man schleifen, polieren, Karosserieblech sägen, aber auch – mit zusätzlicher Hilfe eines kleinen Kompressors – spritzlackieren und sogar die Reifen mit Luft füllen.

Pflegen Sie Ihr Werkzeug und benutzen Sie es richtig. Ein jedes Werkzeug ist für einen bestimmten Zweck geschaffen. Ein Schraubenschlüssel ist kein Hammer und ein Schraubenzieher ist kein Meißel – mit dem Kamm rührt man auch nicht im Kaffee.

Wenn man mit der Zange einer Schraube oder Mutter zuleibe rückt, hat man vielleicht die Mutter gelöst, aber die Kanten der Zange haben die Ecken und Flanken der Befestigung derart beschädigt, daß später jeder Schraubenschlüssel abgleiten muß. Eine Zange ist zum Halten da, nur mit der Rohrzange darf, ihrem Namen gemäß, an Rohren und Wellen gedreht werden, aber auch nicht an Schrauben.

Schraubenzieher sollen eine gerade, aber nicht scharf geschliffene Klingenspitze haben, damit sie im Schraubenschlitz festen Halt findet, sich nicht herausdreht und den Schraubenkopf beschädigt. Mit einem Schleifstein kann man manches Werkzeug einsatzbereit halten, z. B. stumpfe Meißel schärfen, und er eignet sich auch zum Bearbeiten mancher Werkstücke.

Nach dem Gebrauch ist verschmutztes Werkzeug bald zu reinigen und leicht einzuölen, damit es durch Rost nicht unansehnlich wird. Man weiß ja nie, ob man es in den nächsten Tagen gleich wieder braucht. Zusätzliches Werkzeug, das man unterwegs im Wagen dabei haben will, wickelt man in alte Leinentücher und hält dieses Bündel mit dem Gummiring eines Einmachglases zusammen.

Hilfsmittel für die Wagenpflege

Verschiedene Hilfsgeräte, die in der Werkzeug-Grundausrüstung nicht fehlen dürfen, müssen Sie sich noch zusätzlich anschaffen. Immer wieder dienliche Hilfen sind folgende:
Ölspritzkännchen
Reifendruckprüfer
Prüflampe
Fensterleder, 1. Qualität
Autoschwamm oder Waschhandschuh

Das sind Kleinteile, die man eigentlich immer im Auto mitführen müßte. Schrauben mit Muttern und Sicherungsringen, Unterlegscheiben, Karosserieschrauben und Dichtungsringe werden sehr schnell einmal benötigt. Ist man mangels dieser »Kleinigkeiten« auf die Werkstatt angewiesen, sind weit mehr Geld und Zeit erforderlich. Einige Ventilkappen und Ventileinsätze gehören ebenfalls ins Ersatzteil-Kästchen.

Waschbürste mit Stiel
Waschpinsel ohne Metallfassung
Wie und wann diese Hilfsgeräte benutzt werden, das ist in den diesbezüglichen Kapiteln dieses Buches beschrieben.

Flüssige Hilfen

Festgerostete Schrauben und überhaupt starker Rost lassen sich beispielsweise mit »Caramba Super« oder »Ferex Rapid« lösen. Man muß die Flüssigkeit nur lange genug einwirken lassen (für einige Minuten sich anderen Dingen zuwenden), bevor man dann den Ringschraubenschlüssel ansetzt. Damit die auf diese Weise locker gemachten Schrauben nicht wieder anrosten, schabt man entweder vom Bleistift Graphit auf das Gewinde (Graphit ist ein Festschmierstoff) oder sprüht es mit einem graphierten Öl (z. B. von Aral, BP, Pingo, Shell oder Teroson) ein.

Für fettverschmierte Motorteile, für die Innenseiten der Felgen oder für den verschmutzten Motorraum gibt es ebenfalls in Sprühdosen besondere »Motor-Reiniger« (z. B. von Aral, Caramba, Esso, Shell und Teroson). Damit wird das betreffende Teil eingesprüht und nach wenigen Minuten mit Wasser abgespritzt oder mit dem Pinsel abgewaschen. Selbst die dicksten Fettkrusten lösen die Reiniger und geben dazu den Teilen noch Glanz. Fahrbenzin ist demgegenüber zur Motorreinigung nicht zu empfehlen. Nicht nur, weil die Teile nach dem Trocknen unansehnlich sind, sondern vor allem, weil Benzin giftige Bestandteile enthält.

Die zahlreichen Lackpflegemittel, Scheibenwaschwasserzusätze, Chromschutzmittel, Plastik-Reiniger usw. gehören eigentlich auch zu den flüssigen »Hilfen«. Sie sind jedoch in den Kapiteln »Lackpflege« und »Winterschutz« besonders erwähnt. Hier wäre noch wegen eines besonderen Effekts der Chromschutzspray von Polifac, »Intact« von Aral, »Teroson mo« und »CRC 5-56« (Vertrieb Liqui Moly) zu nennen, weil diese Mittel die Eigenheit haben, Feuchtigkeit auf Metall zu unterwandern. Sie bewirken bei Zündstörungen durch Feuchtigkeit (nach Motorwäsche oder nach taufrischer Nacht im Freien) wieder willige Funktion der damit eingesprühten Zündanlage.

Rostumwandler

Für angerostete Fahrwerksteile, Fahrzeugböden oder rostige Karosserieschäden werden im Fachhandel eine Reihe von sogenannten Rostumwandlern angeboten. Tests und eigene Erfahrungen zeigten, daß sie nicht alle ihrem Namen Ehre machen. Bisweilen entdeckt man schon wenige Wochen nach der Behandlung erneuten Rostbefall. Die besten Ergebnisse erzielten wir mit Rostumwandlern auf Tanninsäurebasis, die den Rost (Eisenoxyd) in eine Tan-

Für den Werterhalt der Autos steht eine Unzahl von Pasten und Tinkturen zur Verfügung. Es ist nicht ganz leicht, das für einen jeweiligen Zweck wirkungsvollste und schonendste Mittel herauszufinden. In diesem Buch erhalten Sie dazu viele wertvolle Ratschläge, und wie die flüssigen Hilfen im einzelnen angewendet werden sollen, ist in den Kapiteln »Die Wagenwäsche«, »Die Lackpflege« und »Der Winterschutz« beschrieben.

ninsäure-Eisenverbindung umwandeln und dadurch weiteres Rosten verhindern. Bereits nach etwa einer Stunde kann der blauschwarz gefärbte Metallgrund mit Grundierung und Decklack oder Unterbodenschutz weiterbehandelt werden. Vorläufig sind uns nur zwei derartige Erzeugnisse bekannt: »Pingo-Roststop« (Bezugsquellennachweis durch Pingo-Erzeugnisse, 8042 Oberschleißheim, Freisinger Straße 26) und das relativ teure »Rostsiegel«, bestehend aus dem eigentlichen Rostumwandler und einem Überzugslack (Vertrieb: Heim + Sport, 7065 Winterbach, Schorndorfer Straße 18).
Damit ein Rostumwandler mit dem Rost eine widerstandsfähige Verbindung eingehen kann, darf nicht zu viel davon und wirklich nur auf Rost aufgetragen werden. Nach der vorgeschriebenen Einwirkzeit ist gründlich mit Wasser nachzuspülen, damit keine aktiven Stoffe übrig bleiben, die das gesunde Blech angreifen. Wenn es sich nicht um ausgesprochenen Rostfraß handelt, der eingedämmt werden soll, ist es immer noch am wirkungsvollsten, die Roststelle metallisch blank zu schleifen und das Blech mit Bleimennige zu streichen, der zugleich als Grundierung dienen kann.

Hilfsmittel für unterwegs

Es gibt Leute, die haben in ihrem Auto weder einen Reservekanister noch ein brauchbares Ersatzrad. Andere dagegen schleppen in ihrem Wagen dauernd ein ganzes Arsenal von Werkzeugen mit sich herum. Der Mittelweg ist hier meist goldene Richtigkeit. Was man mitnehmen sollte, sei hier genannt; vielleicht dient es nur dazu, anderen hilflosen Autofahrern unterwegs zu helfen:

- Reservekanister
- Abschleppseil
- Ersatzglühlampen
- Sicherungen
- Zündkerzen
- Rolle Draht
- Klebeband, Tesa-Film
- 2 m Elektrokabel (Zündkabel)
- 1–2 m benzinfesten Schlauch
- Alleskleber (Uhu-Plus)
- Brettchen zum Unterlegen für Wagenheber

Hierbei sei erwähnt, daß man auch auf der Autobahn anhalten darf (was sonst verboten ist), um einem in Not geratenen Autofahrer zu helfen.

Ersatzteile bei Auslandsreisen

Irgendwann wird Sie der Weg ins Ausland führen, und wenn das Ziel nicht gerade Italien heißt, dann beruhigt es, wenn man fern der Heimat einige Dinge bei sich hat, die man vielleicht gebrauchen kann. Sinnvolle Werkzeugwahl und die schon genannten Hilfen vorausgesetzt, wird man noch folgende Ersatzteile in Lappen wickeln und im Kofferraum unterbringen:

- 1 Zündspule
- 1 Satz Unterbrecherkontakte
- 1 Verteilerläufer
- 1 Kondensator
- 1 Schwimmer
- 1 Membrane für Benzinpumpe
- 1 Keilriemen
- 1 Reserveschlauch für Reifen
- 2 Reifenmontierhebel
- Reifenflickzeug
- Ventileinsätze für Reifen
- kräftige Fußluftpumpe
- einige Muttern, Schrauben und Sicherungsringe gängiger Größe
- Zylinderkopfdichtung

Außerdem kann man in Verlegenheit kommen und zusätzlich gebrauchen:

- Motoröl, Menge je nach geplanter Fahrtstrecke
- Flasche mit destilliertem Wasser (Ostblockstaaten!) für Batterie
- Handwaschpaste
- Handlampe

Alle Ersatzteile besitzen genaue Typenbezeichnungen, die Sie zumeist auf den Originalteilen an Ihrem Fiat vermerkt finden. Allerdings ist bei Neukäufen zu überprüfen, ob dieses oder jenes Ersatzteil eine Veränderung erfahren hat.

Selbsthilfe-Schule

Womöglich sind Sie mit dem Auto allgemein noch nicht sehr vertraut. Dann werden Sie sich vielleicht im einen oder anderen Fall eine tatkräftige Unterstützung wünschen, bei der Sie sich zu Arbeiten an Ihrem Wagen Rat holen können. Für eine solche berufene Anleitung gibt es in einigen Städten spezielle Betriebe.

Derartige Möglichkeiten bieten die Autohobby-Mietwerkstätten Ott und Duve GmbH in Frankfurt, Niederkirchweg 113, in Köln, Genterstr. 13–15 und in Mainz-Mombach, Industriestr. 5, wie auch die Autoselbsthilfe Fibier & Co. in Hamburg 50, Ruhestraße 48–56. Ferner findet man in Essen, Gelsenkirchener Straße 52, in Leonberg, Alte Ramtelstraße 40 und in München, Knorrstraße 135, Mietwerkstätten, wo man Leihwerkzeug, Hebebühnen und helfende Fachkräfte (gegen Entgelt) in Anspruch nehmen kann. An den drei zuerst genannten Plätzen werden sogar fachgerechte Lackierungen ausgeführt.

Lassen Sie sich hier noch einen ehrlichen Rat geben: Auch ohne fachlich geschulte Hilfe kann man sich in die Materie »Automobil« hineinarbeiten – ohne tierischen Ernst. Sehr viele andere Autobesitzer haben – vielleicht wie Sie – »ganz klein« angefangen und eigneten sich im Laufe der Zeit ein erhebliches Maß an Auto-Wissen und eine beneidenswerte Handwerkskunst an.

Aber auch dann, wenn Sie vielleicht nicht besonders praktisch veranlagt sind oder über wenig Zeit verfügen, bieten Ihnen die einzelnen Kapitel dieses Buches eine kaum mit Geld aufzuwiegende Wissensvertiefung. Mit diesen Kenntnissen über die Intimitäten eines Autos, besonders Ihres Fiat 131, sind Sie für nahezu alle Eventualitäten gerüstet.

Werkstatt, Garantie und Reparaturen

Facharzt oder Heilpraktiker

Wie die Mehrheit der Autofahrer werden Sie Ihr kostbares Auto sicherlich nicht schonungslos beanspruchen. Können Sie sich aber auch dazu überwinden, rechtzeitig eine Werkstatt aufzusuchen, wenn Ihr Wagen die Anzeichen einer Kränkelei hat, die Sie nicht selber heilen können? Jedermann muß einmal das Wissen und Können anderer in Anspruch nehmen. Das trifft für Sie als Autobesitzer besonders zu, wenn es sich um Arbeiten an der Bremsanlage und an der Lenkung handelt.
Zu mancher Arbeit werden geeignete Werkzeuge und Instrumente gebraucht, die nur die Werkstatt besitzt. Die unumgängliche Reparatur ist mit ihrer Hilfe ein Kinderspiel. Anderer Leute Arbeit kostet freilich Geld. Was Sie wissen sollten, bevor Sie Ihr Auto in die Werkstatt bringen, das haben wir hier für Sie zusammengestellt.

Umgang mit der Werkstatt

Fiat-Werkstätten sind in Deutschland keineswegs dünn gesät. Vermutlich wurde Ihr Wagen durch einen der Fiat-Händler ausgeliefert, der eine jener Werkstätten betreibt. Zweckmäßig war der Kauf dort, wo man danach noch gerne gesehen und solide bedient wird. Gute Werkstätten sind aber oft überlastet und Wartezeiten lassen sich aus mancherlei Gründen nicht vermeiden. Zur Entschärfung dieses Problems hier ein paar Ratschläge:
■ Wartungsdienste und voraussehbare Reparaturen möglichst rechtzeitig persönlich oder telefonisch anmelden und Termin vereinbaren (Fristen von einer Woche sind nicht ungewöhnlich).
■ Möglichst morgens zwischen 7 und 8 Uhr vorfahren; dann werden die Arbeiten für den Tag eingeteilt. Notfalls den Wagen am Vorabend hinbringen. Falls Sie zeitlich nicht unter Druck stehen oder Sonderwünsche haben, hat man an der Reparaturannahme aber nach 10 Uhr mehr Ruhe für eine Unterhaltung mit Ihnen.
■ Wagen möglichst nicht kurz vor Feierabend oder großen Schulferien in die Werkstatt bringen – man ist dann oft überlastet.
■ Ganz klaren Reparaturauftrag geben (dieses Buch soll dazu helfen). Zum Beispiel Ölwechsel: ja oder nein? Wollen Sie das teuerste Öl? Es wird oft ungefragt beim Ölwechsel aufgefüllt. Zündkerzen austauschen: ja oder nein?
■ Schriftlichen Kostenvoranschlag ausstellen lassen (er ist drei Wochen für die Werkstatt verbindlich). Wird ein schriftlich zugesagter Termin um mehr als 24 Stunden überzogen, muß die Werkstatt ein gleichwertiges Ersatzfahrzeug stellen oder 80 % der Mietwagenkosten tragen.
■ Liefern Sie Ihren Wagen gesäubert zur Reparatur. Räumen Sie alles aus, für abhanden gekommene Gegenstände wird keine Haftung übernommen.
■ Kleinere Werkstätten fern der Großstadt haben oft mehr Zeit und arbeiten preiswerter, sind aber mit Ersatzteilen nicht so eingedeckt wie größere Betriebe.

■ Ausgetauschte oder ersetzte Teile wandern auf den Schrotthaufen (Rückgabe-Austauschteile natürlich ausgenommen). Lassen Sie auf dem Auftrag vermerken, daß man die defekten Teile in den Kofferraum legt oder zur Hand hält. Dadurch haben Sie eine gewisse Kontrolle über die Werkstattarbeit.
■ Wenn Sie anderer Meinung als die Leute von der Werkstatt sind, suchen Sie nicht durch Streit Ihr vermeintliches Recht zu erzwingen, sondern sprechen Sie sachlich und ruhig mit dem zuständigen Mann. Lassen Sie sich seine Gründe so erklären, daß Sie sie als Laie verstehen können.
■ Ein nettes Wort hellt auch verärgerte ölige Gesichter wieder auf; eine freundliche Stimmung der Leute, die an Ihrem Wagen arbeiten, überträgt sich auf die Qualität ihrer Arbeit.
■ Bei Uneinigkeiten mit der Werkstatt wende man sich an eine der über die BRD verteilten Schiedsstellen. Ein Anschriftenverzeichnis ist vom Zentralverband des Kraftfahrzeughandwerks, Kaiserplatz 18, 53 Bonn 1, von der Kfz-Innung, von der Handwerkskammer, von den Automobil-Clubs oder von der DAT erhältlich. Die Schiedsstellen können aber nur bei den Betrieben etwas ausrichten, die auch der Innung angehören, erkennbar am weißen Schild »Meisterbetrieb des Kfz-Handwerks«.
■ Bei Reparaturen haben Sie Garantieansprüche, wenn die Arbeit unsachlich erledigt wurde oder sich ein Materialfehler herausstellt. Branchenüblich für die Werkstätten ist eine Reparaturgarantie von 3 Monaten bzw. 3000 Kilometern, je nachdem, was früher abgelaufen ist. Bei der Nachreparatur haben Sie dann allenfalls das zu bezahlen, was sich als zusätzliche erforderliche Instandsetzung herausstellt, aber nicht mehr den ganzen Reparaturumfang! Bei großer Fahrlässigkeit der Werkstatt haben Sie sogar Anspruch auf Schadenersatz, falls Ihnen etwa kurz nach Verlassen der Werkstatt ein nachlässig montiertes Rad verlorengeht und dadurch ein Unfall passiert.
■ Bei Abnahme des reparierten Wagens sollten Sie noch auf dem Werkstatthof möglichst viele Funktionen Ihres Wagens überprüfen und auch versuchen, ein kleines Stück hin und her zu fahren. Solange Sie noch im Bereich der Werkstatt sind, lassen sich Beanstandungen aller Art besser und überzeugender anbringen.

Neuwagen-Garantie

Beim Erwerb Ihres Fiat 131 unterschrieben Sie im Kaufvertrag eine Menge Kleingedrucktes. Hatten Sie sich das alles genau durchgelesen? Falls Ihr Fiat noch recht taufrisch ist, müssen Sie wissen, was der Begriff »Gewährleistung« bedeutet.

Gewährleistung

Ersatzleistungen werden vom Herstellerwerk nach dem jeweiligen Stand der Technik, wie es so dehnbar heißt, vorgenommen. Natürlich nur, wenn die Garantiezeit von einem Jahr noch nicht überschritten ist.
Diese Gewährleistung kann sich auf Instandsetzungsarbeiten oder auf Ersatzlieferung von Teilen erstrecken, allerdings nur dann, wenn Fehler oder Schäden im Material oder in der Herstellung aufgetreten sind. Doch es wird Ihnen zum Verhängnis, wenn man Ihnen unsachgemäße Behandlung Ihres Wagens vorwirft; ob mit Recht, werden Sie nicht in jedem Fall widerlegen können. Solche Klippen zu umgehen, erfordert Verhandlungsgeschick. Man kann aber (berechtigte!) Forderungen diplomatisch formulieren, daß sich das Lieferwerk schon moralisch verpflichtet fühlt, einen Schaden innerhalb der Garantiezeit zu beseitigen. Dazu gehören Arbeitskosten, Porto und Fracht.
Nicht unter die Garantie fallen sogenannte »Verschleißteile«, wie etwa Zündkerzen, Reifen oder Batterie. Bei auftretenden Mängeln an diesen Teilen muß

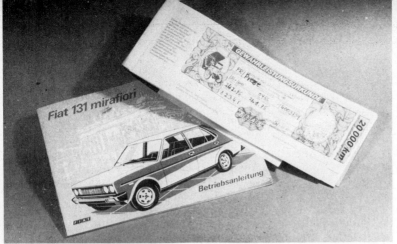

In der Betriebsanleitung – aber auch in diesem Buch auf der Seite 64 – ist aufgeführt, was zur Instandhaltung des Wagens getan werden muß. Wenn man sich regelmäßig um die empfohlenen Kontrollen und Wartungsdienste kümmert, dann braucht man sich vor den TÜV-Prüfungen nicht zu fürchten. In den betreffenden Kapiteln dieses Buches ist genau beschrieben, wie man die einzelnen Teile des Autos in einem TÜV-bereiten Zustand erhält. Ihre Fiat-Werkstatt ist Ihnen bei diesen Bemühungen behilflich.

man sich an die entsprechenden Erzeuger wenden. Aber es gibt auch Teile in Ihrem Auto, die nicht bei Fiat hergestellt wurden, dennoch in den Rahmen der Gewährleistung fallen. Unabhängig davon gewährt z. B. Bosch auf seine Erzeugnisse eine Garantie von 12 Monaten.

Garantie-Ausschlüsse

Der erste, kostenlose Service, der zwischen den km-Ständen 2000 und 3000 vorgenommen werden soll, darf in keinem Fall ausgelassen werden. Dabei werden nur Material, Öl und Fett berechnet. Andernfalls erlischt der Garantieanspruch. Weiter erlischt jede Garantieleistung, wenn man die Betriebsanleitung nicht beachtet und das Auto unsachgemäß behandelt.
Wenn fremde Teile nachträglich eingebaut wurden oder wenn eine nicht durch Fiat autorisierte Werkstatt Veränderungen vornahm, die mit dem reklamierten Defekt in Zusammenhang stehen, sieht es böse aus... Sie dürfen auch mit Ihrem Fiat keine Rallye fahren – dann ist die Gewährleistung dahin. Schließlich hat ein Zweitbesitzer gegen den Hersteller keinerlei Ansprüche.

Schadenersatz

Hatten Sie aber Pech und sind beispielsweise gegen einen Baum gefahren oder haben gar einen anderen Verkehrsteilnehmer geschädigt, weil ein Teil am Fiat brach, dann wird Ihnen nur dieses Teil ersetzt. Den angerichteten Schaden regelt die Haftpflichtversicherung. Ihre sonst noch entstehenden Kosten (Abschleppen, Abbruch der Geschäftsreise usw.) können Sie jedoch vom Herstellerwerk nicht fordern.
Das ist eine juristisch fein formulierte Einschränkung der gesetzlichen Haftpflicht in den Gewährleistungsbedingungen. Allmählich kommen Bestrebungen in Gang, den Kraftfahrzeughersteller bei ausgesprochenen Konstruktionsfehlern auch für Folgeschäden verantwortlich zu machen. Freilich sind diese Ziele für Einzelpersonen heute noch nicht erreichbar.
In jedem Fall wird die Fiat-Werkstatt nach Schadenbehebung von Ihnen Geld verlangen, als hätten Sie überhaupt keinen Anspruch. Über diesen entscheidet allein das Werk und in der Regel wird Ihnen erst danach der entsprechende Betrag gutgeschrieben oder zurückerstattet.

Kulanz als Bonbon

Immerhin werden jene klar formulierten Bestimmungen, mit denen sich das Werk vor unberechtigten Forderungen schützen will, etwas milder ausgelegt, wenn es sich um eindeutige Ansprüche handelt. Kein Automobilwerk freut sich über die Verbreitung eines schlechten Rufes, daß man ohne eigenes Verschulden draufzahlen mußte. Bei einem klaren Fall wird dann auch die obere

Grenze von einem Jahr nicht so genau genommen. Oft kommt es freilich auf das persönliche Verhandlungsgeschick an.

Wahrscheinlich wird Ihr Fiat-Händler zu Ihrem Verbündeten, wenn er in Ihnen einen Dauerkunden sieht und die Hoffnung hat, daß Ihr nächstes Auto wieder ein Fiat sein wird. Sie als Kunden behalten zu können, spornt die Werkstatt an, Ihre Ansprüche gegenüber dem Werk zu bekräftigen.

Großzügigkeit bei Garantieleistungen wird wie bei anderen Autoherstellern so lange geübt, bis die Kinderkrankheiten des betreffenden Modells abgeklungen sind. Die 131-Modelle sind jedoch wenig anfällig und man sollte die Garantiezusage nicht als selbstverständliche Gefälligkeit betrachten. Nur im äußersten Fall kann man noch bei einem km-Stand von etwa 20 000 mit folgender Basis rechnen: Teilekosten zu Lasten von Fiat, Arbeitskosten zu Lasten des Besitzers.

Auf das Überschreiten der offiziellen Garantiezeiten achten die Werksbeauftragten genauer, als früher bei Fiat einmal üblich war. Es lohnt sich also stets, auf eine schriftliche Vermerkung der Reklamation zu bestehen, wenn ein Schaden noch innerhalb der Garantiezeit geschieht, aber nicht gleich behoben werden kann oder noch eine Weile zu beobachten ist.

Was wird es wohl kosten?

Größte Scheu, so ist immer wieder zu beobachten, haben die Autofahrer vor der Frage nach den Reparaturkosten. Niemand will seine Unkenntnis zugeben. Leute, die mit diplomatischer Unbekümmertheit erklären, daß sie so gut wie nichts vom Auto verstehen (obwohl sie vielleicht recht gut Bescheid wissen) und daher keine Ahnung hätten, wieviel Geld sie zum Abholen des Wagens in die Tasche stecken müßten, sind oft besser dran. Machen Sie es wie letztere; Sie werden weniger Sorgen haben und manche Mark sparen, weil Sie diese oder jene eifrig angebotene Arbeit abweisen können.

Schriftlicher Kostenvoranschlag

Bei größeren Reparaturen sollten Sie sich – möglichst von verschiedenen Werkstätten – einen Kostenvoranschlag machen lassen. Dies kann durchaus in Form des Reparaturauftrages geschehen, auf dem zu den einzelnen Posten die Preise eingesetzt sind. Solche vorher im Auftrag festgelegten Preise dürfen bei Gesamtkosten unter 500 Mark um 20 % und bei höheren Kosten um höchstens 15 % überschritten werden. Entstehen jedoch höhere Kosten, muß die Werkstatt beim Auftraggeber rückfragen, ehe die Arbeiten ausgeführt werden und auf der Rechnung erscheinen. Deshalb ist die Angabe der eigenen Telefonnummer oder Anschrift so wichtig.

Achten Sie schließlich darauf, daß es in der Reparatur-Branche allgemein übliche »Geschäftsbedingungen für die Ausführungen von Arbeiten an Kraftfahrzeugen« gibt. Sie hängen entweder irgendwo an der Wand, wo sie der Kunde lesen kann, oder sie stehen auf dem Reparaturauftrag.

Austausch-Teile

Bei der Deutschen Fiat AG in Heilbronn kann man eine Preisliste für Austauschteile anfordern, die gleichzeitig über den Versand-Service informiert. Danach werden Bestellungen bei Tag und Nacht, auch sonn- und feiertags, entgegengenommen, allerdings nur werktags am gleichen Tage bearbeitet und über die Deutsche Bundesbahn per Expreß aufgegeben. Auch an Sonn- und Feiertagen sind Bestellungen möglich: Telefon 0 71 31 (Vorwahl Heilbronn) 887 (Fiat) 395 (Hausapparat). Und wer die Möglichkeit hat, Telex zu benutzen, hier ist die Nummer: 07 28603.

Bei allen Fiat-Händlern können Sie für Ihren Fiat 131 die nachfolgend benannten Original-Fiat-Austauschteile beziehen:

Anlasser, Getriebe, Kupplung, Kupplungsscheibe, Kurbelwelle, Lichtmaschine, Radbremsbacke, Regler, Scheibenwischmotor, Teilmotor, Vergaser, Verteiler, Wasserpumpe.

Es handelt sich um generalüberholte Ersatzteile, auf die Fiat die gleiche Garantie wie bei neuen Original-Teilen erteilt. Natürlich muß das alte Teil abgeliefert werden – die Hergabe instandsetzungsfähiger Aggregate ist Voraussetzung bei diesem »Austausch«. Solche alten Teile müssen riß- und bruchfest sein und dürfen weder Schweißungen noch Schäden durch äußerliche Einwirkung aufweisen.

Originalteile sind um etwa 40 % teurer als die Austauschteile. Trotzdem muß man bei einem gewissen Alter des Wagens – etwa bei 80 000 bis 100 000 km – überlegen, ob es wirtschaftlicher ist, einzelne Aggregate im Austausch zu besorgen oder einen kompletten Tauschmotor einzubauen, wenn Leistungsabfall oder Ölverbrauch des alten Motors bedenklich stimmen. Mit einem kompletten Motor wird man bei hohem km-Stand gewöhnlich besser beraten sein. Ein vertrauensvolles Verhältnis zum Werkstattchef kann außerdem zu einem preiswert wieder vollwertig hergerichteten Auto verhelfen.

Ersatzteile

Die Anzahl der Ersatzteile füllt einen dicken Katalog. Deshalb und wegen des ständigen Preisanstiegs hätte es wenig Sinn, hier eine Preisliste zusammenzustellen. Auch ist es mit dem einfachen Preis allein zumeist nicht getan. Sehr oft müssen neben dem defekten Teil noch die anschließenden oder mit diesem im Zusammenhang stehenden Teile ausgewechselt (und bezahlt) werden. Das gilt nicht nur für Dichtungen, Schrauben und dergleichen, auch einzelne Bremsbeläge lassen sich nicht ersetzen, sondern es müssen alle Bremsbeläge zumindest einer Achse ausgetauscht werden. Ebenso kann man Zahnräder nur paarweise ersetzen. Wenn Sie in der Fiat-Werkstatt Ersatzteile zum Selbsteinbau kaufen, müssen Sie sich erkundigen, ob auch irgendwelche Nachbarteile zu ersetzen sind.

Hüten Sie sich davor, fremde Teile in Ihr Auto einzubauen, die von Fiat für Ihr Auto nicht vorgesehen sind. Eine Ausnahme macht die elektrische Ausrüstung, die durch Teile verschiedener namhafter Hersteller ersetzt und ergänzt werden kann.

Gebrauchte, gut erhaltene Teile kann man wesentlich billiger vom seriös geführten Autofriedhof erstehen. Sie werden auch von Autowerkstätten, wenn mitgebracht, eingebaut, doch erstreckt sich auf sie natürlich keinerlei Garantie.

Für Ersatzteile und Zubehör, an der Autobahn gekauft, muß man gewöhnlich mehr bezahlen als an den Tankstellen in der Stadt oder auf dem Land. Der ADAC stellte einmal Preisaufschläge bis zu 22,2 % bei Autobahn-Tankstellen fest. Dagegen bezahlt man für Ersatzteile bei der herbeigerufenen ADAC-Straßenwacht in jedem Fall Originalpreise.

Werkstattkosten

Außer den Preisen klettern auch Löhne und Gehälter, was sich auf den Stundenlohn in Reparaturwerkstätten niederschlägt. Werkstattpreise setzen sich zu fast einem Drittel aus dem Arbeitslohn des Mechanikers und zu knapp einem Viertel aus Lohnanteilen und Gehältern für die Beschäftigten in dem Betrieb zusammen, der Rest errechnet sich aus festen Kosten (Miete, Strom, Heizung usw.), Buchhaltung, Porto, Telefon, Abschreibungen, Steuern, Versicherungen und aus genau 10 % vorgeschriebenen sozialen Aufwendungen.

Grundlage für alle Reparaturrechnungen ist eine von Fiat herausgegebene

Richtzeitenliste, in der die vom Werk ermittelten sogenannten Richtzeiten für die einzelnen Arbeiten festgelegt sind. Sie gelten als Maßstab ohne Berücksichtigung der tatsächlichen Arbeitszeit des betreffenden Monteurs und vereinfachen die Büroarbeit des Betriebs, zwingen jedoch die Werkstattarbeiter bisweilen zu überstürzter Ausführung ihrer Aufgaben. Wenn trotz der Richtzeiten die Reparaturkosten unterschiedlich hoch ausfallen, liegt es an der Kalkulation der Werkstätten, die eine Stunde Arbeitszeit nach eigenen Durchschnittslöhnen, Unkosten, Abschreibungen usw. und dem sich daraus ergebenden Werkstatt-Index errechnen.

Für die Wartungs- und Kontrolldienste sind genaue Richtzeiten bemessen. Für eine »Diagnose« kann man 1,3 Stunden und für eine normale 10 000-km-Wartung 1,60 Stunden veranschlagen. Daneben heißt es allerdings, daß »benötigte Materialien sowie Betriebsmittel und Lohnkosten für zusätzliche Arbeiten« getrennt berechnet werden müssen, aber gewisse Anhaltspunkte sind in jedem Fall gegeben.

Auf der Berechnungsbasis der Richtzeitenliste kann man Ihnen ohne weiteres einen ziemlich genauen Kostenvoranschlag machen. Als einziger Unsicherheitsfaktor bleibt, daß sich im Laufe der Reparaturarbeiten die Notwendigkeit zu zusätzlichen Instandsetzungen ergibt, die nicht ohne weiteres vorauszusehen waren. Wenn Sie aber bei der Auftragserteilung – falls möglich – Ihre Telefonnummer angeben und erklärt haben, man müsse Sie bei weiterreichenden Reparaturen zuvor befragen – vergessen Sie das niemals! – brauchen Sie keine Furcht vor umwerfend hohen Reparaturrechnungen zu haben.

Zusätzlich wird man seit 1973 über das Kostengefüge mit Hilfe der Preisauszeichnungsverordnung orientiert. Alle Handwerksbetriebe – und so auch Autoreparaturwerkstätten – müssen über die am häufigsten vorkommenden Arbeiten eine Preisliste in ihren Geschäftsräumen offenliegen haben. Man kann sich also ohne viel Fragerei über gewisse Kosten ein vergleichendes Bild machen und die Entscheidung, welchen Betrieb man aufsuchen will, fällt leichter. Wo allerdings qualitativ besser gearbeitet wird, das läßt sich aus solchen Preisauszeichnungen nicht entnehmen.

Reparaturen, die im Interesse von Verkehrssicherheit erforderlich sind – etwa ausgeleierte Lenkungsteile –, können Sie allerdings nicht ablehnen, wenn sie die Werkstatt gelegentlich anderer Arbeiten als dringend notwendig feststellt. Andererseits haften Werkstätten für Folgeschäden, die sich aus falsch oder unsachgemäß erfolgten Reparaturen ergeben. Ein genereller Ausschluß der Haftung würde den Kunden rechtlos machen (Urteil des Landgerichts München 08617/71).

Die im Zweijahres-Turnus fällige TÜV-Prüfung kann durch autorisierte Werkstätten vorgenommen werden. Nur sollte man bei entsprechendem Auftrag bedenken, daß die Werkstatt kein Wohltätigkeitsinstitut ist, sondern Geld verdienen will. Ein Blanko-Auftrag könnte also zu Arbeiten verlocken, die von der TÜV-Kontrolle wenig berührt werden.

Unterschiede bei Preisen und Reparaturen

Erhebliche Preisunterschiede ergeben sich aus dem lokalen Sitz der Werkstätten. Während die Werkstattpreise ohnehin von Jahr zu Jahr klettern, wird man allein innerhalb einer Großstadt Preisschwankungen um 20 % feststellen können. Wesentlich billiger ist es in kleineren Städten und auf dem Land. Fallen am Auto größere Arbeiten aus, so lohnt es sich immer, in die Provinz zu gehen, wo die Werkstatt wegen geringerer Unkosten weniger Geld fordert. Es läßt sich nicht immer verhindern, eine überhöhte Rechnung präsentiert zu bekommen. In der Regel ist das Kraftfahrzeughandwerk aber um Seriosität

bemüht. Die sinkende Inanspruchnahme der Werkstätten in den letzten Jahren, deren Gründe in der allgemeinen finanziellen Belastung des Autobesitzers zu suchen sind, führten dazu, daß auch Werkstätten um ihre Kundschaft werben.
Man kann andererseits nicht erwarten, in allen Reparaturwerkstätten eine gleich gute Arbeitsqualität vorzufinden. Was im Betrieb X vielleicht im Handumdrehen und sachkundig von geschultem Werkstattpersonal erledigt wird, nimmt womöglich im Betrieb Y mehrere Stunden in Anspruch, muß mit unverhältnismäßig viel Geld bezahlt werden und hält dann gerade bis zum Abend des gleichen Tages.
Derartige Unwägbarkeiten bestehen natürlich kaum bei der Werkstatt, zu der man einen guten Kontakt unterhält. Dagegen birgt der Besuch eines fremden Reparaturbetriebes eine Reihe von Unsicherheitsfaktoren, die mit den Stichworten »Preiswürdigkeit« und »Arbeitsqualität« ganz einfach zu benennen sind.

Die Kunst der Spezialisten

Selbstverständlich sind Fiat-Werkstätten für alle an Ihrem Wagen einmal anfallenden Arbeiten zuständig. Deshalb gehört auch ein Anschriften-Verzeichnis der Fiat-Vertretungen in das Handschuhfach Ihres Mirafiori.
Ebenso müssen Sie wissen, wohin Sie sich bei einem Defekt des Vergasers wenden können, wenn Sie glauben, die Sache läßt sich ohne die Mithilfe von Fiat schneller bereinigen. Die Liste der Solex-Dienste, die auch mit Weber-Vergasern umgehen können und für manche Benzinpumpen zuständig sind, schickt die Deutsche Vergaser Gesellschaft mbH, Leuschstraße 1, 4040 Neuss, auf Anforderung. Meistens verfügen Solex-Dienste auch über Motorprüfstände zur optimalen Einstellung der Vergaser- und Zündanlage. Den Nachweis spezieller Weber-Vertretungen (falls in Ihrem Wagen ein solcher italienischer Vergaser eingebaut ist) erhalten Sie von der Nöldeke GmbH, Postfach 5130, Theodor-Heuss-Str. 35, 7750 Konstanz, Telefon 0 75 31 / 6 32 41.
Manchmal ist eine Spezialwerkstatt in der Lage, gezielter zu helfen. Einer Karosserie- oder Reifenwerkstatt, einer Autolackiererei oder -polsterei z. B. ist es gleichgültig, welches Markenzeichen der Wagen trägt. Auf ihrem Spezialgebiet sind solche Betriebe mit jedem Wagen vertraut und können zumeist besondere Wünsche leichter erfüllen. Allein schon die auf Elektro-Dienste eingerichteten Bosch-Werkstätten bedienen auch Privatkundschaft und wer sich im Branchenteil des Telefonbuchs die notwendigen Adressen heraussucht, kann nach vorheriger Rückfrage mit rascher Hilfe rechnen.

Auch Tankstellen können helfen

Sehr wichtig ist ein guter Kontakt zu einer gut geführten Stamm-Tankstelle. Man findet bald heraus, wo man korrekt, schnell und besonders höflich bedient wird. An einer solchen modernen Tankstelle, wo man mehr als nur das Benzin für den Tank erhält, ist man gut aufgehoben. Dort stehen Geräte zum Ölwechsel, zur Reifen- und Batteriepflege zur Verfügung. Nach längerer Bekanntschaft mit dem Personal darf man derartige Einrichtungen vielleicht sogar selbst bedienen.
An ausgewählten Tankstellen verschiedener Marken finden sich sogar Motorprüfgeräte, mit denen sich Einstellarbeiten im Handumdrehen vornehmen lassen.
In fahrzeugtechnischer Hinsicht darf man jedoch von einer Tankstelle nicht zu viel verlangen. Die wirklich reparaturtechnischen Feinheiten Ihres 131 kennt man in der Fiat-Werkstatt besser.

Eigene Geschicklichkeit wird belohnt

Was man sich durch eigene Erfahrungen an handwerklichen Fähigkeiten beigebracht hat, darf einem niemand streitig machen. Keiner hindert Sie daran, Reparaturen am Auto selbst auszuführen.
Diesen Standpunkt muß man auch manchmal gegenüber Versicherungen vertreten. Wurde etwa des Auto durch einen unverschuldeten Unfall beschädigt, muß der Schädiger bzw. dessen Versicherung dem Eigentümer die Kosten für die von ihm selbst durchgeführte Reparatur in voller Höhe ersetzen. Maßgeblich für die Erstattung ist der Kostensatz, der in einer gewerblichen Werkstatt angefallen wäre. Der Anspruch umfaßt auch die Mehrwertsteuer. Einen derartigen Grundsatz stellte der Bundesgerichtshof im Urteil VI ZR 46/72 auf.

Pannenhilfe

Während der Feriensaison unterhält die Deutsche Fiat AG in Heilbronn einen Notdienst. Unter der Telefon-Nummer 07131/107 314 können Fiat-Fahrer, die mit ihrem Wagen in Not geraten sind, eine der nächsten, auch am Wochenende dienstbereiten Fiat-Werkstätten erfahren. Zugleich veranlaßt Heilbronn, daß diese Werkstatt über den Standort des Hilfesuchenden orientiert wird und Vorbereitungen zur Reparatur trifft.
Bei überraschenden Pannen finden Sie in diesem Handbuch eine Reihe von Hinweisen zur planmäßigen Störungssuche. Der »Entstörungs-Fahrplan« in der vorderen Buchklappe ist daher besonders wichtig. Hilflosigkeit unterwegs kann teuer werden. Mit einiger Umsicht wird man fast immer einen Weg finden, die nächste Werkstatt mit eigener Kraft anzusteuern, falls nicht gerade ein Unfall solche improvisierte Fortbewegung unmöglich macht.
Schließlich noch ein Tip zum Umgang mit diesem Buch: Der Rand der einzelnen Seiten bietet Platz für Notizen. Eigene und anderer Leute Erfahrungen auf einem bestimmten Sachgebiet sollten manchmal festgehalten werden. Gleiches gilt für Neuerungen und technische Änderungen am Wagen. An den Kapitelenden bietet sich meistens Raum dazu an, dort Wissenswertes über Veränderungen in der Serienproduktion nachzutragen, wie auch in den laufenden Neuauflagen zu diesem Buch dort Hinweise auf eventuell vorgenommene Verbesserungen an Ihrem Fiat gegeben werden.

Schleppen und Abschleppen

Verbundenheit

Können Sie sich das vorstellen: Auf einmal ist die Reise wegen irgendeines Defektes am Wagen beendet, sicher gerade dann, wenn Sie es am wenigsten vermuten und wenn das Ziel noch ein ganzes Stück entfernt ist. Dann ist es für Sie nur ein geringer Trost zu wissen, daß es jedem Auto einfallen kann, irgendwann einmal zu streiken. Haben Sie ein Abschleppseil dabei? Abschleppdienste arbeiten nämlich nach Gebührensätzen, die der schlechten Laune bei einer Panne auf den absoluten Nullpunkt verhelfen. Ein Abschleppseil schützt vor erheblichen Geldausgaben und vor der Sorge des Fortkommens in dem Fall, wenn Ihr sonst so treues Gefährt plötzlich nicht mehr weiter will.

Das eigene Seil

Das Leergewicht der 131-Limousine beträgt knapp 1000 kg, das des Kombiwagens zwischen 1020 und 1030 kg. Zum Abschleppen dieser Autos braucht man also etwas Handfestes und keinen Bindfaden. Handelsübliche Abschleppseile sind unter der Voraussetzung geeignet, daß sie wirklich stabil genug sind. Hegen Sie dazu noch eigene Hilfeabsichten, sollten Sie berücksichtigen, daß es Leistung und Gewicht Ihres Autos zulassen, auch einmal einen »Straßenkreuzer« aus dem Graben zu ziehen.
Seile aus Perlon, Hanf und Stahl erhält man im Zubehörhandel; jede Sorte hat ihre Vor- und Nachteile. Perlonseile dehnen sich beim Schleppen und verhüten dadurch das beim Losfahren so lästige Anrucken. Aber Perlon ist hitze- und scheuerempfindlich: Karosseriekanten, Stoßstangen und heißer Auspuff machen ein solches Seil rasch wertlos, sofern es keine verschiebbaren Ledermanschetten hat. Haltbarer, preiswerter, aber auch dicker und deshalb am Fiat unbrauchbar, sind Hanfseile. Ein Seil aus Stahl ist spröde zu handhaben, und weil es überhaupt nicht nachgiebig ist, muß es unbedingt einen Rückdämpfer besitzen. Das ist eine Schraubenfeder oder ein Gummistück, das aus der Seilmitte eine dehnbare Schlaufe bildet. Stahlseile können am stärksten strapaziert werden. Siehe aber übernächsten Abschnitt!
Die für Neulinge meist verwirrende Eigenschaft der Seile, bei verlangsamender Fahrt des Zugwagens den Abstand zwischen dem Gespann geringer werden zu lassen, kann eigentlich nur durch eine Schleppstange beseitigt werden. Aber erstens hat niemand unterwegs eine solche starre Verbindung für zwei Autos dabei und zweitens sind Schleppstangen an den vorhandenen Abschleppösen der Wagen schlecht oder gar nicht anzubringen.

Abschleppen nach Gesetz

Das Abschleppen ist eine Notmaßnahme. Der aus eigener Kraft nicht fahrfähige Wagen darf nur bis zur nächsten zumutbaren Werkstatt oder bis an den nahen Heimatort gebracht werden. Die Autobahn ist bei der nächsten Abfahrt zu verlassen. Eine Genehmigung zum Abschleppen eines fahruntüchtigen Wagens ist nicht erforderlich.

Im Schlepptau

Der Lenker des im Schlepp befindlichen, fahruntüchtigen Autos, das in diesem Fall auch nicht vorschriftsmäßig ausgerüstet sein muß (Mängel an Beleuchtung, Bremsen), benötigt keinen Führerschein. Dagegen muß der Lenker eines schleppenden betriebsfähigen Wagens im Besitz des für dieses Fahrzeug zutreffenden Führerscheins sein. Das gilt besonders beim Anschleppen, etwa bei leerer Batterie.

An den Längsträgern des Vorderbodens, links und rechts unterhalb der Stoßstange, befinden sich die vorderen Abschleppösen. Diese Ösen sind aber recht kleinkalibrig ausgefallen und es ist schwierig oder bisweilen unmöglich, durch ein solches Loch das handelsübliche Seil hindurchzufädeln. Gelingt es, muß man je nach Seiltyp durch eines der Löcher entweder das Seilende einhängen oder hindurchziehen oder eine Schlaufe des Seils durch das Loch zwängen und das andere Seilende durch diese Schlaufe ziehen.

Am besten geht es, wenn man einen starken Fleischerhaken dabei hat, den man in der Öse einhängt und an den man das Seil befestigt. Der offene Haken hat natürlich den Nachteil, daß sich das Seil beim Bremsen oder Anrollen des Gespanns aushängen kann. Aber das ist unbedeutend gegen eine verbogene Stoßstange, die man sich einhandelt, wenn man das Seil um sie herumschlingt. Auch die Halterungen der Stoßstange können leicht ausreißen – nicht umsonst warnt Fiat davor, das Abschleppseil an anderen Punkten als an den Ösen anzubringen.

Es ist Vorschrift, das Seil zwischen beiden Wagen mit einer roten Fahne zu markieren. Die Warnblinkanlage darf während der Schleppfahrt nicht eingeschaltet sein, deshalb besser Warndreieck ins Rückfenster stellen.

Sich abschleppen lassen ist kein Kinderspiel. Vorsichtige Fahrweise des Ziehenden ist die Grundbedingung der Rücksichtnahme auf sein Anhängsel. Im geschleppten Wagen müssen Sie die Verkehrssituation vor Ihrem Zugwagen beobachten und beinahe voraussahnen: Sie müssen eher bremsen als Ihr Helfer vorn, damit das Seil immer straff bleibt, ihn also praktisch mitbremsen. Jedes Anfahren mit lockerem, über die Straße schleifenden Seil beansprucht die Haltepunkte des Seils an beiden Wagen, denn der Vordermann kann es meist nicht sehen, wenn die Verbindung zu seinem Anhänger nicht stramm spannt. Zieht er dann wieder los, gibt es einen gewaltigen Ruck durch beide Autos.

Um an dem Schleppwagen vorbei gute Sicht voraus zu haben, wird das Seil bei diesem links angeknüpft. So kann die Zugmaschine scharf rechts fahren und der Geschleppte lenkt leicht versetzt zur Fahrbahnmitte hin.

Um einen Anhänger, etwa einen Wohnwagen, ziehen zu können, bedarf es der sachgerechten Montage einer Anhängerkupplung und der Installation einer Steckdose für den Anschluß der Leuchten dieses Anhängers. Die ganze Geschichte muß vom TÜV abgenommen und in den Wagenpapieren eingetragen sein, andernfalls erlöschen bei Benutzung die Betriebserlaubnis und der Versicherungsschutz.

Die hinter diesem Gleitzug fahrenden Verkehrsteilnehmer müssen sehen können, wann Sie bremsen. Also Zündung einschalten, sonst leuchten die Bremslichter nicht auf. Haben Sie jedoch einen längeren Weg in dieser für Sie benzinsparenden Weise des Autofahrens vor sich, dann ist es ratsam, das orangefarbene Kabel an der Zündspule zu lösen, damit sie sich nicht aufheizt und Schaden nimmt. Eingeschaltete Zündung verhindert zudem das Einrasten des Lenkschlosses, wodurch schon häufig Unfälle passierten. Zumindest also den Schlüssel auf Stellung GAR (Lenkung frei), besser noch auf MAR (Zündung eingeschaltet).

Abschleppen des 131 Automatik

Der Fiat mit automatischem Getriebe darf nur bei der Wählhebelstellung »N« abgeschleppt werden. Dabei soll die Geschwindigkeit von 50 km/h nicht überschritten werden und die Schleppstrecke darf nicht mehr als 50 Kilometer betragen. Das hängt mit der Ölversorgung der Getriebeautomatik zusammen, deren Ölpumpe nur angetrieben wird, wenn der Motor läuft.
Ist das Ziel weiter entfernt, kann man 1 Liter des Öls für automatische Getriebe zusätzlich einfüllen, das dann später wieder abzulassen ist. Oder das Auto ist bei angehobener Hinterachse und mit in Geradeausstellung fixierten Vorderrädern rückwärts abzuschleppen. Das ist nur einem Abschleppdienst möglich und wenn ein Getriebeschaden vorliegt, ohnehin nicht zu umgehen. Es sei denn, man trennt die Verbindung zwischen Getriebe und Hinterachse.

Fingerzeig: *Die Bremskraftunterstützung funktioniert nur bei laufendem Motor. Zum Abbremsen des geschleppten Wagens ist mehr Pedaldruck nötig.*

Einen anderen abschleppen

Hinten verfügt der Fiat über zwei Ösen der gleichen Art wie oben beschrieben. Das Seil muß in der gleichen Art wie vorne angebracht werden. Hoffen wir mit Ihnen, daß jener, der da weggezogen werden will, die primitivsten Regeln der Abschleppkunst beherrscht. Verabreden Sie mit ihm Handzeichen und Lichtsignale und denken Sie daran: Er muß bremsen. Bei einer Notbremsung müssen Sie versuchen, aus der alten Fahrspur herauszukommen. Dann reicht vielleicht noch der Bremsweg des Hintermannes, daß er nicht auf Sie auffährt, sondern noch etwas an Ihrem Wagen vorbeilenken kann.
Wenn möglich, läßt man die Beifahrer des abzuschleppenden Fahrzeugs in den Zugwagen umsteigen, weil dann das Anhängegewicht niedriger ist.

Anhängerbetrieb

Haben Sie geplant, an Ihrem Fiat einen Anhänger mitzuziehen? Die Anhängelast darf ein bestimmtes Gewicht nicht überschreiten: Bei den Limousinen und beim Kombi 1300 sind das 800 kg, bei dem 1600 Kombi 900 kg, wenn der Anhänger eine eigene Bremse besitzt. Es wird also unterschieden, ob es sich um einen gebremsten oder ungebremsten Hänger handelt. Befolgen Sie diese Vorschriften genau, damit Sie später mit der Obrigkeit keinen Ärger bekommen und womöglich die Urlaubsreise unterwegs abbrechen müssen.
Zunächst müssen Sie aber an Ihrem Auto eine Anhängerkupplung anbringen lassen, die dann in die Fahrzeugpapiere eingetragen wird. Falls Sie tatsächlich einen schwereren Hänger als angegeben mitschleppen wollen, können Sie bei der Abteilung Kundendienst in Heilbronn unter Angabe der Fahrgestell-Nummer einer Bescheinigung zur Vorlage beim TÜV erhalten. Mit dieser ist man berechtigt, an Limousine oder Kombi mit 1300-Motor 1000 kg und an die 1600-Version noch 100 kg mehr anzuhängen. Überlegen Sie aber gut, ob Ihrem Wagen mit dieser Last auf der Fahrt nach Ravenna nicht die Puste ausgeht – gut tut es ihm (und Ihnen!) bestimmt nicht.

Karosserieteile

Sicherheitszelle

Allgemein sind die Autobauer mehr und mehr bestrebt, den Insassen ihrer Wagen weitmöglichen Schutz bei Unfällen zu bieten. Das ist nicht so einfach, seitdem die Autos keine massiven Fahrgestelle mehr haben, die dem Aufbau als stabiles Rückgrat dienten. Schon lange besitzen Personenwagen selbsttragende Karosserien, und die bestehen allemal nur aus Blech. Haben Sie schon einmal auf eine leere Konservendose getreten? Die gewölbte Seitenwand läßt sich zusammendrücken, doch in Verbindung mit dem runden Dosenboden bietet sich ein bemerkenswerter Widerstand.

Moderne Karosserien sind aus verschiedenen exakt in Formgebung und Festigkeit berechneten Teilen zusammengesetzt. Nur gemeinsam erfüllen sie die wichtige Funktion der Stabilität. Ihr Fiat kam somit zu einer verwindungssteifen Mittelzelle, der die Front- und Heckpartie als energieverzehrende Verformungszonen mit berechneten Abstufungen angesetzt sind. Im Abschnitt »Karosserieschäden« kommen wir auf diese sich daraus ergebenden Konsequenzen nochmals zurück.

Irgendwann sind sicher auch der Aufbau und die Befestigung einzelner Karosserieteile von Interesse. Deshalb erfahren Sie auf den folgenden Seiten, was Sie tun können, wenn vielleicht eine Tür klemmt oder ein Sitz wackelt.

Was ist demontierbar?

Um der Karosserie maximale Stabilität zu verleihen, sind die einzelnen Teile nicht durch Schrauben verbunden, sondern elektrisch punktgeschweißt. Nur die vorderen Kotflügel machen eine Ausnahme, sie sind in ihrem gesamten Umfang festgeschraubt. Aber schon bezüglich der hinteren Seitenteile muß man bei Blechschäden mit kostspieligen Schweißarbeiten rechnen.

Beim Fiat 131 lassen sich ohne übermäßig handwerklichem Aufwand die Türen, die beiden Hauben, die Fenster, das Kühlerschutzgitter mit den Scheinwerfern sowie die Stoßstangen ausbauen. Daneben können natürlich die Teile der Inneneinrichtung, die nicht zur eigentlichen Karosserie gehören, entfernt werden.

Klappergeräusche

Plötzlich kann es im Auto irgendwo klappern oder rasseln – ohne sichtbaren Einfluß. Das kommt sogar bei neuen Autos vor, wenn bei der Montage irgendeine vergessene Schraube oder Scheibe herumrollt oder weil ein unbefestigtes Kabel ans Blech schlägt. Da die Karosserie wie ein Resonanzkörper wirkt, in dem sich die Akustik fortpflanzt, weiß man nicht immer mit Sicherheit, wo es überhaupt klappert.

In der Geräuschgegend sind dann freihängende Kabel in ihre Halterung zu drücken oder mit Klebeband zu befestigen. Rasselt etwas herum, ist es vermutlich eine Schraube oder Mutter. Wenn man sie nicht findet, ist nachzuprüfen, wo eine solche Befestigung fehlt; in der Nähe wird sich auch der Klappergeist aufhalten.

Vorbeugend gegen Quietschgeräusche (oder versuchsweise) hilft es, alle in der Störgegend erreichbaren gegeneinander scheuernden Teile mit Glyzerin einzureiben oder zu beträufeln. Öl ist in diesem Falle nicht immer ratsam, denn sehr oft sind Gummiteile an der Quietscherei mitbeteiligt, denen Öltropfen nicht gut bekommen würden.

Schrauben an Karosserie und Fahrzeugteilen nachziehen
Pflegearbeit Nr. 41

Alle Schrauben und Muttern sollen in regelmäßigen Abständen auf ihren festen Sitz kontrolliert werden, um zu verhindern, daß sich ein angeschraubtes Teil womöglich selbständig macht. Fiat empfiehlt diesen Wartungsdienst für alle 20 000 km. Es wäre aber eine unzumutbare Aufgabe, nun wirklich sämtliche Schraubenverbindungen zu suchen und nachzuziehen. Die Praxis lehrt, daß man bei allen normalen Wartungs- oder Instandsetzungsarbeiten an diesem oder jenen Teil des Wagens ohne große Umstände den jeweils passenden Schraubenschlüssel auf die nächsterreichbaren Schrauben setzen und prüfen kann, ob sich etwas lockerte.
Keinesfalls darf man alle Schrauben mit größter Gewalt nachziehen. Für viele von ihnen sind bestimmte Zugspannungen zum Festdrehen vorgeschrieben, die man nur mit einem Drehmomentschlüssel einhalten kann und nicht überschreiten darf. Etliche Schrauben besitzen Sicherungsringe oder andere Arretierungen, die eine selbständige Lockerung gar nicht ermöglichen.

Karosserieschäden

Bei Fiat wurde die Karosserie gegen Witterungseinflüsse für eine geraume Zeit abgeschirmt. Die Oberfläche des Bleches ist phosphatiert, grundiert und erst danach in mehreren Arbeitsgängen mit Lack überzogen. Im Bereich des Unterbaus und der Einstiegträger kommen besonders behandelte Bleche zur Anwendung und die Einstiegträger besitzen eine zusätzliche Rostschutzgrundierung und einen Wachsfilm. Im Schleuderbereich der Räder hat man als Schutz für die Kotflügel Kunststoffeinsätze angebracht. Trotz dieser Vorkehrungen kann Ihr Auto nicht für ewig in einem taufrischen Zustand bleiben.
Schnell sind bei Unachtsamkeiten die Hauben- und Türkanten angestoßen und dann der Korrosion ausgesetzt. Wie bei fast allen anderen Wagen ist das Karosserieblech unterhalb der vorderen Stoßstange dem Aufprall hochgewirbelter Steine ausgesetzt. Hierbei handelt es sich um direkt von außen einwirkende Schädigungen, die bei rechtzeitigem Erkennen leicht zu beseitigen sind.
Der möglichen Durchrostung von innen begegnet man am wirkungsvollsten mit einer rechtzeitig vorgenommenen Hohlraumversiegelung (siehe Seite 60). Karosserienähte, die sich nach einigen Jahren für Korrosionserscheinungen anfällig zeigen, lassen sich damit auch schützen. Äußere Schönheitsreparaturen helfen kaum noch, wenn der Lack von innen erst einmal hochgedrückt wurde. Unzugängliche Rostnester können nur in einer Fachwerkstatt ausfindig gemacht, repariert und gegen neuen Befall isoliert werden.
Unfallschäden, bei denen zwei oder mehrere sich berührende Karosserieteile zu reparieren sind, liegen hoch im Preis. Hinzukommt, daß nicht jede Fiat-Werkstatt immer in der Lage ist, größere Lack- und Karosserieschäden bestens zu beseitigen. Deshalb geht man lieber gleich zu einer Spezialwerkstatt, die den »Fall« ohnehin von der Vertragswerkstatt zur Erledigung erhalten hätte.
Da bei einer Kollision gewöhnlich auch benachbarte Partien der direkt betroffenen Teile etwas abbekommen (oft nicht ohne weiteres erkennbar, sondern erst nach genauem Vermessen festzustellen), lohnen sich hausbackene Klempnerarbeiten eigentlich nur nach leichten Beschädigungen. Denn zu-

sätzlich wird im Werk an einigen exponierten Stellen eine Autogen-Schweißung vorgenommen, wodurch die zusammengefügten Teile eine innige Verbindung erhalten. Blechschäden ziehen bei einer derartigen Karosserie meist teure Reparaturen nach sich.

Die Versicherungsunternehmen suchen in enger Zusammenarbeit mit den Autofirmen nach Wegen der Rationalisierung, um die Regulierung von Schadensfällen kostengünstiger zu gestalten. Sogenannte Abschnittsreparaturen führen zu Material- und Zeiteinsparungen und somit zu günstigeren Preisen. So werden nicht »großzügig« ganze Karosserieteile ersetzt, sondern nur Teile derselben. Wenn etwa bei einer Tür nur das Außenblech verbeult ist, wird sie deswegen nicht komplett ausgetauscht. Derartige Arbeiten – vor allem an tragenden Teilen – müssen natürlich stets im Hinblick auf Betriebssicherheit und Werterhalt ausgeführt werden.

Reparaturen am Unterbau

Die schon angesprochene Stabilität der Mittelzelle, also des Fahrgastraums, hat man beim 131 durch drei ringförmig angeordnete Rahmen erreicht. Diese sind in der Höhe des Daches, in der Gürtellinie (einschließlich der Türen) und im Boden vorhanden. Ihre stabilisierende Aufgabe erfüllen die Karosserieteile aber nur gemeinsam mit dem Unterbau.

Instandsetzungen am beschädigten Unterbau müssen unter allen Umständen sorgfältig erledigt und können nur von einem darauf eingerichteten Betrieb vorgenommen werden. Größere Fiat-Dienste sind mit den dazu notwendigen Geräten ausgestattet, und dort richtet man sich bei solchen Arbeiten auch nach internen Anweisungen. Besteht bei stark verunfallten Wagen der Verdacht auf Beschädigung der Bodengruppe, wird grundsätzlich eine Rahmenlehre in Anspruch genommen, um Abweichungen von vorgeschriebenen Maßen und Formen festzustellen. Träger und Rahmenteile sollen nur mit Hilfe bestimmter Prüf- und Schweißarbeiten und möglichst an den Original-Trennstellen ersetzt werden. Die Verbindungen sind punktzuschweißen. Neue Teile dürfen nicht stumpf angesetzt und autogen geschweißt werden, sondern sie sind mit U-Laschen an der Stoßseite einzupunkten und unter Verwendung eines Lichtbogenschweißapparates zu befestigen. Es sollen Punktschweißelektroden mit möglichst kleiner Ausladung verwendet werden, um den Anpreßdruck so hoch wie möglich zu halten.

Solche für den Autobesitzer üblicherweise wenig verständliche Anleitung soll Ihnen nahebringen, daß nach einer Beschädigung der Bodengruppe die Reparatur sehr gewissenhaft ausgeführt werden muß. Das muß nicht zuletzt im Hinblick auf ihre eigene Sicherheit beim später wieder aufgenommenen Betrieb geschehen – auch der TÜV erkennt bei der nächsten Untersuchung sehr schnell, ob die Arbeit fachmännisch ausgeführt ist.

Die Motorraumhaube und ihr Schloß

Die Haube über dem Motorraum ist vorn mit zwei Scharnieren angelenkt. Diese Anbringung macht es unmöglich, daß sie sich während der Fahrt öffnet. Für eine bequemere Hantierung im Motorraum – oder weil die Haube wegen eines herabfallenden Dachziegels ersetzt werden muß – kann man sie leicht abnehmen. Soll die gleiche Haube später wieder befestigt werden, zeichnet man die Umrisse der Scharniere auf dem Querträger der Front mit einem Filzschreiber an. Beide Schrauben jedes Scharniers herausdrehen, während ein Helfer die Haube festhält. Der Haltebügel braucht nur ausgeklinkt zu werden, nachdem man dessen federnde Sperre seitlich herausgedrückt hat.

Beim Einbau der alten Haube richtet man sich nach den vorher angezeichneten Markierungen. Eine neue Haube läßt sich justieren, wenn man die längli-

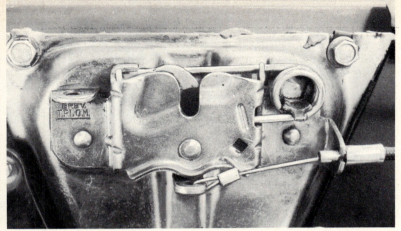

Schließt die Motorhaube nicht richtig, läßt sich ihr Schloß seitlich und in der Höhe verschieben, wenn man die beiden Schrauben SW 10 lockert. Die beweglichen Schloßteile sind gut mit Fett zu versorgen, und ebenfalls sollte man ab und zu etwas Öl an die Führung des Haubenzuges träufeln, der vom Bedienungshebel unter dem Armaturenbrett links heranführt.

chen Scharnierlöcher zum Verschieben der Schrauben ausnutzt. So gelingt das Einpassen. Falls die Haube sich schwer öffnen läßt, kann man auch noch die Verriegelung versetzen.

Kofferraumhaube oder Hecktür

Wie die Motorhaube, so läßt sich auch der Gepäckraumdeckel der Limousine abnehmen oder in seitlicher Richtung und in der Höhe verstellen. Zusätzlich ist es möglich, den Haltebügel für das Schloß zu versetzen, indem man die Sechskantschraube lockert.

Die Auflagekante des Kofferraumdeckelausschnittes ist rundum mit einer Gummidichtung versehen, die das Eindringen von Staub und Wasser sowie das Klappern der Haube verhindern soll. Ist diese Gummidichtung beschädigt, muß sie ersetzt werden. Dazu die alte Dichtung herausreißen und ihre Auflagefläche gut mit Gummilösungsmittel säubern, bis alle Klebstoffreste beseitigt sind. Die neue Dichtung und die Kofferraumkante werden auf ihren Auflageflächen mit Gummikleber eingestrichen. Nach entsprechender Trokkenzeit Klebefläche flüchtig mit benzingetränktem Lappen überwischen und Gummidichtung rasch andrücken. Die beiden Enden der Gummidichtung sind ebenfalls zusammenzukleben.

Beim praktischen, weil geräumigen, Kombi dürfte die Hecktür kaum Verdruß bereiten. Das Öffnen unterstützen die beiderseits angebrachten Hydraulikheber, die sich rasch austauschen lassen, falls sie wirklich einmal defekt werden sollten. Auch die Verriegelung ist ähnlich den Haubenverschlüssen verstellbar, doch ist zu berücksichtigen, daß dann womöglich noch die Länge

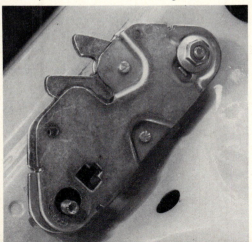
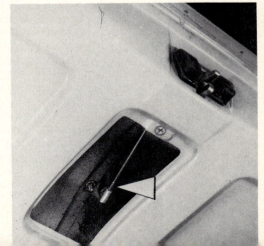

Links: Auch das Schloß der Kofferraumhaube läßt sich in seiner Stellung verschieben, siehe vorhandenes Spiel am Gewindebolzen im Bild links unten.
Rechts: Bei der Hecktür des Kombiwagens ist die Zugstange zur Verriegelung in ihrer Länge durch Verdrehen verstellbar.

der Zugstange (s. Bild Seite 39) reguliert werden muß. Eine neue Tür wird zunächst nur an den Scharnieren provisorisch befestigt, dann überprüft man ihren Sitz und die Beweglichkeit. Nachstellmöglichkeit besteht an den Scharnieren. Zum Schluß werden die Heber angeschraubt.

Der Profilgummi an der Hecktür ist bei Frostwetter gefährdet: Die Tür kann am Gummi anfrieren. Gewaltsames Öffnen beschädigt den Gummi. Das Eis löst man mit Defroster-Spray für vereiste Scheiben auf.

Die Stoßstangen

»Stoßfänger« ist das sachlich bessere Wort für die vordere und hintere Umfangbegrenzungen eines Autos, die auf dem Parkplatz auch einmal die ungeschickten Rangierversuche des Nachbarn aushalten sollen. Beim 131 sind sie einteilig, bestehen aus verchromtem Stahl und besitzen Eckstücke aus Gummi. In der Spezialversion findet man noch durchlaufende Gummiauflagen über die gesamte Länge der Stoßfänger.

Zwei mit SW-10-Schrauben an querliegenden Karosserietraversen befestigte Träger sorgen für den Halt der Stoßfänger, der an den Ecken noch einmal von je einer Schraubverbindung unterstützt wird. Das Abschrauben birgt kaum Schwierigkeiten. Vor oder während der Demontage sind vorn die elektrischen Anschlüsse für Blinker und Standlichter, hinten für die Kennzeichenbeleuchtung und beim Kombiwagen noch für die Rückfahrleuchte zu trennen.

Besonders beim Befestigen eines neuen Stoßfängers wird man auf eine helfende Hand nicht verzichten können. Während der eine für waagerechte Ausrichtung sorgt, dreht der andere die Schrauben fest.

Die Türen

Zum Ausbau einer Tür sind bei jedem Türscharnier die Sechskantschrauben aus dem vorderen Türrahmen herauszudrehen. Zwischen beiden Scharnieren sitzt ein Öffnungsbegrenzer, der in der Tür an einem Nylonbolzen geführt wird. Wenn man diesen Fangbügel zusammendrückt, befreit man seine Enden aus den Führungsösen. Falls die Tür beim Bewegen knarrt, muß man die Gleitfläche der Nylonführung einfetten.

Auf dem hinteren Türrahmen ist die Schließplatte angebracht, die man bei klappernder oder schlecht schließender Tür versetzen kann. Dazu muß man die beiden Kreuzschlitzschrauben der Schloßfalle wie auch die darunter sitzende Sechskantschraube etwas lockern, sodann ist die Schließplatte seitlich und in der Höhe verstellbar. Durch Hinzufügen oder Wegnehmen der auf dem Karosserieblech anliegenden Einstellplatten läßt sich noch ihr Abstand variieren.

Den Türscharnieren sollte man in regelmäßigen Zeitabständen ein paar Tropfen Motoröl gönnen. Auch das Türschloß ist dafür empfänglich. Oberhalb des Schloßriegels befindet sich eine kleine, von einem Plastikstopfen verschlossene Bohrung. Durch dieses Loch kann man Öl einsprühen. Es ist nicht zweckmäßig, den Schloßzylinder mit Graphitpulver zu schmieren, da sich dieses, vom Schlüssel ständig nach hinten geschoben, im Schloß festsetzt und schließlich das Einführen des Schlüssels verhindert. Die Folge ist eine umständliche Reparatur.

Türen justieren

Wenn eine neu eingebaute Tür nicht flächenglatt zur Seitenwand der Karosserie oder zu der oberen oder unteren Türleiste liegt, müssen die Scharnierschrauben etwas gelockert und in ihren Bohrungen so weit verschoben werden, bis die geschlossene Tür flächenglatt anliegt. Dieses Heimwerker-Justieren wird allerdings nicht ausreichen, wenn beispielsweise die

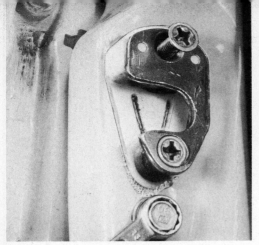

Bei klappernder oder nicht flächenglatt sitzender Tür ist die unter der Türschloßfalle sitzende Schraube SW 13 zu lösen und entsprechend zu verschieben. Außerdem kann man die beiden Kreuzschlitzschrauben der Schloßfalle mit einem kräftigen Schraubenzieher verstellen. Schraubt man diese beiden Schrauben vollständig heraus, läßt sich die Distanz der Schließplatte zum Karosserieblech durch Hinzufügen oder Wegnehmen von Einstellplatten, die dazwischen liegen, variieren.

Tür beim Öffnen auf den Bürgersteig gerammt oder durch Anprall gestaucht wurde und nun verkantet im Türausschnitt sitzt. Da sind spezielle Richtwerkzeuge einer erfahrenen Werkstatt notwendig, und anschließend muß die Türschloßeinstellung überprüft werden, wie eben beschrieben.

Fingerzeige: *Die geschlossenen Türen werden von innen durch einen Sicherungsstift verriegelt. Bei den offenen Vordertüren darf der Sicherungsstift nicht eingedrückt werden, weil das Türschloß dann beim Zuschlagen beschädigt werden könnte.*
Ist bei einem dunkel lackierten Auto die Stellung des Sicherungsstiftes von außen des nachts schlecht zu erkennen, führt ein heller Anstrich des schwarzen Stiftes zu einem wirkungsvolleren Kontrast.
Im Winter sollen die Türdichtleisten öfter mit Glyzerin sparsam eingerieben werden. Das verhindert das Festfrieren bei plötzlichem scharfen Frost. Talkum hält dagegen Gummidichtteile im Sommer geschmeidig. Brüchig gewordene Gummidichtungen sind bald auszutauschen.

Türverkleidung ausbauen

Die Innenverkleidung der Tür ist an ihrem oberen Rand unter die Abschlußleiste der Fensterkante geklemmt. Seitlich und unten wird sie von Nylonklammern, die in entsprechenden Löchern im Türblech eingesteckt sind, festgehalten.
Zuerst schraubt man jedoch die Armlehne ab. Eine Kreuzschlitzschraube ist unter dem rechteckigen Eloxalstopfen versteckt, den man mittels Schraubenzieher abhebeln kann. Zwei untere Schrauben sind an der Unterseite der Armlehne erreichbar. Dann drückt man den kleinen Rahmen des Innengriffs mit dem Schraubenzieher ab. Er ist zu beiden Seiten am Fuß des Griffes festgeklemmt.
Die Fensterkurbel wird von einer Lyra-Feder auf ihrer Welle festgehalten. Um sie zu lösen, besitzt die Fiat-Werkstatt ein einfaches, gabelförmiges Werkzeug, womit man (aus der Richtung des Kurbelarmes) gegen die Federenden hinter der Kurbelrosette drückt. Die Anschaffung einer besonderen Zange lohnt sich nicht; mit etwas Geduld kann man mit einem spitzen Werkzeug nach einem Federende angeln und dieses zur Seite drücken, bis sich die Feder von der Welle schiebt (Vorsicht, sie springt leicht weg!).
Anschließend fährt man mit einem Schraubenzieher seitlich hinter die Verkleidung, um die Klammern aus ihren Löchern zu drücken. Damit die Lackierung der Tür dabei nicht zerkratzt wird, schützt man sie durch ein Stück alten Stoff,

Soll die Fensterkurbel von ihrem verzahnten Sitz abgenommen werden, kann der findige Bastler auch ohne spezielle Federzange auskommen. Das mit Pfeil gekennzeichnete Federende, das nur um 1 mm aus dem Führungsspalt herausragt, kann mit einem schmalen Schraubenzieher seitlich abgehebelt und nach oben gedrückt werden. Beim Aufsetzen ist die Feder mit ihren Einschnürungen auf die oberen Spaltenden zu klemmen und wird erst heruntergedrückt, wenn die Kurbel richtig auf der Welle sitzt.

das man zwischen Werkzeug und Blech hält. Die Nylonklammern können abbrechen, wenn man sie schräg heraushebelt, deshalb ist es angebracht, mit etwas Fingerspitzengefühl vorzugehen.

Der Fensterheber

Gegenüber dem bei anderen Fiat-Modellen verwendeten Kurbelmechanismus mit Seilbetätigung finden im Mirafiori Fensterheber mit Hebelübertragung Anwendung. Der Kurbelapparat ist am Türinnenblech mit zwei Sechskantschrauben befestigt. Zum Ausbau des Kurbelapparates muß man das Fallfenster so weit verstellen, bis im Montageloch die Befestigung zur Hebelschiene des Fensters erreichbar wird. Damit das Glas bei der Demontage nicht in den Schacht hineinfällt, wird es mit Holzkeilen festgeklemmt.

Eine genaue Einstellung, die mit der Montage verbunden werden muß, ist freilich nur dem geübten Werkstattmann möglich. Er versteht es, mit wenigen gezielten Handgriffen den Mechanismus in die richtige Stellung zu bringen und das Fenster störungsfrei auf und ab laufen zu lassen. Als Heimwerker ist man statt dessen auf zeitraubende Versuche angewiesen.

Türschloß ausbauen

Der innere Schloßbetätigungsgriff kann nach Lösen seiner beiden Halteschrauben verschoben werden. Dieser Griff ist mit dem Schloß durch eine Stange verbunden, die etwa in der Mitte durch einen Dämpfer läuft, damit sie während der Fahrt nicht gegen das Blech klappert.

Das Türschloß ist mit drei Kreuzschlitzschrauben befestigt und läßt sich ohne Schwierigkeit ausbauen. Zum Blockierhebel führt eine weitere, kleinere

Die rechte Vordertür ohne Verkleidung. Bei –1– befindet sich die verzahnte Welle vom Kurbelapparat für die Fensterkurbel. 2 – Türinnengriff mit Zugstange zum Schloß, 3 – senkrechte Stange der Innenverriegelung. Im oberen Montageloch sieht man die Hebeschiene für die Fensterscheibe.

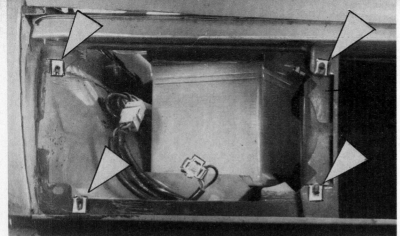

Um das Ziergitter von der Wagenfront zu lösen, sind vier Kreuzschlitzschrauben an jeder Seite herauszudrehen (Pfeile) und im Motorraum die Stecker von den Scheinwerferlampen abzuziehen. Dann die Motorhaube schließen und in Grillmitte noch oben und unten je eine Schraube lösen. Siehe auch Bild unten.

Stange, die über Schraubmuffen verfügt. Durch Drehen der Stange läßt sich der Abstand zwischen den Muffen verändern, falls die Verriegelung klemmt.

Fenster austauschen

Für den Ausbau der Seitenfenster braucht man ebenfalls etwas Umsicht. Zu entfernen ist – nach Ausbau der Türinnenverkleidung – die mit vier Schrauben an der unteren Fensterausschnittkante befestigte Leiste (Zugknopf der Türsperre abschrauben). Beim viertürigen Wagen muß in der Vordertür der kleine dreieckige Abschluß des Fensterrahmens, beim Zweitürer nach Herunterlassen des Fallfensters die Trennschiene zum feststehenden Fenster abgeschraubt werden.
Die Verriegelung zum Türschloß, also Betätigungshebel und Zugstange zum Schloß, sind auszubauen. Dann muß die Verbindung zwischen Hebelmechanismus und Fensterhebeschiene getrennt werden, der Kurbelapparat ist auszubauen. Sodann läßt sich das Fenster leicht angewinkelt aus dem Türschacht nach oben herausziehen.
Vor dem Einsetzen einer neuen Windschutz- oder Heckscheibe möchten wir warnen. Bei ungeschickter Handhabung brechen diese Scheiben leicht. Die Scheiben sind teurer als die Einbauarbeit in der Werkstatt, und wenn sie dem Mann in der Werkstatt beim Einsetzen brechen, muß er dafür aufkommen. Nach dem Einbau einer Windschutz- oder Heckscheibe muß Dichtungsmasse mit einer besonderen Druckpresse zwischen Gummifassung und Karosserierand gedrückt werden. Das kann auch nötig sein, wenn das Regenwasser am Rand der Windschutzscheibe ins Innere dringt.

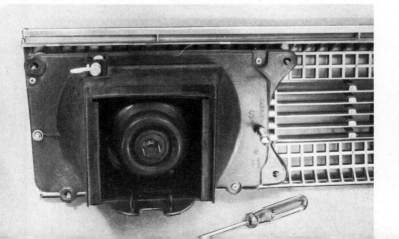

Das ausgebaute Frontgitter der Normalausführung mit Einfach-Scheinwerfern. Diese einfach auszuführende Demontage ist besonders dann zu empfehlen, wenn man das Gitter oder den Kühler gründlich reinigen will – siehe Bild Seite 101.

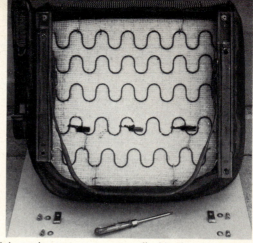

Wie ein vorderer Sitz ausgebaut wird, ist auf dieser Seite nachzulesen. An der Unterseite des Sitzes kontrolliert man, ob die Befestigung des Bezuges in Ordnung ist. Die Sitzschienen soll man nur sparsam mit Fett bestreichen, damit nicht die Gefahr besteht, daß die Kleidung verdorben wird.

Die Sitze

Beide Vordersitze lassen sich ausbauen, wenn man die Verriegelung zum Verschieben des Sitzes ausklinkt und dann die Befestigungsschrauben der Schienen am Wagenboden herausdreht. Dazu muß der Sitz einmal ganz nach hinten und dann völlig nach vorn geschoben werden, um die Schrauben erreichen zu können.

Bei der hinteren Sitzbank ist die Lehne auf jeder Seite oben und unten von Blechschlaufen festgehalten. Zum Herausnehmen muß man die Lehne zuerst etwas nach vorn drücken und die oberen Blechlaschen mit einem Schraubenzieher aufbiegen; ist die Oberkante der Lehne frei, läßt sie sich nach vorn klappen und auch die unteren Laschen werden zugänglich. Das Sitzpolster ist vorn lediglich auf zwei Zentrierbolzen aufgesteckt.

Die umklappbaren Polster im Kombiwagen können gleichfalls ausgebaut werden. Bei der Bank löst man dazu die beiderseits angebrachten Scharniere, bei der Rücklehne schraubt man an jeder Seite die Kreuzschlitzschrauben zur Befestigung der am Wagenboden sitzenden Scharnierwinkel ab, wie im Bild gezeigt.

Frische Luft durch Schiebedach

Auf eine zugfreie Innenraumbelüftung kann man im Sommer kaum verzichten. Sie funktioniert im Fiat 131 recht gut, aber vielleicht wünschen Sie sich eine noch weiterreichende Umfächelung. Solchen Wunsch kann man sich durch nachträglichen Einbau eines Schiebedaches erfüllen. Das Karosseriewerk Weinsberg GmbH, Postfach 29, 7102 Weinsberg, durch seine enge Verbindung mit Fiat/Heilbronn schon seit vielen Jahren bekannt, ist in der Lage, den Wagen mit einem Stahlschiebedach auszurüsten.

Nicht zuletzt: Sauberkeit

Von daheim sind Sie Reinlichkeit gewöhnt, und der fahrbare Raum, den Ihr Auto Ihnen bietet, soll ebensolche wohnliche Sauberkeit ausstrahlen. Deshalb gehört es zu jeder Wagenwäsche, daß etwa eingelegte Fußmatten herausgenommen, abgewaschen oder ausgeklopft werden und der zum Wagen gehörende Bodenteppich mit einem feuchten Schwamm abgewaschen wird. Hebt man bei älteren Wagen nach längerer Winter- oder Regenzeit diesen Bodenbelag seitlich hoch (dazu Haltebleche an dem Einstieg abschrauben), wird man sich vielleicht wundern, welche Spuren die eingedrungene Feuchtigkeit hinterlassen hat. Während die Bodenmatte austrocknet, kann man sich dem Bodenblech widmen.

Der Boden wird kritisch inspiziert: Roststellen? Dann bald, bevor der Schaden größer wird, die betreffenden Stellen schleifen, mit Rostumwandler (Bostik,

Dieses Bild zeigt die linke Befestigung der umklappbaren Rücklehne im Kombi. Wenn man an beiden Seiten die Kreuzschlitzschrauben herausdreht, kann man die Lehne herausnehmen und gewinnt dadurch einen womöglich nötigen tieferen Laderaum.

Antirost, Aral Rostentferner, Pingo-Roststop oder ähnliches) behandeln und am nächsten Tag mit Unterbodenschutz (Tectyl, Teroson Terotex, Esso Rust-Ban 396 oder dergleichen) dick übersprühen.
Die Sitze oder die Seitenverkleidungen reinigt man auf keinen Fall mit Benzin oder Fleckenwasser, denn damit lösen sich viele Kunststoffarten auf, so daß es nicht mehr reparierbare Flecken und Schäden gibt. Statt dessen versucht man es erst einmal mit einem feuchten Schwamm und etwas Seifenschaum. Noch schneller und intensiver geht es mit einem Plastik-Reiniger, den es von verschiedenen guten Pflegemittelfirmen gibt, beispielsweise Pyrmofix Plastoclean (kleine Blechflasche mit 250 Gramm Inhalt kostet mit kleinem Spezialschwamm 4,50 DM). Auch die Seitenverkleidungen werden damit gereinigt. Für den Laderaum im Kombi genügt die Reinigung mit warmem Seifenwasser. Zuviel Wasser läuft jedoch in die Winkel der Karosserie – wie gesagt, für Trockenheit ist stets zu sorgen.
Für Stoffbezüge der Sitze gibt es geeignete Schaumreiniger, womit man den grau gewordenen Farben oder auch vorhandenen Flecken zuleibe rückt. Scharfe Reinigungsmittel sind zu vermeiden, es sei denn, sehr grobe Verschmutzungen sind zu entfernen. Sollte man bei dieser Gelegenheit die Sitze ausgebaut haben, kann man jetzt kontrollieren, ob die Nähte der Polsterung nicht beginnen aufzureißen. Eine helfende Frauenhand ist sicher zugegen, die sich derart ankündigenden Schäden annimmt und mit einigen Nadelstichen wieder Halt dorthin bringt, wo sich der Bezug (besonders unten am Sitz) gelockert hat. Beschädigungen des Polster-Innenmaterials durch die Sitzfederung begegnet man, indem zwischen Federn und Polster Kunststoff-Folie geschoben wird.

Wagenwäsche

Das Vollbad

Nicht wenige Leute haben nur eine große Liebe – ihr Auto. Sie putzen und wischen an dem Gefährt herum, bis nicht nur der Schmutz, sondern eines Tages auch der Lack verschwunden ist. Andere dagegen vernachlässigen ihren vierrädrigen Diener so, daß er sich in eine rollende Blechmumie voller Schandflecken verwandelt. Sie sehen, beide Extreme führen zu nichts. Wichtig ist das Wie, die Methode der Reinigung. Oder deutlicher gesagt: Lieber einmal mit einem schmutzigen Wagen herumfahren und die Gelegenheit einer sorgfältigen und gründlichen Wäsche abwarten als eben mal schnell mit einem feuchten Tuch übers Blech gehuscht.

Waschen zur rechten Zeit

Das Auto im strahlenden Sonnenschein zu säubern, ist der erste Fehler, den man begehen kann. So schnell, wie das Wasser durch die Sonnenstrahlen verdunstet, kann man es gar nicht trockenwischen. Zurück bleiben Kalk- und Wasserflecken, die gleichzeitig zu Verfärbungen des Lackes führen, denn Wassertropfen wirken in der Sonne wie ein Brennglas. Solche Flecke im Lack können denn nur noch durch fleißiges Polieren entfernt werden.
Genauso verkehrt ist es, seinen Wagen bei Frostwetter zu waschen. Das Wasser verkriecht sich hinter Zierleisten und Karosseriespalten, wo es nicht trocknet. Hat die Außentemperatur den Gefrierpunkt unterschritten, löst das dann zu Eis gewordene Wasser verheerende Wirkungen aus. Da Eis mehr Platz braucht als Wasser, bekommt den so unterwanderten Karosserieteilen jene zerstörerische Kraft nicht gut. Das beginnt schon mit dem Angriff auf sonst harmlose Lackschäden, die sich unter der frostigen Einwirkung in ärgerliche Reparaturfälle verwandeln.
Wir wollen keineswegs vorschlagen, daß Sie den ganzen Winter mit einem schmutzigen Auto durch die Lande ziehen müssen. Gerade dann, wenn die Zeit der Auftausalze eingetreten ist, müssen Sie Ihrem treuen Freund ab und zu einen Badetag gönnen. Jene Salze, die dem Verkehrsfluß dienen sollen, haben die Eigenschaft, an den Fahrzeugen anzutrocknen und Feuchtigkeit anzuziehen. Dabei greifen sie das Metall an und fördern die Rostbildung. Sorgen Sie nach der Reinigung im Winter für ein warmes Plätzchen, damit der Wagen gut trocknet: Er wird es Ihnen danken.

Viel Wasser

Zum Waschen brauchen Sie viel – sehr viel Wasser. Haben Sie nicht genügend Wasser zur Verfügung, ist es vernünftiger, Sie lassen es sein.
Das Wasser muß den Schmutz aufweichen. Je mehr Wasser nachfließt, desto besser können Straßenstaub und Schmutz aufgeweicht werden. Benutzen Sie genügend Wasser, das die gröbsten Verunreinigungen abspült, sonst entstehen – durch die Schmutzpartikel – Schleifspuren, die wir ja vermeiden wollen. Anschließend ist nur noch wenig Mühe nötig, um den schon vorgeweichten Dreck restlos zu entfernen.

Nur der ununterbrochene Wasserfluß weicht den Schmutz auf und schwemmt ihn schon teilweise weg, ohne den Lack zu beschädigen. Reibt man dagegen den Schmutz mit zu wenig Wasser weg, werden zugleich Staub- und Sandkörnchen über den Lack geschmirgelt, die ihn zerkratzen und schließlich zerstören. Anfangs wird noch nicht sichtbar, was sich nach einer Reihe solcher Torturen offenbart: Bei schräg auffallendem Licht werden in Streifen und Kreisen verlaufende Schleifspuren erkennbar, Beweis für eine angegriffene Lackoberfläche.

Neuer Lack ist noch sehr weich und gering widerstandsfähig. Er sollte am besten nur mit klarem Wasser, ohne irgendwelche Reinigungsmittel, behandelt werden. Automatische Waschanlagen sind möglichst vom jungen Lack fernzuhalten, auch wenn sie noch so bequem sind. Auch die sommerliche Insektenfriedhöfe können Sie mit klarem Wasser entfernen. Drücken Sie nasses Zeitungspapier auf die besonders hartnäckigen Fliegenleichen und lassen Sie die ganze Sache eine Weile weichen. Später kann man die verunzierten Flächen mühelos reinigen.

Mit Schlauch oder Eimer

Am vorteilhaftesten und bequemsten ist es, die Wagenwäsche mittels Schlauch auszuführen. Damit kann man die nötige Menge Wasser herbeischaffen. Vorsicht aber, daß der Wasserstrahl nicht zu hart herausgeschossen kommt. Er preßt Staub und Schmutz über den Lack, und Schleifspuren wären der böse Erfolg.

Ist kein Wasserhahn in der Nähe, wo ein Schlauch angeschlossen werden kann, muß das Naß in Eimern herbeigeschafft werden. Zwei Eimer sind besser als einer, weil das Wasser schneller verschmutzt, als dem Wagen und Ihnen lieb ist. Lassen Sie den Schwamm sich stets vollsaugen, aber wischen Sie damit nicht zu kräftig auf dem Lack herum. Festsitzender Dreck an Stoßstangen und Felgen kann man mit einer Bürste entfernen.

Automatische Waschanlagen

Während der Wäsche in einer automatischen Waschanlage rieseln 200 bis 250 Liter Wasser auf das Auto hernieder. Die rotierenden Waschbürsten sind zwar ziemlich weich, doch der Automat behandelt das verschmutzte Kraftfahrzeug ohne Gefühl. Die Zeit ist zu kurz, um den Schmutz weichen zu lassen, besonders wenn am Wochenende viele Wagen auf Abfertigung warten. Das beigemischte »konservierende« Wachs verhilft dann eher zum schnelleren Trocknen nach der Wäsche. Wenigstens ein frisch lackierter Wagen sollte vor solchen Prozeduren verschont bleiben.

In Tankstellen werden oft billige und scharfe Auto-Shampoos benutzt, da es

Es ist gar nicht verkehrt, das Auto vor der Wagenwäsche einzuweichen, wie es hier die junge Dame demonstriert. Dann wird mittels Schwamm und viel Wasser die Säuberung vollzogen. Das ist auch eine gute Methode, aber etwas mühselig, weil man dauernd frisches Wasser herbeischleppen muß. Denn der Schwamm soll jedesmal richtig ausgespült und mit frischem Wasser getränkt werden, damit man bei späterer Lackpflege Zeit und Geld spart. Man braucht also wenigstens zwei Eimer zu dieser Prozedur.

schnell gehen soll und nicht viel kosten darf. Das bekommt dem Lack auf die Dauer nicht gut. Bei häufiger Benutzung von Schnellwaschstraßen empfiehlt sich konservierende Lackpflege, etwa mit »PVC 101 Lackversiegelung« der Firma Topper.

Nach der Wäsche kontrolliere man Außenspiegel und Antenne. Möglicherweise angebrachte Zusatzscheinwerfer haben manchmal ebenfalls ihre ursprüngliche Einstellung verloren.

Motorwäsche mit Vorsicht

Da der Motor nicht total von der Außenwelt abgeschlossen ist (zwecks Kühlung und besserer Zugänglichkeit bei Reparaturen), bleibt auch er nicht vor Staub und Straßenmatsch frei. Mit Öl und Fett vermischt bilden sich bald fest anhaftende Krusten. Die schmierige Schicht läßt sich mit klarem Wasser nicht entfernen. Bedenken Sie: Unterwegs kann einmal ein kleiner Handgriff nötig werden und Sie müssen im weißen Hemd in der Schmiere hantieren.

Motorreiniger erhalten Sie an Tankstellen und in Zubehörgeschäften. Diese »Kaltreiniger« gibt es in größeren Gebinden zum Auftragen mit dem Waschpinsel und auch in Sprühdosen. Nach einiger Zeit läßt sich der gelöste Schmutz mit einem schwachen Wasserstrahl abspülen. Vorher sollten aber wichtige elektrische Teile, wie Verteiler und Kerzenstecker, mit Lappen oder Plastikfolie abgedeckt werden, sonst treten Schwierigkeiten beim nachfolgenden Starten auf.

Wasser ist für die Funktion elektrischer Anlagen unverträglich. Gern dringt Feuchtigkeit in den Zündverteilerdeckel, wo sich infolgedessen der Zündfunke sehr unkorrekt verhält. Gründliches Abtrocknen des Deckels würde helfen, es gibt aber Kontakt-Sprühmittel, die die notwendigen Funkenbahnen trotz Nässe fördern. Sogar Chromschutzspray hilft bei solchen Miseren.

Große Reinigungsaktivität verschafft Trichloräthylen ($CHClCCl_2$). Man erhält es in Drogerien und Farbenhandlungen. Mit einer Kunststoffolie unter dem Wagen vermeidet man unschöne Flecke durch abgetropften öligen Dreck, die den Standort des Autos verunzieren. Diese lassen sich allerdings mit dem obengenannten Mittel genauso gut entfernen wie lästige Ölflecke auf dem Garagenboden.

Lackpflege

Jung und schön

Die äußere Erscheinung eines jeden Autos wird unter Umständen nachhaltig Schaden erleiden, wenn man das erstbeste Pflegemittel anwendet. Einige der mit großem Aufwand angepriesenen Kosmetikartikel sind für das Blechkleid Ihres Wagens wirklich nur dann von Nutzen, wenn man sie richtig und nur dann anwendet, wenn es nötig ist. Die Wirkung mancher Wundertinktur ist sogar absolut zerstörend, obwohl der erste, oberflächliche Eindruck durchaus »glänzend« erscheint.
So lange das Auto noch jung und der Lack noch weich und widerstandslos ist, muß man erhöhte Vorsicht walten lassen. Alle Pflegemittel wirken dann aggressiv und schädigend. Wenn es aber im Laufe der Zeit nötig wird, dem auf natürliche Weise gealterten Lack neue Frische zu geben, dann muß man an die Mittel, die man anzuwenden beabsichtigt, strenge Maßstäbe anlegen. Bevor man sich nicht der schonenden Eigenschaften solcher Mittel völlig sicher ist, soll man ihren Gebrauch lieber unterlassen.
Die Wagenwäsche mit viel Wasser bleibt auch bei Ihrem Fiat die beste Lackpflege!

Auch daheim pflegt man die Möbel nicht mit Scheuerpulver. Ebenso muß man die Behandlung des Lackes mit Bedacht ausüben. Wie sorgfältig die Lackierung im Werk aufgebaut worden ist, wird auf Seite 59 dargelegt.
Die Ansprüche an den Lack sind gewaltig. Temperaturwechsel, Schmutz und Hagelkörner, »gesalzener« Schneematsch und Sonnenglut sollen keinerlei Spuren hinterlassen. Solche Strapazen macht kein Lack ewig mit.
Im Laufe des Autolebens verliert der Lack seine Elastizität, seine Poren erweitern sich, Feuchtigkeit dringt in die Farbschicht und zermürbt sie von innen. Kurz, er »altert«. Der in den heute üblichen Kunstharzlacken enthaltene Weichmacher, der für die Elastizität zuständig ist, verflüchtigt sich allmählich und die einzelnen Farbkörnchen liegen nicht mehr eingebettet im Lack, sondern stehen – mikroskopisch sichtbar – spröde ab. Der Lack ist stumpf.
Erst dann, wenn die Lackoberfläche nach der Wäsche mit klarem Wasser stumpf bleibt, sollte die eigentliche Lackpflege einsetzen. Die Pflegemittel, die man jetzt braucht, müssen mit Überlegung ausgesucht und angewendet werden. Die dauernde Benutzung eines Poliermittels bedeutet, daß eines Tages die Lackschicht wegpoliert ist.
Je sparsamer man mit Pflegemitteln umgeht, um so länger hat man an dem Lack seines Autos Freude. Nur das Mittel, das gerade noch die erstrebte Wirkung zeigt, bedeutet Schonung und Erhaltung des Lackes.

Mit welchem Lackpflegemittel man das Auto behandeln soll, hat sich nach dem Zustand und dem Alter des Lackes zu richten. Die Güte eines solchen Mittels ist allein nicht von Ausschlag.

Den Lack behüten

Lackpflege stufenweise

- **Auto-Shampoo.** Nicht zu jeder Wagenwäsche benutzen, da fettlösend und Auslaugen des Lackes möglich.
- **Waschkonservierer und Waschpolitur.** Zuerst mit klarem Wasser waschen, danach Konservierer anwenden und mit Watte nachpolieren. Häufige Anwendung führt zu einer schmierigen Wachsschicht, die mit mildem Lackreiniger entfernt werden kann.
- **Spezialwaschmittel.** Dient zur Beseitigung von Flugrost und Zementstaub. Soll nur verwendet werden, wenn sehr viel fließendes Wasser zur Verfügung steht. Nie in der Sonne benutzen! Anschließend den Lack konservieren.
- **Lackkonservierungsmittel.** Schutz für gesunden Lack über geraume Zeit. Probe machen: Wenn beim Blankreiben an der Watte Farbe zurückbleibt, handelt es sich um Poliermittel mit lacklösenden Bestandteilen.
- **Lackpolitur und Schleifpolierpaste.** Politur nur bei stark verwittertem Lack und sehr sparsam gebrauchen. Greift die Lackschicht an. Praktisch zum Wegpolieren von Schrammen nach Streifberührung mit fremdem Fahrzeug.
- **Poliermaschine.** Erlaubt keine »gefühlsmäßige« Behandlung des Lackes und kann Kratzer hinterlassen. Manuelle Bearbeitung ist vorzuziehen.

Haushaltsspülmittel sind Gift für den Lack

Vollkommen falsch ist es, die Außenhaut des Wagens mit den bekannten (und sonst auch bewährten) Spülmitteln reinigen zu wollen. Das gilt auch dann, wenn sie »nebenbei« zur Autopflege empfohlen werden. Es ist selbstverständlich, daß solche Mittel tadellos reinigen, aber den Lack des Autos laugen sie aus und zermürben ihn bis auf den Grund. Bei Gegenständen mit strukturell undurchlässigen Oberflächen wie etwa Gläser und Kacheln können die alles reinigenden Flüssigkeiten keinen Schaden anrichten – der stets poröse Autolack reagiert auf sie jedoch mit Zerfall.

Lackschäden ausbessern

Schrammen im Lack oder Beulen im Blech sind weder selten noch ein Schicksalsschlag. Nach dem ersten Ärger, der solchem Mißgeschick folgt, sollte man systematisch vorgehen und die Lackschicht wieder in der alten Form aufbauen. Einfach mit der Sprühdose auf die Schadenstelle zu zielen, verhieße nur eine oberflächliche Täuschung ohne Erfolg von Dauer.
Zuerst muß die Beule im Blech entfernt werden. Bei einer kleinen reicht ein normaler Hammer, womit man aber nicht wild drauflosschlagen darf. Mit vorsichtigen Schlägen erkundet man, wie das Blech reagiert. Umfangreichere Beschädigungen sind mit Handfaust, Gummihammer und Schlichthammer auszubeulen. Danach wird die Oberfläche gefeilt, und mit grobem Schleifpapier entfernt man alle alten Lack- und Grundierungsreste sowie eventuellen Rost. Praktisch ist dabei eine elektrische Bohrmaschine mit aufgesetzter Schleifscheibe.
Nun beginnt man mit dem Aufbau der Lackierung – und falls gar keine Beule vorhanden war, verfährt man ebenso wie folgt. Nach Entfetten des blanken Blechs wird die Grundierung (mit Pinsel oder per Sprühdose) aufgetragen. Trocknen lassen und vorhandene Unebenheiten mit Spachtel überziehen. Nitrospachtel in Dosen ist haltbarer als in Tuben, worin er schnell eintrocknet, es sei denn, man hebt die Tube in einem Gefäß mit Wasser auf. Außerdem muß sich die Grundierung mit dem Nitrospachtel vertragen können; andernfalls nimmt man Kunstharzspachtel oder den für größere Oberflächenvertiefungen gut geeigneten Plastik-Füller. Die Spachtelmasse zieht man schnell und gleichmäßig mit seinem Spachtelmesser (aus Kunststoff) über die Reparaturstelle und läßt sie härten.
Mit Schleifpapier, das über ein planes, handgroßes Brettstück gespannt ist,

Was man bei Fiat schon im Werk gegen die später drohende Korrosion unternimmt, ist auf Seite 58 beschrieben. Die gesamte Unterseite und die Seitenschweller werden dort mit einer PVC-Schicht überzogen. Damit dieser Schutz und die sorgsam aufgebaute Lackierung keinen Schaden leiden, beherzige man die in diesem und im nächsten Kapitel gegebenen Ratschläge.

werden die Unebenheiten nach dem Trocknen glatt geschliffen. Meistens wird man kleinere Stellen nachspachteln müssen, also nochmals spachteln, trocknen lassen, schleifen. Wenn die Oberfläche dieser Ausbesserung zu der alten, angrenzenden Lackierung eine gleichmäßige Einheit bildet, darf immer noch nicht lackiert werden. Jetzt ist mit sehr feinkörnigem, wasserfestem Schleifpapier die ganze Geschichte spiegelblank zu schleifen, damit alle Spuren der vorangegangenen Trockenschleifung verschwinden. Erst danach ist der Lack aufzutragen. Wer es erstklassig ausführen will, schleift nach Trockenzeit mit Wasser und 400er oder 600er Papier nochmals an und sprüht den Lack, der die Oberhaut bilden soll, dünn auf.

Sogar neue, unlackierte Karosserieteile sind gründlich mit Nitroverdünnung oder Washprimer zu entfetten. Bevor man lackiert, soll man auch kleinste Transportschäden mit Grundierung, Füller oder Spachtel beseitigen.

Lackfarbe ermitteln

Bevor man lackieren kann, muß man den richtigen Lacktyp besorgen. Das ist nicht so einfach, denn nur durch Farbvergleich kann man den passenden Ton kaum herausfinden.

Fiat bezieht die Lacke von verschiedenen Firmen. Von ihnen gibt es Fiat-Farben zur Nachlackierung, jeweils mit der gleichen Kennummer. Diese Nummern sind auf den Etiketten der Farbtöpfe und auch auf Farbsprühdosen vermerkt und sie stimmen sogar bei Lacken unterschiedlicher Basis (Kunstharz, Nitro) überein. Dabei muß man wissen, daß eine Nitrolackierung mit Kunstharzlack ausgebessert werden kann, nicht aber umgekehrt, weil die Nitrokonsistenz lösend wirkt. Eine Ausnahme machen die Nitrokombinationslacke.

Läßt sich die rechte Farbe überhaupt nicht ermitteln – etwa bei einem gebrauchten, umlackierten Wagen – muß man die Hilfe eines Fachmannes im Farbgeschäft in Anspruch nehmen. Am sichersten ist ein Sprühversuch oder Probeanstrich auf der Innenseite des Kofferraums, um den Farbton zu vergleichen. Doch ist dabei zu berücksichtigen, daß frischer Lack stets nachdunkelt.

Sprühdosen mit Original-Farbton

Jede Ausbesserung der Autolackierungen muß dem Werterhalt des Wagens dienen. Das hat in unserer Zeit der sachlicheren Einstellung den Dingen gegenüber nichts mit der Pflege des einstigen Statussymbols zu tun. Deshalb ist es nicht verkehrt, wenn man Lackschäden in der eben beschriebenen Weise ausbessert. Für die Endlackierung kleinerer Schäden eignen sich die bekannten Farbsprühdosen aus Farbhandlungen oder Kaufhäusern.

Fünf Lackmarken, von vier verschiedenen Firmen hergestellt, haben sich auf folgend genannten Autolack-Spraydosen spezialisiert. Zwischen diesen Erzeugnissen bestehen aber Unterschiede:

	Auto-K-Lack	Belton	Ducolux	Dupli-Color	Prestoflux
Lackart	Nitrokombinationslack	Nitrokombinationslack	Kunstharzlack	Acrylharzlack	Acrylharzlack

Die Farbe der verschiedenen Fabrikate darf man nicht miteinander vermischen oder kurzzeitig übereinander lackieren, denn sie vertragen sich nicht untereinander (Ausnahme: Auto-K-Lack und Belton, weil vom gleichen Hersteller).

In der Regel wird man als Heimwerker im Freien arbeiten müssen. Die Verarbeitung der Lacke hängt aber sehr von der Lufttemperatur ab. Nach unseren Erfahrungen empfiehlt sich bei Außentemperaturen zwischen 20 und 35° C der Lack von Ducolux, für Übergangstemperaturen von 15 bis 30° C der Belton und Auto-K-Lack. Bei tieferen Temperaturen trocknet der Lack zu langsam oder gar nicht, während der Trockenprozeß bei großer Hitze zu schnell vor sich geht und den Lack blind werden läßt, weil er keine Zeit zu verlaufen hat.

Bevor man mit einer Sprühdose auf die Außenseite des Wagens zielt, sollte man auf einem Stück Blech oder auf der Innenseite der Motorhaube ein wenig üben, wie man Fließtropfen vermeidet. So stellt man zugleich fest, ob es sich um den richtigen Farbton handelt.

Teerspritzer und Insekten

Hochgeschleuderter Splitt von frisch asphaltierten Straßen hinterläßt auf dem Lack schwarze Teerflecken. Schabt man die Flecken mit einem harten Gegenstand ab, entstehen unschöne Kratzer. Der Teer kann jedoch mit einem speziellen Entferner oder auch mit Petroleum aufgelöst werden. Kleinere solcher Flecken lassen sich auch mit etwas Benzin entfernen. Anschließend sollte man aber für eine Konservierung sorgen. Bei Spezial-Teerentfernern ist dies nicht immer notwendig, z. B. bei dem vielseitig anwendbaren (Flecken in Stoffen, Motorteilereinigung) Pingo-Teerentferner.

Über Insektenleichen wird bereits im Abschnitt »Viel Wasser« auf Seite 47 gesprochen. Bei der Wagenwäsche entfernt man sie mit einem kleinen Insekten-Spezialschwamm. Den Lack zerkratzt man damit nicht. Auch Natron (für wenige Pfennige aus der Drogerie) eignet sich zum Entfernen von Insektenresten. Es wird im Wasser aufgelöst und mit einem in dieser Lauge angefeuchteten Schwamm beseitigt man die toten Fliegentiere dann leicht.

Fest angeklebte Insekten, aber auch Teer, Salzrückstände und der erste Rost auf dem Chrom können schonend mit »b 3000« (Hersteller Petro-Chemie-Behr, 8134 Pöcking) entfernt werden. Anschließend empfiehlt sich eine Lackkonservierung.

Winterschutz

Kaltstart

Mit der kalten Jahreszeit beginnt regelmäßig der Kummer mit müden Batterien, mit zugefrorenen Türschlössern, mit rostförderndem Eiswasser, mit glatten Straßen. Es bedarf nur ein wenig gezielter Umsicht, um manchem Wintertag seinen Schrecken zu nehmen. Ihr Fiat ist – gleich nahezu allen anderen Autos heutzutage auch – von Haus aus dafür geeignet, bei frostklirrenden Nächten ebenso seinen Dienst zu verrichten wie unter lauer Frühlingssonne. Diese Eigenschaft besitzt er trotz seines sonnigen und meist warmen Heimatlandes.
Dennoch sollte man sich einigen Ratschlägen nicht verschließen, die als Schutz vor Witterungsunbilden jedem Autofahrer und Autobesitzer empfohlen sind. Werden sie befolgt, erreicht man den ersehnten Frühling mit einem Wagen, der keine »Frostbeulen« zurückbehielt.

Frostbeständig Kühlflüssigkeit

Wohl haftet eine Werkstatt für den Schaden, der wegen Vergeßlichkeit des Lehrlings durch nicht eingefülltes Frostschutzmittel entstand. Garantiert keinen Ärger gibt es, wenn man sich rechtzeitig um den frostsicheren Zustand des Kühlwassers selbst kümmert.
Klares Wasser sprengt bei Temperaturen unter dem Nullpunkt Kühler und Motorblock, denn Eis benötigt mehr Raum als das Wasser, aus dem es sich bildet. Um das Freiwerden solcher Kräfte zu verhindern, muß man dem Kühlwasser ein Gefrierschutzmittel beimischen.
Das Kühlwassersystem im Fiat 131 hat ein Fassungsvermögen von rund 7,5 Liter. Damit diese Menge Temperaturen bis zu $-20°$ C ohne einzufrieren übersteht, müssen 3 Liter davon durch handelsübliches Frostschutzmittel ersetzt werden. Eine Mischung im Verhältnis 1:1 gestattet es sogar, den Wagen bis zu in unseren Breiten seltenen $-35°$ C draußen stehen zu lassen. Zur Aufbereitung des Frostschutzes genügt es nun aber nicht, etwa die entsprechende Menge Wasser aus dem Kühler abzulassen, oben das Gefrierschutzmittel einzufüllen und hoffen, daß alles Nötige getan ist. Das kostbare Frostschutzmittel muß sich nämlich im Kühlsystem gleichmäßig verteilt haben, sonst friert das unvermischte restliche Wasser doch. Man muß den Motor also eine Weile laufen lassen – am besten ist es, das Mittel vor einer Fahrt einzufüllen. Danach hat die Wasserpumpe für eine gute Vermischung gesorgt.
Fiat empfiehlt das hauseigene Mittel Paraflu 11. Davon 35 % von der Gesamt-Kühlmittelmenge in das Kühlsystem gegeben schützt bis $-25°$ C. Je eine Hälfte Paraflu und eine Hälfte Wasser überstehen zusammen ebenfalls $-35°$ C (wie andere Markenmittel auch).
Wenn man sich über die frostsichere Eigenschaft des Kühlmittels nicht im klaren ist, kann man den Kühlerinhalt an einer Tankstelle ausspindeln lassen. Ähnlich wie ein Säureheber zum Überprüfen des Ladezustandes der Batterie gestaltet, zeigt bei jenem die Spindel an, bei welcher Temperatur das Kühl-

53

mittel gefrieren wird. Entsprechend muß Frostschutzmittel nachgefüllt werden.

An einigen Tankstellen kann man Frostschutzmittel literweise aus dem Faß bekommen. Das ist etwa halb so teuer wie andere, in Dosen erhältliche Markenfrostschutzmittel. Zur Not mischt man selbst aus einem Teil Glyzerin, einem Teil Spiritus und zwei Teilen Wasser eine bis zu −20° C frostsichere Kühlflüssigkeit, die allerdings den Nachteil hat, daß Spiritus schneller verdunstet.

Es wird behauptet, daß Frostschutzmittel mit der Zeit »altern« und ihre Schutzeigenschaft gegen Korrosion verlieren. Wir konnten das bislang jedoch nicht beobachten. Tatsächlich verhindert die Schutzfüllung aber die Bildung von Rückständen und Oxydation. An ihrer Stelle ist deshalb möglichst reines Wasser allein nicht zu verwenden.

Frostschutz für den Scheibenwascher

Im Fiat ist der Behälter für das Scheibenwaschwasser im Motorraum rechts untergebracht, aber sein Inhalt kann auch während der Fahrt einfrieren. Wenn der Wagen über Nacht in der Kälte stand, dann ist das klare Wasser garantiert zu Eis geworden.

Frostschutzmittel verhindern solche unliebsamen Überraschungen. An Tankstellen gibt es eine Fülle von Spezialmitteln, die man dem Scheibenwaschwasser auch an warmen Tagen beimischen kann. Einige von denen lösen nämlich sogar den Öldunst vorausgefahrener Qualmer auf der Windschutzscheibe auf.

Billiger, jedoch von seinem typischen Geruch begleitet, ist Brennspiritus. Er wird im Verhältnis 1:1 dem Wasser im Scheibenwaschbehälter durch Schütteln desselben beigemischt und hält noch bei klirrendem Frost die Windschutzscheibe sauber. Die Scheibendichtung wird durch den Spiritus nicht angegriffen.

Reifen im Winter

Die geänderten Straßenverhältnisse im Winter verlangen eine aufmerksame und zurückhaltende Fahrweise. Die Verzögerung, die beim Bremsen auf schneebedeckter Fahrbahn erreicht werden kann, ist um rund das Doppelte geringer als auf nasser Fahrbahn, und auf einer mit Eis bedeckten Straße bietet sich so gut wie keine Haftung. Im Gefälle leidet die Verzögerung unter einer zusätzlichen Verzugsdauer, hervorgerufen von dem kräftiger als in der Ebene schiebenden Wagengewicht. Den Sicherheitsabstand muß man noch ausreichender als sonst üblich einhalten.

Obwohl der Fiat 131 von den Hinterrädern angetrieben wird, ist er recht wintertauglich. Die Seitenführungskräfte, die zum Schleudern führen können, werden bei dieser Antriebsart allerdings nicht wie beim Frontantrieb abgebaut. Man verbessert jedoch die Richtungsstabilität (nicht nur bei Glätte!) durch folgende Faktoren:
■ Gleichartige Bereifung auf allen Rädern
■ Richtiger Luftdruck
■ Gutgängige Bremsen, richtige Qualität der Bremsbeläge
■ Nicht scharf kuppeln oder voll beschleunigen
■ Beim Bremsen auskuppeln.

Bedeutung und Nützlichkeit der beim 131 ab Werk montierten Reifen ist im Kapitel »Räder und Reifen« besprochen. Hier soll neben der Erwähnung der Eigenschaften dieser Reifen im Winter auch das derzeitige Angebot beleuchtet werden, das von der Industrie speziell als Winterreifen entwickelt wurde.

Die völlig winteruntauglichen Diagonalreifen sind beim Fiat glücklicherweise nicht zulässig. Dagegen kommen Gürtelreifen den Anforderungen um einiges näher. Diese Radialreifen warten auf Schnee mit einer relativ günstigen Griffigkeit auf, die sie durch ihren stabilen Laufgürtel, der die Auflagefläche nicht auf der Fahrbahn walken läßt, erhalten. Freilich ist eine Mindestprofiltiefe von 4 mm für die Wintertauglichkeit – wie auch bei den anschließend besprochenen Haft-Reifen – erforderlich.
Schwierigkeiten an Steigungen lassen sich mildern, wenn man Unterlegmatten oder Sand zu Hilfe nimmt.
Falls Sie nicht gerade im Hochgebirge wohnen und den Fiat zumeist im Stadtverkehr benutzen, müßten Sie den Winter ohne spezielle Bereifung überstehen. Recht gute Eigenschaften besitzen die teilweise ab Werk montierten Stahlgürtelreifen Michelin ZX, die bei besonnener Fahrweise sogar auf glattgefahrenem Schnee das Ziel erreichen lassen. Meist sind die Straßen danach wieder schnell geräumt.
Hoher lockerer Schnee – so selten solcher überhaupt zu bezwingen sein muß – stellt natürlich erhöhte Anforderungen. Dann kommt es oft nur auf die eigene Fahrkunst an, mit den Gegebenheiten fertig zu werden. Für extreme Fälle, zu denen auch das Bewältigen häufig auftretender »Eisbahnen« zählen mag, hält die Reifenindustrie Alternativen bereit. Man muß sich jedoch darüber im klaren sein: Alles können Winterreifen auch nicht.

Gürtelreifen besitzen beschränkte Wintereigenschaften

Früher einmal populär gewesene M+S-Reifen sind von der Entwicklung überholt worden. Mit jenen »Matsch- und Schnee-Reifen« konnte sich das Auto zwar in noch nicht hartgefahrenem Schnee vorarbeiten, aber auf nasser und vereister Straße war man mit ihnen noch schlechter dran als mit Sommer-Reifen.
Für eine gewisse Verbesserung sorgen die Haft-Reifen, die zugleich als Entschädigung für die in Verruf geratenen Spikereifen – über die noch anschließend geschrieben ist – dienen müssen. Ersatz dafür sind sie aber nicht und verantwortungsvolle Reifenhersteller weisen darauf hin, daß die neuen M+S-Haft-Reifen auf Eisglätte nicht die Wirkung zeigen können wie die seit April 1975 in Deutschland verbotenen Nagelreifen. Trotzdem ist es gelungen, durch hydrophile (wasserfreundliche) Laufflächenmischungen den Fahrbahnkontakt bei Glätte zu verbessern. In dem Temperaturbereich um 0° C allerdings befindet sich auf Eis ein dünner Wasserfilm, der ohne mechanische Hilfen (Sand, Spikes) die an sich schon unfreundliche Eigenart von Eis noch weitaus gefährlicher macht. Hier können auch die neuen Gummimischungen nur wenig ausrichten, sie zeigen aber auf Eis bei Temperaturen unterhalb $-5°$ C Spurtreue und Haftvermögen.
Einige dieser Reifen beweisen ihr Können in lockerem und auf festgefahrenem Schnee. Das verdanken sie ihrer Profilgestaltung, bei der eine grobe Verzahnung der Profilstollen mit relativ breiten Zwischenräumen ihre Eignung für hohen Schnee heraufsetzt und bei Regen die Wasserverdrängung fördern. Zahlreiche lamellenartige Einschnitte dienen der Griffigkeit auf glattgefahrenem Schnee. Schließlich verhalten sich Haft-Reifen auf trockener Bahn kaum schlechter als übliche Reifen. Das konnte man von Reifen mit Spikes nicht behaupten.

M+S-Haft-Reifen

Wo nach 1975 die Benutzung von Spikereifen weiterhin gestattet ist, etwa in Österreich und in der Schweiz, muß man sich vor deren Anschaffung einige Für und Wider überlegen. Mit ihren spitzen Stacheln krallen sie sich in das

Spikereifen ohne Zukunft?

Glatteis und verkürzen hier den Bremsweg erheblich. Auch auf frischem Schnee und in Matsch sind sie brauchbar. Auf trockener und durch Salz aufgetauter Straße verlängern die Spikes den Bremsweg. Die durch ihre Benutzung hervorgerufenen Straßenschäden und deren Folgen bei Aquaplaning sind bekannt.

Bei der Benutzung von Spikereifen ist zu beachten, daß man – wenn schon – vier gleichwertige Reifen montieren muß. Die Fahreigenschaften dieser Reifen weichen beträchtlich von jenen der anderen Reifen ab. Bei nur zwei Reifen mit Spikes ergeben sich auf der Vorder- und Hinterachse völlig verschiedene Brems- und Führungseigenschaften, die verheerende Folgen nach sich ziehen können. Bei den möglicherweise im Ausland benutzten Spikereifen ist ein höherer Luftdruck – etwa 0,2 bar mehr – als üblich einzuhalten.

Besondere Felgen im Winter

Praktisch ist es, beim Kauf besonderer Winterreifen auch gleich die dazu notwendigen zusätzlichen Felgen zu besorgen. Somit erspart man sich das Ummontieren der Reifen, und ohne Schwierigkeiten lassen sich während des Winters auch die ganzen Räder austauschen, wenn eine wochenlang anhaltende Witterungsperiode Schnee und Eis fernhält.

Dieses Auswechseln hat nicht nur bei den teuren Reifen mit Spikes – sofern ihre Benutzung nach 1975 noch erlaubt ist – seine Berechtigung, denn auf Straßen ohne typisch winterliche Bedeckung verschleißen sie nur sinnlos. Wegen der weniger abriebfesten Gummimischung nutzen sich auch die Haft-Reifen auf trockener oder nur nasser Fahrbahn schneller ab als Sommerreifen.

Die Anschaffung von drei zusätzlichen Felgen genügt bereits, denn als 4. Winter-Reifenfelge kann ohne weiteres die Felge des Ersatzrades benutzt werden. Da Reifenpannen heutzutage sehr selten sind, kann man als Ersatzreifen einen Winterreifen mit sich führen, den man den kurzen Weg bis zur nächsten Tankstelle dann auch im Hochsommer auf der Vorder- oder Hinterachse laufen läßt.

Reifendruck im Winter

Durch Luftdruckerhöhung von etwa 0,2 bar wird eine zusätzliche Stabilisierung erreicht. Diese Tatsache sollte man sich im Winter zunutze machen, weil man dadurch zugleich die Aufstandsfläche des Reifens etwas verkleinert. Somit wird die Last, die pro Quadratzentimeter auf den Boden (auf Schnee und Eis) drückt, erhöht. Die Profilstollen und -kanten können dann besser greifen. Die großen und schmalen Reifen an alten Autos unserer Väter lieferten den Beweis dafür: Damals gab es weniger Kummer beim Fahren im Winter.

Die für die Autobahnfahrt im Sommer empfohlene Luftdruckerhöhung um 0,2 bar ist in dem eben erteilten Ratschlag schon inbegriffen. Ein Mehr von 0,4 bar im Winter wäre zuviel.

Gleitschutzketten

Das sicherste Mittel, um mit allen winterlichen Erscheinungen auf der Straße fertig zu werden, sind »Schneeketten«. Fachlich richtig heißen diese: »Gleitschutzketten«. Nicht nur im verschneiten Hochgebirge beweisen sie ihren größten Effekt, sondern auch auf Glatteis und verharrschtem Schnee sind sie unübertroffen.

Gleitschutzketten sind allerdings nicht sehr beliebt, weil sie je nach Straßenzustand auf- und abmontiert werden müssen. Man sollte das im Sommer ruhig einmal üben! Auf trockener oder nur nasser Straße nutzen sich die Kettenglieder sehr schnell ab, und wenn man damit schneller als 40–60 km/h fährt, fliegen rasch die Fetzen. Die Ketten müssen zudem so stramm sitzend

Das Auflegen von Gleitschutzketten auf den Antriebsrädern bereitet heute weniger Mühe als früher, wenn man etwa eine wie im Bild rechts gezeigte Klammer zur Verfügung hat. Sie wird mit den Kettenenden auf die Reifenflanken geklemmt. Dann rollt man mit dem Wagen über die sorgfältig ausgelegte Kette, damit sie sich um den Reifen wickelt. Schließlich sind die Kettenenden je nach Vorschrift zu befestigen.

montiert werden, daß sie während der Fahrt nicht im Radkasten anschlagen. Zur Umgehung der Montage mit frostklammen Fingern kann man sich eine sechste bereifte Felge anschaffen und führt dann zwei mit Ketten bewehrte Reifen mit. Diese tauscht man bei Bedarf gegen die Hinterräder aus. Bei diesem Wechsel muß der Wagen auf der winterlichen Fahrbahn natürlich besonders gut gegen Wegrutschen gesichert sein. Speziell in der Kombi-Version bereitet es keine Schwierigkeiten, zwei mit Gleitschutzketten versehene zusätzliche Räder unterzubringen.

Im Winter braucht man unterwegs manchmal einige der hier genannten Utensilien, die kaum Geld kosten, aber gute Dienste leisten können.
■ Eis-Schaber, um vereiste Scheiben zu reinigen. Er muß aus Kunststoff sein, damit die Scheiben nicht zerkratzt werden. Man kann so ein Ding auch als »Teig-Schaber« – für die Kuchenteigschüssel – im Haushaltswarengeschäft kaufen.
■ Sandsäckchen, um an vereister Steigung eine Fahrbahn zum Anfahren streuen zu können. Am besten sind dichte Leinen- oder Kunststoffsäckchen mit möglichst scharfem Sand oder feinem Kies.
■ Schneeschaufel, um sich bei starkem Schneefall einen Weg bahnen zu können. Damit es ein auch wirklich brauchbares Gerät ist, möglichst eine breite Kohlenschaufel mit kurzem, abnehmbaren Stiel nehmen, damit man sich auch durch eine hohe Schneewehe graben kann. Zur Not kann man Schnee auch mit einer Radkappe wegschaufeln.

Praktische Hilfen unterwegs

Die ovalen Ausschnitte geben die Aufstandsfläche eines Reifens an und vermitteln eine Vorstellung davon, bei welchen Gleitschutzketten der größte Kontakt mit der Fahrbahn besteht. Von diesen Ketten sind die Leiter- und Zickzack-Ketten (1 und 2) nicht zu empfehlen, dagegen sind die Kreuz-Kette (3) und die Spurkreuz-Ketten (4 und 5) wirkungsvoll genug, um im Schnee besonders gut zu greifen. Diese bieten auch bei Glatteis echte Sicherheit, während die beiden erstgenannten Ketten wegen ihrer ungleichmäßigen und unvollkommenen Auflage den Wagen bei einer Notbremsung unkontrolliert rutschen lassen.

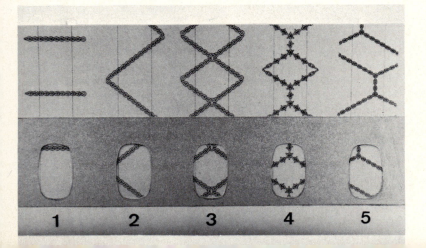

- Anti-Beschlagtuch, mit dem die von innen beschlagene Windschutzscheibe und Heckscheibe abgerieben werden kann. Die Imprägnierung, die das Beschlagen etwa für eine Woche verhindert, reicht in dem Tuch für eine Saison. Dann wird es ausgewaschen und normal verwendet.
- Zwei alte Teppichstreifen, jeweils einen halben Meter breit und mindestens 1,5 m lang aus einem alten Teppich oder Kokosläufer. Diese Stücke kann man zum Anfahren unter die Hinterräder legen, wenn es auf Glatteis nicht mehr weitergeht. Wichtig ist, daß an beiden Stücken jeweils eine starke Schnur befestigt ist. Damit wird der Teppichstreifen an die hintere Stoßstange angehängt, bevor man ihn vor den antreibenden Hinterrädern ausbreitet.
- Sprühdose mit Klarsichtmittel gegen vereiste Windschutz- und Seitenscheiben. Man braucht es nur auf die obere Hälfte der Scheibe zu sprühen, weil es abläuft und dann auch den unteren Teil der Scheibe vom Eis befreit. Noch billiger ist Brennspiritus, in kleiner Plastikflasche mitzuführen.

Start bei strenger Kälte

Bei trockener Kälte springen die 131-Motoren mit ziemlicher Zuverlässigkeit an, egal, wie tief das Thermometer gesunken ist. Wenn aber Feuchtigkeit (Nebel) mit im Spiel ist, kann es Schwierigkeiten geben. Dann hilft nur sorgfältiges Trockenwischen der Zündleitungen und der Innenseite des Verteilerdeckels und das Einsprühen der offenliegenden Teile der Zündanlage mit Kontakt-Spray.

Allgemein bei Kälte sind folgende Ratschläge zu befolgen:
- Falls Schaltgetriebe, Kupplungspedal treten (steifes Getriebeöl bremst).
- Sprühflaschen (z. B. Startpilot) aus dem Zubehörhandel mit besonders leicht vergasbarem Anlaßstoff besorgen. Dieser wird – möglichst von zweiter Person – beim Anlassen in den Vergaserstutzen gespritzt (Luftfilterdeckel abnehmen). Auch Feuerzeugbenzin vergast sehr gut.
- Um sorgfältige Vergasereinstellung bemüht sein.
- Zündkerzen-Elektrodenabstand muß stimmen. Es kann helfen, die Kerzen herauszuschrauben und an Flamme oder Ofen zu erwärmen.
- Zündleitungen, Zündspule und Verteiler peinlich sauber halten. Weißliche Schicht von Streusalz ist elektrisch leitend. Abwaschen und gut trocknen.
- Batterie in beheiztem Raum aufbewahren und erst zum Start einsetzen.

Dünneres Motoröl bei Frost

Fiat empfiehlt bei Temperaturen bis -15° C das Mehrbereichsöl 10 W–30. Wer aus Kostengründen Einbereichsöl vorzieht, kann dafür das Öl SAE 20 W einfüllen. Sinkt die Kälte unter -15° C ab, ist Öl der Viskositätsklasse SAE 10 W ratsamer.

Dünneres Öl erleichtert das Anlassen und hat bei Kälte eine sofort einsetzende, bessere Schmierwirkung. Was aber für eine Reihe von anderen Automarken gilt, sollte man auch beim 131 bedenken. Das Einbereichsöl SAE 10 eignet sich weniger für hohe Dauergeschwindigkeiten. Im Motor kann die Möglichkeit auftreten, daß bei hoher Betriebstemperatur der Film auf den Gleitstellen dieses »dünnen« Öl reißt und die Schmierfähigkeit aussetzt.

Im Winter wird das Motoröl stark beansprucht, vor allem bei vielen Stadtfahrten. Man sollte dann rechtzeitig im Frühjahr an den Ölwechsel denken. Im Kapitel »Schmieren – was und wie« ist dieser Vorgang beschrieben.

Korrosionsschutz ab Werk

Erhebliche Mittel investierte Fiat zur Verwirklichung eines anhaltenden Korrosionsschutzes, der so effektvoll ist, daß für alle Fiat 131 eine Antirost-Garantie auf alle lackierten Teile von zwei Jahren gegeben werden kann. Bei früheren Modellen einmal beanstandete Mängel haben somit heute keine Gültigkeit mehr. Der Garantieanspruch besteht allerdings nur, wenn man den Neuwagen nach 8 und nach weiteren 12 Monaten einem Fiat-Händler zur Korrosionsinspektion vorführt.

Im einzelnen wird die Rohkarosserie im Tauch- und Spritzverfahren entfettet und danach mit einer Kaltphosphatierung (Basis: Zink und Mangan) im Umfang von 2–2,5 g/qm überzogen. In einer vollständigen Tauchlackierung gelangt durch Elektrophorese der elektrisch aufgeladene Lack in alle Ecken und Hohlräume, zusätzlich erhalten die Front- und Seitenteile eine Steinschlag-Schutzgrundierung. Es folgen der feuchtigkeitsundurchlässige Grundlack, des weiteren ein hauchdünner Unterlack und schließlich der glänzende Decklack. Während der Lackierung werden die Schweißverbindungen der Bleche mit Dichtungsmasse versehen.

Auf die Ränder der Türen und der Haubendeckel wird ein Kleber auf Epoxydharzbasis aufgetragen, bevor das Blech gebördelt wird. Freiliegende Verbindungsstellen nicht zusammengebauter Teile erhalten eine Auftragung von Zinkfarbe oder von Rostschutzmitteln. Bei den Rädern wird zu der elektrophoretischen Lackierung eine silbrig glänzende zweifache Schicht von aluminiertem Akrylharz aufgebracht.

Auf die Bodengruppe der Rohkarosserie wird ein PVC-Unterboden-Dauerschutz und auf Leitungen und verschiedene Aggregate zusätzlich ein Langzeitschutz aufgetragen. Auf diese Weise ist der ganze Unterboden geschützt. Daneben sind in den vorderen Radkästen Kunststoffeinsätze verschraubt.

Auch eine Hohlraumversiegelung wird ab Werk vorgenommen. Sie besteht wie der Langzeitunterbodenschutz aus Cryla-Gard, das durch beigemengtes Kunstharz besonders abriebfest ist.

Karosserie-Inspektion

Diese Hohlraum- und Unterbodenversiegelung kann von allen Fiat-Werkstätten ab Anfang 1975 ausgebessert werden, wozu die gleichen Materialien wie ab Werk zur Verfügung stehen. Es wird anhand von Standardplänen und nicht mehr nach Hohlraumversiegelungsplänen von Schutzmittel-Lieferanten gearbeitet. Dabei sind jedoch eventuelle Abweichungen in der Karosserieproduktion, die sich durch andere Form und Lage der Behandlungsöffnungen bemerkbar machen können, nicht berücksichtigt und die Werkstatt muß selbst um eine technisch günstige Lösung bemüht sein.

Abgesehen von den notwendigen Reinigungsarbeiten gelten für die nachträgliche Bearbeitung, die sich anläßlich einer Inspektion als nötig erweist, für den 131 folgende maximale Arbeitsrichtzeiten: Hohlraumschutz 1,50 Stunde, Unterbodenschutz-Nachbehandlung (einschließlich Radläufe) 0,45 Stunde.

Unterbodenschutz ausbessern

Wenn Sie einen Gebrauchtwagen erworben haben oder die eben erwähnten Inspektionen nicht in einer Werkstatt ausführen lassen möchten, müssen Sie den Unterbodenschutz vor dem Winter auf Beschädigungen untersuchen und gegebenenfalls nachbehandeln. Dreck, Splitt und von Auftausalzen durchsetztes Schmelzwasser vollbringen sonst ein grausames Werk. Mancher Autobesitzer hat sich schon mit maßlosem Erschrecken die Unterseite seines noch gar nicht übermäßig alten Wagens angesehen. Und auch der TÜV handelt dann gnadenlos, wenn der Rost das Blech papierdünn werden ließ und Fahrzeugteile mit ehemals tragender Funktion nur noch von der danebenliegenden Metallumgebung festgehalten werden.

Wenn Ihr Wagen einen Vorbesitzer hatte, der sich nicht um die Rostvorsorge gekümmert hat, sollten Sie als erstes überlegen, wie lange Sie den Wagen behalten wollen. Sonst geben Sie Ihr Geld womöglich für den Nachbesitzer aus. (Der Einwand, ein Wagen mit Unterbodenschutz verkauft sich besser, gilt nicht, denn ein Käufer könnte auch vermuten, daß nur Rostschäden verdeckt werden sollen.) Ob sich Unterbodenschutz bei einem gebrauchten Auto überhaupt lohnt anzubringen, kann im Zweifelsfall nur eine qualifizierte Werkstatt feststellen.

Zum Ausbessern gibt es im Handel Sprühflaschen (Bostik M+S, Tectyl von Valvoline, Terotex von Teroson), die freilich relativ teuer sind (400–600 ccm rund 8 Mark), weswegen es sich nicht lohnt, damit die ganze Unterseite einzusprühen. Außerdem ist darin ein Lösungsmittel enthalten, das den PVC-Schutz angreifen kann. Daher ist zum Nacharbeiten ein Mittel zum Streichen besser, das auch mittels Sprühpistole und Kompressor aufzutragen ist.

Zur Auswahl stehen drei Arten von Unterbodenschutz:

■ Saisonschutz   ■ Langzeitschutz   ■ Dauerschutz

Die beiden erstgenannten kommen infrage, wenn Sie Ihren Wagen nach ein bis zwei Jahren wieder verkaufen wollen. Der Saisonschutz hält, wie sein Name sagt, höchstens eine Saison, womit die Wintersaison gemeint ist. Unter Umständen genügt schon eine Fahrt auf frisch mit Splitt gestreuter Straße, um den Schutz zu durchlöchern. Dann muß der Saisonschutz an den hart strapazierten Stellen nachgebessert werden. Die Summe solcher regelmäßigen Aufwendungen ist kaum billiger als ein Langzeitschutz. Dieser überdauert im Durchschnitt zwei Winter, wenn auch er gelegentlich ausgebessert werden muß. Allerdings muß vorher der Unterboden sauber entrostet und entfettet sein, sonst haftet der Bitumenschutz nicht. Bei einer stark verschmutzten Unterseite kommen also noch die Kosten für die Reinigung hinzu.

Dauerschutz wird mehrere Millimeter dick aufgesprüht und wirkt zugleich als Antidröhnmasse, er hängt dem Fahrgestell aber ein zusätzliches Gewicht von rund 15 kg an. Diese Behandlung kostet für den Fiat etwa 200 Mark, enthebt Sie jedoch – von Kontrollen nach der Winterperiode und eventuellen Nachbesserungen abgesehen – aller weiteren Sorgen. Ein fachlich richtig angebrachter Dauerschutz ist billiger als ständiges Nachsprühen und hält etwa 5 Jahre.

Beim Auftragen jeglichen Unterbodenschutzes müssen Bremsanlage (Leitungen, Radbremsen), Lenkungsteile, Motor, Getriebe und Hinterachse abgedeckt werden. Nach dem Einsprühen ist sofort die Wirkung der Bremsen zu überprüfen und festzustellen, ob Sprühdunst auf die Bremsscheiben oder in die Bremstrommeln geraten ist. Bei mangelhafter Bremswirkung muß man mit betätigten Bremsen und wenig Gas so lange »schleichen«, bis die normale Bremskraft übertragen wird.

Zur Bearbeitung mit dem Konservierungsmittel darf das Auto nicht eiskalt durchgefroren sein. Man bringt es am besten am Abend vor dem Auftragen in die geheizte Werkhalle.

Nachkur der Hohlraumversiegelung

Auch die werkseitig versiegelten Hohlräume sollen alle zwei Jahre erneut konserviert werden, sonst kann der beste Unterbodenschutz den von innen auftretenden Rostfraß nicht verhindern. Kondenswasser und in die Hohlräume der Karosserie eingedrungenes Spritzwasser sammelt sich mit Vorliebe in bereits vorhandenen Schmutzdeponien. Solche »Rostnester« zeigen ihre unliebsamen Auswirkungen eines Tages in Form von Durchrostungen.

Bei einem älteren, wenig gepflegten Wagen hat eine erneute Hohlraumversiegelung selbstverständlich kaum noch Zweck: Das Rostverhütungsmittel würde sich nur auf den bereits vorhandenen Rostansätzen ausbreiten und könnte nicht verhindern, daß die Korrosion weiterdringt.

Vom Selbermachen müssen wir abraten, denn außer entsprechenden Kenntnissen braucht man einen starken Kompressor und einen genauen Hohlraumkonservierungsplan. Suchen Sie deshalb einen Spezialbetrieb, der für seine Hohlraumkonservierung einen guten Ruf hat. Meist sind dies Lackier- oder Karosseriewerkstätten. Die Hohlraumversiegelung kostet für Ihren Fiat zwischen 200 und 250 Mark. Allzu billige Angebote sind nicht empfehlenswert. Sprühpistole und Bohrmaschine genügen nicht, um diese Arbeit fachgerecht auszuführen. Bekannte Firmen wie Dinol, Pingo, Teroson und Valvoline führen Hohlraumversiegelungen in ihrem Programm.

Lackpflege im Winter

Das Äußere des Wagens muß man in der kalten Jahreszeit besonders schützen. Hierbei gilt es vorzubeugen, denn bei Temperaturen unter Null kommt man mit keinerlei Methode mehr richtig zum Zuge. Einem noch gut erhaltenem Lack ist es am zuträglichsten, ihn vor dem Winter zu konservieren (siehe vorangegangenes Kapitel).
Wagenwäsche im Freien wie an warmen Tagen ist bei Frost nicht möglich, außerdem würden dabei Türen, Schlösser und Hauben zufrieren. Man muß also frostfreies Wetter abwarten und dann den mit den Auftausalzen vermischten Schmutz gründlich und mit viel Wasser abwaschen. Reinigende Mittel sollte man dabei vermeiden, weil sie die Konservierung durchdringen und illusorisch machen. Auch die Anwendung von Poliermitteln hat bis zum Frühjahr zu warten. Besser ist es, ein bei Schneematsch häufig benutztes Auto regelmäßig in einer Waschhalle säubern zu lassen, wo sich auch die Gelegenheit bietet, für anschließendes Austrocknen des Wagens zu sorgen.

Pflege der Blankteile

Stoßstangen und eventuell vorhandene Radzierkappen haben eine Chromauflage, die Schaden leidet, wenn man sie nicht pflegt. Das übliche Anlaufen des Metalls ist durch Polieren zu entfernen. Gegen das angriffswütige Streusalz schützt im Winter am einfachsten reine, säurefreie Vaseline. Allerdings bleibt der Schmutz gern daran kleben und hart anprallendes Spritzwasser verdrängt mit der Zeit die fette Schicht. Besser ist dann ein wachsartiges Unterbodenschutzmittel, etwa Tectyl. Möchte man es lieber glänzen lassen, nimmt man Sprühdosen mit glasklarem Chromschutzspray.

Fingerzeige: *Die Gummileisten um die Türen reibt man intensiv mit Glyzerin oder man sprüht sie mit einem isolierenden Mittel wie »Türgummischutz« von Pingo ein. Dann können sie nicht einfrieren. Festgefrorene und aufgerissene Dichtleisten müssen in der Regel ersetzt werden.*
Das eingefrorene Türschloß öffnet man mit dem erhitzten Schlüssel, dessen Spitze über die Flamme des Feuerzeugs gehalten wurde. Das Festfrieren der Türschlösser verhindert Frostschutzmittel, das man an einem dünnen Draht hineinlaufen läßt, wenn man keine alte Injektionsspritze vom Hausarzt hat. Gleiche Dienste leistet Knochenöl, das die Sperren des Schlosses nicht verklebt. Bei der winterlichen Wagenwäsche überdeckt man das Schloß mit einem Streifen Tesa-Film.

Maßnahmen bei Stillegung

War es früher der Winter, der manchen Wagenbesitzer zum Stillegen seines Autos veranlaßte, sind heute eher Militärdienst oder Führerscheinentzug die Ursache, daß das Auto »eingemottet« und für einige Monate stillgelegt werden soll. Um den Fahrzeugzustand für die Dauer dieser Zwangspause zu erhalten, muß man die Betriebsbereitschaft des Wagens gemäß nachstehender Regeln erhalten:

- Öl wechseln, Tank und Kühler ganz füllen.
- Motor warmlaufen lassen. Etwas Korrosionsschutzöl oder Petroleum in Vergaserstutzen sprühen oder in Kerzenlöcher gießen und Motor ohne Zündung (Verteilerkappe abnehmen) mit Anlasser durchdrehen.
- Motor (mit in Öl getränktem Lappen) luftdicht verschließen: Ansaugöffnung (Vergaserstutzen), Auspuff.
- Handbremse nicht anziehen. Kappe des Bremsflüssigkeitsbehälters mit Klebeband abdichten, da Bremsflüssigkeit wasseranziehend ist.
- Batterie ausbauen. Möglichst alle 4 Wochen aufladen lassen oder dorthin verleihen, wo sie benutzt wird.
- Schlösser mit Gefrierschutzmittel einspritzen.
- Scheibenwischerblätter aushängen.
- Blanke Teile mit Vaseline oder anderem säurefreien Fett einreiben.
- Reifendruck regelmäßig kontrollieren (lassen).
- Alle 2 Monate Wagen bei eingelegtem großen Gang wenigstens 50 cm vom alten Platz wegschieben, um einseitige Reifenbelastung und Dauerbelastung einzelner Ventilfedern zu vermeiden.
- Bei Stillstand über 6 Monate Wagen hochbocken. Frei hängende Antriebsräder bei eingelegtem Gang gelegentlich gleichzeitig etwas drehen, damit einzelne Ventilfedern regelmäßig entlastet werden.
- Abstellplatz soll trocken sein und muß gelegentlich gelüftet werden. Heizung ist nicht erforderlich. Wagenfenster handbreit geöffnet lassen.

Wartung – wann und wo?

Check up

Eine ganze Reihe von Überprüfungen werden z. B. beim Flugzeug allein vor jedem Start vorgenommen, abgesehen von den gründlichen Kontrollen in regelmäßigen Abständen. Dabei richtet man sich nach sogenannten Checklisten, die von Technikern und Vertrauten der Materie erstellt sind. Niemand hält solche Prüfungen für entbehrlich oder gar unsinnig.
Flugzeugwerft und Autowerkstatt haben in dieser Hinsicht einiges gemein, denn auch beim Auto gilt: Vorbeugen ist besser als heilen. Die Überprüfungen zur Einsatzbereitschaft des Wagens, die sich aus Funktionskontrollen sowie aus Pflege- und Einstellarbeiten zusammensetzen, sind Beiträge zur Fahrsicherheit und zum Werterhalt Ihres Autos. Folgt man den einzelnen Arbeitsanweisungen mit Sorgfalt, braucht man sich um den verkehrssicheren Zustand seines Autos keine weiteren Sorgen zu machen. Niemand ist aber gezwungen, deswegen festgelegte Termine einzuhalten.
Ende 1974 führte Fiat ein neues, »programmiertes« Wartungssystem ein, das den Fiat-Fahrer nur noch alle 10 000 km in die Werkstatt ruft. Umständlichere Wartungs- und Kontrolldienste wurden damit abgeschafft, die – weil gegeneinander verschoben – die Inanspruchnahme des Fiat-Kundendienstes schon nach jeweils 5000 km Laufstrecke vorschrieb. Somit ergibt sich eine übersichtlichere Wartungsanleitung. Unabhängig davon kann die Fiat-Werkstatt das Auto einer 100-Punkte-Diagnose unterziehen und dabei erkannte Mängel in Absprache mit dem Wagenbesitzer beheben.
Zu Anfang 1976 wurde der Diagnose- und Wartungsdienst durch Fiat insofern verbessert, als Einsparungen beim Lohnaufwand erzielt werden konnten, die sich in der Summe der Inspektionskosten bemerkbar machen. Diese Diagnoseliste haben wir mit der Aufstellung der regelmäßigen Wartungsarbeiten, die in der Betriebsanleitung aufgeführt sind, kombiniert.
Sie werden entdecken, daß die folgende Wartungsliste sehr viele Arbeiten oder auch nur Handgriffe enthält, die Sie ohne jegliche Vorkenntnisse selbst ausführen können. Um sie in Ihrer Absicht zu unterstützen, sich um Ihr Auto weitgehend selbst zu kümmern, haben wir die Tabelle derart gegliedert, daß Sie mit einem Blick erkennen können, was für eine Wartung bei welchem Kilometerstand sinnvoll ist. Mithin gelangten wir zu einem ähnlichen System, wie es vor der Umstellung des Fiat-Wartungsplanes üblich war, haben dieses aber vereinfacht. Es gibt nämlich weiterhin einige Kontrollen, die man in (teilweise wesentlich) kürzeren Abständen als nach jeweils 10 000 km vornehmen muß. Andererseits lassen sich einige Punkte sogar während des Betriebs, also während der Fahrt, erledigen, wenn die Beziehung zwischen Fahrer und Wagen vertraut wurde. Das ist nach einer gewissen Eingewöhnung bestimmt der Fall.
Mancher Fiat-Fahrer nimmt das vom Werk aufgestellte Wartungs-Reglement nicht sehr ernst. Solche gewitzten Leute kennen ihren Wagen allerdings von

innen und außen, und ihr Gleichmut ist nur scheinbar. Als Neuling sollte man sich das aber nicht erlauben. Es kann nämlich teuer werden, wenn Sie erst bei einem offensichtlichen Mangel mit Ihrem Auto in die Werkstatt rollen. Was Sie am Fiat 131 neben den Pflegearbeiten noch tun sollten, das wird in den einzelnen Kapiteln dieses Buches ausführlich behandelt. Besondere Ansprüche stellt dabei der Winter, der ein hinterlistiger Feind unserer Autos ist. Wir wollen Ihnen helfen, alle Eventualitäten zu erkennen, die den Wert Ihres Wagens schmälern.

Was muß wann und wo gemacht werden?

Pflegearbeiten

alle 500 km

				Seite
1.	S		Motorölstand kontrollieren	69
2.	S		Kühlmittelstand kontrollieren	99
3.	S		Bremsflüssigkeit kontrollieren	147
4.	S		Reifendruck nachmessen	165

alle 5 000 km

7.	S	W	Belagstärke der Scheibenbremsen überprüfen	151
8.	S		Schutzkappen des Lenkgestänges und der Vorderradaufhängung prüfen	139
9.	S		Ölstand im automatischen Getriebe kontrollieren	76

alle 10 000 km

10.	S	T	W	Motoröl wechseln	70
11.	S	T	W	Ölfilter erneuern	71
12.	S			Luftfiltereinsatz erneuern	120
13.	S		W	Vergaser-Düsen und -Filter reinigen	121
14.	S			Zündverteiler schmieren	78
15.	S		W	Abstand der Unterbrecherkontakte messen	190
16.	S		W	Zündeinstellung prüfen	191
17.	S			Elektrodenabstand der Zündkerzen prüfen	196
18.	S		W	Leerlauf überprüfen	95 u. 118
19.	S			Ventilspiel prüfen	89
20.			W	Kompressionsdruck messen	92
21.	S			Keilriemenspannung prüfen	183
22.	S			Säurestand der Batterie kontrollieren	171
23.	S	T	W	Ölstand im mechanischen Schaltgetriebe kontrollieren	76
24.	S	T	W	Ölstand im Hinterachsgehäuse kontrollieren	77
25.	S			Dichtungen und Leitungsanschlüsse prüfen	97
26.	S			Schlauchverbindungen des Kühlsystems überprüfen	99
27.	S			Auspuffanschlüsse und -befestigung überprüfen	96
28.	S		W	Kupplungsspiel messen	130
29.	S		W	Kugelgelenke des Lenkgestänges und der Vorderradaufhängung prüfen	139
30.	S		W	Lenkungsspiel prüfen	145
31.	S		W	Vorspur und Sturz der Vorderräder messen	143
32.	S		W	Belagstärke der Trommelbremsen überprüfen	154
33.	S		W	Handbremswirkung prüfen und Zustand des Bremsseils untersuchen	156–157
34.	S			Radbolzen nachziehen	167
35.	S			Reifenzustand prüfen	164
36.	S			Elektrische Anlage und Funktion der Instrumente überprüfen	203
37.	S		W	Scheinwerfereinstellung überprüfen	204
38.	S			Schlösser und Scharniere schmieren	79
39.	S			Flüssigkeitsstand im Scheibenwascherbehälter kontrollieren	222
40.	S		W	Probefahrt	10

alle 20 000 km

41.	S		W	Aggregate auf festen Sitz prüfen	37

alle 30 000 km

				Seite
42.	S	T		Schiebemuffe der vorderen Übertragungswelle schmieren	78
43.		T	W	Öl des mechanischen Schaltgetriebes wechseln	77
44.		T	W	Öl des Hinterachsgetriebes wechseln	78
45.			W	Vorderradlager überprüfen	138

alle 40 000 km

46.	S		W	Zustand des Zahnriemens prüfen	94
47.		T	W	Öl des automatischen Getriebes wechseln	76

alle 60 000 km

48.			W	Zahnriemen wechseln	94
49.	S			Kühlmittel wechseln	100

In der Tabelle der Pflegearbeiten haben wir durch einen oder mehrere Kennbuchstaben angezeigt, wann man sich selbst helfen kann und wann nicht.

S = Selbstmachen. Das sind Arbeiten, die man ohne Fachkenntnisse und besonderes Werkzeug selbst ausführen kann, nachdem man den entsprechenden Abschnitt auf der betreffenden Seite dieses Buches gelesen hat.

S/T = Selbstmachen oder Tankstelle. Auch hier sind keine besonderen Fachkenntnisse notwendig, aber vielleicht fehlt Ihnen das entsprechende Gerät zur Ausübung dieser Arbeit und die Tankstelle besitzt es.

S/W = Selbstmachen oder Werkstatt. In diesen Fällen sind neben einfachen Fachkenntnissen etwas Geschick, Einfühlungsvermögen und zusätzliches, aber kein aufwendiges Werkzeug Voraussetzung.

T = Tankstelle. Der sparsame Mann überläßt diese Arbeit am besten der Tankstelle, obgleich er sie auch selbst ausführen könnte. Er spart dabei Zeit und Mühe, denn der Warenpreis, der bei dieser Arbeit entsteht, ist gleich, einerlei ob man die Ware – in der Regel das Öl – selbst verarbeitet oder von der Tankstelle verarbeiten läßt. Selbsthelfer mit Ehrgeiz werden sich jedoch auch diese Arbeit nicht nehmen lassen. Billiger wird es für den Selbsthelfer aber nur, wenn er die notwendige Ware besonders günstig einkaufen kann.

W = Werkstatt. Diese Arbeit erfordert spezielle Fachkenntnisse, teure Meß- und Arbeitsgeräte, die nur die Fachwerkstatt besitzt.

So wird der Wagenheber exakt angesetzt, damit er beim Hochkurbeln nicht so leicht umkippt: Schräg nach außen stehend, von der Seite gesehen, jedoch senkrecht, den Tragebolzen bis zum Anschlag in die Hülse der Quertraverse geschoben und bei lockerem Boden auf dem Boden ein Unterlegbrettchen gelegt, damit sich der Wagenheberfuß nicht in den Boden drückt (anstatt den Wagen hochzuheben). Der schräg nach außen stehende Wagenheber kommt beim Hochkurbeln immer mehr in die Senkrechte.

Mit einem stabilen Wagenheber für Lastwagen, der unter der Hülse für den Bordwagenheber angesetzt wird, läßt sich eine Wagenseite mit größerer Sicherheit vollkommen anheben. Niemals darf man aber vergessen, die Räder der anderen Wagenseite zusätzlich zu sichern.

Was kann man selber machen?

Mit den aufgeführten Arbeiten ist jede Fiat-Werkstatt vertraut. Einzelne Arbeiten, die man nicht selber machen will, werden jedoch an einer guten Tankstelle oft schneller (auch samstags) ausgeführt, als dies in Werkstätten manchmal möglich ist. Es gibt allerdings auch einige Pflege- und Inspektionsdienste, die nur mit »W« gekennzeichnet sind. Sie bleiben »übrig«, wenn man selbst pflegt oder die Tankstelle einige Wartungen übernehmen läßt. Man braucht sich keineswegs zu scheuen, seiner Werkstatt nur diese Arbeiten gesondert in Auftrag zu geben. Das ist immer noch billiger als ein kompletter Inspektionsdienst.

Ihre Werkstatt wird es schnell herausbringen, wenn Sie mit einem stets gut gepflegten Wagen aufkreuzen und nur vereinzelte Aufträge erteilen, die Sie offensichtlich nicht selbst ausführen können. Man wird Ihre Haltung respektieren und Sie nach dem guten Zustand Ihres Fiat einschätzen.

Der Pflegeplatz

Mittlerweile haben Sie sich vielleicht entschlossen, die Pflege Ihres Fiat so weit wie möglich selbst in die Hand zu nehmen. Nun bleibt noch die Frage, wo man diese Veranstaltungen abhalten will. Eine Garage bietet sich wegen der darin meist ungenügenden Raumverhältnisse nicht oder nur bei ungünstiger Witterung als Arbeitsplatz an. Wegen des besseren Lichts ist ein Platz im Freien vorzuziehen, doch nicht jeder Fleck unter dem blauen Himmel erweist sich als brauchbar. Auf dem Rasen hat man wenig Freude: Die versehentlich herabgefallene Schraube bleibt verschwunden. Ähnlich ungeeignet ist die Nähe eines Wasserablaufs, denn wie mit Zauberkraft zieht dieser metallene Kleinteile an.

Gekiester Boden auf festem Untergrund ist schon eher in die Wahl zu ziehen, wenn vorher der Kies mit einem Drahtbesen geglättet wurde. Am besten ist natürlich ein ebener Zement- oder Asphaltboden. Vor der Beschäftigung mit dem Auto wird er sorgfältig gekehrt, damit man sich nicht im Schmutz herumwälzt und ohne Gefahr für die Hosen auch einmal darauf niederlassen kann.

Absolut festen Boden unter den Füßen zu haben ist besonders dann wichtig, wenn Sie an die Unterseite Ihres Fiat heranwollen. Dann müssen Sie das Auto hochwinden und möglicherweise unterbauen. Hüten Sie sich davor, unter ein Auto zu kriechen, das nur vom Wagenheber hochgehalten wird! Der Wagenheber kann abgleiten oder umknicken. Das ist lebensgefährlich für den, der unter dem Auto liegt.

Der kleine Wartungsdienst

Stichproben

Mit den Arbeitsempfehlungen zur Fiat 131-Inspektion im vorangegangenen Kapitel ist sozusagen die Stütze dieses Buches gebildet. Völlig unproblematische Kontrolldienste und Pflegearbeiten sind dabei mit »S« bezeichnet, was »Selbstmachen« bedeutet und weder Fachkenntnisse noch spezielles Werkzeug erfordert. Mit diesen Arbeiten entlasten Sie Ihre Werkstatt für echte Reparaturarbeiten und ersparen sich selbst manche Mark. Außerdem gewinnen Sie zugleich ein sicheres Bild über den Zustand Ihres Autos.
Daneben hängt die Betriebssicherheit des Wagens aber auch von Kontrollen ab, die keinem Zeitplan unterworfen sind. Solche Überwachungen gehören zum Autobetrieb wie der tägliche Blick in den Briefkasten daheim und verursachen keinerlei Mühe, allenfalls der folgende Punkt 6 ist mit einigen Umständen verbunden. Der Griff nach dem Ölpeilstab ist ebenso wenig als Arbeit zu bezeichnen wie das Abziehen der Batteriestopfen. Auch die Lichtanlage überwacht man unabhängig von der 10 000 km-Vorschrift und den Reifendruck mißt man nicht auf »Befehl« der Betriebsanleitung, sondern vor allem, wenn es die Umstände erfordern.
Sogar routinierte Wagenbesitzer vergessen nach langjähriger Praxis oft, daß man solche Kontrollen noch aufmerksamer durchführen soll, wenn man wenig fährt. Seltener Fahrbetrieb – etwa im Winter – erfordert erhöhte Aufmerksamkeit. Wer rastet – rostet. Das trifft auch für Ihr Auto zu.

Der Ölpeilstab befindet sich am Motor links zwischen Zündverteiler und Benzinpumpe. Besitzt ringartigen Griff. Ölstand nur ermitteln, wenn Motor mindestens einige Minuten stillstand, sonst zu geringe Anzeige, weil noch Öl im Schmierungskreislauf.
Peilstab ganz herausziehen, mit sauberem Tuch (auch Papiertaschentuch, nicht Putzwolle oder faseriges Material) abwischen. Stab wieder bis zum Anschlag in Motor stecken und erneut herausziehen. Öl muß Peilstabspitze mindestens bis Marke »MIN« benetzen (siehe Seite 70).

1. Motorölstand messen

Das Kühlmittel durchfließt Motor und Kühler und gelangt über einen Abzweig in den durchscheinenden Ausgleichsbehälter. Dieser sitzt im Motorraum links. Der Flüssigkeitsspiegel soll bei kaltem Motor 6–7 cm über der Marke »MIN« stehen. Andernfalls in den Behälter, nicht in den Kühler, Wasser nachfüllen. Bei heißem Motor dabei Motor laufen lassen. Nähere Hinweise auf Seite 99.

2. Kühlflüssigkeitsstand prüfen

Der Keilriemen muß sich in der Mitte zwischen den beiden oberen Riemenscheiben bei mäßigem Daumendruck um etwa 10–15 mm durchdrücken lassen. Lockerer Keilriemen rutscht, wird heiß und verschleißt bald. Zudem ungenügender Betrieb der Lichtmaschine. Zu strammer Keilriemen belastet

3. Keilriemenspannung kontrollieren

Lichtmaschinenlager, erhöhte Abnutzung. Spannen des Keilriemens siehe Abschnitt »Keilriemenprobleme« Seite 183.

4. Säurestand der Batterie prüfen

Die 12-Volt-Batterie sitzt im Motorraum rechts. Verschlußleisten (oder -stopfen) herausziehen. Inwendig müssen alle Zellen von Batteriesäure bedeckt sein. Andernfalls ergibt sich Leistungsschwund und vorzeitiger Verschleiß. Wie auf Seite 171 beschrieben, nur destilliertes Wasser (kein Leitungswasser, keine Batteriesäure) nachfüllen. Säurestand bei entsprechender Batterie von außen erkennbar, bei nicht durchsichtiger Batterie ist Soll-Stand der Säure von ca. 10 mm über Zellenplatten mit schmalen Pappstreifen leicht nachmeßbar. Nicht mit Metall (Werkzeug) nachmessen, Kurzschluß-Gefahr.

5. Bremsflüssigkeit kontrollieren

Der Bremsflüssigkeitsbehälter befindet sich im Motorraum links. Die Prüfung ist öfter als alle 10 000 km vorzunehmen. Durchscheinendes Material des Behälters ermöglicht den Inhalt zu erkennen. Flüssigkeitsspiegel muß über der Trennwand beider Behälterkammern liegen. Nur spezielle Bremsflüssigkeit nachfüllen, niemals Öl. Beachte Seite 147.

6. Zustand der Bremsleitungen prüfen

Fehlt auffällig viel Bremsflüssigkeit, den Zustand der Bremsleitungen besonders sorgfältig prüfen, irgendwo muß sie ausgetreten sein. Auto hochbocken oder über Pflegegrube fahren. Bremsleitungen und -schläuche müssen trocken und dürfen nicht aufgequollen sein. Vergleiche Seite 147. Schwarzer Schmutz deutet auf Undichtigkeit, auch feuchtdunkle Stellen an der Bremstrommel. Radbremszylinder undicht? Anschlußstellen nicht mit Schraubenschlüssel nachziehen (Verdrehen der Leitung!), bald Werkstatt aufsuchen. Scheuerstellen (durch Schneeketten)?
Kein Benzin, Petroleum, Dieselkraftstoff oder Fett und keine Farbe an die Bremsschläuche bringen. Beim Einsprühen das Fahrwerk abdecken.

7. Reifendruck nachmessen

Nachprüfung etwa einmal pro Woche. Nur an kalten Reifen Luftdruck messen, da während zügiger Fahrt der Druck sich durch Erwärmung erhöht. Diesen gesteigerten Luftdruck nicht ablassen, da für Fahrbetrieb bereits einkalkuliert. Richtiger Luftdruck beträgt bei kalten Reifen der Fiat 131-Limousine vorn 1,8 bar, hinten 2,0 bar, beim Kombi vorn 1,8 bar, hinten 2,2 bar (siehe Kapitel »Räder und Reifen«). Für flotte Autobahnfahrt die Werte um 0,2 bar erhöhen.

8. Scheibenwaschbehälter nachfüllen

Der Vorratsbehälter der Scheibenwaschanlage hängt im Motorraum rechts. Inhalt im Winter frostgefährdet. Aber bei Matsch ist Scheibenwascher wichtig (bis −15° wirken Auftausalze). Geeignete Frostschutzmischungen siehe »Winterschutz«-Kapitel Seite 54. Mischung vor Einfüllen gut durchschütteln, sonst friert Wasseranteil trotzdem. Im Sommer empfiehlt sich Beimischung von Reinigungsmittel gegen Dieselqualm.

9. Lichtanlage prüfen

Eigentlich soll man vor jeder Fahrt prüfen, ob alle Lampen funktionieren: Scheinwerfer-Fernlicht, -Abblendlicht, -Standlicht; Rücklichter, Bremslichter, hintere Kennzeichenbeleuchtung, 6 Blinker, Lichthupe. Am besten: Helfer geht um Wagen, während Lampen nacheinander geschaltet werden. Andernfalls: Widerschein der Lampen auf heller (Garagen-) Wand kontrollieren. Bei Störung: Stichwortverzeichnis dieses Buches gibt Seite an, wo Fehlerbeseitigung beschrieben ist.

Schmieren – was und wie?

Öl in Dosen

Es gibt viele Arten von Fetten und Ölen, mit verschiedensten Eignungen und Qualitäten, auf pflanzlicher, tierischer und mineralischer Basis. Nur letztere sind für unsere Autos gut. Die Chemie sorgt außerdem dafür, daß diese fettigen und öligen Substanzen vielen Ansprüchen genügen. So sollen z. B. Motoröle den Reibungswiderstand vermindern, Wärme ableiten und somit Verschleiß reduzieren. Ferner können sie Verbrennungsrückstände lösen und zusätzlich gegen Gas abdichten. Das sind Aufgaben, die auch das beste Öl nicht dauernd erfüllen kann.
Welche Öl- bzw. Fettqualitäten sind für die einzelnen Aggregate Ihres Fiat geeignet? Während Sie zum Schmieren eines Türschlosses zur Not jede Art einer ölhaltigen Substanz benutzen können, also irgend ein Fett, das den Mechanismus beweglich hält, darf man für alle schnellaufenden Teile (Motor, Getriebe, Hinterachse) nur die vorgeschriebenen Öl- oder Fettsorten verwenden.
Daneben gibt es noch einige andere Teile des Wagens, um deren Fettversorgung man sich in größeren Zeitabständen kümmern soll. Schließlich sind im Inspektionsplan einige Stellen, die gelegentlich für ein Tröpfchen Öl dankbar sind, nicht genannt. In den betreffenden Abschnitten dieses Buches soll Ihnen geholfen werden zu erkennen, was man ab und zu fetten sollte und wie man das Schmiermittel dosieren kann.

Vielleicht kommt es Ihnen unnötig vor, alle 500 km nachzukontrollieren, ob noch genügend Öl im Motor enthalten ist. Zumal wenn Sie noch vom letzten Mal zu wissen glauben, daß der Ölstab voll angezeigt hatte.
Tun Sie es trotzdem! Irgendwo kann inzwischen eine undichte Stelle am Motor entstanden sein (z. B. durch nachlässig eingedrehte Ölablaßschraube oder durch nicht richtig eingedrückten Ölpeilstab), die den lebenswichtigen Saft langsam entweichen läßt. Dann haben Sie das Nachsehen. Natürlich ist dieses ein äußerst seltener Fall, aber die Regel hat sich noch immer bewährt, die da sagt: »Vertrauen ist gut – Kontrolle ist besser«.
Morgens vor dem Start ist die genaueste Kontrolle möglich. Dann hat sich über Nacht das Öl vollkommen in der Ölwanne gesammelt. Wird jetzt der Ölpeilstab herausgezogen, läßt sich daran der Ölstand genau ablesen. Dabei behalten Sie sogar saubere Hände.
Für die Kontrolle unterwegs braucht man einen sauberen Lappen, den man am besten in der Nähe des Bremsflüssigkeitsbehälters oder an einer ähnlichen Stelle festklemmt, um ihn bei Bedarf bei der Hand zu haben. Mit ihm wischt man das vom Öl benetzte Ende des Ölpeilstabs ab, drückt den Stab wieder bis zum Anschlag in den Motor und zieht ihn erneut heraus. Bei warmem Motor ist erst dann zu erkennen, wie weit das Öl im Motor reicht.
Der Ölstab besitzt zwei Einprägungen: »MIN« ist die untere und bedeutet

Ölstand im Motor prüfen
Pflegearbeit Nr. 1

69

Motoröl soll nachgefüllt werden, wenn der Ölstand bis zur Minimum-Marke abgesunken ist. Die Füllmenge zwischen Minimum- und Maximum-Markierung auf dem Peilstab beträgt rund 1,4 Liter (richtige Ölsorten siehe Seite 71).
Ständiges Nachfüllen bis zur Maximal-Marke fördert den Ölverbrauch, hat also keinen Sinn und schadet nur dem Geldbeutel. Nach der Ölstandsprüfung muß der Peilstab fest in das Peilstabloch am Motor gedrückt werden, sonst tritt bei laufendem Motor Öl aus. Ergebnis: Ölverlust und ölverschmierter Motorraum.

»Nachfüllen«, »MAX« als obere zeigt »Voll« an. Wenn das Öl den Stab dazwischen benetzt, stimmt der Ölstand. Erst dann, wenn der Ölpegel unter die untere Marke abgesunken ist, muß Öl nachgefüllt werden.

Natürlich darf man bei einem Auto nicht versuchen den Ölstand nachzumessen, wenn der Wagen auf schrägem Boden steht. Die Ölkontrolle ist bei waagerecht stehendem Fahrzeug vorzunehmen, weil ein (auch an manchen Tankstellen anzutreffender!) nur wenig abschüssiger Untergrund genügt, zu einem verfälschten Kontrollresultat zu gelangen.

Wer sich auf einer längeren Reise befindet und unterwegs den Ölstand überprüfen muß, sollte dies erst tun, nachdem der Motor einige Minuten stillgestanden hat. Das Öl muß im Motor abgelaufen sein und sich in der Ölwanne gesammelt haben. Was man zu beachten hat, wenn Bedarf an Öl vorliegt, ist auf Seite 75 im Abschnitt »Unterwegs Öl nachfüllen« beschrieben.

Motoröl wechseln
Pflegearbeit Nr. 10

Gemäß der Betriebsanleitung ist das Motoröl alle 10 000 km oder alle 6 Monate zu wechseln. Fiat empfiehlt sogar, diesen Wechsel bei »schweren« Betriebsbedingungen, also bei überwiegenden Fahrten in der Stadt oder in staubigen Gegenden, alle 5000 km vorzunehmen. Allerdings zwingen nur sehr krasse Bedingungen zu solchem Verhalten, die man in unseren Gegenden kaum antrifft.

Nach 10 000 km ist das Öl so weit »gealtert«, daß es seine Funktion nur noch unvollkommen erfüllt. Häufige Kurzstreckenfahrten fördern Verunreinigungen, versetzt mit Kraftstoffkondensaten, die der schmierenden Eigenschaft des Öls abträglich sind. Altes Öl verbraucht sich schneller. Erhöhter Ölverbrauch kann daran liegen, daß man schon häufig neues Öl zum alten hinzugeschüttet hat. Ein Ölwechsel kann den Verbrauch wieder sinken lassen, wenn der Motor sonst noch in Ordnung ist. Günstig ist es natürlich, wenn man den Ölwechsel dem Wandel der Jahreszeiten anpassen kann, um die für Sommer und Winter geeigneten Ölsorten zu verwenden.

Heutige HD-Öle besitzen andererseits derartige Qualitäten, daß ihre volle Schmierkraft auch bis zu 15 000 km erhalten bleiben kann, vorausgesetzt, der Wagen wird flott gefahren und nicht mit unterkühltem Motor gequält.

Der erste Ölwechsel im neuen Motor muß nach den ersten 2000 bis 3000 km vorgenommen werden. Auch wenn dieses Öl noch sehr klar erscheint, hat es doch seine Aufgabe erfüllt, die bei neuen Motoren zwangsläufig vorkommenden Abriebteilchen wegzuschwemmen. Diesen Ölwechsel nimmt die Fiat-Werkstatt bei der ersten Garantie-Inspektion vor.

Die 10 000 km-Angabe, die sich auf die anschließenden Ölwechsel bezieht, ist nur ein empfohlenes Mittelmaß. Diese vorgeschriebenen Intervalle sollte man aber keinesfalls überschreiten, wenn man den Fiat nur zum kurzen Arbeitsweg in der Stadt oder gar als Botenfahrzeug für Fahrten von Haus zu Haus benutzt. An warmen Sommertagen mag das noch angehen, aber winterliche Temperaturen verschlechtern die Bedingungen für den Motor erheblich.

Bei jedem Ölwechsel soll zugleich die Ölfilterpatrone ausgewechselt werden. Beim Fiat ist sie in den sogenannten Hauptstrom des Motoröls geschaltet. Diese Wegwerfpatrone kann nicht mit Benzin oder anderen Mitteln gereinigt werden. Sie sitzt – in Fahrtrichtung gesehen – vorne unten links am Motor.
Eine alte Patrone läßt sich selten mit Händekraft losdrehen. In der Werkstatt benutzt man dazu einen speziellen Bandschlüssel, es geht aber auch mit einem alten Keilriemen oder Ledergurt. Man schlingt den Riemen einmal um das Filtergehäuse, dreht die Enden mit einer Rohrzange fest und gleichzeitig damit das Gehäuse los.
Bei der neuen Patrone muß der Dichtring vor dem Ansetzen leicht mit Abschmierfett eingestrichen werden. Zwar nimmt man in der Werkstatt dazu Öl, aber bei der anschließenden Sichtprüfung am laufenden Motor, ob nämlich die Patrone wirklich dicht sitzt, kann abtropfendes Öl fälschlich als austretendes Öl angesehen werden, und man zieht dann die Patrone noch fester an. Sie darf aber beim Andrehen nur mit der Hand festgedreht werden. Jedes Festziehen mit irgendeinem Werkzeug ist verboten und kann dazu führen, daß sich die Patrone später nicht mehr lösen läßt.
Folgende Ölfilterpatronen erhält man bei Fiat-Vertretungen oder im Zubehörhandel:

Ölfilterpatrone wechseln
Pflegearbeit Nr. 11

	Für 1,3-Liter-Motor	Für 1,6-Liter-Motor
Bosch	0 451 103 011	0 451 103 011
Crosland	–	623
Fram	PH 2843	PH 2807
Gud	Z 96	Z 60
Hengst	–	H 40 W
Knecht	AW 28	AW 6
Mann	W 1126	W 1126
PM/Purflux	LS 194	–
Purolator	Li–3970	R–20

Der Stückpreis liegt etwa bei 6 Mark. Filterpatronen mit gleichem Markennamen, aber anderen Kennziffern, sind nicht verwendbar.

Fingerzeig: *Handprobe am Ölfilter bei heißgefahrenem Motor zeigt, ob das Öl auch richtig durch diese Patrone zirkuliert. Sie muß gleich warm wie der Motorblock sein. Ein verschmutztes oder verstopftes Filter wird sich kühler anfassen, weil der Ölstrom über das Kurzschlußventil fließt. Dann wird der Motor mit ungefiltertem Öl versorgt, und ein Filterwechsel ist dringendst geboten.*

Ölwechselprobleme

Ölwechsel kann man in der Fiat-Werkstatt oder an einer Tankstelle vornehmen lassen oder zu Hause machen. Wir ziehen im allgemeinen die Tankstelle vor. Das hat einige besondere Gründe:
1. Das Motoröl soll warm gewechselt werden, damit es restlos mit allem Schmutz gut abläuft. In Werkstätten muß der Wagen oft lange warten, und in-

Hat man keine Grube zur Verfügung, sollte der Wagen zum Ablassen des Motoröls möglichst allseitig gleichmäßig hochgebockt sein. Wagen zur Sicherung abstützen! Die Ölablaßschraube befindet sich an der Unterseite der Ölwanne, sie kann nur mit einem Sechskant-Inbusschlüssel SW 12 herausgedreht werden. Beim Hineindrehen der Schraube darf keine Gewalt angewendet werden, damit man das Gewinde nicht beschädigt. Altes Öl verbraucht sich schneller. Erhöhter Ölverbrauch kann daran liegen, daß man schon häufig neues Öl zum alten hinzugeschüttet hat. Ein Ölwechsel kann den Verbrauch wieder sinken lassen, wenn der Motor sonst noch in Ordnung ist.

zwischen wird der Motor wieder kalt. An Tankstellen hat man für diese Arbeit oft schon nach wenigen Minuten Zeit.

2. Beim Ölwechsel fällt Altöl ab. Wohin damit? In die Kanalisation schütten oder im Garten vergraben oder verbrennen darf man es nicht. Das kostet wegen Umweltverschmutzung Strafe. Allenfalls können Sie es zum Imprägnieren hölzerner Gartenpfähle verwenden, wenn Sie welche haben. Bei der Tankstelle ist das Altöl jedenfalls besser aufgehoben. Dort kriegt man es aber nicht immer abgenommen, wenn man es einfach hinbringt. Hat man jedoch den Ehrgeiz, es doch selber zu machen, dann werden benötigt:
- Eine neue Ölfilterpatrone (siehe vorstehenden Abschnitt).
- 4 Liter Motoröl. Die verwendbaren Ölsorten finden Sie in der Tabelle auf der nächsten Seite.
- Inbusschlüssel SW 12 zum Öffnen und Schließen der Ablaßschraube.
- Gefäß zum Auffangen des Altöls.

Die Arbeit verläuft folgendermaßen: Hat man keine Grube, muß der Wagen allseitig gleich hoch aufgebockt werden, damit der Motor sich in waagrechter Stellung befindet und das Öl vollkommen auslaufen kann. Dann Wanne oder sonstiges Gefäß zum Auffangen des Altöls unterschieben. Ablaßschraube öffnen (Vorsicht bei heißem Öl) und Öl auslaufen lassen. Danach Ablaßschraube wieder festdrehen, aber nicht »anknallen«.

Nun wird das frische Motoröl oben in den Einfüllstutzen auf dem Zylinderkopfdeckel eingefüllt. Ganz zum Schluß wird nach einigen Minuten noch einmal der Ölmeßstab gezogen, denn sicher ist sicher. Es soll nämlich schon vorgekommen sein, daß oben das Öl eingefüllt wurde und unten die Ablaßschraube noch gar nicht drin war. In diesem Zusammenhang ist es interessant zu wissen, wieviel Einfüllmenge die Differenz zwischen oberer und unterer Meßmarke am Ölpeilstab ausmachen. Es ist genau 1 Liter.

Verwendbare Ölsorten

Fiat ist ein großer Konzern, der neben Autos und Flugzeugen und anderen Industriegütern auch Öle produziert. Deshalb legt man natürlich auf die Verwendung der hauseigenen Schmiermittel großen Wert. Sie müssen sich aber nicht unbedingt an die in der Betriebsanleitung gegebenen Ratschläge bezüglich der Ölmarke halten, denn es gibt auch gleichwertige Öle mit anderen Namen. Was Fiat als Oliofiat der VS-Reihe oder Multigrado anbietet, entspricht den hochgesteckten, international anerkannten amerikanischen Militär-Prüfvorschriften der Klasse MIL 2104 B.

Auf der Öldose, die Sie erwerben, oder auf dem Faß, aus dem Sie sich Motoröl für Ihr Auto abfüllen lassen, muß irgendwo deutlich HD eingeprägt oder aufgemalt sein. Allerdings ist es auch möglich, daß die Öldosen die neueren gültigen internationalen Leistungsbezeichnungen tragen, die hierzulande nur von wenigen Mineralölfirmen, wie z. B. Agip und Shell, verbindlich geführt werden. Diese Leistungsnormen wurden von API, dem »Amerikanischen Petroleum-Institut« festgelegt. Sie sind international anerkannt und sagen mehr als die simple Bezeichnung »HD«. Dementsprechend kann anstelle des »HD« – oder zusätzlich – die Öldose die Aufschrift »API-Service SE« oder »Service CC« tragen. An sich für Dieselmotoren bestimmt, kann solches Öl aber problemlos auch im Fiat-Motor verwendet werden.

In Kaufhäusern erhält man recht preisgünstige Öle dieser API-Norm – im Zweifelsfall muß man sich beim Verkäufer durch Rückfrage von dieser Eigenschaft vergewissern. Motorenöl, das keine dieser Bezeichnungen hat oder nur mit den geringeren API-Normen »Service SA, SB, SC, CA oder CB« gekennzeichnet ist, sollten Sie nicht für Ihren Motor nehmen. Es ist schwach oder gar nicht legiert. Die nachfolgenden Ölsorten entsprechen den Fiat-Empfehlungen.

Bezeichnung	Viskosität	Eignungsbereich	Preis pro Liter
HD-Öl für Ottomotoren	SAE 10 W	Winter unter –15° C	DM 4,50–7,00
	SAE 20 W/20	Winter zwischen 0° C und –15° C	DM 4,50–7,00
	SAE 10 W-30		DM 4,50–8,00
	SAE 30	Sommer und Übergangszeiten über 0° C	DM 4,50–7,00
	SAE 20 W-40		DM 4,50–8,00
	SAE 40	Hochsommer über 35° C	DM 4,50–7,00
	SAE 20 W-40		DM 4,50–8,00
HD-Öl für Dieselmotoren	SAE 20 W/20	Winter bis –15° C	DM 3,50–6,00
	SAE 30	Sommer bis 35° C	DM 3,50–6,00

Kauf- und Versandhäuser bieten Öle an, deren Preise z. T. unter den hier angegebenen Mindestsätzen liegen. Man braucht sich nicht zu scheuen, zu diesen günstigen Angeboten zu greifen, denn über die Qualität dieser Öle ist bislang nichts Nachteiliges bekannt geworden. Kein namhaftes Unternehmen würde das Risiko eingehen, durch an die Öffentlichkeit geratene Prozesse einen guten Namen zu verlieren.

Temperaturbereiche

In der vorangegangenen Aufstellung gibt die zweite Spalte die Viskosität, die Zähflüssigkeit des Öls, durch Zahlenwerte an. Sie ergibt sich aus der Fähigkeit des Öls, schneller oder langsamer aus einem Röhrchen gleichen Durchmessers zu fließen, und wurde von der amerikanischen **S**ociety of **A**utomotive **E**ngineers genormt. Die Bezeichnung der Zähflüssigkeitsklassen erfolgt deswegen mit »SAE« und einer vereinbarten Zahl. Je kleiner diese Zahl, desto dünnflüssiger ist das Öl.

Das »W« am Schluß bedeutet zusätzlich »Winter«. Es ist gleichfalls dünnflüssiges Öl, das für den Winter vorgesehen ist. SAE 30 und SAE 40 sind Sommeröle, ihre Dickflüssigkeit macht sie für winterliche Temperaturen ungeeignet, zumal dickes Öl im froststarren Motor den Anlaßvorgang erschwert.

Die dritte Spalte der Tabelle gibt die Temperaturbereiche an, in denen die einzelnen Ölsorten für Ihren Fiat am geeignetsten sind. Die Temperaturbereiche sind von der Ölsorte und der Viskosität, aber auch von der Motorkonstruktion abhängig. Natürlich muß man nicht bei jedem Witterungswechsel auch einen Ölwechsel durchführen. Es genügt, wenn man sich grob nach den Jahreszeiten richtet.

Preisgünstig: HD-Öl für Dieselmotoren

In der vorstehenden Tabelle erscheinen auch »HD-Öle für Dieselmotoren«. Betrachten Sie daraufhin die letzte Spalte: HD-Dieselmotor-Öle sind preiswert und haben alle guten Eigenschaften wie die HD-Öle für Ottomotoren. Nur aus marktpolitischen Gründen sind sie billiger, allerdings ist der Preisvorteil nicht mehr so groß wie früher und sie sind nicht an allen Tankstellen zu haben. Man bekommt sie jedoch bestimmt an Tankstellen mit Dieselzapfsäule. Ein-Liter-Dosen dieser Ölsorte gibt es auch nicht immer, sondern oft wird lose aus dem Faß abgefüllt.

Mehrbereichsöle

Bisher sprachen wir über »Einbereichsöle«. Motoröle mit solchen Bezeichnungen wie SAE 10 W-30 oder SAE 20 W-40 sind ebenfalls HD-Öle und haben den Vorteil, in der Zeit des Winter- oder Sommerhalbjahres über im Motor Dienst tun zu können. Solche Mehrbereichsöle können immer dann verwendet werden, wenn Öle von SAE 10 W und SAE 20 W oder SAE 30 und SAE 40 vorgeschrieben sind. Sie sind aber auch am teuersten. Somit ist es Ihr Geld, das Sie in Mehrbereichsöl nur dann gut anlegen, wenn Sie mit Ihrem Fiat so wenig fahren, daß der nächste Ölwechsel bestimmt in jene Jahreszeit fällt, für welche eine andere Ölviskosität vorgeschrieben ist.
Genaugenommen handelt es sich bei den Mehrbereichsölen um dünnflüssige Öle, denen spezielle chemische Zusätze beigegeben sind. Diese »quellen« bei höheren Temperaturen, verhindern also, daß das Öl bei höheren Temperaturen zu dünnflüssig wird, wodurch es seine Schmierfähigkeit verlieren könnte. Man sollte es sich gut überlegen, ob das Mehrbereichsöl in jedem Fall rentabel ist. Man darf auch nicht immer auf den Mann an der Tankstelle hören, der natürlich lieber das Öl verkauft, bei dem die Verdienstspanne höher ist.
Wie die Einbereichsöle (und zugleich die mit den Fiat-internen-Merkmalen »VS«) unterliegen auch die Mehrbereichsöle (Fiat: »Multigrado«) den international gültigen Anforderungen über reinigende Öle mit niedrigem Aschegehalt.

Öl-Verbrauch

Neue Autos haben einen höheren Ölverbrauch als solche, die in ihrem besten Alter stehen. Nach den ersten 5000 km hat sich der Verbrauch gewöhnlich eingependelt und bleibt dann vorläufig konstant. Bei gut eingefahrenem Fiat 131 verbraucht dessen Motor auf 10 000 km knapp 1,5 Liter Öl.
Ab 60 000 km, bei beginnender Alterung des Motors, steigt der Verbrauch allmählich an und liegt später etwa bei 0,3 Liter auf 1000 km. Leichter Mehrbrauch über diesen Angaben ist ohne Belang und rührt meistens von unterschiedlichen Fahrbedingungen her. Bedenklich aber ist es, wenn diese Werte um etwa 50 % überschritten werden. Vermutlich ist dann aber der Motor undicht: Beachten Sie Ölspuren am Motor und darunter den Standplatz des Autos!
Glauben Sie dem klug daherredenden Nachbarn nicht, der da behauptet, sein Wagen brauche kein Öl. Das gibt es nicht, denn Motoröl schmiert unter Aufopferung seiner selbst. Dagegen kann häufiger Kaltstart, unterkühltes Fahren

und Fahren mit in Schließstellung hängen gebliebener Starterklappe vortäuschen, daß der Motor kein Öl verbraucht. Vorsicht! In solchem Fall ist das Öl durch Kraftstoffteile und Kondensate verdünnt – ein Ölwechsel ist dringend fällig.

Unterwegs Öl nachfüllen

Lesen Sie zu diesem Abschnitt ruhig noch einmal den auf Seite 69 beschriebenen Handgriff »Ölstand im Motor prüfen«. Was dort geschrieben steht, müßte hier eigentlich wiederholt werden, denn das Ablesen des Ölstandes sollte niemals leichtfertig oder oberflächlich ausgeführt werden.
Müssen Sie wegen Ölverbrauch Motoröl nachfüllen, ist es im Grunde egal, welcher Öl-Marke Sie sich zuwenden. Alle HD-Ölsorten und -Marken lassen sich (bis auf einige sehr teure Spezial- und Rennöle) untereinander mischen. Diese Mischbarkeit ohne schädliche chemische oder sonstige Folgen ist eine Grundordnung der internationalen Öl-Normen. An Tankstellen erzählt man es manchmal anders. Es empfiehlt sich sogar, beim eventuell notwendigen Nachfüllen bei hartem Frost das dünnere Winteröl SAE 10 W zum »20er«-Öl im Motor zu nehmen. Ein Mehrbereichsöl erhält man dadurch zwar nicht, aber die Ölfüllung ist den Starttemperaturen besser angepaßt.
Skeptiker beruhigen ihr Gefühl, wenn sie zum Nachfüllen die gleiche Marke nehmen, die zum Ölwechsel gewählt wurde. Unter Vorlage der Quittungen kann man dann bei einem überraschenden Motorschaden bei der treu beanspruchten Ölfirma reklamieren und feststellen lassen, ob vielleicht mit dem Öl etwas nicht stimmte. Das ist zwar äußerst selten der Fall, aber bei solchen Aufnahmen zeigen die Mineralölfirmen auch zweifellos Kulanz.
Nachfüllen von Öl ist tatsächlich erst dann notwendig, wenn der Ölstand bis zur Minimum-Marke abgesunken ist. Zu hoher Ölstand ist unnütz. Im Kurbelgehäuse kommt es zu Schaumbildung, die Zündkerzen verrußen, die Leistung fällt ab, das Öl wird sinnlos verbraucht. Zuviel eingefülltes Öl wird außerdem über die Entlüftungsleitung vom Motor angesaugt und verklebt dabei die Bohrungen im Vergaser.

Fingerzeige: *Echtes HD-Öl wird schon nach kurzer Laufzeit dunkel. Das beweist, daß es richtig »arbeitet« und allen anfallenden Schmutz in der Schwebe hält. Es ist jedoch kein Zeichen zum Ölwechsel und soll Sie nicht besorgt machen.*
Geld läßt sich sparen, wenn beispielsweise nach 1000 km der nächste Ölwechsel fällig wäre und der Ölspiegel steht an der Minimum-Marke. Anstatt nun einen Liter teures Öl in den Motor zu geben, das alsbald doch wieder rausfließen muß, ist es besser, den ganzen Ölwechsel einfach vorzuverlegen. Die fehlenden 500 oder 1000 km können Sie beim nächsten Ölwechsel dann wieder zulegen, denn im heutigen HD-Öl stecken noch durchweg Reserven.
Von etlichen Firmen werden Zusatzmittel zum Motoröl angeboten. Sie kosten Geld – und bringen nichts. Fiat lehnt bei Verwendung solcher Zusatzmittel sogar ausdrücklich alle Garantieansprüche ab und steht auf dem Standpunkt, daß die Ölzusätze – zumeist Molybdändisulfid, das wir im Abschmierfett durchaus zu schätzen wissen – nutzlos wären. Die heutigen HD-Öle, ob von Fiat, Aral, Esso, Shell oder sonst einer namhaften Mineralölmarke, sind so »konstruiert«, daß sie die Ansprüche der heutigen Motorenproduktion erfüllen. Behauptungen, daß Zusatzmittel zu diesen Ölen die Spitzengeschwindigkeiten erhöhten, den Benzinverbrauch herabsetzen oder Reparaturkosten sparten, hat uns noch niemand beweisen können. Fiat erklärt sogar bezüglich der Reparaturkosten das Gegenteil.

Tankstellen benutzen zum Ölwechsel gern ein Absauggerät, dessen Saugrohr in die Führung des Ölpeilstabs eingelassen wird. Mit dieser Methode gelangt jedoch nicht das ganze Altöl aus dem Motor. Zum Ablassen ist die Ablaßschraube da!

Getriebeölstand kontrollieren
Schaltgetriebe
Pflegearbeit Nr. 23

In Fahrtrichtung rechts sitzt in halber Höhe des Getriebegehäuses eine Schraube mit Innensechskant SW 12, die nach Herausschrauben eine Kontrollöffnung für den Getriebeölstand bietet. Natürlich darf der Wagen bei dieser Kontrolle nicht schräg stehen. Reicht bei waagerecht aufgebocktem Auto der Ölstand bis zur Unterkante der Einfüllöffnung – man kann das mit einem Finger fühlen – ist alles in Ordnung. Die Kontrollschraube darf aber danach nicht zu fest »angeknallt« werden, sonst leidet das Gewinde.
Wenn man Ölmangel vermutet, ist von eigenhändigem Nachfällen abzuraten. In der Regel fehlt nur eine geringe Menge oder gar nichts. Fehlt eine größere Menge, dann dürfte irgendwo das Gehäuse undicht sein, was schon äußerlich an Ölschmutzkrusten erkennbar ist. Zum Abdichten aber ist die Werkstatt zuständig, und Nachfüllen besorgt auch besser eine Tankstelle. Diese Sicherheitskontrolle sollte alle 10 000 km stattfinden. Die erforderliche Ölsorte ist dem übernächsten Abschnitt zu entnehmen.

Automatisches Getriebe
Pflegearbeiten
Nr. 9 und 47

Sollten Sie einen Fiat 131 mit dieser Bedienungserleichterung besitzen, dann lesen Sie bitte den Abschnitt ab Seite 35, wo auch die Behandlung der Getriebeautomatik ausführlicher beschrieben ist. Hier sei nur darauf hingewiesen, daß der Ölstand am Peilstab bei warmem Motor zwischen den Markierungen »MIN« und »MAX« abzulesen sein muß. Bei der Prüfung muß der Motor in Wählhebelstellung P laufen. Diese Kontrolle sollte man öfter als zu den vorgeschriebenen 5000-km-Intervallen vornehmen.
Der Ölwechsel ist erstmals nach 40 000 Kilometer Laufzeit ausführen zu lassen. Diese wichtige Wartungsarbeit nimmt Ihnen Ihre Werkstatt gern ab.

Vorgeschriebene Ölsorten

Ob Schalt- oder Automatikgetriebe – im Bedarfsfall muß das genau richtige Getriebeöl eingefüllt werden!
Zum Nachfüllen im mechanischen Schaltgetriebe dient das Getriebeöl ZC 90 (SAE 90), das auch zu einer eventuellen Neubefüllung – nach Getriebereparatur – verwendet wird.
Für das automatische Getriebe ist das handelsübliche Spezialöl mit der Bezeichnung »Dexron B ...« (und einer nachfolgenden Nummer) zu benutzen. Bei Fiat wird dieses Öl unter der Bezeichnung GI/A geführt.

An der rechten Seite des Schaltgetriebegehäuses befindet sich die Einfüll- und Kontrollschraube, an der Unterseite die Ablaßschraube. Beide Verschlüsse werden mit dem Sechskant-Inbusschlüssel SW 12 bedient. Ölstandskontrolle und Ölwechsel sind Arbeiten, die am schnellsten in einer Tankstelle verrichtet werden können.

Zum Ölwechsel beim automatischen Getriebe, der alle 40 000 km oder spätestens nach 24 Monaten vorgenommen werden soll, sind 2,8 Liter erforderlich. Insgesamt befinden sich jedoch in der Automatik rund 4,5 l Öl.

Ölwechsel im Schaltgetriebe
Pflegearbeit Nr. 43

Wie der Motorölwechsel ist der alle 30 000 km fällige Getriebeölwechsel am bequemsten an der Tankstelle zu erledigen. Man bezahlt dort nur den Preis für das Öl (etwa 4 Mark pro Liter). Das Öl muß in die seitliche Kontrollöffnung durch einen Schlauch mit passendem Mundstück eingepumpt werden. Der Schlauch braucht in der Einfüllöffnung so viel Spiel, daß auch Luft entweichen kann. Wer diese Arbeit also selbst ausführen will, der braucht zum Einpumpen eine Plastikflasche, auf die der Schlauch zu befestigen ist. Um das Öl dünnflüssiger zu machen, erwärmt man es vorher.
Um das Altöl leichter abfließen zu lassen, muß der Wagen vorher warm gefahren sein. Das Fahrzeug wird waagerecht aufgebockt, damit alles Öl ausfließen kann. Gefäß für Altöl unterschieben, Ablaßschraube (Inbus SW 12) an der Getriebeunterseite und Einfüll-(Kontroll-)Schraube an der rechten Gehäuseseite lösen. Warten, bis Altöl abgelaufen ist und inzwischen die beiden Verschlußschrauben reinigen. Wer nun ein übriges tun will, kann die Ablaßschraube wieder mit der Hand eindrehen und etwa einen halben Liter Petroleum zur Getriebereinigung seitlich in das Gehäuse spritzen. Freihängende Hinterräder von Hand drehen, damit Getrieberäder durch das Petroleum laufen und danach Petroleum ablaufen lassen, bis es auch bei Raddrehung nicht mehr tropft. Nun Ablaßschraube eindrehen, aber nicht zu fest »anknallen«, da das Gewinde sonst beschädigt wird. 1,35 l beim Vierganggetriebe, 1,8 l beim Fünfganggetriebe einfüllen. Nicht vergessen: Einfüllschraube eindrehen.

Fingerzeige: Beim Getriebeöl gibt es zwei Sorten, nämlich »normales« und Hypoid-Getriebeöl. Letzteres unterscheidet sich in jüngster Zeit noch durch mildere und schärfere Legierung. Diese verschiedenen Ölsorten sind für unterschiedliche Getriebearten bestimmt. Da der Fiat 131 mit »normalem« Getriebeöl auskommt, brauchen Sie sich um die Differenzierungen bei den Hypoid-Getriebeölen nicht zu kümmern.
Hypoid-Getriebeöl kann die Dichtungen des Getriebegehäuses angreifen. Besonders aus diesem Grund ist es zu vermeiden, solches Öl beim Fiat 131 zu verwenden.

Lenkgetriebe schmieren?

Suchen Sie irgendeinen Hinweis auf die Fett- oder Ölversorgung des Lenkgetriebes bei Ihrem Fiat? Von dieser Arbeit sind Sie befreit, weil Ihr Auto mit einer wartungsfreien Zahnstangen-Lenkung ausgerüstet ist. Natürlich ist da auch Fett mit im Spiel, aber so ohne weiteres kann eine eventuell fehlende Menge nicht nachgemessen werden, und einfach nachfüllen, wie das bei anderen Lenkgetrieben möglich ist, geht dabei auch nicht. Alles, was Sie über die Lenkung wissen müssen, finden Sie auf den Seiten 144–145.

Hinterachsölstand kontrollieren
Pflegearbeit Nr. 24

Der Ölstand in der Hinterachse soll bei jedem 10 000-km-Stand nachgesehen werden. Dazu steht der Wagen am besten unbeladen auf seinen Rädern über einer Grube. Für Tankstelle oder Werkstatt ist die Kontrolle eine kurze Arbeit. Wer es selbst machen will, braucht dazu einen Gabel- oder Ringschlüssel SW 17, um die Kontrollschraube loszudrehen. Wie beim Schaltgetriebe ist alles in Ordnung, wenn das Öl bis zur Einfüllöffnung steht. Wagen mit üblicher Hinterachse besitzen eine Befüllung mit dem Hinterachsöl Oliofiat W 90/M. Es entspricht der internationalen Spezifikation MIL-L-2105 B und ist unter der

Bezeichnung SAE 90 EP geläufig. Es findet auch im Lenkgehäuse Verwendung.

Eine Hinterachse mit Sperrdifferential darf dagegen nur mit Spezial-Hinterachsöl SAE 90 EP (limited slip) befüllt sein. Dieses Öl ist nicht etwa schlechter oder besser als das andere, sondern enthält Zusätze, die die Wirkung der selbstsperrenden Einrichtungen des Differential nicht aufheben.

Hinterachsöl wechseln
Pflegearbeit Nr. 44

Auch beim eben erwähnten Ausgleichgetriebe (Differential) in der Mitte der Hinterachse ist alle 30 000 km der Ölvorrat zu wechseln. Wiederum wird der Wagen in einer Ebene hochgebockt, und zur Kontrolle löst man die obere Verschlußschraube an der linken Seite des Hinterachsgetriebegehäuses mit einem Schlüssel SW 17.

Zum Wechseln des Öls ist auch die untere Ablaßschraube herauszudrehen. Bevor das alte Öl nicht restlos abgetropft ist, muß die neue Füllung unterlassen werden. Zur Anwendung kommt das gleiche Öl wie im Wechselgetriebe, und zwar sind 1,45 Liter dieses Getriebeöls SAE 90 einzufüllen.

Schmieren der Schiebemuffe der vorderen Übertragungswelle
Pflegearbeit Nr. 42

Zwischen Getriebe und Hinterachse überträgt die zweiteilige Übertragungswelle die Kraft des Motors, bekannt auch als Kardanwelle. Hinter der elastischen Gelenkscheibe, die mit der Getriebewelle verbunden ist, sitzt zur Kardanwelle hin die mit drei Halteschrauben an der Gelenkscheibe befestigte Schiebemuffe. Während die elastische Gelenkscheibe Belastungen in Drehrichtung aufnehmen kann, hat die Muffe die Aufgabe, Verschiebungen der Kardanwelle in Längsrichtung zu erlauben, die beim Beschleunigen, Abbremsen und Durchfedern des Wagens auftreten.

Die Schiebemuffe ist einem Rohr mit innerer Längsverzahnung vergleichbar, in dem sich die Kardanwelle auf passender Außenverzahnung hin und her schiebt. Alle 30 000 km muß dieses Zusammenspiel geschmiert werden. In der Fiat-Werkstatt wird das firmeneigene Lithium-Fett Jota 1 genommen, das mit hochwertigem Radlagerfett vergleichbar ist.

Die Schmierung ermöglicht bei den Fiat 131-Typen ein Schmiernippel, durch den nur mit der Schmierpresse Fett zugeführt werden kann.

Zündverteiler schmieren
Pflegearbeit Nr. 14

Alle 10 000 km soll die Verteilerwelle des Zündverteilers einige Tropfen Öl zur Schmierung erhalten. Fiat empfiehlt dazu das jeweils im Motor befindliche Öl. Das kann man wörtlich nehmen, den Ölpeilstab ziehen und das davon abtropfende Motoröl in die entsprechende Bohrung fließen lassen. Mehr als drei oder vier Tropfen Öl sollten es übrigens nicht sein.

Zur Kontrolle des Ölstandes in der Hinterachse ist die Einfüllschraube, auf die im Bild der Ringschlüssel angesetzt ist, herauszudrehen. Das Öl soll bis zur Unterkante dieser Einfüllöffnung stehen. Zum Ablassen des Öls dient die mit Pfeil bezeichnete Schraube.

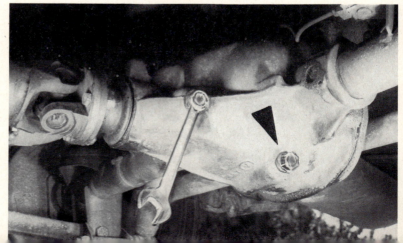

Bei seitlich angehobenem Wagen kommt man an die Schiebemuffe der Kardanwelle, die über den einzigen Abschmiernippel am Fiat 131 verfügt. Hierfür muß man sich nicht besonders eine Fettpresse anschaffen, denn jede Tankstelle erledigt das Abschmieren in Minutenschnelle. Man sollte aber dabei stehen bleiben und überprüfen, ob nicht etwa wegen verstopften Nippels das Fett gar nicht an die Schmierstelle gepreßt wird. Dann muß man den Nippel gegen einen neuen ersetzen.

Auch die Nockenbahn der Verteilerwelle, welche mit ihren vier Nocken bei jeder Wellenumdrehung viermal den Unterbrecherkontakt abheben muß, ist für eine frische Schmierung dankbar, obwohl dies die Fiat-Betriebsanleitung nicht besonders erwähnt. Hier darf jedoch kein Öl, sondern muß Fett genommen werden, und zwar entweder ein echtes Mehrzweckfett, wie es zum Abschmieren der Achsschenkelbolzen benutzt werden soll oder – noch besser – das Bosch-Spezial-Fett Ft v 4 (Tube mit 45 Gramm zu 0,55 DM). Damit bestreichen Sie hauchdünn die Nockenbahn der Verteilerwelle außen, nachdem mit einem sauberen Läppchen das alte Fett abgewischt wurde. Bringen Sie dort zu viel Fett hin, kann es an die Unterbrecherkontakte gelangen und dort verkrusten und verbrennen. Das bewirkt schwer auffindbare Zündstörungen.

Türscharniere und Schlösser pflegen
Pflegearbeit Nr. 38

Scharniere und Türschlösser, die nicht quietschen oder klemmen sollen, brauchen ein wenig Fett. Man kann auch Motoröl dazu nehmen. Wichtig ist, daß Sie sich nicht später Hände oder Kleidung beschmutzen, wenn Sie einmal an diese Schmierstellen streifen. Öl ist also vielleicht günstiger – es darf sogar Fahrradöl oder »Haushaltsöl« sein, wie man es in kleinen Spritzkännchen zu kaufen bekommt. Vorher muß man die alten Fett- und Ölreste um die Scharniere, Verschlüsse und an den Türschließkeilen wegwischen und danach noch einmal das überschüssige Öl.
Lediglich die Schloßzylinder, also die Innenteile der Türschlösser, sind etwas anspruchsvoller. Werden sie mit Fett vollgepreßt, ist der Türschlüssel stets schmierig und verschmutzt die Jackentasche. Besser ist Frostschutzmittel oder Chrompflegemittel (kein Chromschutzlack), den man mit einer Spraydose in das Schlüsselloch pustet. Das schmiert und hält das Schloß im Winter auch gleich frostfrei.
Die Schlösser sollen entgegen der Fiat-Empfehlung besser nicht mit festem Graphitpuder geschmiert werden. Trockengraphit wird von dem Schlüssel ständig nach hinten geschoben und macht eines Tages ein völliges Einschieben des Schlüssels unmöglich. Die Folge sind hohe Kosten, da das Schloß ausgebaut, auseinandergenommen und gereinigt werden muß.
Zur Schmierung der Türschlösser ist oberhalb des Schloßriegels ein Plastikstopfen aus dem Türblech zu ziehen. Das freigewordene Loch dient der Ölung der beweglichen Übertragungsteile zwischen Schloß und Verriegelung. Für die beiden Haubenverschlüsse kann man Vaseline oder ein anderes zähes Fett nehmen, das gerade zur Hand ist. Desgleichen eignet sich Fett auch besser für die Türspanner und für die Laufschienen der Sitze.

Das steht nicht in der Betriebsanleitung

An Ihrem Fiat gibt es noch einige weitere Stellen, wo sich etwas bewegt und im Laufe der Zeit ölhungrig wird. Für den Fall, daß Sie an den hier nachfolgend erwähnten Teilen irgendeine kleinere Arbeit vornehmen, geben wir einige Tips, dort gleichzeitig für etwas Schmierung zu sorgen, wo es inzwischen nötig geworden ist. Im Prinzip ist es dabei gleichgültig, ob Fett oder Öl verwendet wird.

Scheibenwischergestänge

Unermüdlich müssen die Scheibenwischer für freie Sicht sorgen, wenn das Wetter es befiehlt, und das ein ganzes Autoleben lang. Öffnen Sie die Motorraumhaube: Unterhalb der Windschutzscheibe sehen Sie den Scheibenwischermechanismus. Dann schalten Sie den Wischerschalter ein und beobachten, was da bewegt wird. Einige Tropfen Öl auf diese Gelenkstellen und auf die Buchsen der Scheibenwischerlager erleichtern dem Scheibenwischermotor sein Wirken.

Vergaser- und Haubenzug

Am Gaszug zum Vergaser sollte an der Eintrittsöffnung des Seilzuges in die Bowdenzughülle etwas Öl getropft werden. Bei dieser Gelegenheit kann man auch den Bowdenzug für die Entriegelung der Motorraumhaube schmieren.

Tür- und Fenstermechanismus

Irgendwann entfernen Sie vielleicht eine Türverkleidung, wie auf Seite 41 beschrieben steht. Hebelgelenke und die zueinander beweglichen Teile vertragen bestimmt eine Portion Fett, zumal, wenn Ihr Fiat schon einige Jahre auf dem Buckel haben sollte. Durch die Montagelöcher der inneren Türwandung gelangt man auch an unzugängliche Stellen, wenn man einen Holzstab oder einen langen Schraubenzieher zu Hilfe nimmt und damit das Fett anbringt.

Welche Teile kennen Sie?

Wenn Sie die Motorhaube Ihres Fiat geöffnet haben und links neben dem Wagen stehen, gewinnen Sie etwa einen Anblick, wie er Ihnen hier geboten wird. Dieses Bild soll Ihnen helfen, wichtige Teile zu erkennen und sich ihren Platz einzuprägen. Damit Ihnen keine Zweifel entstehen: Es handelt sich hier um den Motorraum des Typ 1600.

Im einzelnen sind bezeichnet: 1 – Batterie, 2 – Luftfilter auf dem Vergaser, 3 – Verriegelung der Motorhaube, 4 – elektrischer Lüfter, 5 – Thermostat, 6 – Öleinfüllstutzen, 7 – Zylinderkopfhaube, 8 – Unterdruckschlauch zur Servobremse, 9 – Kühler, 10 – Kühlwasserschlauch, 11 – Zündkerzen, 12 – Gaszug, 13 – Keilriemen, 14 – Zündverteiler, 15 – Kraftstoffpumpe (links davon: Ölpeilstab), 16 – Verschluß des Bremsflüssigkeitsbehälters, 17 – Steuergehäusedeckel, 18 – Ölwechselfilter, 19 – Ausdehnungsgefäß für Kühlflüssigkeit, 20 – obere Stoßdämpferbefestigung, 21 – Servo-Bremse, 22 – Zündspule.

Des Motors Innenleben

Gesundes Herz

Wenn Sie die Motorhaube Ihres Fiat 131 öffnen, können Sie sich über die »Aufgeräumtheit«, die sich Ihnen bietet, wirklich freuen. Nicht jedes Auto hat heutzutage einen Motorraum, in dem es derart übersichtlich zugeht. Diese sehr positive Eigenschaft des Fiat dürfte Sie in der Absicht bestärken, sich etwas näher mit dem Motor zu befassen. Auch falls Sie nicht vorhaben sollten, selbst Hand daran zu legen, sollten Sie sich hier den Motor näher vorstellen lassen, man weiß dann besser, wie man ihn behandelt und ist für den Umgang mit der Werkstatt gut gerüstet.

Bewährtes Konzept

Der Fiat 131 Mirafiori erschien 1974 als völlig neues Modell. Doch sein Herz, der Motor, hatte bereits Jahre der erfolgreichen Bewährung hinter sich: In dem ab 1966 gebauten Fiat 124 regte sich ein Antriebsaggregat, dessen Konzept zur Basis für den 131-Motor wurde. Beide Triebwerke sind sich im Aufbau ähnlich und diese Verwandtschaft wirkt sich bei Reparaturen natürlich auf die eingeübte Fertigkeit des Werkstattpersonals aus, das mit der Wesensart des Motors vertraut ist. Als Wagenbesitzer kann man davon profitieren. So zeigte es sich auch, daß die berühmten »Kinderkrankheiten«, von denen fast jedes neue Automodell befallen ist, beim Fiat 131 so gut wie gar nicht auftraten.
Der Fiat 131-Motor wird in zwei Größen – als 1300er und 1600er – hergestellt. Die kleinere Version gibt es in zwei Leistungsstufen, dessen schwächere speziell für Deutschland im Programm ist und die zusammen mit dem Motor 1600 in diesem Buch beschrieben wird. Die nachfolgenden Seiten behandeln also die nur in wenigen Einzelheiten voneinander abweichenden Motortypen mit 55 und 75 PS Leistung. Hier mag angedeutet sein, daß das bei uns nicht erhältliche 65-PS-Modell seine gegenüber der 55-PS-Version vermehrte Leistung lediglich einer erhöhten Verdichtung und einem Vergaser verdankt, wie ihn das Modell 1600 besitzt.

Steckbrief des Motors

Beide 131-Vierzylindermotoren sind eng miteinander verwandt. Zunächst eine Erläuterung zu den Hubraumdaten, die bei jedem Auto von Interesse sind und von denen sich wesentliche Einflüsse auf Leistungsfähigkeit und Lebensdauer – natürlich in Verbindung weiterer Merkmale – ablesen lassen. Die Hubraumangabe errechnet sich aus der Bohrung (dem Durchmesser) eines Zylinders und aus dem Hub (dem Weg der Auf- und Abbewegung) eines Kolbens in diesem Zylinder. Der ermittelte Wert wird mit der Anzahl der Zylinder multipliziert und ergibt den Gesamthubraum eines Motors.
Die Motoren haben einen Hub von 71,5 mm, was ihre Abstammung von den Fiat-124-Triebwerken beweist, die den gleichen Hub besaßen. Daraus ergibt es sich, daß die Kurbelwelle mit ihren Kröpfungen für die hier behandelten Motoren gleiche Maße aufweisen muß. Lediglich aus den unterschiedlichen

Bohrungen resultieren verschiedene Hubräume. Weil der Kolbenhub kleiner als die Zylinderbohrung ist, besitzen diese Vierzylinder-Reihenmotoren einen sogenannten Kurzhubcharakter. Eine solche Eigenheit ermöglicht höhere Drehzahlen als bei Langhubern und wirkt sich in einem geringeren Grad der Abnutzung aus.

Durch Vergrößerung der Bohrung von 76 mm auf 84 mm entsteht aus dem 1297 ccm-Hubraum des Motors 1300 ein solcher von 1585 ccm beim Motor 1600. Diese Werte beziehen sich auf den tatsächlichen Hubraum und nicht auf die um geringes kleineren Zahlenangaben nach der deutschen Steuerformel. Für die Leistungsdifferenz beider Motoren ist im Wesentlichen der genannte Größenunterschied verantwortlich. Hinzu kommt, daß der kleinere Motor nur eine Verdichtung von 7,8 besitzt und seine Höchstleistung schon bei 5000 U/min abgibt, der größere dagegen mit 9,2 : 1 verdichtet ist und die Kurbelwelle 5400 Umdrehungen pro Minute zur Entfaltung seiner besten Leistung machen muß. Die Verdichtung der Motoren ist es auch, die zum Maßstab für die Kraftstoffqualität wird (siehe Seite 15).

Der Block des Vierzylinders besteht aus Grauguß. Seine Kennzeichnung erfolgt durch die Typ-Nummer (131 A 6.000 oder A 1.000), die zusammen mit der Motornummer direkt neben dem Loch für den Ölpeilstab an der linken Motorseite eingeprägt ist. Der Buchstabe A in der Typ-Nummer ist ein deutlicher Hinweis auf die Abstammung vom 124er Motor, doch irgendwelche Teile des einen Triebwerks können für das andere nicht gebraucht werden. Alle Bauteile sind beim 131 verstärkt oder vergrößert.

Die Zylinder im Zylinderblock können zum Zweck einer Motorüberholung aufgebohrt werden, jedoch darf dabei ein bestimmtes Maß nicht überschritten werden. Im Zusammenhang mit dieser Maßnahme müssen natürlich Kolben einer entsprechenden Übergröße verwendet werden. Es lassen sich daneben auch Zylinderlaufbüchsen in den Block einpressen, die in Klassen zu 0,01 mm-Differenz von 76,000–76,050 mm bzw. 84,000–84,050 mm zur Verfügung stehen. Üblicherweise wird man von derartigen Arbeiten absehen, weil entsprechend überholte Austauschteile im Werk Heilbronn zu haben sind.

Die Normal-Ersatzkolben sind in drei Größenklassen (A, C, E) unterteilt, wobei auf ihren Durchmesser mit einem Unterschied von $^{1}/_{100}$ mm Bezug genommen wird. Ersatzkolben gibt es außerdem in den Übermaßstufen 0,2 mm, 0,4 mm und 0,6 mm. Auch die Kolbenbolzen und entsprechend die Kolbenaugen sind neben einer Übermaßstufe in zwei Klassen greifbar.

Die vier Kolben aus Leichtmetall besitzen je drei Kolbenringe, die in unterschiedlich breiten Aussparungen im oberen Drittel des Kolbens federnd eingepaßt sind. Der obere Verdichtungsring verhindert, daß das Gasgemisch am Kolben vorbei nach unten dringt, während der mittlere, um weniges breiter und mit einer nach unten gerichteten Aussparung versehen, mehr die Aufgabe besitzt, Öl von der Zylinderwand abzustreifen, damit es nicht in den Verbrennungsraum gelangt. Der untere Ring, wiederum breiter, verfügt über Schlitze und eine ringförmig eingebettete Innenfeder, wodurch er den größten Teil des von unten herangeführten Öls auf den sonst fast offenen Weg nach oben fernhalten kann. Die Stoßstellen der drei (offenen) Kolbenringe sind um 120° gegeneinander versetzt, damit sich ihre Wirksamkeit erhöht.

Als drehbare Verbindung zwischen Kolben und Pleuelstange dient der Kolbenbolzen. Dieser eingeschliffene, hohle Stahlbolzen sitzt um 2 mm von der Mittelachse des Kolbenbolzens versetzt. Dadurch wird das Kolbenkippen, eine mit mehr Geräusch und Verschleiß verbundene Erscheinung bei achsmittigem Einbau, verhindert. Jeder Kolbenbolzen wird an beiden Enden durch Si-

Die Abbildungen dieser beiden Seiten zeigen das Innenleben des Fiat 131-Motors Typ 1600. Bei der Ansicht von vorne bedeuten die Zahlen:
1 – Luftfilter, 2 – Entlüftungsleitung, 3 – Öleinfüllstutzen, 4 – Einlaßkanal, 5 – Auslaßkanal, 6 – Schwungrad, 7 – Drehstrom-Lichtmaschine, 8 – Kurbelwelle, 9 – Ölpumpe, 10 – Ölwanne, 11 – Kipphebel, 12 – Stößel, 13 Ventil, 14 – Zündkerze, 15 – Zündverteiler, 16 – Kolben, 17 – Zylinder, 18 – Nockenwelle, 19 – Ölfilter, 20 – Saugfilter.

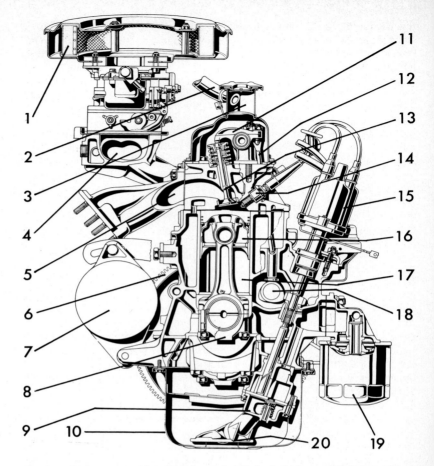

cherungsringe gegen Verschieben geschützt. Auf der entgegengesetzten Seite der Achsversetzung müssen die Kennzeichnungen der Pleuelstangen angebracht sein. Diese Zahlen beziehen sich auf die Reihenfolge der Zylinder (1 bis 4). Die Kolben sind auch mit dem oben erwähnten Klassen-Buchstaben gekennzeichnet, ferner weisen die Pleuelstangen und Lagerdeckel mit ihrer eingeschlagenen Nummer auf ihren Zylinder hin, in dem sie eingebaut werden müssen.

Bei noch brauchbaren Kolben, die mit neuen Kolbenringen versehen werden, muß die eingesetzte Ölkohle in den Ringnuten entfernt werden. Dazu zerbricht man einen alten Kolbenring, schleift das Bruchende keilförmig an und kratzt mit diesem in jedem Fall passenden Hilfsmittel die Rückstände weg. Die Werkstatt muß bei der Montage der Kolbenringe auf festgelegte Maße von Kolbenringstoß und Höhenspiel achten.

Die Pleuel bestehen aus gesenkgeschmiedetem Stahl und werden von einem auf jeder Seite festgeschraubten Pleueldeckel auf den Pleuellagern der Kurbelwelle festgehalten. Jedes Lager ist mit zwei Lagerschalenhälften ausgebettet, die in verschiedenen Untermaß-Stufen zur Verfügung stehen. Pleuel und Lagerschalen sind zwecks Ölversorgung mit Bohrungen versehen. Ebenso gibt es für die Kurbelwellenhauptlager Ersatzlagerschalen in vier Stufen.

Aus der fünffachen Lagerung der Kurbelwelle ergibt es sich, daß beiderseits eines jeden Pleuellagers eine stabile Führung der Kurbelwelle vorhanden ist. Eine solche solide Bauweise trägt zur Robustheit des Motors bei. Zugunsten erhöhter Belastungsfähigkeit sind die Lagerschalen der Kurbelwellen-Hauptlager sowie der Pleuellager mit einer besonderen Legierung beschichtet. Lagerschalen setzen sich aus zwei Hälften zusammen und verfügen über Bohrungen für den Ölkreislauf. Während die Kurbelwelle aus Schmiedestahl besteht, sind ihre geschliffenen Kurbelzapfen oberflächengehärtet – was den einwandfreien Oberflächenzustand für eine lange Laufzeit garantiert.
Gegengewichte an der Kurbelwelle dienen der statischen und dynamischen Auswuchtung. Sie sind Bestandteil der beiden äußeren und mittleren Kurbelwangen und durch entsprechende Formgebung gewichtsmäßig genau austariert. Zwei halbkreisförmige Anlaufringe, am hinteren Lager angebracht, begrenzen das Längsspiel der Kurbelwelle. Auf der Seite der Kraftabgabe ist das Schwungrad, ebenfalls ausgewuchtet, durch Schrauben mit dem Flansch am hinteren Ende der Kurbelwelle befestigt. An dieser Seite der Kurbelwelle befindet sich ein Kugellager für die Kupplungswelle.

Obwohl die Kurzhubbauweise den schützenden Ölfilm zwischen Kolben und Zylinderwand weniger beansprucht und den Verschleiß reduziert, können Lagerschäden durch Ölmangel und Überbeanspruchung auftreten. Dies sind

Der Kurbeltrieb

Lagerschäden

Beim gleichen Motor, von der linken Seite gesehen, bedeuten: 1 – Luftfilter, 2 – Kühlmittelkanal, 3 – Wasserpumpe, 4 – Keilriemen, 5 – Kurbelwelle, 6 – Ölablaßschraube, 7 – Ventilfeder, 8 – Ventil (geöffnet), 9 – Zylinder, 10 – Kolben, 11 – Kurbelwellenlager, 12 – Schwungrad.

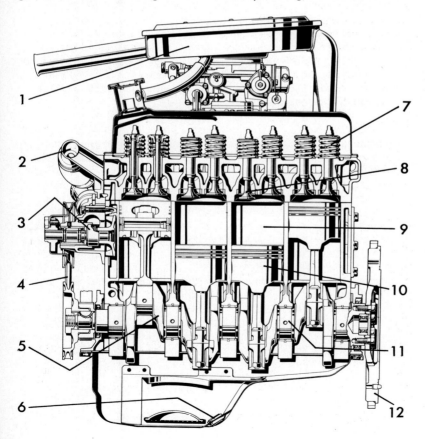

Beschädigungen der Gleitflächen zwischen Pleuel und Kurbelwelle, in fortgeschrittenem Stadium sogar zwischen Kurbelwelle und Motorgehäuse, also der Hauptlager. Primäre Ursachen mit schleichender Wirkung zu solcher Misere sind schaltfaules Fahren, langanhaltende Vollgasfahrten oder ständig scharfes Ausfahren der Gänge. Nicht beachteter Ölmangel dagegen führt zu plötzlich auftretenden Lagerschäden.

Wenn man solche sich anbahnenden Defekte früh erkennt, spart man viel Geld. Lagerschäden künden sich mit wärmer werdendem Motor (Öl wird flüssiger) durch Klopfen an, das allmählich zum lauten Hämmern wird. Ob überhaupt ein Lager (meistens Pleuellager) schadhaft ist und um welches es sich handelt, ist auf einfache Weise feststellbar: Bei Leerlauf nacheinander die Kabel von den Zündkerzen abziehen und wieder aufstecken. Läßt das Klopfen bei einem der abgezogenen Kabel nach, liegt ein Lagerschaden an diesem Zylinder vor. Ein anderer Test besteht darin, mit langem Schraubenzieher oder Metallstab gegen den Zylinderkopf nahe der Zündkerzen zu drücken und ein Ohr auf das Ende des Werkzeugs zu legen. So lokalisiert man das Resonanzgeräusch des schadhaften Lagers.

Mit einer sehr verhaltenen Fahrweise kann man trotz »ausgelaufenen« Lagers noch die rettende Werkstatt, ja sogar den Heimatort über Hunderte von Kilometern anlaufen. Dazu die Zündkerze des betreffenden Zylinders ausschrauben, damit Arbeit und weitere Beanspruchung durch Kompression bei diesem Zylinder fortfallen. Falls sich Wasser im Motoröl befindet (milchiges Aussehen): Öl wechseln. Nur langsam beschleunigen und die Leistung der drei noch arbeitenden Zylinder während der Fahrt keinesfalls ausschöpfen. Im 4. Gang kann das Tempo etwa 60 km/h betragen. Aus dem offenen Kerzenloch entweicht dabei ein pfeifendes Knallen, das von den Kompressionsbemühungen des mitlaufenden Kolbens herrührt, aber unerheblich ist. Bei derartigem Notbetrieb sind der Stand und die Temperatur von Kühlwasser und Motoröl natürlich laufend zu überwachen.

Die Ventilsteuerung

Für das Öffnen der Ventile sorgt die links unten neben den Zylindern in Längsrichtung liegende Nockenwelle. Sie ist dreimal gelagert, trägt direkt hinter dem ersten Lager ein schräg verzahntes Zahnrad zum Antrieb von Zündverteiler und Ölpumpe und verfügt über einen Antriebexzenter für die Benzinpumpe. Die Nockenwelle ist gegossen. Ihre Nocken besitzen gehärtete Oberflächen. Die drei Lager haben nach hinten verjüngte Durchmesser, was bei einer Reparatur das Herausziehen der Nockenwelle nach vorn ermöglicht.

Ein Zahnriemen bewegt die Nockenwelle mit der halben Drehzahl, die sie von der Kurbelwelle empfängt. Das Antriebszahnrad der Nockenwelle weist demnach die doppelte Zahl von Zähnen wie das Kurbelwellenrad auf. Nockenwelle und Kurbelwelle müssen sich bei der Montage in markierten Stellungen zu entsprechenden Kerben oberhalb des Kurbelwellenrades befinden, um die richtigen Steuerzeiten der Ventile zu gewährleisten.

Mit ihren Nocken hebt die Nockenwelle die Stößel mit den daraufsitzenden Stoßstangen und somit die Kipphebel an. Dabei drückt das andere Ende des Kipphebels auf sein Ventil, wodurch eine Öffnung des Verbrennungsraumes hervorgerufen wird. Zu jedem Zylinder gehören zwei Ventile: Das Einlaß-Ventil ist für die Zufuhr des vom Vergaser bereiteten zündfähigen Gasgemischs zuständig, das vom niedergehenden Kolben angesaugt wird, und das Auslaß-Ventil sorgt für eine Ausgangsöffnung für das verbrannte Gas, das der nach oben drückende Kolben ausstößt.

Die Bauart des Motors läßt es zu, Einlaß- und Auslaßkipphebel auf einer Kipphebelwelle anzubringen, die von gegossenen Kipphebelböcken auf dem Zylinderkopf gehalten werden. Somit hängen die Ventile in einer Reihe und paarweise in jedem Brennraum hintereinander. Mit ihren Ventilschäften laufen sie in auswechselbaren Ventilführungen, die, wenn verschlissen, keinen konzentrischen Ventilsitz mehr erzwingen und an Ventiltellern und ihren Sitzen zu Schäden führen. Ersatzventilführungen sind in verschiedenen Stufen vorrätig. Zur besseren Wärmeableitung besteht der Zylinderkopf aus einer Aluminium-Legierung.

Das Schließen der Ventile wird von den Ventilfedern bewirkt, die den Ventilteller fest in den Sitz drücken und das Entweichen der Verbrennungsgase verhindern. Jeweils zwei Federn, eine äußere und eine innere, gehören zu einem Ventil. Je nach Motortyp kommen Ventilfedern mit unterschiedlichen Eigenschaften der Belastbarkeit zur Verwendung; verschiedene Bestell-Nummern dienen bei neuen Federn der Unterscheidung.

Etwas über Drehzahlen

Zu den Motoren gehört eine bestimmte Nenndrehzahl, die zwischen 5000 U/min beim 55 PS-Motor 1300 und 5400 U/min beim 75-PS-Motor 1600 liegt. Jeder Motor erreicht seine höchste Leistung im Bereich der Nenndrehzahl. Es bringt kaum etwas ein, über diese Drehzahl hinauszudrehen, weil die Leistungskurve nach einem flachen Verlauf wieder abfällt.

Auf ebener Strecke und im obersten Gang kann der Motor nicht überdreht werden. Dies ist aber in kleineren Gängen (beim Beschleunigen) und im Gefälle ohne weiteres möglich. Als Warngerät gibt es dafür nur den Drehzahlmesser, den die Special-Modelle auf Wunsch besitzen und der bei anderen Wagen als Zusatzgerät nachträglich eingebaut werden kann. Überdrehzahlen machen sich mit einem unüberhörbaren Brummen des Motors bemerkbar. Solche Geräusche stammen von den in Schwingungen geratenen Teilen der Ventilsteuerung, vor allem von den Ventilfedern. Diese sind es auch, denen in der Fahrpraxis eine Drehzahlgrenze gesetzt ist. Daher ist die in der Betriebsanleitung enthaltene Empfehlung, den Motor nicht über 7000 U/min hinauszudrehen, zu beachten. Die in die Fiat eingebauten Drehzahlmesser brauchen deshalb nicht dauernd ängstlich beobachtet werden, ob man vielleicht gerade den ersten Warnsektor bei 6200 U/min überschreitet.

Im Alltagsbetrieb genügt es, wenn man folgendes über die Drehzahlverhältnisse der 131-Motoren weiß:

Motor	Nenndrehzahl	Maximal zulässige Dauerdrehzahl	Kurzzeitig zulässige Drehzahl
1300	5000	5200	5500
1600	5200	5400	6000

Die durch den roten Bereich im Drehzahlmesser gebotene Grenze ist selbstverständlich keine Barriere, hinter der das endgültige Aus lauert, sondern lediglich eine Sicherheitsvorkehrung. Der Ventiltrieb verkraftet noch mehr, aber das dann eintretende Ventilschnattern sollte doch als Alarmsignal aufgefaßt werden. Bei einem nicht exakt vorhersehbaren kritischen Drehzahlwert können die Kipphebel oder Ventilfedern brechen.

Sollte man dabei noch Glück haben, weil nur ein Kipphebelbruch vorliegt, wird das betreffende Ventil nicht mehr bewegt und der dazugehörige Zylinder hat keine Leistung mehr, was natürlich einen merkbaren Leistungsschwund gibt. Eine Werkstatt muß dann umgehend aufgesucht werden. Im Notfall sind die zerbrochenen Metallteile im Ventilkammerraum sorgfältig herauszusuchen. Danach kann man mit mäßiger Fahrt eine Werkstatt ansteuern.

Aber auch eine gebrochene Ventilfeder muß nicht gleich das Ende der Reise bedeuten, auch wenn die nächste Fiat-Werkstatt fern ist. Voraussetzung ist natürlich, daß das betreffende Ventil nicht im Zylinder zerstört wurde. Man kann dann die Kraft der gebrochenen Ventilfeder wieder nutzbar machen, indem man zwischen die beiden (gebrochenen) Federteile eine Stahlscheibe legt, so daß die Windungen neuen Halt haben und sich nicht ineinanderschieben.

Die Einlaufzeit

Umständliche Einfahrregeln früherer Jahre werden von Fiat wie auch von anderen Autofirmen nicht mehr erteilt. Doch in den Betriebsanleitungen sind (hoffentlich beachtete) Hinweise gegeben, aus denen hervorgeht, daß der Besitzer eines jungen Fiat nicht von Anfang an das Gaspedal strapazieren soll.

Moderne Herstellungsverfahren bieten die Gewähr, daß die Teile Motor, die sich gegeneinander bewegen, ausreichend zueinander passen. Von der Konstruktion her wurden Einlauftoleranzen berücksichtigt und dauerhafte Materialien sind für hohe Beanspruchung ausgelegt. Eine solche Belastbarkeit wird noch von der Chemie unterstützt, die in Form von Zusätzen in den heutigen Ölen mehr Sicherheitsreserven bietet als noch vor einigen Jahren üblich war.

Diesen Pluspunkten steht aber gegenüber, daß ein neuer Motor tatsächlich erst laufen lernen muß. Der Vorführwagen, mit dem der Vertreter die lobenswerten Eigenschaften demonstrierte, war ganz gewiß nicht frisch aus der Fabrik gekommen und hatte sich an sein Dasein längst gewöhnt. Das beweist, daß die Einlaufbedingungen aller schönen Worte zum Trotz von erheblicher Bedeutung sind.

In den Betriebsanleitungen ist angegeben, daß man die auf dem Abziehbild an der Windschutzscheibe vermerkten Höchstgeschwindigkeiten in den einzelnen Gängen nicht erreichen soll. Als Besitzer eines Wagens mit Drehzahlmesser hat man einen weiteren Hinweis: Sein Zeiger darf während der ersten 1500 Kilometer nie in den gelben Bereich ausschlagen. Erst nach mehr als 1500 zurückgelegten Kilometern kann man allmählich der Höchstgeschwindigkeit näher kommen.

Fahren Sie die Maschine gemächlich warm (wenn Sie wissen wollen, wann »warm« ist: Die Thermometernadel hat das erste Drittel der Anzeige erreicht, oder kurz die Heizung anstellen – Sie werden es spüren). Danach kann flotter beschleunigt werden, denn das Auto soll nicht mit viel Gas bei wenig Drehzahl gequält werden. Das heißt ganz einfach: Nicht schaltfaul fahren. Lassen Sie den Motor richtig drehen, damit er später gut laufen kann. Keinesfalls müssen Sie »schleichen«.

Die ersten 1500 Kilometer sind sehr bald zurückgelegt. Am besten eignen sich dazu längere Fahrten auf Landstraßen. Benutzt man jedoch die Autobahn, dann ist die Fahrweise so einzurichten, wie sie über Land mit Kreuzungen und Ortsdurchfahrten ausfallen würde. Also mit wechselnden Geschwindigkeiten fahren und Höchstdrehzahlen vermeiden, dazwischen auskuppeln und dem Motor für einige hundert Meter Leerlauf gönnen, was vielleicht bergab gelegentlich möglich ist.

Nachstehende kleine Regeln können dazu dienen, die Lebensdauer des Motors zu verlängern:

■ Erst voll Gas geben, wenn die richtige Betriebstemperatur erreicht ist.
■ Nach Kurzstreckenbetrieb (Stadtverkehr) auf langer Strecke nicht gleich Vollgas geben.

- Nach Fahrt auf Autobahn oder über Gebirgspaß Motor nicht sofort abstellen, sondern eine Weile leerlaufen lassen.
- Ventilspiel regelmäßig prüfen und einstellen (siehe unten).
- Ölfilter und Luftfilter regelmäßig wechseln (siehe Seite 71 und 120).
- Frostschutz als Kühlmittel laufend verwenden, reines Wasser im Kühlkreislauf wegen Korrosion und Rückstandsbildung vermeiden.

Ventilspiel prüfen und einstellen
Pflegearbeit Nr. 19

Die Kontrolle soll alle 10 000 km vorgenommen werden, daneben natürlich, wenn entsprechende Reparaturen anfielen. Die erste Überprüfung findet bei der ersten Garantieinspektion statt, für die unbedingt die Werkstatt zuständig ist.

Eingestellt wird nur bei kaltem Motor. Das Spiel der Einlaßventile und der Auslaßventile muß 0,20 mm betragen. Um die Ventile zu bewegen, braucht man etwas Raum auf dem Standplatz, denn der Wagen muß dazu im 4. Gang hin- und hergeschoben werden. Den Motor mit der Hand durchzudrehen ist zu umständlich.

Um an die Einstellvorrichtungen der Ventile zu gelangen, muß man die Zylinderkopfhaube abnehmen. Dazu baut man das Luftfiltergehäuse ab und schraubt dann die Muttern zur Befestigung der Zylinderkopfhaube los. Sollte diese festsitzen, klopft man mit dem Hammerstiel seitlich ringsherum gegen sie.

Nachdem die Zylinderkopfhaube abgenommen ist, sieht man den Ventiltrieb. Auf der linken Seite drücken die Stoßstangen von unten gegen die Kipphebel. Weil letztere auf der Kipphebelwelle gelagert sind, setzt sich dieser Druck fort und wird zu den Ventilen auf der anderen Seite weitergeleitet, wo die Kipphebel auf die Ventilschäfte drücken. Hier ist die Stelle, wo das Spiel gemessen werden kann, das zwischen den einzelnen Teilen des Ventiltriebs bestehen muß.

Das Ventilspiel kann nur bei einem geschlossenen Ventil überprüft werden, denn dabei sind Stößel, Kipphebel und Ventil entlastet. Die einfachste Möglichkeit, um festzustellen, welche Ventile geschlossen sind: Großen Gang einlegen und den Wagen langsam und ruckfrei schieben. Das funktioniert bei dem Mittelklassemotor ganz gut. Zur Erleichterung kann man die Zündkerzen herausschrauben. Dabei muß man aufpassen, wenn sich die Ventile des 1. Zylinders (vorn) überschneiden, sich gegenläufig bewegen. Dann kann das Ventilspiel beim 4. Zylinder gemessen werden. Zum Messen des anderen Ventilpaares muß der Wagen um eine volle Umdrehung des Keilriemenrades auf der Kurbelwelle weitergeschoben werden. Überschneiden sich die Ventile

Beim entlasteten Ventil prüft man das Ventilspiel, indem man das entsprechende Fühlerblatt zwischen Ventilschaftende und Kipphebel schiebt. Zum Verändern des vorhandenen Ventilspiels muß die Kontermutter SW 11 gelöst werden, damit sich der Einstellbolzen mit einer Zange drehen läßt. Der Einstellvorgang ist auf dieser Seite beschrieben.

des 3. Zylinders, dann können die des 2. Zylinders eingestellt werden und umgekehrt.
Bei geschlossenen Ventilen macht sich das zu messende Spiel allein insofern bemerkbar, als ihre Kipphebel mit der Hand etwas bewegbar sind.
Gemessen wird so: Mit dem entsprechenden Blatt der Fühlerlehre fährt man zwischen Ventilschaft und Kipphebel. Zur genauen Messung ist es besser, das Lehrenblatt zu schieben statt zu ziehen. Noch einmal wiederholt: Bei allen Ventilen mißt man mit dem 0,20-mm-Blatt. Das Fühlblatt soll mit leichter Reibung, ohne zu klemmen, den Spalt durchgleiten können. Geht das nicht oder zu leicht, weil das Spiel zu groß ist, muß nachgestellt werden. Dazu lockert man mit einem Schlüssel SW 11 die Kontermutter auf dem Gewindebolzen am entgegengesetzten Kipphebelende und dreht mit dem Schraubenzieher den Gewindebolzen heraus oder hinein. Geübte Leute schieben währenddessen die Fühllehre hin und her und können rasch feststellen, wann das erforderliche Spiel erreicht ist. Danach den Bolzen mit dem Schraubenzieher festhalten und zugleich die Kontermutter festdrehen. Abschließend und sicherheitshalber an demselben Ventil das Spiel nochmals messen.
Wurden alle acht Ventile überprüft bzw. eingestellt, kann man die vorher abgebauten Teile wieder anbringen. Die Deckeldichtung muß erneuert werden, wenn sie beschädigt ist. Für die Befestigung der Deckelschrauben braucht man keine große Gewalt anzuwenden, sonst verzieht sich der Deckel und die Dichtung wird zerquetscht.

Warum Ventilspiel? Der Begriff »Ventilspiel« taucht bei allen technischen Daten und Anweisungen auf. Wie wichtig ist es eigentlich? Es ist von lebenswichtiger Bedeutung für die Lebensdauer der Ventile und damit für die gleichbleibende Motorleistung. Zwischen den Teilen der Ventilbetätigung – also Nocken, Stößel, Kipphebel und Ventilschaftende – muß etwas Luft oder »Spiel« vorhanden sein, damit die unterschiedlichen Wärmedehnungen ausgeglichen werden können.
Man sollte sich bei der Kontrolle des Ventilspiels nicht auf sein Ohr verlassen, um etwa das Klappern bei zu großem Ventilspiel zu erkennen. Was man nicht hört und was wesentlich kritischer ist: Zu kleines Ventilspiel. Es bedeuten:
Zu kleines Ventilspiel: Gefahr, daß Ventile und Ventilsitze verbrennen (Ventile liegen nicht satt auf Ventil-Sitzung auf, wodurch Kühlung ungenügend), Verziehen der Ventile, schlechte Leistung durch verringerte Kompression, veränderte Steuerzeiten.
Zu großes Ventilspiel: Schlechtere Zylinder-Füllung, also geringere Leistung, Veränderung der Steuerzeiten, ungleichmäßiger Lauf, höherer Verschleiß, größeres Geräusch.

Zylinderkopf aus- und einbauen Nur für die absolute Notlage sind die nachstehenden Zeilen bestimmt, denn Arbeiten, die mit der Montage des Zylinderkopfes zusammenhängen, gehören in die Werkstatt. Dort besitzt man das nötige Spezial-Werkzeug, die Erfahrung und die Umsicht, um das Vorhaben fachgerecht auszuführen.
Das Wichtigste in Kürze: Möglichst bei abgekühltem Motor das Kühlwasser ablassen. Luftfilter und Vergaser abbauen. Weiter Zündkabel, Zündkerzen und Zündverteiler, Schlauchanschlüsse, Wärmefühler, Leitungen, kurz: alle Teile am Zylinderkopf lösen, die mit ihm verbunden oder bei der Montage im Wege sind. Ansaug- und Auspuffkrümmer abschrauben. Zylinderkopfhaube losschrauben und abnehmen. Kipphebelböcke demontieren (die äußeren Stützböcke werden von Zylinderkopfschrauben gehalten) und die Kipphebelgruppe komplett entnehmen. Sechs weitere Zylinderkopfschrauben heraus-

Um den demontierten Zylinderkopf wieder aufzuschrauben, sind die Zylinderkopfschrauben in der Reihenfolge der Zahlen nacheinander anzuziehen. Dabei sind unterschiedliche Anzugsmomente zu beachten, wie auf dieser Seite beschrieben. Im kleinen Bildausschnitt oben rechts ist die Kipphebelwelle mit den Kipphebeln bereits auf dem Zylinderkopf befestigt.

drehen. Stößelstangen in vorhandener Reihenfolge ablegen. Zylinderkopf abheben und die Zylinderkopfdichtung entnehmen.
Ventile zum späteren Einbau in der vorhandenen Reihenfolge markieren. Zylinderkopf mit Brennräumen nach unten legen und in einem Brennraum passendes Holzstück einlegen, um die Ventile beim Ausbau nicht zu beschädigen. Mittels Ventilheber die Ventilfedern zusammendrücken und Kegelstücke am Ventilschaft entnehmen, Ventile nach unten herausziehen. Anstelle des Ventilhebers kann ein Rohrstück verwendet werden, das auf den Ventilfederteller gesetzt wird. Mit Hammer auf das Rohr schlagen, wobei die Kegelhälften vom Schaft abspringen.
Vor dem Zusammenbau Dichtflächen, Gewindebohrungen, Stößel und Stößelstangen reinigen. Kolbenboden nicht entrußen. Ebenheit des Zylinderkopfes darf nur eine bestimmte Toleranz aufweisen. Planschleifen ist möglich. Dichtflächen des Motors mit Benzin abwischen. Zylinderkopfdichtung nur mit sauberen Händen anfassen, neue Dichtung trocken auflegen. Zylinderkopf aufsetzen, Stößelstangen einführen. Kipphebelwelle aufbauen. Alle Schrauben und Muttern vorerst locker eindrehen. Zylinderkopfschrauben mit 8,5 kpm, Muttern der inneren Kipphebelböcke mit 4 kpm anziehen. Stets die Reihenfolge der Schrauben beachten. Ventile einstellen und alle weiter abgebauten Teile am Motor wieder anbauen. Die Zylinderkopfschrauben sollen nach 500–1000 km Laufstrecke nachgezogen werden.

Ventile einschleifen

Mit dem Einschleifen der Ventile begegnet man dem Nachlassen der Leistung bei höherem Motoralter. Dabei wird der Ventilkegel mit Schleifpaste bestrichen und das Ventil in seine Führung im Zylinderkopf – dieser ist ausgebaut – gesteckt. Das Ventil schleift man mit einem Spezial-Handgriff unter leichtem Anziehen und wechselweisem Hin- und Herdrehen auf seiner Sitzfläche ein. Der Kegelwinkel aller Ventilsitze soll zwischen 45° ± 5' betragen, bei den Ventiltellern 45° 30' ± 5'. Um die vorgeschriebene Breite der Sitze von 2 mm (bei allen Ventilen) zu erreichen, bedient man sich zwei verschiedener Fräser, einmal mit 20° und einmal mit 75°. Bei den Einlaßventilen haben die Ventilteller einen Durchmesser von 31 mm, bei den Auslaßventilen des 1300er Motors knapp 27 mm und des 1600er Motors rund 29,5 mm.

Einfache Kompressionsdruckprüfer, wie im Bild gezeigt, werden z. B. von Moto Meter und von VDO hergestellt. Zur Prüfung werden alle Kerzen aus dem Motor geschraubt und das Mundstück des Gerätes auf das erste Zündkerzenloch gedrückt. Ein Helfer startetr den Anlasser und gibt dabei Vollgas, wobei sich der Druck des betreffenden Zylinders auf der Skala ablesen läßt. Die ermittelten Werte aller vier Zylinder sollte man sich zum Vergleich für spätere Kontrollen notieren.

Kompressionsdruck messen
Pflegearbeit Nr. 20

Vorbeugend oder im Bedarfsfalle soll mit dieser Kontrolle geprüft werden, ob Kolben und Ventile gut abdichten. Der Fiat-Inspektionsplan sieht diese Arbeit nach jeweils 10 000 km vor. Bei Verdacht auf verringerte Motorleistung ist ebenfalls zu prüfen, ob die Kompression in den Zylindern noch hoch genug ist. Voraussetzung: Ventilspiel ist richtig eingestellt.

Zur Prüfung wird ein Kompressions-Druckschreiber benutzt, in den Meßkärtchen eingelegt werden (man kann auch einen Druckprüfer mit Skala und Zeigerausschlag benutzen). Der Druckschreiber wird auf das Zündkerzenloch gesetzt. Der Motor soll betriebswarm sein. Ein Helfer drückt das Gaspedal ganz durch, damit die Zylinder ihre größte Füllung erhalten und dreht den Motor mit dem Anlasser mehrmals durch. Für jeden Zylinder zeichnet der Druckschreiber eine Kurve auf das gewachste Papier, deren Endpunkt den höchsten Druck anzeigt.

Wichtig für den gesunden Motor ist nicht die absolute Höhe des Druckes, sondern dessen Gleichmäßigkeit bei allen Zylindern. Druckunterschiede bis zu 0,5 kg/cm^2 sind unerheblich, sie sollen aber nicht mehr als 1 kg/cm^2 betragen. Der gemessene Druck bei warmem Motor liegt höher als bei kaltem Motor, da bei diesem die Abdichtung durch die Kolbenringe und das Öl noch nicht so hoch ist. Motoren in tadellosem Zustand werden eine Kompression von 11 kg/cm^2 (1,3-l-Motor mit Verdichtung 7,8:10 kg/cm^2) besitzen. Über 8 kg/cm^2 stellt noch eine gute Kompression dar, unter 7 kg/cm^2 deutet auf schlechten Motorzustand hin.

Vergleichbar sind nur Messungen, die mit demselben Meßgerät ausgeführt sind, da diese voneinander immer etwas abweichen. Lassen Sie sich das Meßkärtchen geben und schreiben Sie sich zu Vergleichszwecken Datum und km-Stand auf. Bosch hat einen Kompressionsverlust-Tester entwickelt, mit dem man sowohl den Kompressionsdruck als auch den Kompressionsdruck-Verlust messen kann.

Zu niedriger Druck kann von Schäden an den Ventilen herrühren, z. B. durch verbranntes Auslaßventil (durch zu knappes Ventilspiel) oder klebendes (hängendes) Ventil wegen zu viel Rückstandsbildung am Ventilschaft und in dessen Führung, ferner von Kolben- und Kolbenringverschleiß oder festsitzenden Kolbenringen, unrunden Zylindern, Folgeerscheinungen von Kolbenklemmern. Außerdem kann auch die Zylinderkopfdichtung verbrannt oder undicht geworden sein.

In den weitaus meisten Fällen liegt mangelnder Kompressionsdruck und damit verringerte Motorleistung an undichten Ventilen. Zusätzliche Kontrolle:

Einträufeln von Öl ins Kerzenloch. Ist der Druck nach nochmaligem Motordurchdrehen immer noch mangelhaft, sind die Ventile undicht, insbesondere die Auslaßventile. Undichte Auslaßventile kann man auch am Blasgeräusch im Auspuffkrümmer erkennen, ebenso wie undichte Einlaßventile durch ein solches typische Geräusch im Vergaser bzw. Saugrohr vermutet werden müssen. Eine undichte Zylinderkopfdichtung macht sich durch Luftblasen im Kühlwasser und manchmal auch durch Ölspuren bemerkbar.

Die Steuerung

Unter dem Begriff »Steuerung« versteht man die Regelung für den Einlaß des Gemischs in die Verbrennungsräume und für den Auslaß der verbrannten Gase. Diese von den Ventilen übernommene Arbeit, von der Nockenwelle bewirkt, muß in genau bestimmten Abläufen geschehen und zugleich mit der Zündung Hand in Hand gehen, was durch den direkten Antrieb des Zündverteilers von der Nockenwelle gegeben ist. Wenn die dabei mitwirkenden Teile ausgebaut, ersetzt oder während einer Reparatur in ihrer Stellung verändert wurden, müssen sie wieder in die richtige Position zueinander gebracht werden. Das kann jede Fiat-Werkstatt, wenn es nötig werden sollte. Schon geringe Abweichungen in der Steuerung verursachen Leistungsabfall und möglicherweise Zerstörungen im Motor.

Als Eigenpfleger kommen Sie nicht in die Verlegenheit, sich derart mit der Mechanik des Motors auseinandersetzen zu müssen. Doch in einigen, vor allem östlichen Ländern ist der Fiat-Service nur dünn verteilt. Der Mechaniker eines völlig markenfremden Betriebes weiß im Ernstfall mit den nachfolgenden Angaben genug anzufangen, damit Sie mit Ihrem Wagen wieder gut heimkehren.

Braucht tatsächlich nur die Steuerung kontrolliert oder korrigiert zu werden (die Montage der einzelnen Bauteile bedarf spezieller Kenntnisse), so sind die Ventile des 4. Zylinders in ein Spiel von 0,45 mm beim 55-PS-Motor und von 0,75 mm beim 75-PS-Motor zu bringen. Dadurch wird verhindert, daß beim Drehen der Kurbelwelle von Hand die sich dabei bewegenden Kolben mit den ebenfalls arbeitenden Ventilen in Berührung kommen. Wichtig ist die Kenntnis von den Steuerzeiten der Ventile, die bei einem bestimmten Winkelgrad der Kurbelwelle öffnen und schließen sollen.

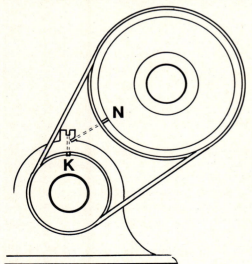

Die Steuerung der Ventile ist richtig eingestellt, wenn sowohl das Kurbelwellenrad K als auch das Nockenwellenrad N so ausgerichtet ist, daß die am Rand der Räder befindlichen Markierungen in kürzester Entfernung zu den Kerben am Kurbelwellendeckel stehen. Diese Einstellung muß besonders beim Auflegen eines neuen Zahnriemens beachtet werden.

Auf diesem Bild ist die Reihenfolge der Ventile (E = Einlaß, A = Auslaß) gezeigt. Allerdings ist die Kenntnis davon nicht so wichtig wie bei einigen anderen Autos, weil beim Fiat 131 das vorgeschriebene Ventilspiel der Einlaß- und Auslaßventile gleich groß ist.

Die nachfolgende Aufstellung gibt über die Steuerung bei den verschiedenen Motortypen Aufschluß:

	Motor 1300	Motor 1600
Einlaß öffnet vor o. T.	10°	10°
schließt nach u. T.	51°	49°
Auslaß öffnet vor u. T.	50°	50°
schließt nach o. T.	11°	9°

Anschließend müssen die Ventile wieder eingestellt werden, wie es bereits beschrieben wurde. Ferner ist die Einstellung des Zündverteilers zu prüfen und gegebenenfalls zu berichtigen.

Zahnriemen der Steuerung prüfen und ersetzen
Pflegearbeiten Nr. 46 und 48

Arbeiten, die mit dem Zahnriemen für den Antrieb der Nockenwelle verbunden sind, sollten eigentlich der Fiat-Werkstatt überlassen werden. Dort ist man mit den Handgriffen vertraut und erledigt mit Routine, was Sie daheim in Eigenhilfe nur schwer zuwege bringen. Da das Material des Zahnriemens sich im Laufe der Zeit etwas dehnen und abnutzen kann, soll eine Überprüfung seines Zustandes jeweils nach 40 000 km erfolgen.
Ein gelängter Zahnriemen bewirkt bei den Ventilen falsche Steuerzeiten. Daher soll er in jedem Fall nach 60 000 km Betriebsdauer gegen einen neuen ausgetauscht werden.
Dazu muß die Lichtmaschine gelockert und der Keilriemen abgenommen werden. Dann schraubt man den Steuerdeckel ab. Bei eingelegtem großen Gang schiebt man den Wagen, bis die Markierungen der Steuerräder mit den entsprechenden Kerben oberhalb des Kurbelwellenrades übereinstimmen. Kleinen Gang einlegen und Handbremse anziehen. Nockenwellenrad abschrauben und zusammen mit dem Zahnrad abziehen.
Der neue Zahnriemen darf bei der Montage nicht geknickt werden. Beim Auflegen des neuen Zahnriemens darf sich inzwischen die Stellung der Nockenwelle zur Kurbelwelle nicht verändert haben. Der Riemen wird zuerst über

das Kurbelwellenrad und dann mit dem Nockenwellenrad in seine Lage gebracht und der weitere Zusammenbau ist in umgekehrter Folge der vorangegangenen Arbeiten auszuführen.

Leerlauf des Motors kontrollieren
Pflegearbeit Nr. 18

Wenn der Motor ohne Betätigung des Gaspedals läuft, spricht man vom Leerlauf. Dabei soll sich die Kurbelwelle in Drehzahlen bewegen, bei denen die Motorleistung gerade zur Überwindung der inneren Reibung und zum Antrieb der Nebenaggregate ausreicht. Der Leerlauf darf nicht so niedrig sein, daß der Motor nur stotternd läuft und er soll auch nicht so schnell sein, daß bei Standlauf das Kühlwasser zu heiß wird.
Beeinflußt wird der Leerlauf von der Vergaser-Einstellung (siehe Kapitel »Vergaser-Praxis«) und von der Einstellung der Zündung (siehe Kapitel »Die Zündanlage«), aber auch sekundär durch die Außentemperatur. Bei korrekter Einstellung von Vergaser und Zündung und in betriebswarmem Zustand soll die Leerlauf-Drehzahl bei den 131-Motoren zwischen 800 und 850 U/min (Umdrehungen pro Minute) betragen, wobei im Falle eines eingebauten automatischen Getriebes der Wählhebel sich in »N«-Stellung befinden muß. Nähere Einzelheiten zu dieser Pflegearbeit sind auf Seite 118 beschrieben.
Als Besitzer eines 131 Special ist man möglicherweise in der Lage, die Leerlaufdrehzahl selbst festzustellen, denn dieses Auto verfügt auf Wunsch über einen Drehzahlmesser. Ohne dieses Instrument sollte man diese Prüfung, die im Inspektionsdienst alle 10 000 km vorgeschrieben ist, in der Werkstatt vornehmen lassen. Dort schließt man einen transportablen Drehzahlmesser an den Motor an und korrigiert gegebenenfalls an Vergaser oder Zündung den Leerlauf. Diese Überprüfung ist nicht bedeutungslos, denn zu hoher Leerlauf wirkt sich auf den Benzinverbrauch und auf die Abgaszusammensetzung (CO-Messung beim TÜV!) ungünstig aus.

Das Schmiersystem

Im Motor muß das Öl zu einer ganzen Reihe von Schmierstellen geführt werden. Damit es dorthin gelangt, wird es durch zwei ineinanderkämmende Zahnräder der Ölpumpe unter Druck gesetzt. Diese Pumpe hängt bis dicht über den Boden der Ölwanne und ist an der Unterseite des Motorblocks befestigt. Sie wird von der Nockenwelle angetrieben und ist nach Ausbau der Ölwanne zugänglich. Sie saugt das Öl am tiefsten Punkt der Ölwanne an, je nach Geschwindigkeit (Umdrehungszahl) der Kurbelwelle. Damit wird deutlich, daß das Schmierpolster in den Lagern um so kräftiger ist, je schneller sich die Kurbelwelle dreht, und daß demnach schaltfaule Fahrer die Kurbelwellenlager schädigen.
Bei 100° C Betriebstemperatur soll der Öldruck an der Stelle des Öldruckschalters 3,5–5 bar betragen. Zur exakten Messung wird ein transportables Manometer statt des Öldruckschalters eingeschraubt. Um die Betriebstemperatur zu erreichen, muß der Motor mit etwa 4000 U/min drehen; wenn beim Special der elektrisch betriebene Ventilator einige Minuten mitgelaufen ist, kann die Kontrolle erfolgen. Zur Kontrolle des Öldrucks ist auf Seite 217 noch mehr gesagt.
Die Ölpumpe schmiert sich selbst und ist wartungsfrei. Sollte einmal ein Defekt an ihr eintreten, so wird sie üblicherweise ausgetauscht. Zwischen den Zahnflanken der Pumpenräder soll ein Spiel von 0,15 mm vorhanden sein. Die Oberflächen der Pumpenräder sollen zum Pumpendeckel in einem Abstand von 0,031–0,116 mm laufen. Beim Festschrauben der Pumpe muß man die Nockenwelle drehen, damit eine mögliche Schwergängigkeit verhindert wird. Der von der Ölpumpe geförderte Ölstrom wird zuerst durch das Ölfilter ge-

Der Verschlußdeckel auf dem Öleinfüllstutzen ist keiner der üblichen Deckel. An seinem Fuß drückt eine Feder auf die Verschlußplatte, die sich nach einem gewissen Überdruck anhebt und die im Kurbelwellengehäuse angesammelten Gase freigibt. Diese Gase entweichen durch das links am Stutzen abzweigende Rohr und gelangen in die Luftleitung zum Vergaser, von wo sie wieder in den Motor treten und verbrannt werden. Das Bild zeigt die Flammenlöschspirale, die nach Abziehen des Entlüftungsschlauches zugänglich wird und gelegentlich (mit Kraftstoff) gereinigt werden muß.

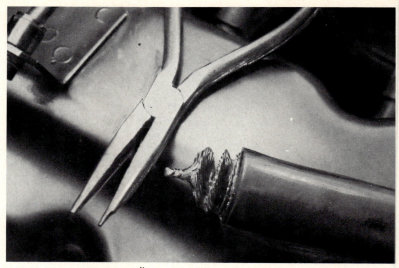

schickt. Hier hat auch der Öldruckschalter seinen Platz, der für das Aufleuchten der Kontrollampe in der Instrumententafel verantwortlich ist. Dann strömt das Öl zu den fünf Kurbelwellenlagern – von wo aus auch die Pleuellager versorgt werden – und zu den drei Lagern der Nockenwelle. Über eine Druckleitung gelangt das Öl zu der Kipphebelwelle, wo der Ventilmechanismus versorgt wird und wo das Öl durch Bohrungen im Motor wieder in die Ölwanne abfließt. Bei laufendem Motor spritzt aus den Kurbelwellen- und Pleuellagern Öl, das zum Schmieren der Kolbenlaufbahnen dient.

Die Auspuffanlage
Pflegearbeit Nr. 27

Für den Abzug der im Motor verbrannten Gase sorgt die Auspuffanlage, deren einzelne Teile noch zur Schalldämpfung herangezogen werden. Im einzelnen besteht diese Anlage beim Fiat aus dem am Motor angeschraubten Auspuffkrümmer, dem sich das vordere Auspuffrohr anschließt; unter dem Wagenboden folgt der erste, vordere Schalldämpfer und nach einem gebogenen Zwischenrohr der hintere Schalldämpfer, der zum Auswechseln vorgesehen ist.

Diese auch bei anderen Autos besonders durch Korrosion stark beanspruchte Endleitung muß bei Beschädigung durch Korrosion ersetzt werden. Die Anbringung der gesamten Anlage ist eindeutig und es bedarf hier keiner weiteren Erklärung zur Montage.

Festgerostete Auspuffschrauben sind ein Greuel. Wenn man die Gewinde der neuen Schrauben mit HSC-Paste von Molycote oder ASC-Paste von Liqui-Moly bestreicht, hat man später keinen Ärger damit.

Durch Hitze und Vibrationen können mit der Zeit die Dichtungen zwischen Zylinderkopf und Auspuffkrümmer und im Flansch nach dem Krümmer schrumpfen, wenn die Befestigungsschrauben nicht richtig angezogen sind. Verbrannte Dichtungen sind zu ersetzen. Dabei ist auch die Aufhängung des hinteren Schalldämpfers zu kontrollieren, die vor allem bei Rückwärtsfahrt im Gelände zu Schaden kommen kann. Eine defekte Aufhängung kann provisorisch mit starkem Draht repariert werden, doch sollte man dann die elastischen Aufhängungsteile möglichst bald ersetzen.

Besonders diese soll man sich alle 10 000 km einmal ansehen, denn – wie angedeutet – sind sie äußeren Einflüssen ausgesetzt, zu denen auch die Erschütterungen und Vibrationen des normalen Fahrbetriebs zu zählen sind. Desgleichen kontrolliert man den Zustand der gesamten Auspuffleitung, denn spätestens bei der nächsten TÜV-Untersuchung fallen Sie mit einem durchrosteten Auspuff auf.

Alles, was am Motor irgendwie verschlossen ist oder wo sich Verbindungen, Schläuche und Rohre zu anderen Bauteilen befinden, soll alle 10 000 km überprüft werden. Es ist allerdings angebrachter, solche Kontrollen dann vorzunehmen, wenn man gerade an einem der im Motorraum sitzenden Aggregate zu tun hat. Diese Überwachung hat ihren Sinn, denn überall dort, wo Öl, Kühlmittel, Kraftstoff oder auch nur Luft von einem Bauteil zum anderen geleitet wird, muß das störungsfrei und ohne Verluste geschehen können. Bei sauberem Motor und auch sonst reinlich gehaltenen Aggregaten sieht man beim gelegentlichen Blick auf die »Eingeweide« seines Autos sehr schnell, ob irgendwo etwas undicht geworden ist.

Dichtungen und Leitungsanschlüsse prüfen
Pflegearbeit Nr. 25

Kühlung und Heizung

Zum Wohlsein

Um zu verhindern, daß der Motor in kürzester Zeit zerstört wird, muß die bei der Verbrennung entstehende Wärme abgeleitet werden. Wie bei den meisten Autos geschieht das auch beim Fiat durch Wasser.
Konstruktiv ist die Kühlung mittels Wasser leichter zu beherrschen als die Luftkühlung. Allerdings gehört zur Wasserkühlung auch die Mithilfe von Luft, die während der Fahrt – wenn dem Motor Leistung abverlangt wird – der Kühlung des Wassers und des Motoröls zusätzlich dient. Ein wassergekühlter Motor ist aber auch leiser als ein luftgekühlter und schließlich kann die vom Wasser aufgenommene Wärme recht einfach als Heizungswärme verwendet werden.

Die Kühlanlage Wassergekühlte Automobilmotoren moderner Bauart besitzen ein Kühlsystem, das bei Betriebstemperatur einen Überdruck von etwa 0,8 bar (atü) entstehen läßt. Dadurch ist der Siedepunkt des Kühlmittels auf etwa 110° C angehoben. (Der Ausdruck »Kühlmittel« wird verwendet, weil sich im Kühlkreislauf kein reines Wasser, sondern eine Mischung aus Korrosions- und Frostschutzmittel und Wasser befinden soll.) Der Kraftstoff verbrennt bei dieser höheren Temperatur wirtschaftlicher, niedrige Temperaturen (Kühlwasser unter 80° C) fördern den Verschleiß und sind für den Motor schädlich. Drei wichtige Teile des Kühlsystems dienen dazu, das »Betriebsklima« für den Motor angenehm zu erhalten: Der Kühlerverschlußdeckel reguliert den Druck, der Thermostat sorgt nach dem Start baldigst für angemessene hohe Betriebstemperatur, der bei hoher Kühlmitteltemperatur sich selbsttätig einschaltende Ventilator der Special-Modelle fächelt dem Motor Frische zu. Der 1300er-Normal-Motor besitzt einen ständig mitlaufenden Lüfter.
Das Kühlmittel durchfließt dauernd einen Kreislauf, erzwungen von der Wasserpumpe. Hat es sich im Wassermantel des Motors, der um die Zylinder gelegt ist, erwärmt, fließt es zum Kühler. Zusätzlich zum Fahrtwind kann noch der Ventilator Luft durch den Kühler anziehen, so daß gekühltes (schweres) Wasser von unten wieder zum Motor geschickt wird. Vom Zylinderblock gelangt das Kühlmittel in Kanäle des Zylinderkopfes, wo Zündkerzen und Ventilsitze gekühlt werden. Dann läuft das Kühlmittel erneut in das Kurbelgehäuse, wo es die Zylinder in ihrem gesamten Umfang umspült. Wie noch beschrieben wird, kann der Thermostat dafür sorgen, daß das Kühlmittel auf einem kürzeren Weg, ohne durch den Kühler zu gelangen, gleich wieder zum Motor zurückfließt.
Daneben verbinden zusätzliche Schlauchleitungen das Kühlsystem mit der Heizanlage. Diese Einrichtung wird ebenso bei geschlossenem Thermostat gespeist, also während der Anwärmperiode, wenn der Kreislauf noch kurzgeschlossen ist. Zum Ausgleichen des bei hoher Temperatur ansteigenden Wasserstandes (das Kühlmittel dehnt sich bei Wärme aus) dient der Aus-

gleichsbehälter, der mit dem Kühler durch einen separaten Schlauch verbunden ist.
Schließlich sind an die Heizleitungen noch Schläuche zur Vorwärmung des Vergasers angeschlossen.

Der Wasserkreislauf im Fiat 131 ist durch den Ventilverschluß auf dem Kühler und durch einen ähnlich wirkenden Deckel auf dem Ausdehnungsgefäß dicht verschlossen, daß weder kochendes Wasser noch Dampf entweichen können. Es handelt sich um ein Überdrucksystem, in dem Wassertemperaturen von über 100° C entstehen können. Die erwärmte Kühlflüssigkeit, die sich ausdehnt, kann in das Ausdehnungsgefäß entweichen und wird bei Abkühlung (wenn sie sich zusammenzieht) wieder in den Kreislauf Kühler/Motor zurückgesaugt. Das verschlossene System hat den Vorteil, daß keine Luft eindringen kann, wodurch Korrosionseinflüsse verringert werden.
Die Prüfung des Kühlwasserstandes soll alle 500 km oder wenigstens einmal wöchentlich geschehen, also immer dann, wenn man auch den Ölstand im Motor kontrolliert. Ein Blick genügt, und man weiß Bescheid: Bei kaltem Motor soll das Kühlmittel im Ausdehnungsgefäß immer 6–7 cm über der Minus-Marke (»MIN«) stehen. Bei heißem Motor hat sich das Kühlmittel ausgedehnt und nimmt mehr Raum ein; diese »Überfüllung« darf man natürlich nicht ablassen.
Kaltes Wasser nur bei abgekühltem Motor nachgießen, sonst können Wärmespannungen Zylinderblock oder Zylinderkopf verziehen. Ein heißer Motor kann durch kaltes Wasser sogar buchstäblich zerspringen. Warmes Wasser darf man natürlich jederzeit nachfüllen. Das Kühlsystem faßt beim 131 mit 1300-Motor 7,6 Liter, mit 1600-Motor 7,4 Liter.

Kühlwasserstand prüfen
Pflegearbeit Nr. 2

Die Ursache von ständigen Wasserverlusten ist zu erforschen. Vorbeugend kontrolliert man von Zeit zu Zeit die Anschlüsse der Kühlwasser- und Heizungsschläuche. Auch durch Alterung porös gewordene Schläuche können wasserdurchlässig werden und sogar (durch den bestehenden Druck im geschlossenen Kühlsystem) platzen. Damit man nicht von solchen Pannen überrascht wird, prüft man alle 10 000 km durch Kneten der Schläuche, ob sie verhärtet sind. Bei dieser Gelegenheit muß man sich auch vom guten Sitz der Schlauchbinder überzeugen.
Zum Austausch erhält man beim Fiat-Händler die passenden, gebogenen Formschläuche. Vor dem Auswechseln muß natürlich das Wasser abgelassen werden. Eventuell vorhandene Frostschutzfüllung fängt man auf und füllt sie

Wasserschläuche und Schlauchverbindungen
Pflegearbeit Nr. 26

Der Kühlwasserstand soll bei kaltem Motor etwa 7 cm über der Minimum-Marke des Ausgleichgefäßes stehen. Damit je nach Motorwärme ungehindert Kühlflüssigkeit in den oder aus dem Motor strömen kann, hat der Verschlußdeckel des Ausgleichgefäßes außen vier kleine Bohrungen und innen ein Gummilippen-Ventil, das Luft zu- und abströmen läßt, aber Verschmutzung verhindert.

99

nach der Reparatur wieder ein, womit man sich unnötige Geldausgaben erspart. Die Schlauchschellen lassen sich, wenn man sie vorher vorsichtig gelöst hatte, wieder verwenden.

Wenn unterwegs der Zeiger im Fernthermometer plötzlich ins rote Feld tritt, ist vermutlich ein spröde gewordener Wasserschlauch geplatzt (oder der Keilriemen ist gerissen, siehe Seite 182). Dann muß die Fahrt sofort unterbrochen und der Schaden behoben werden, damit kein Motordefekt eintritt. Sollte der zerrissene Schlauch nicht gleich ersetzt werden können, rettet vielleicht ein festes Klebeband die Situation, das man mehrfach stramm um das gereinigte und außen getrocknete Schlauchstück wickelt. Wasser auffüllen.

Das Kühlmittel

Fiat empfiehlt eine den Jahreszeiten angepaßte Kühlfüllung: Für das Sommerhalbjahr klares Wasser und für die kalte Jahreszeit eine Frostschutzmischung. Dieser Wechsel hat den Vorteil, daß jedesmal die Kühlanlage von Rückständen befreit wird.

Im Zubehörhandel erhält man das bewährte Kühlermehrzweckmittel »5 in 1«. 100 ccm dieses Zusatzes mit Dicht-, Korrosionsschutz- und Schmierwirkung ohne Gefahr von Verstopfung können dem heißen Kühlwasser bei laufendem Motor zugeführt werden. Danach sollte man sofort eine Fahrt von wenigstens 15 Minuten Dauer unternehmen. Das Mittel verträgt sich einwandfrei mit Frostschutzzusätzen.

Frostschutzfüllung

Im Spätherbst muß das Kühlsystem, sofern es reines Wasser enthält, mit einer Mischung befüllt werden, die frostsicher ist. Als Frostschutzmittel wird allgemein Äthylenglykol verwendet (Flüssigkeit auf Alkoholbasis), deshalb kann auch als Notbehelf Brennspiritus nachgefüllt werden, der jedoch verdunstet. Außer diesem Alkohol enthält das Frostschutzmittel noch einige wichtige Zusätze: Ein Korrosionsschutzmittel – dessen Vorhandensein ebenso wichtig ist wie der Frostschutz selbst – schützt den Kühler vor chemischen Anfressungen und Rost. Kalkbindende Stoffe verhindern danach die Bildung von Kesselstein, der die Kühlwirkung herabsetzt. Außerdem kann das Frostschutzmittel als Schmiermittel für die Wasserpumpe wirken und das Aufquellen der Schläuche verhindern.

Die Menge des dem Wasser zugesetzten Frostschutzmittels bestimmt die Frostsicherheit der gesamten Füllung. Entscheidungshilfe zu diesem Thema ist Ihnen auf Seite 53 gegeben.

Kühlflüssigkeit wechseln
Pflegearbeit Nr. 49

Bei Arbeiten an der Kühl- und Heizungsanlage (oder wenn das Auto ohne Frostschutzfüllung im Winter stillgelegt wird) muß das Kühlmittel abgelassen werden. Um es später wieder verwenden zu können, fängt man es in einem Behälter auf, den man unter den Ablaßhahn am Kühler aufstellt. Zum vollständigen Ablassen des Kühlwassers aus dem Motor ist die Ablaßschraube, die rechts unten am Motor sitzt, herauszudrehen (anschließend ist sie wieder gut einzuschrauben). Außerdem ist der obere Heizungshebel am Armaturenbrett ganz nach rechts zu schieben.

Wer meint, seinem Kühler damit etwas Gutes zu tun, kann ihn nach zwei oder drei Jahren Betriebszeit mit klarem Wasser durchspülen. Dazu hält man einen Wasserschlauch oben in den Kühlerstutzen und läßt das Wasser einfach unten abfließen. Wenn man aber ständig ein die Korrosion verbindendes Frostschutzmittel beigemischt hat, ist diese Mühe nicht erforderlich. Allerdings empfiehlt Fiat diesen Wechsel nach 60 000 km vorzunehmen, wohl im Hinblick darauf, daß häufig kalkhaltiges Wasser eingefüllt wurde.

Auf den Bildern der Seite 43 ist zu sehen, wie das Gitter vor dem Kühler abgebaut wird. Bei der so freigelegten Vorderseite des Kühlers fällt es nicht schwer, Verschmutzungen – vor allem durch tote Insekten – zu beseitigen.

Der Kühler

Senkrecht angebrachte dünnwandige Rohre in großer Anzahl verbinden den oberen und unteren Wasserkasten des Kühlers. Zur Vergrößerung der Kühlfläche dienen waagerecht angeordnete Bleche zwischen den Röhrchen.
Wagen mit automatischem Getriebe besitzen im unteren Wasserkasten des Kühlers einen Wärmetauscher. In ihm wird das Getriebeöl, das sich bei Fahrtbeginn langsamer erwärmt als das Kühlmittel, schneller warm. Später wird das heiße Getriebeöl gekühlt.
Undichtheiten des Kühlers kann die Werkstatt mit einem Kühlerprüfgerät ermitteln. Dazu muß der Motor im Leerlauf laufen und der Heizungshebel auf »warm« stehen. Das Gerät wird statt des Verschlußdeckels auf den Einfüllstutzen gesetzt und bringt in das Kühlsystem einen Druck bis zu 1,5 bar (Drücke darüber gefährden die Lötstellen). Undichte Stellen zeigen sich an ausfließendem Kühlmittel. Fällt dagegen der von der Meßuhr angezeigte Druck ohne Austritt von Kühlmittel ab, deutet dies auf einen Defekt im Motor (beschädigte Zylinderkopfdichtung, Gehäuseriß).
Abdichtende Reparaturen sind in Eigenarbeit nicht möglich; im Handel erhältliche Kühlerabdichtungsmittel sorgen nur für vorübergehende Abdichtung. Unterwegs tut es zur Not auch Kaugummi, sofern der Motor nicht zu heiß gefahren wird und das Loch nicht zu groß ist. Der schadhafte Kühler muß ausgebaut und in einer Fachwerkstatt repariert werden. Größere Reparaturen lohnen sich finanziell meistens nicht – ein neuer Kühler ist dann billiger.

Der Kühlerverschluß

Der Verschlußdeckel des Kühlers schließt den Kühler nach außen vollkommen ab. Die tellerförmige Druckplatte am Fuß des Deckels preßt sich durch Federdruck auf den Innenrand des Stutzens. Diese Druckplatte sorgt als Sicherheitsventil für Druckausgleich, wenn die Temperatur etwa 110° C überschreitet, wenn der Innendruck des Kühlsystems den Wert von 0,8 bar (atü) übertrifft und die Federkraft überwindet. Dann entweicht die Flüssigkeit oder deren Dampf durch den seitlich abzweigenden Schlauch zum Ausgleichsbehälter.
Umgekehrt kann der durch Abkühlung entstehende Unterdruck den Weg vom Ausgleichsbehälter zurück in den Kühler freibekommen, da sich dann das in der Mitte befindliche Unterdruckventil öffnet. Es handelt sich also um einen speziellen Verschluß, daher darf ein zufällig passender Verschlußdeckel eines anderen Fabrikats auf keinen Fall verwendet werden, weil die Federspannung auf die Druckverhältnisse abgestellt wurde.
Auf dem Ausgleichsgefäß sitzt ein Verschlußdeckel, bei dem eine Gummi-

Die große Feder im Kühlerverschlußdeckel drückt die Verschlußplatte auf den Stutzen, so daß sich im Kühlsystem Überdruck bilden kann. Die Dichtplatte sorgt als Sicherheitsventil für Druckausgleich, wenn die Temperatur etwa 110 Grad überschreitet. Über das Ausgleichrohr kann bei etwa 0,8 bar Überdruck Dampf oder überschüssiges Wasser austreten. Umgekehrt kann bei Abkühlung Luft über Ausgleichsrohr und Ausgleichsventil nachströmen, wenn der Außendruck um etwa 0,05 atü höher liegt. Auch ein etwa zufällig passender Deckel eines anderen Fabrikats darf auf keinen Fall verwendet werden, weil die Federspannung auf die Druckverhältnisse abgestimmt wurde.

platte mit lippenförmigem Einschnitt eingesetzt ist. Durch Bohrungen in diesem Deckel kann das Kühlsystem »atmen«, falls durch Über- oder Unterdruck ein Ausgleich nötig sein sollte.

Gelegentlich reinigt man das Innere der Kühlerverschlußkappe von Rückständen, die sich dort ablagern. Dadurch ist man der Freigängigkeit der Ventile gewiß.

Der Thermostat

Dieses wichtige Gerät regelt die Fördermenge des Kühlwasserumlaufs in Abhängigkeit von der Temperatur und sitzt im oberen Stutzen der Wasserpumpe vorn am Motor. Der Thermostat bewirkt mit seiner Arbeit, daß bei kaltem Motor nur ein Teil des Kühlmittels auf kurzem Weg zirkuliert, wodurch es sich sehr schnell erwärmt. Das Kühlmittel fließt dabei aus dem Zylinderkopf über die Wasserpumpe wieder zurück in den Zylinderkopf. Wird das Wasser wärmer, öffnet der Thermostat den Zugang vom Kühler, und zwar nicht sofort voll, sondern er läßt eine von der Temperatur abhängige Wassermenge hindurch. So mischt sich warmes mit kaltem Wasser. Bei voll geöffnetem Thermostat ist der kurze Weg geschlossen und nur der durch den Kühler frei.

Die Arbeit des Thermostats ist vor allem im Winter wichtig. Sein Öffnungsbeginn liegt bei 81° bis 85° C, bei 92° C hat der Thermostat vollkommen geöffnet. Sein gesamter Öffnungshub beträgt 7,5 mm. Durch diese Wirkungsweise bleibt der Motor weitgehend innerhalb der günstigen Betriebstemperatur, was dessen Lebensdauer (sonst chemische Kaltkorrosion) und der Schmierfähigkeit des Öls (Ölschlammbildung) zuträglich ist, und auch die Heizung gibt dann schneller Wärme ab.

Fingerzeig: *Sollte der Motor in einem strengen Winter nicht auf die günstigste Betriebs-Temperatur kommen, dann behilft man sich mit teilweiser Abdeckung des Kühlers (Pappe oder Kunststoff-Folie vor den Kühler binden), die mehrmals durchlocht ist, denn der Motor benötigt auch Frischluft.*

Thermostat auswechseln

Ein defekter Thermostat im Fiat 131 läßt im Gegensatz zu Thermostaten anderer Bauart den Durchfluß zum Kühler frei. Das hat den Vorteil, daß man unterwegs nicht unter Umständen gezwungen ist, den Thermostat ausbauen zu müssen. Aber natürlich kann man auch ohne ihn fahren.

Im Winter sollte man aber wegen der eben bezeichneten negativen Auswirkungen nicht mit einem defekten Thermostat herumfahren. Er ist dann auszuwechseln. Dazu muß das Kühlmittel wenigstens teilweise aus dem Kühler abgelassen werden (Frostschutzfüllung zur Wiederverwendung auffangen). Dann löst man die Schlauchbinder – einen mit Schraube und einen selbstklemmenden – am Thermostatgehäuse, zieht die Schläuche davon ab und kann somit das Thermostatgehäuse entnehmen. Dieses Gehäuse muß komplett mit dem eingepreßten Thermostat ersetzt werden.

Der elektrisch betriebene Ventilator

Fiat verwendet in verschiedenen Typen den von einem Elektromotor angetriebenen Ventilator. Ein solcher Lüfter ist nicht von Zustand und Spannung eines Keilriemens abhängig. Der elektrisch betriebene Ventilator läuft nur bei Bedarf. Das Modell 1300 in der Normal-Version gibt es nur mit direkt angetriebenem Ventilator, der also immer mitläuft.
Ein- und ausgeschaltet wird von dem unten am Kühler eingeschraubten Thermoschalter. Dieser Schalter gibt seine Meldung elektrisch an den Ventilatormotor weiter. Bei Erreichen einer Temperatur zwischen 90° und 94° C schaltet der Motor ein, und wenn 89° bis 85° C unterschritten werden, schaltet der dann unterbrochene Stromkreis den Elektromotor des Ventilators wieder aus.

Ventilator-Einschaltung prüfen

Schaltet der Ventilator bei den eben genannten Temperaturen nicht (oder überhaupt nicht) ein und aus, prüft man zunächst die Anschlüsse des Wärmefühlers am Kühler. Zündung einschalten und beide Kabel abziehen und die Enden gegeneinanderhalten. In diesem Moment muß der Ventilator anlaufen. Wenn ja, ist der Schalter am Wärmefühler defekt. Andernfalls sind zu kontrollieren: Zuständige Sicherung, Verlauf und Anschlüsse der Kabel am Ventilator und am Schalter und den Verlauf dieser Kabel. Schließlich müßte der Elektromotor des Ventilators geprüft werden.
Die beiden ersten Kontrollen sind leicht selbst auszuführen. Wenn dann noch nötig, überläßt man das Prüfen des Elektromotors einer Werkstatt. Ob dieser überhaupt noch in Ordnung ist, kann man auf einfache Weise schnell feststellen: Man trennt die Kabelanschlüsse zu ihm und verbindet die beiden Anschlüsse mit zwei losen Kabeln, deren andere Enden man mit den Polköpfen der Batterie in Berührung bringt. Jetzt müßte der Ventilator laufen.
Den im Kühler eingebauten Wärmekontaktschalter kann man mit einem bis 100° C reichenden Thermometer prüfen. Doch da man dann zwangsläufig das Thermometer in den Kühlerstutzen stecken muß, weichen die Werte doch von den eben genannten ab. Denn das oben warme Wasser trifft erst nach einer gewissen Abkühlung unten beim Wärmeschalter ein. So gemessen soll der Thermoschalter bei 97°±2° C ausschalten.

Links: Der elektrisch betriebene Ventilator läßt sich mit wenigen Handgriffen ausbauen, falls er einmal ausgetauscht werden muß.
Rechts: Pfeil T weist auf den thermoelektrischen Schalter, der den Ventilatorlauf bestimmt. Pfeil A deutet auf den Ablaßhahn des Kühlers.

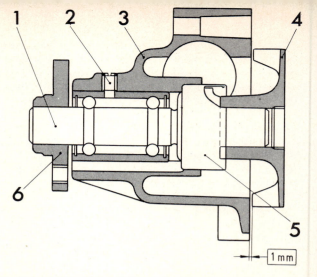

Im Schnitt durch die Wasserpumpe bedeuten:
1 – Pumpenwelle, 2 – Lagerbefestigungsschraube, 3 – Pumpengehäuse, 4 – Flügelrad, 5 – Dichtung, 6 – Nabe; das Einbauspiel zwischen Flügelrad und Pumpengehäuse beträgt 1 mm. Im Zusammenhang mit der Kühlung noch ein Tip: Bei Verkehrsstau auf Gebirgsstraßen im Sommer läßt sich die Kühlwassertemperatur senken, wenn man den Motor abstellt, aber die Zündung eingeschaltet läßt. So läuft der Ventilator weiter. Während der Fahrt wird der Kühlmittelkreislauf durch die Wasserpumpe beschleunigt, wenn man in einen kleineren Gang schaltet. Das kann unter ungünstigen Fahrbedingungen, bei denen das Kühlmittel zu heiß wird, von Vorteil sein.

Die Wasserpumpe

Der ständige Kreislauf des Kühlmittels wird von der Wasserpumpe erzwungen. Diese Pumpe sitzt vorn oben am Motor und wird über den Keilriemen durch die Kurbelwelle angetrieben. Dabei bewegt sich beim Motor 1300 in der Grundausführung zugleich der Ventilator.

Stellen sich bei der Wasserpumpe Störungen ein, wird sie undicht. An mahlenden oder heulenden Geräuschen erkennt man, daß die Lager schadhaft sind. Dann muß sie repariert oder ausgewechselt werden. Kontrolle: Keilriemen abnehmen und Motor kurz laufen lassen. Ist das Geräusch verschwunden, kommen als Störenfriede nur die Wasserpumpe oder die Lichtmaschine in Frage.

Arbeiten an der Wasserpumpe überläßt man der Werkstatt. Wenn sie von einem praktisch veranlagten Heimwerker wohl ausgebaut werden kann, so braucht man zu ihrer Überholung doch besondere Werkzeuge (Abzieher, hydraulische Presse usw.), die man gewöhnlich nicht zur Verfügung hat.

Die richtige Keilriemenspannung

Auf der Seite 183 ist alles Wissenswerte über den Keilriemen und seine richtige Spannung erklärt. Es sei hier jedoch eindringlich darauf hingewiesen, daß man bei Weiterfahrt mit gerissenem Keilriemen, also ohne Wasserpumpenantrieb, zumindest eine durchgebrannte Zylinderkopfdichtung riskiert. Eine solche ist bei laufendem Motor an Luftblasen im Kühlwasser und Brandgeruch aus dem Einfüllstutzen erkennbar. Bedenkliches Stadium: Kühlwasserstand fällt, da Wasser in den Motor dringt. Besser ist also doch, einen Ersatzriemen mitzuführen, den man in Werkstätten oder an Tankstellen erhält.

Überhitzter Motor

Auf der Skala des Fernthermometers kann man ablesen, wann es dem Motor zu heiß wird. Diese Meldung kommt von dem Thermofühler, der hinten links am Zylinderkopf sitzt (siehe Seite 219).

Neben den eben geschilderten Anzeichen bei durchgebrannter Zylinderkopfdichtung ist dafür noch die weiße, allmählich stärker werdende Dampfwolke, die der Wagen nachzieht, ein untrügliches Merkmal. Dann ist ein Werkstattbesuch überfällig. Die defekte Kopfdichtung kann auch von nicht sachgemäß angezogenen Zylinderkopfschrauben verursacht sein. Wenn sich der Zylinderkopf dabei verzogen hat, muß der Kopf plangeschliffen werden.

Auch bei niedrigen Außentemperaturen ist die Anzeige von Bedeutung: Es kann sein, daß der Thermostat seine Aufgabe nicht mehr erfüllt und geöffnet ist, wodurch das Kühlmittel nur noch durch den Kühler fließt und dauernd gekühlt wird, so daß der Motor nicht die nötige Betriebstemperatur erreicht. Aber auch bei einwandfreien Verhältnissen mahnt die Temperaturanzeige vor übermäßiger Belastung, weil der Motor erst voll ausgedreht, also belastet werden soll, wenn er seine Betriebstemperatur erreicht hat. Natürlich ist die Anzeige von Übertemperaturen wichtiger. Man sollte es besser gar nicht zu einer möglichen Überhitzung kommen lassen und bei hohen Außentemperaturen Dauervollgas anderen überlassen.

Noch ein Wort zur Überhitzung: Bei Bedarf steht ein weiterer „Kühler" durch die Heizung zur Verfügung. Mit ihr kann eine momentane Übertemperatur (Paßfahrt im Sommer in Kolonne) wieder gesenkt werden. Dazu den oberen Warmluftebel ganz nach rechts schieben, Heizungsklappen öffnen und Gebläse einschalten. Umgekehrt tut es dem Motor im Winter gut, wenn man nach dem Start die Heizung erst bei Betriebstemperatur einschaltet.

Die Heizung

Im wesentlichen besteht die Heizungsanlage aus folgenden Teilen:
- Wärmetauscher unter dem Armaturenbrett, über zwei Wasserschläuche mit dem Kühlsystem verbunden.
- Gebläse, das durch die Lamellen des kühlerähnlichen Wärmetauschers Frischluft schickt, wobei diese erwärmt wird.
- Luftaustrittsöffnungen am Armaturenbrett sowie Fußraumbeheizung mit Klappe.
- Bedienungshebel am Armaturenbrett.

Einige Worte zur Arbeitsweise. Der Heizungshahn wird stufenlos mehr geöffnet, je weiter man den Heizungshebel nach rechts schiebt. Dabei fließt warmes Kühlwasser durch den Wärmetauscher, die hindurchstreichende Luft nimmt diese Wärme auf und strömt in den Innenraum. Durch die Stellung des unteren Betätigungshebels rechts wird die Menge der Luft bestimmt. Verstärkte Heizwirkung erhält man durch Einschalten des Gebläseschalters. Das Gebläse vermehrt den Luftdurchsatz durch den Wärmetauscher; falls der Motor seine Betriebstemperatur noch nicht erreicht hat, wird allerdings mehr Luft in das Wageninnere geblasen als sich erwärmen kann. Andererseits muß man im Stand oder bei langsamer Fahrt zur Heizung ebenfalls das Gebläse einschalten, da dann die Frischluftzufuhr, die sonst durch den Wärmetauscher zieht, kaum vorhanden ist.

Auch im Sommer ist es ratsam, gelegentlich den oberen Heizungshebel zu bedienen, damit man sich davon überzeugen kann, daß man im Winter nicht frieren wird.

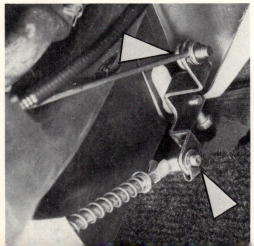

Links im Fußraum des Beifahrers findet man die Gelenke des Heizungsbedienungshebels. Sie sollten gelegentlich leicht eingefettet werden, denn sie müssen ebenso beweglich bleiben wie das Heizungsventil. Wenn nämlich das Heizungsventil über längere Zeit hinweg überhaupt nicht bewegt wird, kann es vorkommen, daß es sich durch Rückstände in der Kühlflüssigkeit zersetzt oder aber sich wegen Korrosion der mechanische Bedienungsübertrag nicht mehr bewegen läßt.

Vom Tank zur Kraftstoffpumpe

Gesicherter Nachschub

Auch beim Fiat 131 beginnt die Kraftstoffanlage, wie üblich, beim Tank. Sie setzt sich über die Kraftstoffleitung, in deren Verlauf eine mechanische Pumpe angeordnet ist, zum Vergaser fort. Schäden an dieser Versorgungsleitung kommen normalerweise nicht vor, aber es kann dennoch nützlich sein, über die Stationen, die der wahrhaft kostbare Saft durchfließt, Bescheid zu wissen.

Der Tank

Bei allen 131-Limousinen ist der Tank zwischen Rücklehne der hinteren Sitzbank und Kofferraum stehend über der Hinterachse untergebracht. Sein Einfüllstutzen mündet im rechten hinteren Dachpfosten und wird von dem Schraubverschluß abgeschlossen. Beim Kombi liegt der Tank unter dem Boden der Ladefläche links und der Einfüllstutzen befindet sich bei diesem Wagen an der linken Heckseite.

Ein verlorener Tankdeckel soll nur durch einen Original-Deckel ersetzt werden. Das Fiat-typische Feingewinde dieses Verschlusses läßt auch kaum einen Behelf zu. Beim Tanken muß man beachten, daß ein nachlässiger Tankwart den Deckel nicht verkehrt festschraubt, sonst leidet das Gewinde.

Das Fassungsvermögen des Tanks beträgt bei allen 131-Versionen 50 l. Mit einer Tankfüllung kommt man also auch unter ungünstigen Bedingungen rund 400 km weit (Benzinverbrauch siehe Seite 12). Damit man nicht von plötzlichem Benzinmangel überrascht wird, ist der Tank mit dem Kraftstoffanzeiger verbunden, dessen Zeiger den vorhandenen Vorrat angibt und beim Stand auf dem linken bzw. unteren Teil der Skala die baldige Leere ankündigt. Nicht nur, weil es strafbar ist, wegen Benzinmangels auf der Autobahn liegen zu bleiben, sollte man sich einen Reservekanister zulegen. Auch die Kraftstoffanzeige könnte einmal ausfallen oder eine zielstrebig angesteuerte Tankstelle ist womöglich gerade geschlossen. Der (hoffentlich stets gefüllte) Kani-

In der Praxis bewährt hat sich eine Tankanordnung, wie sie beim Fiat 131 mirafiori genutzt wurde: Der Tank steht zwischen der Rücklehne der Fondsitze und dem Gepäckraum über der Hinterachse. Damit liegt er völlig außerhalb der Aufprallzone, und zahlreiche Crash-Tests, senkrecht und schräg gegen das Heck sowie der »roll over«, haben gezeigt, daß in diesem Bereich keine Gefahr besteht und selbst bei einer Verformung des Behälters durch seine Gestaltung, durch Ausführung des Stutzens und des Schraubverschlusses ein Ausfließen des Kraftstoffes vermieden wird.

106

ster braucht nur über ein Fassungsvermögen von 5 l zu verfügen; damit kommt man weit genug und ein solcher Kanister, der übrigens ein Zulassungszeichen tragen muß, beansprucht auch im Gepäckraum wenig Platz. Wenn man den Wagen für längere Zeit abstellt, sollte der Tank möglichst gefüllt sein. Das verhindert die Bildung von Kondenswasser. Wasser läßt den Tank rosten und diese Verunreinigungen können die Arbeit der Benzinpumpe und des Vergasers stören. Außerdem ist Wasser dem Zinkspritzguß des Vergasers unzuträglich, weil sich dann Absonderungen bilden, die ebenfalls die Düsen und Bohrungen verstopfen können.

Tank ausbauen

Besonders große Verunreinigungen, die in den Tank gelangt sind, können zum Ausbau desselben zwingen. Man denke jedoch stets an die mögliche Explosionsgefahr. Bei allen Arbeiten am Tank zuerst die Batteriekabel lösen. Danach den Verschlußdeckel vom Einfüllstutzen abschrauben und die beiden Befestigungsschrauben des Stutzens an der Karosserie lösen. Eine Ablaßschraube besitzt der Tank nicht.
Auf dem Tank werden dann die Schlauchanschlüsse der Kraftstoffleitung zur Benzinpumpe, der Rücklaufleitung vom Vergaser und des Entlüftungsschlauches gelöst. Dazu dreht man die Schrauben der Schlauchbinder locker und zieht die Schlauchenden von ihrem Stutzen. Auf dem Deckel des Kraftstoffstandgebers sind die Kabel von ihren Anschlüssen abzuziehen (Schutzkappen hochziehen). Seitlich am Geber angeklemmtes Massekabel abziehen.
Dann löst man die obere Befestigung des Haltebügels für den Tank und nimmt den Bügel ab. Zwischen Tank und Einfüllstutzen befindet sich ein Dichtring, den man aus seinem Sitz herausziehen muß. Anschließend kann der Einfüllstutzen vom Tank gelöst und der Tank selbst aus dem Kofferraum herausgehoben werden.
Diese vorstehende Beschreibung bezieht sich auf den Tank in der Limousine. Beim Special muß vor dem Ausbau noch die Verkleidung des Kofferraumes abgenommen werden. Der Ausbau des Tanks im Kombi ist mit der gegebenen Darstellung weitgehend identisch.
In der Nähe des ausgebauten Tanks darf nicht geraucht werden. Der Einbau geschieht später in umgekehrter Reihenfolge wie oben beschrieben.

Tank reinigen

Um den Tank innen zu reinigen, geht man mit ihm zu einer Tankstelle und läßt mit kräftigem Strahl etwas Benzin in den Tank spritzen, sodann wird der Tank gut geschüttelt. Man braucht das Benzin nicht fortzugießen, sondern es kann, durch ein Leinentuch gesiebt, in einem Behälter aufgefangen werden, um es

Der Geberdeckel am Tank – im Kofferraum zugänglich – ist mit 6 Muttern befestigt. Nach links abzweigend sieht man die Leitung zum Vergaser und die Rücklaufleitung von ihm zurück zum Tank. Die rechts aufsteigende Leitung dient der Entlüftung. Bei Arbeiten am Tank zuerst das Massekabel der Batterie lösen!

später für den Betrieb zu benutzen. Dieser Vorgang wird mehrmals wiederholt. Wenn vorhanden, bläst man zum Schluß Preßluft in den Tank.

Ausbau des Kraftstoffstandgebers

Im Abschnitt »Tank ausbauen« ist beschrieben, wie man an den Geber für die Kraftstoffanzeige gelangt. Batteriekabel lösen! Erst dann die Kabel vom Geber abziehen. Um nicht Gefahr zu laufen, daß die Befestigungsmuttern, die vielleicht angerostet sind, beim Losdrehen abreißen, sind sie mit Rostlöser einzusprühen. Nach dem Abschrauben kann man den Geber aus dem Tank nehmen, wobei der Arm des Schwimmers nicht verbogen werden darf.
Nur wenn sich der bewegliche Teil des Gebers verklemmt haben oder verbogen sein sollte, kann man versuchen, den Schaden zu beheben. Andere Prüfungen daran sollte man der Werkstatt überlassen.

Die Kraftstoffpumpe

Den Weg vom Tank nach vorn und hinauf zum Vergaser kann der Kraftstoff nicht ohne Hilfe der Kraftstoffpumpe zurücklegen. Diese beim Fiat 131 mechanisch angetriebene Pumpe sitzt links am Motor und wird über einen Betätigungsstößel von der Nockenwelle angetrieben. Die Bewegung wird stoßweise in einem Rhythmus, der sich nach der Geschwindigkeit der Motordrehzahl richtet, auf die Gummimembrane der Pumpe übertragen. Dadurch wird in der Kammer oberhalb der Membran mit Hilfe zweier einfacher Ventile Kraftstoff aus der Tankleitung angesaugt und zum Vergaser weitergedrückt.
Um festzustellen, ob die Pumpe überhaupt Benzin fördert, löst man die von der Pumpe zum Vergaser führende Leitung. Dann läßt man von einem Helfer durch Drehen des Zündschlüssels den Anlasser kurz arbeiten und beobachtet, ob aus dem Druckstutzen der Benzinpumpe Kraftstoff hervorsprudelt. Bei nur wenigen Motorumdrehungen soll das Benzin auffällig stoßweise herausgedrückt werden – danach sofort wieder die Zündung ausschalten lassen.
Quillt das Benzin dabei nur zögernd hervor, ist zu vermuten, daß die Pumpenmembran gerissen oder porös ist. Dann muß die Membran ausgewechselt werden. Dazu ist die Pumpe auszubauen. Es kann auch sein, daß die Ventile im Oberteil defekt sind. In diesem Fall muß das ganze Oberteil ersetzt werden, da man die Ventile nicht reparieren kann. Sollten die Ventile durch Schmutz ihre Schließfähigkeit verloren haben, kann eine vorsichtige Reinigung ihrer Sitze aus dieser »Verklemmung« helfen.
Wenn der Pumpendeckel nicht fest angeschraubt ist oder die Dichtung unter dem Deckel defekt ist, wird der Motorlauf bei hohen Drehzahlen stotternd oder schon beim Starten treten Schwierigkeiten auf: Die Pumpe saugt Luft an. Dann sollte man zuerst die Schraube oben auf dem Deckel festziehen.

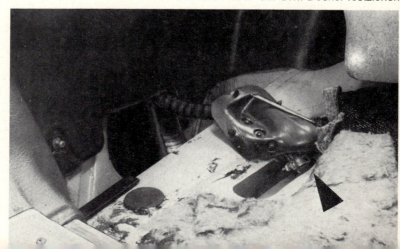

Im Kombi liegt der Tank flach unter der Ladefläche und seine Anschlüsse, die im Prinzip die gleichen wie bei der Limousine sind, erreicht man nach Entfernen der Bodenverkleidung.

Vor dem Reinigen der Benzinpumpe – im Motorraum links – sollte zuerst der vom Tank herführende Kraftstoffschlauch von der Pumpe abgezogen und mit einem passenden Kreuzschlitzschraubenzieher oder Dorn verstopft werden. Dann Deckelschraube der Pumpe mit einem 10er-Schlüssel lösen und Deckel abnehmen. Sitzt der Deckel fest, die Schraube in den letzten Gewindegängen lassen und den Deckel damit abhebeln. Beim Zusammenbau auf guten Sitz der Gummidichtung und auf die richtige Lage des Siebes achten.

Auch die Schlitzschrauben am Rand der beiden Pumpenteile, zwischen denen der Membranrand eingeklemmt ist, sind nachzuziehen, denn dort kann ebenfalls Nebenluft eintreten.
Zum Reinigen des Benzinsiebs, das unter dem Pumpendeckel sitzt, muß dieser Deckel abgeschraubt werden. Je nach Typ der Pumpe wird der Deckel von einer Schlitzschraube oder einer Sechskantschraube SW 8 festgehalten. Das Filtersieb besteht entweder aus Plastik oder aus einem Drahtgeflecht. Die Lage des Siebes muß man sich merken, dann hebt man es aus seinem Sitz. Man bläst das Sieb sauber, am besten mit der Fahrradpumpe, oder man wäscht es in Benzin aus. (Das freigelegte Pumpenoberteil soll nicht mit Preßluft ausgeblasen werden.) Anschließend wird das Sieb wieder in die alte Lage gebracht. Der Zustand des Dichtringes ist zu kontrollieren, ein verhärteter oder beschädigter Ring muß ersetzt werden. Zum Schluß den Deckel gut – aber nicht zu fest – anschrauben.

Zerlegen der Kraftstoffpumpe

Zum Einbau kommen Kraftstoffpumpen verschiedener Fabrikate, die sich aber im Aufbau untereinander gleichen.
Die Pumpe besteht aus zwei zusammengeschraubten Hälften. Zuerst müssen die beiden von Schlauchbindern gesicherten Benzinleitungen abgezogen werden. Nachdem man die beiden Befestigungsschrauben am Motor losgedreht hat, ist die Pumpe ohne Beschädigung der Dichtungen zwischen Gehäuseunterteil und Motor seitlich wegzuziehen. Wenn eine Dichtung auch nur wenig lädiert ist, muß sie beim Zusammenbau ersetzt werden. Dabei ist auf die vorhandene Stärke zu achten; Dichtungen mit anderer Stärke verändern den Hub der Pumpe. Das gleiche gilt für das dicke Abstandsstück, das im wesentlichen den Pumpenhub bestimmt.
Deckel, wie schon beschrieben, nach Lösen der Befestigungsschraube abheben und Dichtring mit Sieb entnehmen. Damit man Gehäuseoberteil und -unterteil später richtig aufeinandersetzt, markiert man beide Teile an den Außenkanten mit einem gemeinsamen Kratzer. Dann die Schlitzschrauben herausdrehen und das Oberteil abnehmen. In dem Oberteil sitzen die Ventile, die den Benzinfluß freigeben und versperren.
Der Membranzapfen ist im Pumpenunterteil in dem Bügel des Pumpenantriebshebels eingehängt. Zur Entnahme der Membrane wird diese in der Mitte gegen den Federdruck nach unten gedrückt, dann schiebt man die Achse des Antriebshebels seitlich aus dem Gehäuse und zieht den Hebel heraus.
Bei Erneuerung der Membrane muß das Pumpenfabrikat beachtet werden.

Vergaser-Beschreibung

Mischmaschine

Art und Aufbau eines Vergasers müssen nach dem Charakter des Motors ausgerichtet sein, für den er bestimmt ist. So kommt es, daß viererlei Vergasertypen anzutreffen sind. Weil man sich aber dennoch um eine gewisse Vereinheitlichung bemüht, gibt es verschiedene Autos mit gleichen Vergaserkonstruktionen, die sich nur in geringen Details voneinander unterscheiden. Für den Fiat 131 sind zwei voneinander abweichende Vergaser vorgesehen. Wir schlagen Ihnen vor, die auf den Vergaser in Ihrem Auto besonders bezogenen Ausführungen der folgenden Seiten mit Farbstift zu markieren. So haben Sie im Bedarfsfall einen genauen Überblick. Wenn Sie sich darüber hinaus etwas Ruhe gönnen und Aufbau und Arbeitsweise eines Vergasers studieren – wie es Ihnen hier geboten wird – so können Sie eines Tages von diesem Wissen profitieren.

Welcher Vergaser ist eingebaut?

Für den 1300-Motor des Fiat 131 ist ein Einfachvergaser, für den größeren 1600er Motor ein Doppelvergaser bestimmt. Bei ersterem handelt es sich um ein italienisches Fabrikat der Marke Solex, die auch in Deutschland bekannt ist. Die Deutsche Vergaser-Gesellschaft in 4040 Neuß, Leuschstraße 1, Hersteller der deutschen Solex-Vergaser, weist auf Anfrage Vertrags-Werkstätten nach, die mit dem Vergaser im Fiat vertraut sind.
Der andere Vergaser stammt von Weber, einer Firma in Bologna, die durch ihre Vergaser in Sportwagen berühmt geworden ist. Ersatzteile dazu führt die Nöldeke GmbH, Theodor-Heuss-Straße 36, 775 Konstanz. Zahlreiche Bosch-Dienste übernehmen dazu die Betreuung von Weber-Vergasern und können günstige Verbrauchs- und Abgaswerte ermitteln.
Selbstverständlich weiß auch jede Fiat-Vertretung über beide Vergaser Bescheid. Hier ist angegeben, welcher Vergaser eingebaut ist:
Fiat 131   1300   Vergaser Solex 32 TDI,
Fiat 131   1600   Vergaser Weber 32 ADF.
Für einige Länder baut Fiat auch einen 1300er Motor mit 65 PS, der ebenfalls mit dem Weber-Vergaser in leicht abgewandelter Form ausgerüstet ist. Die Bezeichnung ist seitlich am Vergaser eingeprägt. Die Zahl vor den Buchstaben gibt den Mischkammerdurchmesser in mm an, bei den Buchstaben handelt es sich um Kurzbezeichnungen für Konstruktionsmerkmale. Eine sich möglicherweise daran anschließende Zahl gibt Hinweis auf die technische Entwicklungsstufe des Vergasers.

Was sich im Vergaser tut

Es ist Aufgabe des Vergasers, Kraftstoff und Luft in ein entflammbares »Gemisch« zu verwandeln, also eine Flüssigkeit mit einem Gas zu mischen. Dieses Verhältnis darf nicht zu fett (zu viel Benzin) und nicht zu mager sein. Die Menge und die Zusammensetzung des Gemischs müssen regulierbar sein, wodurch man Geschwindigkeit und Leistung des Wagens bestimmen kann.

Verschiedene gesonderte Einrichtungen im Vergaser verhindern eine Veränderung der Benzin-Luft-Menge durch äußere Einflüsse. Leerlauf und Vollast, plötzlicher Gaswechsel, Steigungen und Gefälle, niedriger Luftdruck (Gebirge) und große Hitze oder Kälte sind Faktoren, die sich auf die Arbeitsweise des Vergasers nicht negativ auswirken dürfen.

Wichtige Vergaserbegriffe

Schwimmergehäuse: Behälter, in dem die Höhe des Benzinstandes reguliert wird, um jederzeit den erforderlichen Vorrat bereit zu halten. Der darin befindliche Schwimmer betätigt bei wechselndem Niveau ein Nadelventil und regelt dadurch den Zufluß des von der Kraftstoffpumpe geförderten Benzins.

Schwimmernadelventil: Größe und Gewicht sind auf die Förderleistung der Kraftstoffpumpe abgestimmt. Ein größeres Nadelventil als vorgesehen läßt zuviel Kraftstoff hindurch, weil sich der Pumpendruck eher durchsetzen kann. Ein kleineres Nadelventil ist als Behelf möglich, doch später bleibt die Nadel hängen, da sie sich wegen zu starken Schwimmerauftriebs rasch einschlägt. Die Stärke des Dichtrings vom Schwimmernadelventil bestimmt das Schwimmerniveau – eine stärkere Dichtung senkt es unvorteilhaft.

Innen- und Außenbelüftung der Schwimmerkammer: Die Außenbelüftung ist für den Leerlauf, die Innenbelüftung für den Betrieb bei gestiegener Drehzahl bestimmt.

Hauptdüse: Regelt mit genau bemessener Bohrung den Kraftstoffdurchfluß vor der Gemischbildung aus dem Schwimmergehäuse. Eingeschlagene Nummern geben die Düsengröße an, ihre Durchflußrichtung vom Kopf zum Gewindeteil kennzeichnet sie als sogenannte X-Düse (Null-Düse mit entgegengesetzter Durchflußrichtung). Der Bohrungsdurchmesser sagt nichts über die Durchflußmenge aus, bei Solex werden Hauptdüsen nach Luftdurchsatz bemessen.

Luftkorrekturdüse: Sieht ähnlich aus wie Hauptdüse. Dem von der Hauptdüse kommenden Kraftstoff wird durch sie eine bestimmte Menge Luft zugeführt. Die Luftkorrektur soll im oberen Drehzahlbereich (bei hohem Durchsatz) die zwangsläufig eintretende Verfettung des Gemischs wieder abmagern. Sie wirkt zusammen mit dem Mischrohr.

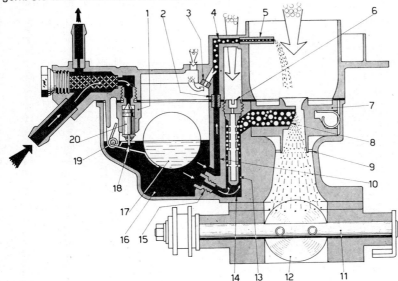

In diesem Schnittbild durch den Vergaser Weber ADF ist der Weg des Kraftstoffes bei Normalbetrieb eingezeichnet. Im einzelnen bedeuten: 1 – Nadelventil, 2 – Kraftstoffdüse der Anreicherung, 3 – Nebenluftdüse, 4 – Kanal des Anreicherungsgemisches, 5 – Kalibrierte Bohrung der Anreicherung, 6 – Luftkorrekturdüse, 7 – Nebenlufttrichter, 8 – Spritzrohr, 9 – Lufttrichter, 10 – Steigrohr, 11 – Drosselklappenwelle, 12 – Drosselklappe, 13 – Mischrohr, 14 – Mischrohrkanal, 15 – Hauptdüse, 16 – Schwimmerkammer, 17 – Schwimmer, 18 – Rückstellhaken an der Schwimmerventilnadel, 19 – Schwimmergelenk, 20 – Ventilnadel. Links oben: Verschluß mit Sieb.

Mischrohr: Nimmt Benzin und Luft entgegen und führt diese vorgemischt in den Austrittsarm im Saugkanal. Bei steigender Drehzahl soll es das Mischungsverhältnis Kraftstoff/Luft nahezu konstant halten. Die Bohrungen im Mischrohr sowie deren Anzahl, Größe und Reihenfolge sind für den Motortyp bedeutungsvoll.

Leerlaufdüse: Sorgt für einen gleichmäßigen Leerlauf.

Lufttrichter: Sitzt im Saugkanal des Vergasers und beeinflußt durch seine maßlich festgelegte Einschnürung im Zusammenhang mit der Motordrehzahl die Luftgeschwindigkeit und gleichzeitige Luftmenge, die zur Bildung des Gemischs notwendig wird.

Beschleunigungspumpe: Erhöht zur Erzielung besserer Beschleunigung den Anteil des Kraftstoffs am Gemisch. Das geschieht in einer kleinen Druckpumpe am Vergaser beim Durchtreten des Gaspedals. Ohne die Pumpe würde beim plötzlichen Gasgeben das träge Benzin nicht schnell genug abgesaugt werden können und der Luftanteil würde sich ungünstig erhöhen.

Drosselklappe: Spricht direkt auf die Betätigung des Gaspedals an und reguliert den Vergaserdurchlaß, also die Gemischmenge. Von der Stellung der Drosselklappe ist die Leistung des Motors direkt abhängig.

Vergaser Solex 32 TDI

Dieser Fallstromvergaser besitzt eine warmwasserbeheizte Startautomatik. Vor dem Kaltstart braucht man also nicht von Hand eine Starteinrichtung (Choke) betätigen. Der Vergaser besteht aus drei Hauptteilen:

■ Drosselklappenteil mit Leerlaufgemisch-Regulierschraube.
■ Vergasergehäuse mit Schwimmerkammer, mit Lufttrichter, Beschleunigungspumpe und Düsen.
■ Vergaserdeckel mit Kraftstoffeintritt und Benzinsieb, Schwimmernadelventil und Starterklappe.

Der Kraftstoff, der von der Benzinpumpe zum Vergaserdeckel gefördert wird, gelangt – in seiner Menge durch das Schwimmernadelventil begrenzt – in die Schwimmerkammer. Die bei diesem Vergaser doppelten Schwimmerkörper

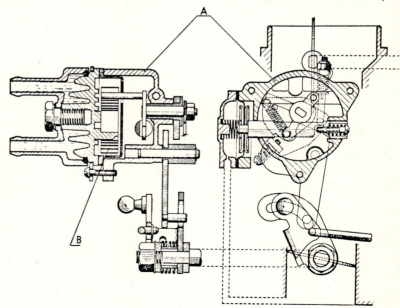

Die Zeichnungen dieser beiden Seiten stellen den Vergaser Solex 32 TDI dar. Er stammt aus italienischer Produktion und wird gefertigt bei Solex S.p.A., Via Freidour 1, I-10139 Torino.
Auf dieser Seite ist die Startautomatik gezeigt:
A – Gehäuse der Startautomatik, links im Seitenschnitt mit den beiden Anschlußstutzen für den Kühlmittelkreislauf, B – Bimetallfeder.

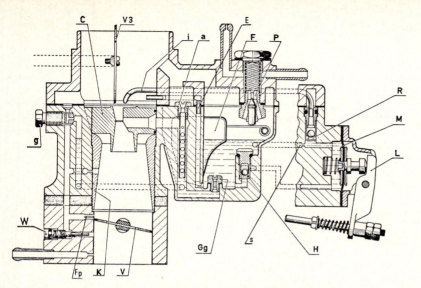

Im Vergaser Solex 32 TDI sind weiter zu erkennen: C – Nebenlufttrichter, E – Kraftstoffdüse der Anreicherung, F – Schwimmer, Fp – Bypass-Bohrungen, Gg – Hauptdüse, g – Leerlaufdüse, H – Ventil für Beschleunigungspumpe, i – Einspritzrohr der Beschleunigungspumpe, K – Lufttrichter, L – Betätigungshebel für Pumpenmembrane, P – Schwimmernadelventil, R – Auslaßventil der Beschleunigungspumpe, s – Pumpenrücklaufkanal, V – Drosselklappe, V3 – Starterklappe, W – Leerlauf-Leerlaufgemisch-Regulierschraube.

sind über einen drehbar gelagerten Bügel beweglich aufgehängt. Steigt der Kraftstoff in der Schwimmerkammer, hebt sich mit ihm der Schwimmer. Dessen Bügel drückt gegen die nach unten gerichtete Ventilnadel, wodurch der Zuflußkanal ganz oder teilweise verschlossen wird.
Im unteren Teil des Vergasers findet man die Leerlaufgemisch-Regulierschraube, die für ein konstant bemessenes Gemisch sorgen soll. Sie bietet nur eine bestimmte Durchflußmenge zu einer Bohrung unterhalb der Drosselklappe. Letztere sitzt auf der Drosselklappenwelle, die gelenkig mit dem Gaspedal verbunden ist. Mit einem Hebel am Gaszug ist eine Rückholfeder verbunden, mit der die Drosselklappe nach Loslassen des Gaspedals immer wieder in die Ausgangsstellung gebracht wird. Mit der Drosselklappenwelle wird in einem bestimmten Bereich auch die Beschleunigungspumpe bewegt. Diese Membranpumpe beherbergt in den Zufluß- und Abflußkanälen zwei Kugelventile, die den Weg des zusätzlich benötigten Benzins freigeben oder versperren.
Auf der dem Motor abgewendeten Seite am Vergaser ist das Startergehäuse angebracht. Die Funktion dieser Startautomatik ist auf Seite 114 beschrieben. Sie sorgt dafür, daß der kalte Motor ein fetteres Gemisch erhält und öffnet die Starterklappe um so mehr, je wärmer der Motor und damit das Kühlmittel ist, das die Automatik beheizt.
Zwischen Schwimmerkammer und Saugrohr sitzt die Luftkorrekturdüse in Verbindung mit dem Mischrohr. Wegen der Einschnürung des Luftansaugkanals strömt die von den ansaugenden Kolben hindurchgezogene Luft schnell genug, um den aus dem Einspritzrohr austretenden Kraftstoff mitzureißen.

Größere Motorleistung erfordert einen aufwendigeren Vergaser, wie er sich in diesem Fallstrom-Stufenvergaser anbietet. Dabei sind gewissermaßen zwei Vergaser zu einer Einheit gebracht worden, wobei jedoch die eine Hälfte in Abhängigkeit der anderen Hälfte (Stufe) arbeitet. Die Zahl in der Vergaserbezeichnung bedeutet, daß die Saugkanäle keinen unterschiedlichen Durchmesser, sondern jeweils den gleichen von 32 mm aufweisen.
Dieser Vergaser besteht ebenfalls aus drei Hauptteilen:

Vergaser Weber 32 ADF

■ Drosselklappenteil.
■ Vergasergehäuse mit Schwimmerkammer, Beschleunigungspumpe und Düsen.
■ Vergaserdeckel mit einer Starterklappe.

Auch bei diesem Vergaser ist eine Startautomatik vorhanden, die über einen Hebelmechanismus die Stellung der Starterklappe bestimmt.
Die Drosselklappe für die 1. Stufe wird durch den Drosselklappenhebel geöffnet, der über das Vergasergestänge mit dem Gaspedal in Verbindung steht und somit vom Fahrer unmittelbar betätigt wird. Dagegen hat der Fahrer auf die Drosselklappenstellung der 2. Stufe keinen direkten Einfluß. Sie öffnet sich selbsttätig durch Unterdrucksteuerung, wenn der Motor bei voll geöffneter 1. Drosselklappe etwa die halbe Höchstdrehzahl erreicht hat.
Solange der Unterdruck im Saugkanal der 1. Stufe einen bestimmten Wert nicht übersteigt, ist die Herstellung des Kraftstoff-Luft-Gemisches auf die 1. Stufe beschränkt. Wenn die Drosselklappe der 1. Stufe voll geöffnet wird und der Unterdruck eine bestimmte Größe erreicht, wird er auf die Drosselklappe der 2. Stufe wirksam. Die 2. Stufe öffnet im Stand auch bei hoher Drehzahl nicht, sondern erst unter Belastung, wenn der Wagen fährt (zur Probe: Hand auf Ansaugstutzen legen).
Im übrigen ist der Aufbau der beiden Stufen mit dem vorher beschriebenen Vergaser vergleichbar. Der Schwimmer jedoch ist mit dem Vergaserdeckel verbunden und wirkt dort auf das Schwimmernadelventil ein.

Start

Die Bimetallfeder der Startautomatik spricht auf Temperaturunterschiede an. Mit Erwärmung der Feder läßt ihre Schließkraft nach, die Starterklappe öffnet sich, und bei normaler Betriebstemperatur wird der Lufteinlaß ganz freigegeben.
Die Startautomatik ist durch das Kühlmittel für den Motor beheizt. Das Öffnen der Starterklappe wird dadurch gefördert, daß sie ungleich große Flügel hat – ihr schwererer Flügel öffnet abwärts. Wenn die Starterklappe (auch Luftklappe genannt) geschlossen ist, wird die Drosselklappe der 1. Stufe zwangsläufig etwas offen gehalten und der beim Anlassen des Motors entstehende Unterdruck kann sich bis unter die Luftklappe auswirken, wodurch Kraftstoff in ausreichender Menge angesaugt wird.
Dieser Unterdruck und die Bimetallfeder, die das Öffnen und Schließen der Luftklappe veranlassen, bringen die Luftklappe zum Flattern. Mit zunehmender Erwärmung gibt die Luftklappe einen größer werdenden Querschnitt frei, der Luftanteil des Startgemischs wird größer und das Gemisch magert sich

Bei abgenommenem Luftfiltergehäuse sind hier am Weber-Vergaser bezeichnet: A – Anschlagschraube der Startautomatik, Sa – Startautomatik, D – Lager der Drosselklappenwelle, S – Starterklappe.

ab. Dabei gleitet der Anschlaghebel in der Dose der Startautomatik auf der Stufenscheibe von Stufe zu Stufe und die Drosselklappe wird weiter geschlossen, bis sie die Leerlaufstellung erreicht hat.
Da beim Weber-Vergaser eine Unterdruckmembrane mit der Luftklappenwelle in Verbindung steht und der unterhalb der Drosselklappe entnommene Unterdruck zu dieser Membran geführt wird, zieht bei hohem Unterdruck (und geschlossener Drosselklappe) die Membran an und öffnet etwas die Luftklappe. Diese Luftzugabe wirkt einer Überfettung des Startgemischs entgegen.

Leerlauf

Wenn das Gaspedal nicht berührt wird, ist die Drosselklappe ganz geschlossen und der Motor dreht im Leerlauf. Dabei wird aus dem Mischrohr kein Kraftstoff abgesaugt, weil wegen der geschlossenen Drosselklappe im Saugrohr kein Unterdruck herrscht. Das Leerlaufsystem des Vergasers verhindert jedoch, daß der Motor mangels Kraftstoff abstirbt. Diese Leerlaufversorgung geschieht unterhalb der Drosselklappe, wo sich die Auslauföffnung für das Leerlaufgemisch befindet. Die Leerlaufgemisch-Regulierschraube sitzt bei jedem Vergaser seitlich am Saugkanal etwas unter der Höhe der Drosselklappenwelle. Das Leerlaufgemisch entsteht aus Kraftstoff, der aus der Hauptdüse stammt, und aus der über besondere Bohrungen aufgenommenen Luft. Es wird durch die Leerlaufdüse in vorbestimmter Menge dem Motor zugeführt.
Oberhalb der geschlossenen Drosselklappe liegende Übergangsbohrungen (Bypass-Bohrungen) beziehen eine Kraftstoff-Luft-Emulsion aus dem Leerlaufsystem. Wird die Drosselklappe etwas geöffnet, dienen sie der Verbesserung des Übergangs vom Leerlauf auf das Hauptdüsensystem.

Normalbetrieb

Beim Tritt auf das Gaspedal wird die Drosselklappe entsprechend der Pedalstellung geöffnet. Mit zunehmender Öffnung der Drosselklappe steigt der durch die Kolben des Motors wirksame Unterdruck im Saugrohr. Der im Normalbetrieb erforderliche Kraftstoff wird von der Hauptdüse geliefert (siehe Schnittzeichnungen). Die Hauptluft wird über den Lufttrichter zugeführt. Mit steigendem Unterdruck sinkt der Kraftstoffstand im Mischrohr, das seinerseits von der Luftkorrekturdüse die notwendige Ausgleichsluft erhält. Die Luft vermischt sich in den kleinen Bohrungen des Mischrohrs mit dem nachfließenden Kraftstoff. Die Zusammensetzung des hier entstehenden Gemischs entspricht nahezu über den ganzen Drehzahlbereich den Bedürfnissen des Motors.

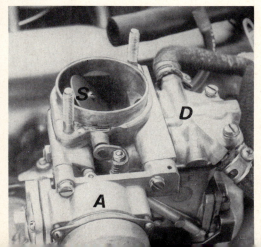

Beim Blick auf den Solex-Vergaser erkennt man: A – Startautomatikgehäuse, D – Vergaserdeckel, S – Starterklappe. Zwischen dem Gehäuse der Automatik und der Starterklappenwelle besteht eine bewegliche Verbindung durch eine senkrechte Stange, die am Starterklappenhebel befestigt ist.

Der Weber-Vergaser, von der linken Seite des Motorraums aus gesehen. B – Beschleunigungspumpe, S – Startautomatik, U – Unterdruckmembrane. Die einzig erlaubte Regulierung des Motorlaufs geschieht an der Einstellschraube –E–, an der Leerlaufgemisch-Regulierschraube. Siehe dazu Seite 118.

Beschleunigung

Die Beschleunigungspumpe soll bei plötzlich geöffneter Drosselklappe genügend Kraftstoff liefern und den in solchem Fall zögernden Nachschub von dem Hauptdüsensystem überbrücken. Im Arbeitsraum der Beschleunigungspumpe befindet sich aus der Schwimmerkammer angesaugter Kraftstoff. Wird die Drosselklappe geöffnet, überträgt sich diese Bewegung auf den Pumpenhebel, der die Membrane der Pumpe nach innen drückt. Dadurch wird Kraftstoff durch das Einspritzrohr in die Mischkammer gespritzt; wobei sich die Menge nach dem Pumpenhub richtet.

Ein Rückschlagventil verhindert, daß beim Einspritzen zugleich Benzin in die Schwimmerkammer zurückfließt. Ein weiteres Ventil am Pumpenauslaß verhindert beim Saughub das Einströmen von Luft aus der Mischkammer.

Vollast

Bei Vollgas benötigt der Motor eine zusätzliche Kraftstoffversorgung. Sie muß selbsttätig einsetzen, wenn der Unterdruck des Motors den normalen Wert überschreitet. Dann wird unmittelbar von der Schwimmerkammer der Kraftstoff zum Einspritzrohr geführt, das bei den Vergasern in unterschiedlicher Form in den Ansaugkanal oberhalb des Lufttrichters gerichtet ist.

Damit bietet sich auch die Möglichkeit, bei hohen Drehzahlen ein normales Mischungsverhältnis beizubehalten, so daß der Motor noch Höchstleistung bei niedrigen Drehzahlen, etwa im Stadtverkehr, abgeben kann. Unter solchen Bedingungen ist der Kraftstoffverbrauch an sich hoch, die ausreichend fettere Mischung wirkt sich jedoch auf den Konsum senkend aus.

Vergaser-Praxis

Maßvolle Behandlung

Das vorangegangene Kapitel sollte Ihnen zeigen, daß die Vergaser im Fiat nichts mit Taschenspielertricks zu tun haben. So können Sie den Mut aufbringen, sich etwas näher mit dem Vergaser zu befassen. Zum Verstehen der Zusammenhänge leisten die schematischen Darstellungen und Abbildungen dieser beiden Kapitel so viel Hilfe, daß man einige wichtige Handgriffe, die zur Kontrolle oder Wartung nötig sind, ohne weitere Kenntnisse vornehmen kann.

Prüfen Sie sich einmal selbst: Suchen Sie das zu Ihrem Vergaser passende Bild mit der Leerlaufgemisch-Regulierschraube, sie sitzt an der dem Motor zugewendeten Seite des Vergasers. Starten Sie den Motor und lassen Sie ihn einige Minuten warmlaufen. Dann setzen Sie einen Schraubenzieher auf die genannte Schraube und drehen diese etwas nach links (merken Sie sich, wie weit). Man hört, der Motor läuft schneller, je weiter man dreht. Dieser Handgriff könnte nötig werden, wenn der Motor im Leerlauf öfter stehen bleibt. Drehen Sie danach die Schraube in die alte Position zurück.

Und weil wir gerade etwas probieren: In Fahrtrichtung hinten am Vergaser sitzt der Drosselklappenhebel, der von dem Gaszug bewegt wird, wenn man mit dem Fuß Gas gibt. Um ihn sicher zu finden, lassen Sie jemand im Wagen auf das Gaspedal treten, damit Sie sehen können, was sich am Vergaser bewegt. Drückt man nun mit der Hand den Hebel in die gleiche Richtung, wie eben festgestellt, läuft der Motor schneller. Das ist Gasgeben mit der Hand. Die Drosselklappe wird von einer Rückholfeder wieder in ihre Ausgangs-

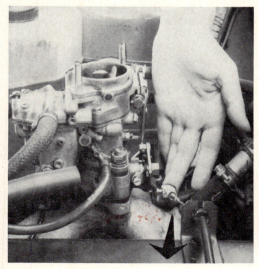

Hier wird demonstriert, was bei allen Vergasern möglich ist: Gasgeben mit der Hand. Dazu greift man bei laufendem Motor hinter das Gasgestänge und drückt dieses zur linken Wagenseite, aber nicht zu weit, sonst heult der Motor in hohen Drehzahlen auf. Mit diesem Handgriff kann man sich über die Rundlaufeigenschaften des Motors und über die Funktion des Vergasers Gewißheit verschaffen, falls man einmal eine Überprüfung des Vergasers vornehmen muß.

117

Bei abgenommenem Vergaserdeckel sind im Bild die beiden Stufen des Weber-Vergasers numeriert. Schräg am Boden der Schwimmerkammer – S – sitzen die beiden Hauptdüsen. Darüber, an der Dichtfläche zum Vergaserdeckel, sind die Luftkorrekturdüsen eingeschraubt.

stellung zurückgezogen. Auf die beschriebene Weise läßt sich bei Störungen der Motorlauf prüfen. Man soll dem Motor im Stand aber nur wenig Gas geben, damit er nicht zu hoch dreht und dann ohne Belastung Schaden nimmt.

Leerlauf-Einstellung prüfen
Pflegearbeit Nr. 18

Der Leerlauf bleibt auch bei richtiger Einstellung selten konstant, ändert sich mit den äußeren Temperaturschwankungen und verstellt sich durch Motorvibrationen oder leichtes Einschlagen der Anschlagschraube am Drosselklappenhebel. Deshalb muß der Leerlauf geprüft und möglicherweise eingestellt werden.
Fiat sieht diese Wartung alle 10 000 km vor. Zumindest zu Beginn der warmen und der kalten Jahreszeit empfiehlt es sich, den Leerlauf zu überprüfen. Im Sommer kann man den Leerlauf geringfügig reduzieren, das spart Benzin. Durch eine etwas fettere Einstellung kann man eventuell die Startfreudigkeit erhöhen.
Die Leerlaufeinstellung ist wegen ihres Einflusses auf den Gesamtverbrauch wichtig. Bei zu hohem Leerlauf kann sich ein Mehrverbrauch bis zu 1 l/100 km ergeben. Ferner senkt zu hoher Leerlauf die Motorbremswirkung und – nicht zu vergessen – vermehrt den Ausstoß giftiger Abgase.
Vor der Einstellung des Vergasers muß einwandfrei feststehen, daß die Zündanlage sich in tadellosem Zustand befindet. Außerdem muß das Ventilspiel genau stimmen. Bei der Einstellarbeit muß der Luftfilter aufgebaut bleiben, weil sonst die Werte verfälscht werden. Der Motor soll seine Betriebstemperatur erreicht haben. Bei Wagen mit automatischem Getriebe ist die Wahlhebelstellung »N« einzulegen.
Durch die Einstellung wird die Drehzahl des Motors und die Menge des Kraftstoff-Anteils reguliert. Ein gut geübter Praktiker kann die Leerlaufeinstellung mit einem Schraubenzieher und mit Hilfe seines Gehörs vornehmen. Seine Tätigkeit bleibt aber stets ein Behelf, da die korrekte Feinabstimmung im Zusammenwirken mit der Zündung nur mittels elektronischem Testgerät oder Drehzahlmesser mit Abgas-Meßgerät möglich ist.
Zunächst folgt die Einstellung mit Drehzahlmesser, anschließend wird die herkömmliche Methode beschrieben.

Leerlauf mit Drehzahlmesser einstellen

Alle Fiat 131-Motoren sollen im Leerlauf mit 850 U/min (mit Getriebeautomatik 800 U/min) drehen. Nachfolgend sind entsprechend zwei Werte genannt, die sich auf den Leerlauf bei den unterschiedlichen Getriebearten ergeben.

Sind die zum Einstellen nötigen Vorbereitungen getroffen und ist der transportable Drehzahlmesser nach der ihm zugeordneten Anleitung angeschlossen, wird die Leerlaufgemisch-Regulierschraube bis zum Anschlag hineingedreht. Das hat vorsichtig und ohne Gewalt zu geschehen. Aus dieser Ausgangsstellung wird die Schraube um 2–2½ Umdrehungen herausgedreht. Sie wirkt beim Weber-Vergaser natürlich nur auf die Drosselklappe der 1. Stufe. Man verdreht sie so, bis der Drehzahlmesser 900/850 U/min anzeigt.
Dann wird die Leerlaufgemisch-Regulierschraube wieder etwas hineingedreht, damit der Motor gerade noch ohne zu Stottern läuft. Dreht man die Schraube weiter hinein, fällt die Drehzahl plötzlich und der Motor stirbt ab. Das bewirkt die abgestufte Spitze der Regulierschraube. Hat man durch sehr vorsichtiges Hineindrehen diesen »absterbenden« Punkt erreicht, ist sie um ⅛ Umdrehung erneut herauszudrehen. Jetzt sollte die vorgeschriebene Leerlaufdrehzahl von 850/800 U/min erreicht sein.
Wenn das Ventilspiel zu knapp eingestellt ist, besteht die Möglichkeit, daß der »absterbende« Punkt nicht genau zu ermitteln ist (er hat einen weiteren Bereich). Bei den 131-Motoren mit untenliegender Nockenwelle sind die möglichen Nachteile allerdings nicht ausgesprochen gravierend.

Leerlauf ohne Instrument einstellen

Es ist an dieser Stelle zu wiederholen: Vor der Einstellung muß der Motor seine Betriebstemperatur erreicht haben. Standlauf genügt dazu nicht, vielmehr soll man den Wagen warmfahren.
Allgemein kann man die Einstellung wie folgt vornehmen:
■ Warmen Motor im Stand laufen lassen. Drosselklappenschraube mit dem Schraubenzieher so weit herumdrehen (Drosselklappe schließen), bis der Motor gerade noch rund läuft.
■ Leerlaufgemisch-Regulierschraube etwas nach links oder rechts drehen, um eine Dosierung von Kraftstoff und Luft zu finden, die für diese Drosselklappenstellung den schnellsten und gleichmäßigsten Leerlauf ergibt.
■ Drosselklappenschraube möglichst noch bis zur niedrigsten gleichmäßigen Leerlaufdrehzahl herausdrehen. Falls vorher ein sehr schneller Leerlauf eingestellt war, kann jetzt ein nochmaliges Regulieren an der Leerlaufgemisch-Regulierschraube und abschließend an der Drosselklappenschraube nötig sein.
Manche Praktiker erhöhen dagegen zuerst die Leerlaufdrehzahl etwas; mit unserer Methode kann aber ein geringerer Kraftstoffverbrauch erreicht werden.
Wenn das Leerlaufsystem verstopft ist, bleibt das Verstellen der Leerlaufgemisch-Regulierschraube möglicherweise ohne Wirkung. Wenn die Leerlaufdüse verstopft ist, bleibt der Motor bei losgelassenem Gaspedal stehen: Düse reinigen, manchmal hilft auch kräftiges Gasgeben oder während der Fahrt im niedrigen Gang plötzliches Weglassen von Vollgas.

Abgasmessung bei der TÜV-Kontrolle

Die Anforderungen des TÜV bezüglich der Emissionswerte im Abgas sind nicht übermäßig streng. Bei den hier voran beschriebenen Einstellarbeiten können sie durchaus erreicht werden. Vor der CO-Messung, die den Anteil von Kohlenmonoxyd aufzeigt, braucht man deshalb keine Angst zu haben. Die geforderten Werte, nämlich 4,5 plus maximal 1,0 Vol. Prozent CO, können bei den von Fiat eingebauten Vergasern weitgehend eingehalten werden.
Vor der Messung beachte man: Der Motor soll möglichst eine halbe Stunde warmgefahren werden. Ein Wagen, der viel im Stadtverkehr gefahren wird, ist zur Reinigung seines innerlich verschmutzten Motors 100 bis 150 km weit zü-

gig zu bewegen. Beim TÜV soll man den Motor dann aber nicht im Leerlauf tuckern lassen, sonst waren die Vorbereitungen umsonst. Mit diesen Maßnahmen ist schon viel gewonnen.

Werden die vorgeschriebenen Werte trotzdem nicht erreicht, sind Ventilspiel, Schließwinkel (wird im Zündungskapitel erklärt), Zündzeitpunkt und Elektrodenabstand der Zündkerzen zu prüfen. Fällt danach der CO-Test immer noch negativ aus, ist erst dann die Vergasereinstellung zu kontrollieren. Die Reihenfolge der hier aufgezeigten Vorkehrungen muß unbedingt befolgt werden, weil der Erfolg sonst zweifelhaft bleibt. Man vermeide in jedem Fall ein »versuchsweises« Korrigieren am Vergaser.

Ändern der Vergasereinstellung

Die in Zusammenarbeit von Fiat und den Vergaserherstellern festgelegten Vergasereinstellungen sind erst nach beharrlicher Feinarbeit gefunden worden. Wie bei jedem anderen Vergaser galt es auch hier, den günstigsten Kompromiß zwischen bester Leistung und geringstem Verbrauch zu finden. Hinzu kommt, daß es zur Erfüllung der geltenden Abgas-Bestimmungen erforderlich war, die Vergaserabstimmung umweltschützend zu gestalten und teilweise zu fixieren. Demnach ist es überhaupt untersagt, am Vergaser herumzuexperimentieren, und bei entsprechenden Feststellungen bei der TÜV-Prüfung gibt es kein Pardon.

Sofort wären die Hoffnungen, die sich manch einer hinsichtlich der Benzinersparnis vor seiner zeitraubenden Vergaserbastelei machte, verblaßt, wenn er eins berücksichtigt (oder gewußt) hätte: Der günstigste Verbrauch stellt sich vor allem bei gleichmäßigem Fahrstil ein, worunter keineswegs zu verstehen ist, daß ein ausgeglichener Fahrer mit seinem Auto den Verkehr behindert.

Wenn jemand mit ausreichend eigener Erfahrung – etwa zum Zweck sportlicher Betätigung – an einer Änderung der Vergaserbestückung experimentieren möchte, weiß er sicher, daß man immer nur jeweils eine Umarbeit vornehmen soll. Damit behält man die Übersicht zu dem neuen Leistungsbild. Außerdem gehört dazu eine sorgfältige Beobachtung im Fahrbetrieb, wobei man sich selbst nichts vormachen darf.

Luftfilter wechseln
Pflegearbeit Nr. 12

Luftfilter halten Verunreinigungen von der »Atmungsluft« des Motors fern. Vom Motor über den Vergaser angesaugt, würden sie in den Ölkreislauf gelangen und auf den geschmierten Gleitbahnen wie Schmirgel wirken. Gleichzeitig dämpft der Luftfilter die Geräusche der Ansaugluft. Ein verschmutzter Filter läßt dem Motor zu wenig Verbrennungsluft zukommen und den CO-Gehalt der Auspuffgase ansteigen.

Ein Filtereinsatz ist nach 10 000 km auszuwechseln, bei häufigen Fahrten auf unbefestigten, staubigen Straßen schon nach 5 000 km. Diese Filter dürfen nicht mit Feuchtigkeit in Berührung kommen. In Ermangelung eines neuen Filters kann man den alten einigermaßen reinigen: Auf einer festen Unterlage ausklopfen (ohne ihn zu verbiegen), an der Tankstelle mit Preßluft (oder notfalls mit der Fahrradpumpe) den Luftstrahl zunächst an den äußeren Filterflächen vorbeistreichen lassen, danach von innen nach außen durchblasen.

Einen neuen Filtereinsatz erhält man im Fiat-Ersatzteillager und gleichfalls in Zubehörgeschäften, wo es u. a. Filter mit folgenden Bezeichnungen verschiedener Hersteller gibt: Knecht AG 116, Purolator Li – 4269, Savara 9.22.814.00.

Der Filterdeckel ist auf dem Gehäuse mit drei Muttern SW 10 befestigt. Nach Abschrauben dieser Muttern läßt sich der Deckel abheben und der Filtereinsatz entnehmen.

Bei allen am Fiat 131 angebauten Vergasern ist die Befestigung des Luftfilters gemeinsam vergleichbar. Nachdem man die drei Muttern des Filterdeckels abgeschraubt hat, läßt sich darunter der locker im Filtergehäuse liegende Filtereinsatz herausnehmen. Daneben bestimmt die Stellung des Deckels den Sommer- oder Winterbetrieb.

Sommer- und Winterbetrieb

Am Gehäuse des Luftfilters sorgt wahlweise einer von zwei Luftansaugstutzen für die jahreszeitgemäße Luftzufuhr. Von der rechten Motorraumseite aus gesehen, dient der hinten zum Auspuffkrümmer gebogene Stutzen der Zufuhr erwärmter Luft. Der halbwegs in Fahrtrichtung ragende Einlaßschnorchel versorgt den Motor im Sommer mit Frischluft. Da diese Stutzen aber nicht automatisch den richtigen Ansaugluftweg wählen (sie sind dafür gar nicht eingerichtet), muß man ihnen zu ihrer Funktion verhelfen.
Welcher Stutzen geöffnet ist, hängt von der Stellung des Deckels ab, an dessen Innenseite ein Sperrblech sitzt. Befindet sich der Buchstabe E auf dem Deckel in nächster Position mit dem nach vorn gerichteten Stutzen, ist die Sommerstellung freigegeben. Wird der Deckel so ausgerichtet, daß sich an der eben bezeichneten Stelle der Buchstabe I befindet, erhält der Vergaser die vom Auspuffkrümmer erwärmte Luft. Man kann sich natürlich auch ganz einfach von der zutreffenden Einstellung überzeugen, indem man den Deckel zur Kontrolle abschraubt.

Vergaser und Düsen reinigen
Pflegearbeit Nr. 13

Störungen im Vergaser rühren meistens von Verschmutzungen in seinem Inneren her, die sich schon dann auswirken können, wenn sie noch recht minimal erscheinen. Bei neuen Vergasern treten bisweilen Unstimmigkeiten auf, die auf nicht entfernte Fremdkörper bei der Produktion oder auf dort zurückgebliebenes Konservierungsfett zurückzuführen sind. Derartige Rückstände verklemmen die Schwimmernadel und setzen im Laufe des Betriebes Düsen und Bohrungen zu. Ferner hat Wasser im Benzin die Eigenschaft, Absonderungen von dem Zinkguß (Zinkkarbonat) des Vergasergehäuses zu erzeugen. Öldämpfe, die über die Kurbelgehäuseentlüftung in den Vergaser geleitet werden, bereiten ebenfalls Verunreinigungen, insbesondere, wenn man aus vermeintlichem Sicherheitsbedürfnis zu viel Öl in den Motor füllte. Die Summe der hier aufgezählten Einflüsse kann zu merklichen Einbußen in der Leistung des Motors führen. Deshalb sollte man bestrebt sein, je nach Fahrstrecke alle ein bis zwei Jahre für eine Reinigung des Vergasers zu sorgen. Wir raten aber nicht unbedingt dazu, den Vergaser komplett zu zerlegen, um ihn zu säubern. Die Demontage verlangt viel Aufmerksamkeit und der Zusammenbau müßte womöglich mit Hilfe eines herbeigeeilten Fachmannes erfolgen. Man kann aber das Luftfiltergehäuse vom Vergaser abbauen und sich ansehen, was man sich weiter getraut abzuschrauben. Dazu muß man den Gehäusedeckel abschrauben und ebenso die 8 mm-Muttern lösen, die zur Befestigung des Gehäuses auf dem Vergaser dienen. Ferner ist eine Mutter

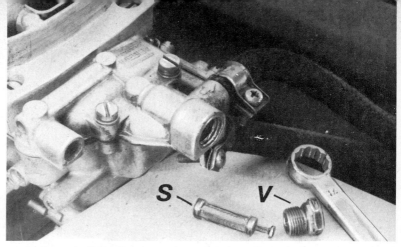

Das Kraftstoffsieb am Weber-Vergaser kann gereinigt werden, nachdem man es durch Herausdrehen der SW 14-Schraube oberhalb des Kraftstoffeinlasses freigelegt hat. Das röhrenförmige Sieb ragt in die Schraube hinein. Man schwenkt das Sieb zur Säuberung in einem Napf voll Benzin hin und her und bläst es danach aus. Eventuell festsitzende Schmutzteile sind mit einem Pinsel zu entfernen, bei dieser Prozedur darf das Geflecht aber nicht beschädigt werden.

am hinteren Lufteinlaßstutzen abzuschrauben (Rohrschlüssel!). Dann läßt sich das Gehäuse am Vergaser abheben, nachdem man die Schlauchanschlüsse von der Unterseite abgezogen hat.

Auf den Bildern dieser beiden Kapitel sieht man, welche Düsen verhältnismäßig leicht zugänglich sind und welche Vergaserteile ohne spätere Komplikationen gelöst werden können. Zu beachten ist, daß kein Teil verloren geht oder vertauscht wird, keine Dichtung beschädigt ist und daß bei der ganzen Prozedur nichts in den Vergaser hineinfällt, was dann an der Drosselklappe vorbei im Ansaugkrümmer verschwindet und somit beim Lauf des Motors in den Verbrennungsraum geraten könnte.

Wenn man den Deckel des Solex-Vergasers abnehmen möchte, muß man zuerst den Sicherungsring auf der Starterklappenwelle abdrücken, der den Hebel zur Startautomatik arretiert. Dann schraubt man das Gehäuse der Startautomatik ab und drückt es etwas zur Seite (die Schläuche bleiben daran angeschlossen). Jetzt lassen sich die vier Befestigungsschrauben des Vergaserdeckels herausdrehen und der Deckel kann mit den daran verbundenen Kraftstoffschläuchen abgehoben werden.

Beim Weber-Vergaser werden sechs Befestigungsschrauben des Vergaserdeckels herausgedreht. Ferner muß man das seitlich angebrachte Gehäuse der Startautomatik abschrauben; um es abnehmen zu können, ist der Anschlaghebel von der Drosselklappenwelle aus der Öffnung des Startergehäuses herauszuziehen. Dabei darf die Stellung der Einstellschraube zum Anschlag an der Stufenscheibe nicht verändert werden.

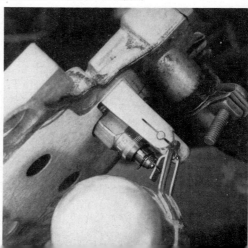

Das Kraftstoffniveau wird vom Schwimmer bestimmt. Bei Absinken des Benzinstandes gibt der Schwimmer, der mit seinem Arm und dessen Zunge gegen die Ventilnadel drückt, den Benzindurchfluß frei. Die Stärke des Dichtringes sowie der Winkel des Schwimmerarms zur Waagerechten dürfen nicht verändert werden. Bild: Weber-Vergaser.

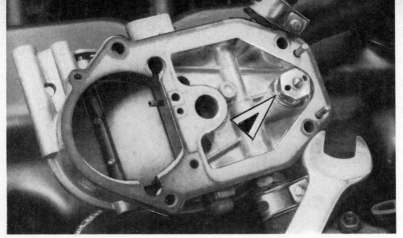

Beim Solex-Vergaser ist die Schwimmernadel etwas anders gestaltet und nach Abnahme des Deckels nicht mehr mit dem Arm des Schwimmers (Bild unten) verbunden. Das Nadelventil läßt sich austauschen, dabei muß man auf die eingestanzte Kalibrierungsnummer achten und in jedem Fall den mitgelieferten Dichtring einbauern.

Der Weber-Vergaser verfügt über ein Filtersieb im Kraftstoffeinlaß am Vergaserdeckel. Auch bei komplett montiertem Vergaser läßt sich dieses Sieb entnehmen und reinigen (siehe Bild links oben).
Die Dichtung unter dem Vergaserdeckel darf nicht beschädigt sein. Andernfalls muß sie unbedingt erneuert werden.
Weiter läßt sich – unabhängig vom Vergasertyp – generell sagen:
■ Ausgebaute Vergaserteile in Kraftstoff oder Spiritus reinigen. Die Teile auf sauberes Tuch legen.
■ Düsen, Bohrungen und Schwimmerkammer mit mäßigem Preßluftdruck ausblasen, auch Handluftpumpe ist geeignet. Düsen können notfalls mit dem Mund durchgeblasen werden. Besser eignet sich das Ventil am (sauberen) Reserverad. Drückt man die herausgeschraubte Düse in das Ventil, pustet die aus dem Reifen entweichende Luft alle Fremdkörper fort. Auf keinen Fall mit hartem Draht reinigen, geeignet ist jedoch eine Borste aus einer Bürste. Düsen sind aus weichem Metall (Messing), daher nicht zu fest einschrauben.
■ Drosselklappenwelle auf zu großes Spiel an den Lagerungen untersuchen. Dort könnte Nebenluft eindringen und Start und Leerlauf verschlechtern.
■ Die Spitze der Leerlaufgemisch-Regulierschraube darf keine Druckstellen aufweisen oder gar verbogen sein. Sonst auswechseln.
■ Den Schwimmer kontrolliert man, ob er dicht ist (schütteln und gegen das Ohr halten). Eventuell in heißes Wasser legen und auf Blasen achten. Die Schwimmerachse muß gut gängig sein.
■ Im Vergaserdeckel, von unten eingeschraubt, befindet sich das Schwim-

Der im obigen Bild gezeigte Vergaserdeckel gehört auf dieses Solex-Vergasergehäuse.
A – Arm des Doppelschwimmers, der bei dem Buchstaben gegen das Schwimmernadelventil drückt. S – Schwimmer.
H – Hauptdüse am Boden der Schwimmerkammer.
R – Spritzröhrchen der Beschleunigungspumpe.

mernadelventil. Ist es nicht locker? Die Ventilnadel muß einwandfrei beweglich sein. Gegen sie drückt von unten der Hebel des Schwimmers. Undichtes oder hängendes Schwimmernadelventil liefert dem Vergaser zu viel Kraftstoff: Erhöhter Verbrauch, Vergaser läuft über. Ventil austauschen, neues Ventil mit dazu gehörendem neuen Dichtring einschrauben.

Die Beschleunigungspumpe

Die Bedeutung dieser Einrichtung wurde bereits auf Seite 116 erwähnt. Auf der Verbindungsstange zwischen dem Betätigungshebel und dem Pumpenhebel sitzt beim Solex-Vergaser eine lange Schraubenfeder, deren Stärke und Spannung für die Pumpenarbeit wichtig ist. Mit der Mutter am Ende dieser Stange kann man die Federspannung und den Pumpenhub einstellen. Die Spannung speichert die vom Hebel übertragene Kraft und verzögert deren Wirkung. Beim Weber-Vergaser sitzt die entsprechende Feder innerhalb des Pumpengehäuses.

Am Weber-Vergaser wird die Pumpe von dem quer zur Fahrtrichtung gerichteten Hebel bedient, dessen Rolle unter dem Schwimmergehäuse auf einem Nocken abläuft. Nach korrekter Leerlaufeinstellung ist der feste Sitz der Mutter für den Nocken zu prüfen. Die Rolle muß auf dem Nocken ohne Spiel aufliegen.

Die Startautomatik

Beide Vergaser-Typen im Fiat besitzen eine durch das Kühlwasser beheizte Startautomatik. Automatisch ist an dieser Startvorrichtung nur, daß die im Vergasereinlaß befindliche Starterklappe, die bekanntlich im geschlossenen Zustand für fetteres Gemisch sorgt, von der durch Temperatur beeinflußbaren Bimetallfeder wieder geöffnet wird. Statt von Hand eine Starthilfe zu ziehen, muß man aber vor dem Start mit dem Fuß das Gaspedal einmal durchtreten, damit die Klappe ausrastet und sich schließt.

Ob die Startautomatik überhaupt arbeiten kann, erkennt man daran, wenn ihr Gehäuse bei warmem Motor ebenfalls warm ist. Erwärmt es sich von dem Kühlwasser nicht, muß man die Schlauchanschlüsse lösen und prüfen, ob dem Kühlmittel die Möglichkeit zur Zirkulation geboten ist.

Hat man den Verdacht, daß der Motor auf Grund einer Störung der Automatik schlecht anspringt oder mit zu fettem Gemisch läuft, kann es sein, daß die Klappe hängt, also nicht mehr einwandfrei gängig ist und nicht ganz schließt oder öffnet. Zur Prüfung den Luftfilterdeckel abnehmen, Gasgestänge so einstellen, daß es etwa Halbgas entspricht und vorsichtig von Hand probieren, ob die Klappe gut beweglich ist (nur in bestimmten Stellungen des Gaspedals ist die Klappe nicht gesperrt). Es kann sein, daß sich auf der Klappe bzw. an ihrer Welle Ablagerungen aus der Kurbelgehäuse-Entlüftung gebildet haben. Diese lassen sich mit Spiritus entfernen.

Wer es ganz genau wissen möchte: Vor dem Kaltstart Luftfilterdeckel abnehmen, Stellung der Starterklappe beobachten. Sie wird jetzt noch senkrecht stehen, wenn das Gaspedal noch nicht berührt wurde. Dann Gaspedal einmal durchtreten. Nun wieder die Stellung der Klappe ansehen. Sie muß den Vergasereinlaß geschlossen haben.

Wesentliche Teile der Automatik sind das Automatikgehäuse und das mit drei Schlitzschrauben darauf aufgesetzte trommelförmige Federgehäuse. Eine Markierung oben auf beiden Teilen soll übereinstimmen (Mittelstellung). Wenn die Startautomatik aber zu früh oder zu spät öffnet, kann auf Grund einer Überprüfung (möglichst Werkstatt) ein Abweichen von dieser Stellung notwendig werden, wonach die Starterklappe früher oder später öffnet.

Im Bild oben ist das Gehäuse der Startautomatik am Solex-Vergaser geöff-

Im Gehäuse der Startautomatik am Solex-Vergaser, das hier geöffnet ist, befindet sich die durch das Kühlmittel aufheizbare Bimetallfeder –B–, deren Lasche auf den mit dem Pfeil bezeichneten Hebel greift. Zwischen der Heizspirale und dem Gehäuse ist der Isolierdeckel –J– angebracht.

net. Vorher sollte man beide Gehäuseteile mit einem gemeinsamen Kratzer markieren, um sie wieder in der alten Stellung zusammenbringen zu können. In der Ausgangsstellung der Spiralfeder muß die Starterklappe geschlossen sein. Regulierungsmöglichkeit durch Verdrehen des Deckels. Die Länge der Verbindungsstange läßt sich ebenfalls einstellen, wodurch man die Stellung der Drosselklappe verändert.
Beim Weber-Vergaser muß der Anschlaghebel auf der Stufenscheibe in der Ausgangsstellung auf der dritten Stufe anliegen. Dabei hat die Starterklappe einen Spalt von 6,25–6,75 mm zu öffnen.

Kommt es zu Schwierigkeiten beim Motorlauf, so liegt die Ursache nur in seltenen Fällen an einer Fehlfunktion des Vergasers. Störungen an der Zündanlage sind (bei allen Autos) häufiger. Man vergewissere sich, daß Zündzeitpunkt, Unterbrecherkontakte, Zündkerzen und Kabelanschlüsse in Ordnung sind. In der folgenden Tabelle sind die Möglichkeiten aufgeführt, die zu Störungen am Vergaser Ihres 131 Anlaß sein können.

Störungsbeistand
Vergaser allgemein

Die Störung		– ihre Ursache	– ihre Abhilfe
A	Motor springt nicht an (siehe auch vordere Buchklappe)	1 Zündung nicht einwandfrei	Kontrollieren (siehe Kapitel Zündanlage und vordere Buchklappe)
		2 Tank leer	Auftanken
		3 a) Kraftstoffweg im Vergaser nicht in Ordnung	Prüfung: Zuleitung am Vergaser abziehen, Verteilerfinger entfernen, Motor stromlos starten. Kein Kraftstoff: Siehe unter Kraftstoffpumpe
		b) Leerlaufdüse verschmutzt	Herausschrauben, reinigen
		c) Bohrungen im Vergaser verstopft	Vergaser zerlegen, reinigen
		d) Vergaser läuft über (Motor ersoffen durch zuviel Gasgeben oder Schwimmer klemmt oder undicht)	Gegen Schwimmergehäuse klopfen. Evtl. Vergaserdeckel abnehmen. Schwimmer überprüfen. Beim Starten Vollgas.
		e) Startautomatik versagt (Klappe schließt nicht)	Vor dem Start Gaspedal zwei- bis dreimal durchtreten

Die Störung		– ihre Ursache	– ihre Abhilfe
B	Kraftstoffverbrauch zu hoch	1 Fehlerhafte Flansch- dichtungen	Nachprüfen Eventuell auswechseln
		2 Undichter Schwimmer	Auswechseln
		3 Schwimmernadelventil schließt nicht	Säubern Eventuell auswechseln
		4 Düsen stimmen nicht	Auswechseln (siehe Technische Daten)
		5 Leerlaufgemisch zu fett	Gemisch-Regulierschraube etwas eindrehen (Leerlauf muß sauber bleiben)
		6 Leerlaufdüse locker	Kontrollieren, eventuell anziehen
		7 Leerlauf zu hoch	Einstellen
		8 Startautomatik: Starterklappe hängt	Luftfilter abnehmen: Funktion der Klappe prüfen
C	Leerlauf ungleichmäßig, Motor bleibt stehen	1 Leerlauf zu fett oder zu mager	Richtig einstellen
		2 Leerlaufsystem ver- stopft (Verstellen der Gemischschraube ohne Einfluß auf Drehzahl)	Leerlaufdüse heraus- nehmen, reinigen. Anschließend Leerlauf einstellen
D	Motor bleibt bei höheren Drehzahlen stehen, wenn langsam Gas gegeben wird	1 Hauptdüse verstopft	Herausschrauben, reinigen
E	Ungleichmäßiger Lauf und Auspuffrußen bei niedriger Leerlaufdrehzahl, stärkeres Rußen bei höherem Leerlauf	1 Zu hoher Druck auf Schwimmernadelventil	Kraftstoffpumpendruck prüfen lassen
		2 Schiwmmernadelventil schließt nicht	Ventil prüfen, eventuell erneuern
		3 Schwimmer undicht	Auswechseln
E	Ungleichmäßiger Lauf bei Vollgas Aussetzer, Patschen, Leistung fällt ab	Nicht ausreichende Kraftstoffzufuhr	Hauptdüse reinigen, Kraftstoffpumpensieb und Schwimmerventil reinigen, Druck der Kraftstoffpumpe kontrollieren lassen
G	Schlechte Übergänge beim Gasgeben	1 Beschleunigungssystem arbeitet nicht	Luftfilter abnehmen; prüfen, ob eingespritzt wird, wenn Gasgestänge betätigt wird
		a) Pumpenkanal oder Einspritzrohr verstopft	Reinigen
		b) Membrane defekt	Auswechseln
		2 Falscher Leerlauf	Richtig einstellen
H	Vergaser patscht	Leerlauf zu mager eingestellt	Regulierschraube etwas herausdrehen. Aber Leerlauf muß einwandfrei sein

Die Kupplung

Standhafte Verbindung

Größe und Stärke einer Kupplung richten sich nach der Kraft, die ein Motor entfalten kann. Da beim Fiat 131 zwei Motoren mit unterschiedlichen Leistungen vorhanden sind, kommt es auch bei der Wahl der Kupplung zu entsprechenden Unterschieden. Im Aufbau sind die Kupplungen jedoch bei beiden Typen gleichartig.
Besondere Strapazen für die Kupplung sind der Großstadtverkehr und eine nicht stets sachgerechte Behandlung. Solche Sklaverei erduldet sie scheinbar gleichmütig. Zu ihrem unauffälligen Wirken trägt bei, daß man sie nur selten zu warten braucht – dennoch sollten Sie als Autofahrer einiges über sie wissen. Als Besitzer eines Fiat 131 mit Getriebeautomatik freilich müssen Sie dieses Kapitel nicht unbedingt lesen.

Was die Kupplung tut

Die Kupplung soll den beim Start laufenden Motor mit den noch stehenden Teilen der Kraftübertragung sanft verbinden. Während der Fahrt hat sie beim Schalten der Gänge die Verbindung zwischen Motor und Getriebe zu unterbrechen und die unterschiedlichen Drehzahlen zur Kraftübertragung auszugleichen. Somit ist sie eine ausschaltbare Verbindung des vom Motor ausgehenden Kraftflusses.
Die Kurbelwelle des Motors ist mit dem Schwungrad verschraubt und auf der anderen Seite dieser Schwungscheibe (mit Zahnkranz für den Anlasser) ist die Kupplungsscheibe längs verschiebbar mit der Getriebehauptwelle verbunden. Auf diese Kupplungsscheibe, die ein bremsbelagähnliches Material aufgenietet trägt, drückt die federbelastete Druckplatte. Dadurch wird die Kupplungsscheibe gegen die vom Motor angetriebene Schwungscheibe gepreßt und von dieser mitgenommen.
Beim Tritt auf das Kupplungspedal wird die vorher an der Schwungscheibe anliegende Kupplungsscheibe von ersterer getrennt. Dabei überträgt sich die Pedalkraft auf den Kupplungshebel (auch: Ausrückhebel), der links aus der Kupplungsglocke herausragt. Das andere Hebelende schiebt das Drucklager auf der Welle nach vorn gegen das kugelgelagerte Ausrücklager, das ebenfalls nach vorn gedrückt wird. Dadurch wird das Außenteil der Druckplatte um die Lagerpunkte nach hinten gezogen. Die Kupplungsscheibe läuft jetzt frei zwischen Druckplatte und Schwungrad und somit ist ausgekuppelt.
Nachlassender Pedaldruck kehrt den Vorgang um und verbindet wieder den Motor mit dem Getriebe. Durch Festhalten des Pedals auf halbem Wege bewirkt man das »Schleifen«, jenen für den Kupplungsbelag mörderischen Vorgang.
Typisch für die Kupplung im Fiat ist die Tellerfeder, auch Membran- oder Scheibenfeder genannt. Man findet sie allerdings auch bei einigen anderen Fabrikaten. Mit ihrer Hilfe wird die Druckplatte gegen die eigentliche Kupplungsscheibe – die den Kupplungsbelag trägt – gepreßt. Gewöhnlich werden

dafür mehrere kleine Schraubenfedern verwendet. Die Tellerfeder ist eine gegen Fliehkraft unempfindliche Metallscheibe, sektorenförmig wie eine Torte eingeschnitten, deren einzelne Zungen federnde Wirkung besitzen.

Im eingekuppelten – normalen – Zustand drückt die Feder auf die Druckplatte und diese auf die Kupplungsscheibe, die beidseitig einen Reibbelag hat. So wird letztere gegen eine Anlagefläche ans Schwungrad gepreßt. Die Tellerfeder stellt eine Vereinfachung gegenüber anderen Kupplungen mit mehreren Ausrück-Schraubenfedern dar und hat den Vorteil, daß diese Kupplung kaum zum Rutschen neigt. Auch bei stark verschlissenen Kupplungsbelägen bleibt ihr Druck stets gleich und die Kraft zur Betätigung des Kupplungspedals muß nicht mit dem Pedalweg größer werden.

Das zum Aus- und Einkuppeln notwendige Ausrücklager ist in Längsrichtung verschiebbar. Diese Verschiebung erfolgt vom Kupplungspedal über den Ausrückhebel. Das Ausrücklager sitzt in einer Büchse, die bei einer Reparatur mit Fett versorgt werden muß. Auch das Lager der Mitnehmerscheibe läuft in Fett, unterliegt also kaum einer Abnutzung. Die Büchse nimmt die Drehbewegung auf, sobald das Ausrücklager gegen ein mit der Druckplatte (und damit den Motor) umlaufendes Druckstück anliegt.

Ein in seiner Länge nachstellbarer Seilzug überträgt die Bewegung des getretenen Kupplungspedals auf den Ausrückhebel, der mit seinem anderen, gegabelten Ende die Ausrückmuffe mit dem Drucklager gegen die Tellerfeder drückt. Dort übernimmt ein Druckstück diese Federkraft und entlastet die Druckplatte oder zieht sie bei ganz durchgetretenem Pedal sogar zurück. Das befreit die Mitnehmerscheibe nicht nur vom Anpreßdruck, sondern für sie entsteht ein freier Raum und die Motorkraft wird nicht mehr übertragen.

Die Reibung muß so stark sein, daß die Kraft des Motors stets übertragen wird. Andererseits muß die Mitnehmerscheibe beim Auskuppeln vollkommen getrennt sein. Treffen beide Fakten zu, funktioniert die Kupplung einwandfrei.

Rutschende Kupplung

Durchrutschen der Kupplung bedeutet, daß sie nicht mehr die volle Motorkraft übertragen kann, also nicht mehr einwandfrei verbindet. Auch eine sorgsam behandelte Kupplung kann durch allmählichen Verschleiß so abmagern, daß die Reibpartner nichts mehr zu fassen bekommen – die Anpreßkraft reicht für die notwendige Reibungskraft nicht mehr aus. Solche nachlassende Wirksamkeit der Kupplung bemerkt man meistens erst beim Fahren im schnellsten Gang (in dem die dem Motor abverlangte Leistung am größten ist), wenn der Motor bei Belastung »durchdreht«. Er dreht dann auffallend schneller als es der Fahrgeschwindigkeit entspricht.

Vor solchen Überraschungen schützt man sich mit einer Kontrolle: Handbremse anziehen, 3. Gang einlegen, langsam einkuppeln und Gas geben. Jetzt müßte der Motor abgewürgt werden. Wenn nicht, rutscht die Kupplung. Meistens ruckt aber der Wagen an, weil ihn die Handbremse nicht hält. Das ist ein anderer Schönheitsfehler, den sie ebenfalls bald abstellen sollten (siehe Kapitel »Bremsen«). Dieser Test sollte nur gelegentlich und höchstens zweimal hintereinander gemacht werden, weil sonst die Kupplung heiß wird und dann ohnehin durchrutscht. Wenn die Kupplung den rauhen Versuch nicht bestanden hat, liegt es gewöhnlich an mangelhaftem Kupplungsspiel.

In schlimmen Fällen muß die Werkstatt bald helfen, weil »durchgehende« Kupplungen so viel Wärme erzeugen, daß die Schwungscheibe und die Druckplatte Wärmerisse bekommen. Dann müssen beim Auswechseln der Kupplungsscheibe womöglich auch diese Teile erneuert werden.

Wenn es beim Schalten kratzt oder kracht, dann trennt die Kupplung nicht mehr richtig. Um die Ursache dieser Begleitmusik zu ermitteln (es könnte in Ausnahmefällen auch am Getriebe liegen), muß man die Probe mit einem nicht synchronisierten Gang machen. Das ist nur der Rückwärtsgang. Lassen Sie den Motor laufen, kuppeln Sie ganz aus, warten Sie etwa eine Sekunde lang und legen Sie dann den Rückwärtsgang ein. Kratzt es, dann trennt die Kupplung nicht sauber. Ursache ist meistens zu großes Kupplungsspiel.
Böser ist es, wenn der Kupplungsbelag an der Druckplatte oder an der Schwungscheibe klebt. Es kann auch vorkommen, daß die Mitnehmerscheibe durch Hitze verzogen ist. Wenn das Kupplungsspiel stimmt und auch die Konterbefestigung des Kupplungsseils sowie dessen Umhüllung in Ordnung sind und die Kupplung trennt trotzdem nicht, muß die Werkstatt helfen.

Kupplung trennt nicht

Im heutigen Verkehr läßt es sich manchmal nicht umgehen, »mit der Kupplung zu fahren«, was bedeutet, daß man sie ein wenig schleifen läßt, weil die Fahrgeschwindigkeit noch im unteren Bereich von Gang 1 liegt. Aber sonst sollte man grundsätzlich darauf bedacht sein, die Kupplung nur kurz zum Ein- und Auskuppeln zu betätigen. Eine schlechte Angewohnheit ist es ebenfalls, mit durchgetretenem Pedal vor der Ampel auf die Weiterfahrt zu warten. Das beansprucht das Ausrücklager und zieht notwendigerweise Verschleiß nach sich.

Zumutbare und unzumutbare Behandlung

Es gibt eine sehr wirksame Methode, die Beläge frühzeitig zu verschleißen. Damit ist Anfahren im 2. Gang oder mit zu hoher Motordrehzahl gemeint, landläufig als Kavalierstart bekannt. Technisch gesehen bekommt man tatsächlich vom Halt weg eine größere Anfangsbeschleunigung, wenn man mit höherer Drehzahl und länger schleifender Kupplung anfährt. Sinnvoll ist das aber in keiner Weise, allenfalls bei sportlicher Betätigung.

Kavalierstart

Trotz defekter Kupplungsübertragung kann man die Gänge notfalls ohne Kupplungshilfe wechseln. Zum Anfahren legt man bei stehendem Motor den ersten Gang ein. Besser ist es, den Motor zuerst im Stand warm laufen zu lassen, um gleich mit eingelegtem zweiten Gang zu starten. Anlasser betätigen – der Wagen setzt sich holpernd in Bewegung. Aufwärtsschalten geschieht, indem man Gas wegnimmt und bei schiebendem Wagen, also bei geringerer Motrodrehzahl, den Gang herausnimmt. Nach einer kleinen Schaltpause im Leerlauf ist der nächste Gang dann einzulegen, wenn antreibende und angetriebene Welle im Getriebe die gleiche Drehzahl haben, wobei sie sich ohne

Schalten ohne Kuppeln

Links an der Kupplungsglocke ist der Kupplungsseilzug mit dem Ausdrückhebel verbunden. Das Seilende besitzt ein Gewinde und es wird von einer Langmutter SW 8 festgehalten. Die Einstellung des Kupplungsspiels wird nicht mehr hier, wie bei vorangegangenen Fiat-Modellen üblich, vorgenommen, sondern an der im nächsten Bild gezeigten Vorrichtung.

129

Widerstand miteinander verbinden lassen. Mit Gefühl und feinem Gehör ist das zu schaffen. Heruntergeschaltet wird ähnlich, nachdem man den Wagen etwas verlangsamt hat.

Kupplungsspiel

Bei der Kupplung ist mit »Spiel« der Abstand zwischen den Teilen der Kupplungsübertragung bei nicht betätigtem Kupplungspedal gemeint. Ist dieses Spiel nicht vorhanden, steht das Ausrücklager der Kupplung ständig unter einem gewissen Druck, der den Verschleiß fördert. Zugleich kann sich der Anpreßdruck der Kupplungsscheibe so weit vermindern, daß die Kupplung rutscht. Wenn das Spiel aber zu groß ist, geht etwas vom normalen Kupplungsweg verloren und die Kupplung wird beim Niederdrücken des Pedals nicht ganz getrennt. Das bekommt der Synchronisation des Getriebes nicht.
Fortschreitende Abnutzung des Kupplungsbelages verkleinert das Spiel. Durch die dünner werdende Kupplungsscheibe wandert auch die federbelastete Druckplatte nach und nähert sich allmählich dem Ausrücklager. In der weiteren Folge rutscht die Kupplung durch.

Kupplungsspiel prüfen
Pflegearbeit Nr. 28

Zur Kontrolle des Kupplungsspiels muß man den Leerweg messen, den das Kupplungspedal von seiner Ruhestellung bis zu dem Punkt beschreibt, an dem die Kupplung beginnt zu trennen. Dazu wird die Trittplatte des Pedals mit der Hand niedergedrückt und zugleich ein Metermaß neben das Pedal gehalten: Der Leerweg bis zum Einsetzen des Widerstandes hat 25 mm zu betragen. Bei einem anderen Maß muß man die Kupplung nachstellen.
Die Einstellvorrichtung der Kupplung befindet sich im Motorraum links in der Nähe der Servobremse, wo das Kupplungsseil aus der Spritzwand tritt. Die von der Kupplung herangeführte Seilzughülle mündet dort in einer Einstellhülse mit fester Mutter und Gewindemuffe. Das Gewinde führt in ein elastisches Lager, gegen das sich die von einer Kontermutter gesicherte Einstellmutter anlehnt.
Zum Einstellen wird die Kontermutter gelockert, währenddessen man die feste Mutter auf der Gewindehülse festhält. Dann wird die Einstellmutter so verdreht, daß der Leerweg des Kupplungspedals 25 mm ausmacht. Nach erfolgter Einstellung ist die Kontermutter wieder gegen die Einstellmutter zu drehen, wobei man die feste Mutter und möglichst auch die Einstellmutter festhält.
Größerem Leerweg als 25 mm begegnet man durch Zurückschrauben der Einstellmutter, bei kleinerem Leerweg ist sie anzuziehen.

Neue Kupplungsbeläge

Die Kupplungsscheibe kann neu belegt werden, d. h. es wird nur der Reibbelag erneuert. Im allgemeinen wird aber gleich die ganze Mitnehmerscheibe ausgetauscht. Das empfiehlt sich ohnehin, weil die sechs Dämpfungsfedern ermüdet sein können. (Diese Federn sollen beim Einkuppeln dämpfend zwischen Motor und Getriebe wirken und Drehschwingungen der Kurbelwelle nicht in das Getriebe weiterleiten.) Der Preisunterschied zu einer kompletten neuen Scheibe ist unerheblich. Der eventuell nötige Ausbau der Kupplung ist Werkstattsache, weil dazu das Getriebe ausgebaut werden muß.
Rasantes Anfahren und hohes Ausdrehen der Gänge verschlingt Kraftstoff und dieser Fahrstil wirkt sich auch auf den Verschleiß der Kupplung aus. Beim Auswechseln des Kupplungsbelags vermerkt man auf dem Reparaturauftrag, daß die Werkstatt den alten Belag zur Begutachtung aufheben soll. Ein riefiger, rissiger, verbrannter oder bis nahe an die Nieten abgenutzter Belag beweist die tatsächlich nötig gewesene Erneuerung.

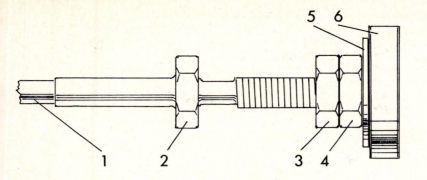

Das Einstellen des Kupplungsspiels ist auf der linken Seite beschrieben.
1 – Seilhülle, 2 – Feste Mutter auf der Gewindehülse, 3 – Kontermutter, 4 – Einstellmutter, 5 – Scheibe, 6 – elastisches Lager.

Störungsbeistand
Kupplung

Die Störung		– ihre Ursache	– ihre Abhilfe
A	Kupplung rupft	1 Druckplatte oder Schwungscheibe zu stark abgenützt (Riefenbildung) oder angerissen	Nachschleifen oder auswechseln
		2 Kupplungsscheibe hat Schlag	Korrigieren, besser auswechseln
		3 Verschmierte Kupplungsscheibe	Auswechseln, Dichtungen überprüfen
B	Kupplung trennt nicht	1 Zu großes Kupplungsspiel	Korrigieren
		2 Kupplungsscheibe hat Schlag	Richten oder auswechseln
		3 Beläge gerissen	Scheibe auswechseln
		4 Nabe der Kupplungsscheibe zu stramm auf Welle	Gängigmachen oder auswechseln
C	Kupplung rutscht	1 Kupplungsspiel zu gering (Beläge zu stark abgenutzt)	Korrigieren, eventuell Scheibe auswechseln
		2 Kupplungsscheibe verschmiert	Scheibe auswechseln Dichtungen prüfen
		3 Kupplungsseil geht nicht zurück	Gängig machen, Rückholfeder prüfen
D	Geräusche bei Pedalbetätigung	1 Defektes oder schlecht geschmiertes Ausrücklager	Auswechseln (nachträgliche Schmierung nur bei Demontage möglich)
		2 Pedalweg stimmt nicht	Richtig einstellen
		3 Zu schwache oder beschädigte Rückzugfeder an Ausrückwelle oder Gabelhebel	Auswechseln
		4 Spiel zwischen Nabe der Kupplungsscheibe und Welle zu groß, dadurch Schlagen	Kupplungsscheibe erneuern
		5 Kupplungsscheibe nicht richtig mit Schwungscheibe zentriert	Neu montieren und richtig zentrieren

Getriebe und Achsantrieb

Transmission

Damit die Leistung des Motors voll wirksam werden kann, muß der Autofahrer zur rechten Zeit den richtigen Gang einlegen. Denn nur bei einer bestimmten Drehzahl gibt ein Verbrennungsmotor die nötige Leistung ab, weil die Durchzugskraft des Motors (bestimmt durch das Drehmoment) je nach Drehzahl verschieden ist. Da sich ständig unterschiedliche Fahrgeschwindigkeiten und Belastungen ergeben (z. B. Beschleunigen, Bergfahren), müssen zur Anpassung an die Drehzahl der Antriebsräder verschiedene Übersetzungsstufen gewählt werden. Das heißt ganz einfach: Man muß schalten. Das automatische Getriebe vermag selbständig die jeweils günstigste Übersetzungsstufe zu wählen, wobei die – manchmal sogar nötige – individuelle Beeinflussung erhalten geblieben ist.

Getriebe, Übertragungswelle (Kardanwelle), Ausgleichgetriebe (Differential) und Achsantrieb sind Bauteile mit sehr genauen Maßen und Toleranzen. Arbeiten daran soll man der Werkstatt überlassen. Die Kontrolle des Ölstands und der Wechsel des Getriebeöls fallen allerdings in den Bereich der Eigenpflege. Im Kapitel »Schmieren aller Teile« ist alles Wissenswerte dazu gesagt.

Das Schaltgetriebe

Die Motorkraft wird über Kupplung und eine kurze Welle zum Schaltgetriebe geleitet. In diesem Wechselgetriebe greifen verschiedene Zahnradpaare ineinander, die zwischen Motor und den Antriebsrädern für die richtige Übersetzung sorgen. Der Fahrer bestimmt durch Einlegen des betreffenden Ganges, welche Zahnradpaare (Übersetzungen) gerade in Funktion sein sollen. In Verbindung mit den beiden 131-Motoren gibt es ein (jeweils identisches)

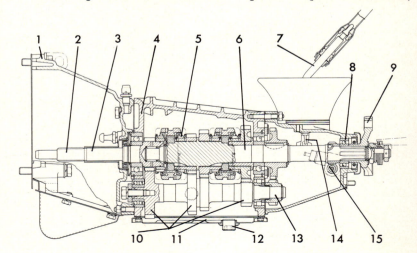

Schnitt durch das Viergang-Schaltgetriebe:
1 – Kupplungsgehäuse, 2 – Verzahnung für Kupplung, 3 – Antriebswelle, 4 – Getriebegehäuse, 5 – Synchronring, 6 – Hauptwelle, 7 – Schalthebel, 8 – hinteres Lager, 9 – Verbindungsmuffe, 10 – Zahnräder im ständigen Eingriff mit der Welle, 11 – unterer Gehäusedeckel, 12 – Ölablaßschraube, 13 – Vorgelegewelle, 14 – Schaltfinger, 15 – Tachometerantrieb.

Viergang-Getriebe; ein anders abgestuftes Fünfgang-Getriebe kommt nur in Verbindung mit dem 1600er Motor zum Einbau.

Beide Getriebe besitzen – wie heutzutage üblich – geräuschlose (synchronisierte) Vorwärtsgänge und einen geradverzahnten (nicht synchronisierten) Rückwärtsgang. Das bedeutet Schalten ohne Zwischengas und Zwischenkuppeln. Die Zahnräder in Synchrongetrieben sind nicht mehr in Längsnuten verschiebbar, vielmehr sitzen sie frei drehbar auf der Getriebeausgangs- (Antriebs-) welle und befinden sich in ständigem Eingriff mit den auf der Eingangswelle festsitzenden Gegenrädern. Zum Schalten werden sie über kleine, seitlich mit ihnen verbundenen Kupplungen mit der Welle verbunden oder gelöst. Synchronisiert wird – vereinfacht ausgedrückt – mit kleinen Reibungskupplungen (Konus und Gegenkonus).

Je mehr die Drehzahlen der Antriebswelle von denen der Welle zu den Antriebsrädern voneinander abweichen, um so mehr Reibungsarbeit wird den Synchronisierkupplungen aufgebürdet. Das braucht seine Zeit. Deshalb gilt es, exakt zu schalten, um die Langlebigkeit der Synchronisation zu sichern. Gewaltsames Durchreißen des Schalthebels beansprucht die Synchronisation über Gebühr und schadet. Defekte Synchronringe melden sich beim Schalten durch Kratzgeräusche.

Das Viergang-Getriebe hat sich schon im Fiat 124 bewährt und mußte für den 131 kaum verändert werden. Der eingelegte 4. Gang bewirkt eine direkte Übertragung der Motordrehzahl auf die Kardanwelle. Das ist auch beim Fünfgang-Getriebe der Fall; hier ist der 5. Gang eine zusätzliche Stufe, die mit ihrem Untersetzungsverhältnis 1 : 0,87 eine höhere Drehzahl der Übertragungswelle bei weniger schnell drehendem Motor ermöglicht. Die schonende Wirkung für den Motor – bei hoher Geschwindigkeit – ist offenbar, außerdem sind Kraftstoffverbrauch und Motorgeräusche in dieser Gangstufe vermindert.

Die Einfüllmenge im Viergang-Getriebe beträgt 1,35 l, das Fünfgang-Getriebe faßt 1,8 l.

Fingerzeige: *Zwischengas ist nur sinnvoll, wenn bei hohen Drehzahlen heruntergeschaltet wird (Notfälle, sportliches Fahren), oder wenn bei kaltem und steifem Getriebeöl geschaltet wird. Allerdings gehört dazu Feingefühl, denn übertriebenes Zwischengas schadet mehr als keines.*

Weil das Synchronisieren auf Reibung beruht, sind fremde Ölzusätze für das Getriebeöl nicht angebracht. Diese Zusätze sollen meist die Reibung herabsetzen, was dem Prinzip der Synchronisation genau entgegengesetzt ist. Andererseits können durch Zusätze die Synchronringe verkleben, wodurch ebenfalls das Schalten erschwert wird.

Das automatische Getriebe

Der Motor 1600 in Limousine oder Kombi kann – wie schon gesagt – mit einer Getriebeautomatik ausgerüstet sein. Sie wird von General Motors Strasbourg hergestellt und trägt das Kennzeichen ZL auf weißem Typenschild. Dabei handelt es sich um ein millionenfach bewährtes Aggregat, das in ganz ähnlicher Art auch bei vielen anderen Fabrikaten anzutreffen ist.

Die Getriebeautomatik im Fiat funktioniert folgendermaßen: Zwischen das Planetengetriebe und den Motor ist ein hydrodynamischer Drehmomentwandler geschaltet, in dem die Leistung des Motors durch Schaufelräder übertragen wird. Gekuppelt mit dem Motor ist das Pumpenrad, das die Wandlerflüssigkeit bei laufendem Motor in Rotation versetzt und nach außen gegen das Wandlergehäuse schleudert. Dabei trifft die Flüssigkeit auf das sogenannte Leitrad, welches für eine Umlenkung in die Drehrichtung der Kurbelwelle sorgt. Dadurch wird auch das Turbinenrad in Drehung versetzt, das mit dem nachgeschalteten Getriebe fest verbunden ist. Da die Zahnräder des Getriebes dauernd in Eingriff stehen und die Wandlerflüssigkeit bei laufendem Motor immer versucht – durch das Pumpenrad in Bewegung versetzt –, das Getriebe und damit auch die Antriebsräder zu bewegen, »kriecht« der Wagen auch im Leerlauf und ist dann mit der Fuß- oder Handbremse festzuhalten.

Die Beeinflussung des automatischen Getriebe kann auf dreierlei Art geschehen: Durch Schalten per Hand in gewohnter Weise (aber ohne Kuppeln), durch Sperren des oberen oder der beiden oberen Gänge (Fahrstufen), und durch »Kickdown«, also volles Durchtreten des Gaspedals. Sowohl beim Kickdown als auch beim langsamen Gasgeben (oder Gaswegnehmen) verändern sich die Unterdruckverhältnisse im Ansaugrohr des Vergasers, was zu entsprechenden Reaktionen im Getriebe führt. Durch Bandbremsen werden hier bestimmte Zahnradsätze abgebremst, andere freigegeben, wodurch gewissermaßen der »Gangwechsel«, und damit verschiedene Übersetzungen hergestellt werden. Die aufwendige Mechanik mit ihrem kompliziert erscheinenden Aufbau zeichnet sich durch geringe Störanfälligkeit aus.

Fingerzeig: *Bei scharf betätigten Bremsen schaltet das automatische Getriebe zurück. Das kann auf winterlich glatter Fahrbahn einen Schleudervorgang auslösen. In solcher Situation sollte man – entsprechend dem Auskuppeln beim handgeschalteten Getriebe – die Automatik in Leerlauf schalten.*

Störungsbeistand
Automatik

Im Selbstverfahren ist nichts zu reparieren. Man kann aber prüfen, ob bei stehendem Motor und voll durchgetretenem Gaspedal die Drosselklappe der ersten Vergaserstufe voll geöffnet hat. Überhaupt muß man sich bei Verdacht auf Störungen der Aufmerksamkeit befleißigen. Es gibt z. B. eine Geruchsprobe: Verbrannte Kupplungslamellen oder Bremsbänder rufen eine Art

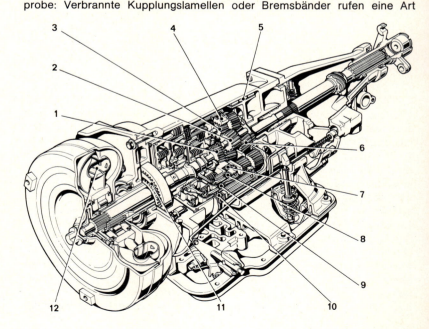

Das automatische Dreiganggetriebe, aufgeschnitten. Es bedeuten: 1 – Freilauf, 2 – Hintere Kupplung, 3 – Vordere Kupplung, 4 – Rückwärtsgang-Kupplung, 5 – Ölpumpe, 6 – Drehmomentwandler, 7 – Antriebs-Sonnenrad, 8 – Kurzes Planetenrad, 9 – Langes Planetenrad, 10 – Hohlrad, 11 – Bremsband, 12 – Abtriebs-Sonnenrad.

Brandgeruch hervor. Dazu Peilstab ziehen und am Öl in Richtung Peilstab riechen.
Zu nicht normal ausfallenden Schaltübergängen kann es folgende Erklärungen geben: Durchrutschende Kraftübertragung = Öldruck zu hoch; harte Kickdown-Rückschaltung = Rückschlagventil klemmt; überdies können noch andere Ursachen Anlaß zu den genannten Beanstandungen sein. Wenn die Bremswirkung in Fahrstufe »2« oder »1« ausfällt, kann auf eine Verstellung des Wählhebelgestänges geschlossen werden. Auch ungewöhnliche Geräusche, etwa Kreischen oder Zischen im Getriebe sind Alarmzeichen.
Ölstandskontrolle ist immer die erste Maßnahme vor jeder weiteren Untersuchung. Man muß auch wissen, daß kaltes Öl die hydraulischen Funktionen im Getriebe verlangsamt, daher ist jede Prüfung bei betriebswarmem Motor und wenigstens alle 5000 km vorzunehmen. Wird keine Motorkraft auf die Antriebsräder übertragen, kann die Ursache folgende sein:

- Ölstand zu niedrig
- Ölsieb verschmutzt
- Ölpumpe schadhaft
- Drehmomentwandler defekt
- Antriebswelle gebrochen

Rauhe Schaltvorgänge beim Abwärtsschalten im Schub dürften auf zu hohe Leerlaufdrehzahl des Motors zurückzuführen sein. Falls die Kraftübertragung beim Anfahren durchrutscht, ist eine Abnutzung des Bremsbandbelags möglich. Allgemein muß man bei jeder Abweichung von der normal gewohnten Funktion um Abhilfe durch eine Werkstatt bemüht sein, um fortschreitende Schäden zu vermeiden.

Die Kardanwelle

Der Übertragungswelle, wie sie bei Fiat heißt, vom Getriebe zum Differential dient eine zweiteilige Rohrwelle mit 70 mm Durchmesser. Der vordere Teil der Übertragungswelle ist mit dem Getriebe durch eine Gelenkscheibe verbunden. Diese elastische Scheibe ist mit der Getriebeausgangswelle starr verbunden und besitzt auf ihrer anderen Seite ein genutetes Lager, in dem der entsprechende Zapfen der vorderen Übertragungswelle in der Länge verschiebbar gleiten kann. Mit der Gelenkscheibe werden Torsionsbelastungen (Drehbelastungen) aufgenommen. Da hier starke Kräfte auftreten, ist diese Mitnehmermuffe wie auch bei früheren Fiat-Modellen mit einem Schmiernippel, das regelmäßig mit Fett versorgt werden muß, ausgestattet (siehe Seite 78).
Zwischen der vorderen und sich anschließenden hinteren Welle erlaubt ein wartungsfreies Kardangelenk, die Winkeländerungen auszugleichen, die sich durch die Federung der Hinterachse ergibt. Die Verbindung zwischen beiden Wellen ruht auf einem elastischen Stützlager, das von einem Kugellager unterstützt wird. Die hintere Welle endet in einem weiteren Kreuzgelenk, das mit dem Triebling des Ausgleichsgetriebes (Differential) verbunden ist.
Unrund laufende Gelenkwellen beschädigen die Lagerung des Getriebes und des Achsantriebes. Ein Brummen der Gelenkwellen kann von Schmutzkrusten herrühren, kann aber auch ein erstes Anzeichen einer Unwucht infolge Durchbiegung (bei Überlastung) sein. Beschädigte Gelenkwellen werden zweckmäßigerweise ausgetauscht, da eine Reparatur nur mit nachträglichem Auswuchten möglich ist, wofür spezielle Wuchtmaschinen benötigt werden.

Der Hinterachsantrieb

Die in Wagenlängsachse verlaufende Drehbewegung, vom Motor zur Kardanwelle geschickt, muß in der Hinterachse rechtwinklig »um die Ecke« geführt werden. Über Teller- und Kegelrad und über zwei Achswellen wird die Antriebskraft zu den Hinterrädern gelenkt. Der Antrieb gleicht durch seine Übersetzung die höhere Getriebeausgangszahl der kleinsten Drehzahl an. Bei Kurvenfahrt gleicht er die unterschiedlichen Radwege des inneren und äußeren Rades durch ein Differential (Kegelradgetriebe) aus. Um den Gelenkwellentunnel im Wagenboden niedrig zu halten, wird die Gelenkwelle so tief an das Hinterradgetriebe herangeführt, daß die Achse des kleinen Kegelrades (Ritzel) unterhalb der Drehachse des Tellerrades liegt: Hypoidantrieb. Die Hypoidverzahnung setzt Kegel- und Tellerrad hohen Belastungen aus, weshalb die Schmiermittelvorschriften genau einzuhalten sind.

Beim Fiat 131 besteht die Hinterachse aus einem tragenden Achsrohr, direkt mit den Rädern verbunden, in dem rechts und links je eine Achswelle gelagert ist. Dadurch ist sie dem Gewicht des Fahrzeugs und dessen Schwingungen, aber auch den Verwindungsbeanspruchungen der Kraftübertragung ausgesetzt. Die Achswellen werden von den Kegelrädern und außen durch Kugellager des Achsgehäuses getragen, sie enden in den Radnaben.

Im Gehäuse für den Achsantrieb befinden sich zwei Kegelrollenlager, deren Einstellung durch Ringe variabel ist. Dadurch kann erreicht werden, daß das große Tellerrad seitlich versetzt wird, um das Spiel zwischen diesem Rad und dem kleinen Kegelrad (Ritzel) genau einzustellen.

Außer der Kontrolle des Ölstandes im Achsgehäuse und Wechsel derselben (siehe »Schmieren aller Teile«) ist die Hinterachse wartungsfrei.

Vorder- und Hinterachse, Lenkung

Fundamentales

Die Autos von Fiat verdanken ihren Ruf nicht zu geringem Teil einem ordentlichen Fahrverhalten, das die Ausnutzung der vorhandenen Motorleistung problemlos erlaubt. Von diesen Erfahrungen, die Fiat im Bau von Fahrwerken gesammelt hat, profitieren natürlich auch die 131-Modelle.
Sie werden selbstverständlich daran interessiert sein, die guten Fahreigenschaften Ihres Wagens zu erhalten. Dazu gehört in erster Linie der gleichbleibend gute Zustand der einzelnen Fahrwerksteile. Sicher werden Sie nicht im Eiltempo über einen Sturzacker fahren, was auch jedes andere Auto übelnehmen würde. Aber gelegentlich einen kritischen Blick von unten auf die Bauteile werfen, an denen die Beine Ihres Fiat angebracht sind, um festzustellen, wie weit der Verschleiß durch den Alltagsbetrieb fortgeschritten ist – das können Sie sich zutrauen. Auf was es dabei zu achten gilt, sagt Ihnen dieses Kapitel:
Selbst reparieren sollen Sie aber an den Teilen des Fahrwerks nichts und dazu gehört auch die Lenkung. Einstellarbeiten und Reparaturen verlangen Fachkenntnisse, Spezialwerkzeuge und Verantwortungsbewußtsein. Man sollte deshalb entsprechende Arbeiten der Fiat-Werkstatt überlassen.

Die Vorderachse

Die Anbringung der Vorderräder erfolgt in der sogenannten »unabhängigen« Aufhängung. Damit ist eine wesentliche Verminderung der auf den Wagen einwirkenden Kräfte geschaffen, die während der Fahrt von jedem Rad empfangen werden.
Jedes Vorderrad ist unten an einem beweglichen Bauteil, dem Querlenker, aufgehängt. Die Verbindung mit dem Achsschenkel besteht aus einem Kugelgelenk, dessen Gelenkkopf verschalt und von einer Gummikappe gegen Fettverlust sowie das Eindringen von Schmutz und Nässe geschützt ist. Ein solches Gelenk ist wartungsfrei und braucht nicht geschmiert zu werden. Das andere Ende ist mittels Gummibuchse und Bolzen mit der am Wagenboden befestigten Quertraverse verbunden, die zugleich der Motorlagerung Stütze ist. Auf der anderen Seite der Traverse wiederholt sich spiegelverkehrt die Anbringung für das gegenüberliegende Rad.
Etwa unterhalb des Stoßdämpfers ist in jedem Querlenker eine Aufnahme des Stabilisators gegeben. Das Stabilisatorende ruht in einer Gummibuchse und ist durch eine Mutter gesichert. Unter dem Wagenkasten ist der Stabilisator auf beiden Seiten in Lagern mit Gummibüchsen befestigt. Man bezeichnet einen solchen Stabilisator auch als Drehstab, denn bei ungleichmäßigem Einfedern der Räder wird er auf Verdrehen (Torsion) beansprucht: Die Federung des einfedernden Rades verhärtet sich, das andere wird vom Drehstab nach unten gedrückt und bekommt festeren Bodenkontakt, lästige Kurvenneigung wird verhindert. Somit trägt der Drehstab zur Stabilisierung des Fahrverhaltens bei.

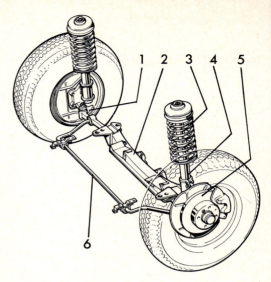

Wichtige Teile der Vorderachse sind: 1 – Achsschenkel, 2 – Vorderachskörper, 3 – Schraubenfeder, 4 – Stoßdämpfer, 5 – Scheibenbremse, 6 – Stabilisator.

Im oberen Teil eines Achsschenkels ist an zwei kleinen Auslegern der Stoßdämpfer angeschraubt. Die Stoßdämpfer stehen leicht nach innen geneigt und werden in ihrer oberen Hälfte von Schraubenfedern umgeben – Stoßdämpfer und Federn bilden gewissermaßen eine Einheit, die man deshalb als »Federbein« bezeichnet. Oben stemmen sich diese Federbeine in einer Lagerung gegen die Karosserie, mit der sie durch Verschraubung verbunden sind.

Die Schraubenfedern stützen sich oben und unten auf tellerförmige Bauteile am Stoßdämpfer und sind wie jene austauschbar. Bei Limousine und Kombi unterscheiden sich die Schraubenfedern bezüglich ihrer Belastbarkeit und entsprechend lauten die Fiat-Bestellnummern: für Limousine 434 8091, für Kombi 435 0132. Es gibt daneben noch zu beiden Arten Federn mit gering unterschiedlicher Länge, die an gelber und grüner Farbmarkierung zu erkennen sind. Natürlich müssen stets Federn der gleichen Klasse montiert sein.

Eine bestimmte Anzahl von Ausgleichscheiben ist zwischen dem Anschlag der Stabilisatorenden und den Querlenkerbüchsen angebracht. Sie sind für die Nachlaufeinstellung wichtig (siehe Seite 143).

Die Vorderradlager
Pflegearbeit Nr. 45

Auf jedem Zapfen eines Achsschenkels sitzen zwei Rollenlager, auf denen sich das Vorderrad dreht. Diese Radnabenlager sollen alle 30 000 km gewartet werden. Sie dürfen kein zu großes Spiel haben, was man auf grobe Art prüfen kann, indem man bei aufgebocktem Wagen versucht, das Rad oben und unten hin- und herzukippen. Wenn man das Radlager durch Treten der Fußbremse hemmt, läßt sich das Spiel besser lokalisieren. Ist dabei noch Spiel vorhanden, so kann dies auch am ausgeschlagenen Achsschenkelbolzen oder an der Lenkung liegen.

Ein ausgeschlagenes Teil der Vorderachse bürdet seine Last den mit ihm verbundenen Partnern auf, die dadurch mehr als üblich beansprucht werden und ebenfalls verschleißen. Besonders Lenkungsteile sind davon betroffen.

Das Axialspiel der Vorderradnabenlager kann in der Werkstatt genau eingestellt werden. Dort wird dazu die Mutter zur Nabenarretierung mit einem Drehmoment von 2 kpm angezogen und die Nabe zugleich mehrmals nach links und rechts gedreht. Dann lockert man die Mutter wieder und zieht sie erneut mit einem Drehmoment von 0,7 kpm an. Auf der hinter der Mutter anliegenden Scheibe wird danach eine Markierung angebracht, die sich auf die Stellung der Mutter bezieht und anschließend ist die Mutter um 30° zu lösen. Danach muß das Axialspiel zwischen 0,025 und 0,100 mm liegen, was mit einer Meßuhr festgestellt werden kann. Zum Ausbau der Radnabenkappen braucht man einen besonderen Schlagabzieher und für das Aufsetzen der neuen Kappe wird ein Treibdorn gebraucht.

Zur Schmierung der Radlager dient das gleiche Fett, das für die Spurstangengelenke und die Lichtmaschine benutzt wird. Bei Fiat heißt das »MR 3«.

Schutzkappen der Vorderradaufhängung kontrollieren
Pflegearbeit Nr. 8

Die freiliegenden Gummiteile der Vorderradaufhängung und der Lenkung sind den Einflüssen des Fahrbetriebs ausgesetzt. Dazu gehören ganz besonders die Schutzkappen der Gelenke der Spurstangen und der Querlenker sowie die harmonikaförmigen Manschetten der Lenkung. Sie sollen sich elastisch den Bewegungen der Bauteile anpassen können und die enthaltene Fettfüllung behüten. Die Schutzmanschetten werden durch Spritzwasser, Schmutz und hochgeschleuderte Steine strapaziert. Deshalb ist die 5000 km-Kontrolle, bei der man sich vom Zustand der Manschetten überzeugen muß, nicht auf die leichte Schulter zu nehmen: Beschädigungen des elastischen Materials lassen die schmierende Füllung entweichen und Fremdkörper sowie Nässe eindringen, wonach die Gelenke bald angegriffen werden.

Zur Sichtkontrolle fährt man das Auto über eine Grube oder hebt es vorne an. Schwärzliche Verfärbung des sonst grauen Straßenschmutzes deutet auf undichte Stellen. Wenn man gegen die Manschetten mit dem Finger drückt, kann man feststellen, ob ihre Elastizität noch erhalten ist oder ob sie verhärtet sind. In diesem Fall sollte man sich schon in der Werkstatt anmelden, damit die Manschetten ausgewechselt werden. Der dann baldige Austausch beschädigter Manschetten ist nur mit geringen Kosten, der andernfalls zwangsweise nötige Austausch verschlissener Teile mit weit größeren Geldausgaben verbunden.

Spiel der Kugelgelenke kontrollieren
Pflegearbeit Nr. 29

Unabhängig von der Kontrolle des Zustandes der Gummikappen muß alle 10 000 km geprüft werden, ob die von ihnen umhüllten Kugelgelenke nicht ausgeschlagen sind. Um ein solches eventuell vorhandenes Spiel feststellen zu können, muß der Vorderwagen angehoben oder wenigstens jeweils ein Rad vom Wagengewicht entlastet werden. Die Räder braucht man zu der Kontrolle nicht abzunehmen.

Der Pfeil zeigt auf die mit Fett gefüllte Gummimanschette der linken Spurstange. Solche Manschetten der Radaufhängung können durch äußere Einflüsse angegriffen werden. Benzin und Öl sind ebenfalls böse Feinde, deshalb soll man auch beim Absprühen der Wagenunterseite die Gummiteile abdecken.

Man prüft die Gelenke, indem man das Rad seitlich hin- und herdrückt und dabei beobachtet, ob sich diese Bewegungen über die Gelenke auf die mit ihnen verbundenen Teile übertragen wollen. Bei guten Gelenken ist es kaum möglich, das Rad in eine seitlich versetzte Lage zu bringen, weil eben kein Spiel vorhanden ist und hinter den Gelenken dem Druck Widerstand entgegengesetzt wird. Ausgeschlagene Gelenke dagegen lassen einen gewissen Spielraum zu, der sich in schon fortgeschrittenen Fällen während der Bewegung sogar durch Geräusche bemerkbar macht.

Sollte auch nur an einem der Kugelgelenke das beschriebene Spiel festzustellen sein, muß für einen baldigen Austausch desselben gesorgt werden. Wie schon im Abschnitt »Die Vorderradlager« erwähnt, pflanzt sich eine solche Krankheit sonst bald auf andere, jetzt ebenfalls stärker beanspruchte Teile fort.

Die Hinterachse

Im Gegensatz zu den einzeln aufgehängten Vorderrädern sind die Hinterräder des Fiat 131 an einer Starrachse befestigt. Außen von der Achse reichen zwei Längsstreben bis unter den Wagenboden, zwei weitere, kürzere Schubstreben sind auf den Achsrohren zum Differential hin ebenfalls gelenkig befestigt und führen – schräg nach außen gewinkelt – unter den Wagenkasten. Beide Längslenker auf jeder Seite fangen die in Längsrichtung des Autos auftretenden Beanspruchungen durch Bremsen und Beschleunigen auf und helfen auch die von der Fahrbahn verursachten Stöße zu mindern.

Des weiteren ist links am Achsgehäuse eine lange Querstrebe – wiederum in eine Gummibüchse und drehbar gelagert – angebracht, die hinter der Achse bis rechts unter dem Wagenboden reicht und dort befestigt ist. Mit diesem auch als Panhardstab bezeichneten Querlenker wird die Achse in seitlicher Richtung geführt. Er besitzt einen großen Bewegungsradius.

Die Gummibüchsen der beweglichen Teile dürfen nicht ausgeschlagen sein. Nach einer Demontage sind die Längsstreben und die Querstreben zuerst an den Lagerböcken zu befestigen, ohne jedoch die Schrauben fest anzuziehen. Dann werden die Lagerböcke am Wagenkasten angebracht und deren Befestigungsschrauben nach vorgegebenen Anzugsmomenten festgezogen. Nach eventuell vorzunehmenden anderen Zusammenbauarbeiten (Schrau-

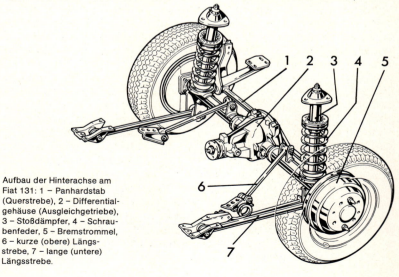

Aufbau der Hinterachse am Fiat 131: 1 – Panhardstab (Querstrebe), 2 – Differentialgehäuse (Ausgleichgetriebe), 3 – Stoßdämpfer, 4 – Schraubenfeder, 5 – Bremstrommel, 6 – kurze (obere) Längsstrebe, 7 – lange (untere) Längsstrebe.

benfedern, Stoßdämpfer) werden die vorher locker gelassenen Schrauben angezogen. Um die Gummibüchse keiner zu großen Beanspruchung auszusetzen, dürfen deren Befestigungen nur bei vorschriftsmäßig belastetem Wagen angezogen werden.
Direkt auf den Achsrohren sitzen die Schraubenfedern mit den Stoßdämpfern. Wie an der Vorderachse kommen zweierlei Federn zum Einbau: Limousine Bestellnummer 430 3562, Kombi Bestellnummer 435 0863, und bei beiden gibt es Federn mit verschiedener, gering voneinander abweichender Wirksamkeit, erkenntlich an gelber und grüner Markierungsfarbe.
Die obere Befestigung der Stoßdämpfer und die Lagerpfanne sind im Gepäckraum des Wagens zugänglich. Im folgenden Abschnitt ist zu den Stoßdämpfern mehr gesagt.
Beide Hinterräder sind durch Halbachsen, die in dem gemeinsamen Achsrohr laufen, mit dem Differential verbunden. Dieses dient dem Ausgleich unterschiedlicher Rollwege bei Kurvenfahrt. Die Leistung des Motors wird über die Kardanwelle und über Kegel- und Tellerrad nebst Differential zu den beiden Halbachsen übertragen.

Die Stoßdämpfer

Die Stoßdämpfer müßten eigentlich »Schwingungsdämpfer« heißen, denn sie sollen die nach der Einfederung eines Rades entstehenden Schwingungen dämpfen. Ohne sie würden die Räder während der Fahrt häufig den Fahrbahnkontakt verlieren und der Wagen könnte unter bestimmten Umständen unkontrollierbare Eigenbewegungen vollführen.
Im Fiat 131 sind vorn etwas längere Stoßdämpfer als hinten eingebaut. Vorne beträgt der Hub (ab Anschlagbeginn) je nach Fabrikat 158–159,5 mm und hinten 178–188 mm und entsprechend unterschiedlich ist auch die in ihnen enthaltene Ölmenge. Heutige Stoßdämpfer sind wartungsfrei, und obwohl man sie theoretisch reparieren kann, tauscht man sie im Bedarfsfall aus. Wenn ihre Wirkung nachläßt – Anzeichen dazu siehe nächste Seite –, sollen sie ausgewechselt werden.
Serienmäßig kommen vorn bei der Limousine Stoßdämpfer von Boge und beim Kombi von Way-Assauto zum Einbau. Hinten findet man bei der Limousine Stoßdämpfer von Riv, Boge oder Monroe, bei dem Kombi nur von Riv. Das Dämpferöl der italienischen Riv-Dämpfer ist auf die bei uns bisweilen vorkommenden tiefen Temperaturen nicht optimal eingerichtet, ferner verfügen sie wie die Monroe-Dämpfer über einen verringerten Rückstoßhub. Beim Austausch der Dämpfer ist es daher zweckmäßig, die in Fiat-Werkstätten bereitgehaltenen Boge-Dämpfer einzubauen.
Zum Ausbau der vorderen Stoßdämpfer ist eine komplette Demontage der Federbeine erforderlich, was auch ein Zusammendrücken der Schraubenfedern nötig macht. Diese Arbeit kann gewöhnlich nur in der Werkstatt geschehen. Das Federbein wird ausgebaut, indem man zuerst die Befestigungsmutter löst, die Radaufhängung hochdrückt und auch die untere Befestigung abschraubt. Danach lassen sich Schraubenfeder und Dämpfer herausnehmen.
Die oberen Muttern der vorderen und hinteren Dämpfer sind mit 2,5 kpm, die unteren Befestigungen sind jeweils mit 5 kpm festzuziehen.
Beim Tausch der hinteren Stoßdämpfer ist zuerst deren obere Befestigung zu lösen, wobei der Stoßdämpferbolzen festgehalten werden muß, um die Mutter lösen zu können. Sodann stützt man die Aufhängungsgruppe des betreffenden Rades mittels Wagenheber ab, wodurch sich der Ausbau und anschließend besonders der Einbau des Stoßdämpfers erleichtert. Dann wird auch seine untere Befestigung am Achsrohr gelöst.

Mit einfachen Hilfsmitteln kann man den Sturz der Räder messen. Einen rechten Winkel setzt man an das betreffende Rad des auf ebenem Boden stehenden Wagens. Bei belastetem Wagen soll das Felgenhorn am Vorderrad von der Senkrechten unten und oben den gleichen Abstand haben oder allenfalls unten bis zu 5 mm mehr als oben entfernt sein.

Stoßdämpfer prüfen

Einige untrügliche Anzeichen für die nachlassende Wirkung der Stoßdämpfer bieten sich sowohl bei aufmerksamer Beobachtung während der Fahrt als auch durch einige Sichtkontrollen. Wenig oder sogar manchmal falschen Aufschluß erhält man durch die bekannte Schaukel-Methode im Stand, bei der man den Wagen am betreffenden Kotflügel aufschaukelt und plötzlich losläßt. Die Federbewegung müßte sofort gedämpft werden. Da sich die Bewegungen aber auch auf die übrigen drei Stoßdämpfer auswirken, weiß man nie mit Gewißheit, welcher eventuell defekt ist.

Folgende Abweichungen von der Norm lassen auf defekte Stoßdämpfer schließen und gelten als Warnsignal:

■ Flatternde Lenkung, weil den Rädern der ständige Fahrbahnkontakt fehlt. Zieht Schäden an den Übertragungsorganen der Lenkung und des Antriebs nach sich.

■ Nach Unebenheiten schwingt der Aufbau nach.

■ Verlust der Stabilität in Kurven, wobei die kurveninneren Räder nicht mehr auf den Boden gedrückt und die äußeren nicht genügend entlastet werden.

■ Anstieg der Seitenwindempfindlichkeit.

■ Springendes Rad, das freilich nur von einem neben- oder hinterherfahrenden Beobachter ausgemacht werden kann.

■ Vielfach unterbrochene Bremsspur bei harter Bremsung und unberechenbare Bremswirkung in der Kurve.

■ Ungleichmäßige Abnutzung der Reifen und erhöhter Reifenverschleiß.

■ Undichter Stoßdämpfer mit auffällig erkennbarem Ölverlust. Geringe Ölspuren sind normal; bis zu 10 Prozent der Dämpferfüllung kann ein Stoßdämpfer folgenlos verlieren.

Den Zustand der Stoßdämpfer diagnostizieren sehr sicher Shocktester, wie sie von einigen Stoßdämpferfirmen und vom ADAC zur Verfügung stehen. Die dort gewonnenen Resultate ersparen umständliche Montage- und Prüfarbeiten, weil die Stoßdämpfer dabei kontrolliert werden, so lange sie noch im Wagen eingebaut sind.

Stoßdämpfer für Anhängerbetrieb

Anhänger jeder Art, so auch Wohnwagen, drücken je nach Gewicht auf die Anhängerkupplung und somit das Heck des Wagens herunter. Neben dem Schönheitsfehler, daß sich dabei der Wagenbug anhebt, beeinträchtigt eine derartige Belastung die Fahrsicherheit erheblich.

Zum Ausgleich dessen ist es möglich, Druckluftstoßdämpfer von Monroe einbauen zu lassen. Diese »Ride-Leveler TM« sind als hydraulische Dreistufen-

Teleskopstoßdämpfer mit einem durch Druckluft verstellbaren Zylinder verbunden und werden anstelle der serienmäßig eingebauten Stoßdämpfer verwendet. Sie sind über Luftschläuche an einem Ventil angeschlossen, das entweder im Kofferraum oder unter der Stoßstange angebracht wird. Die Montage ist unproblematisch. Bei normaler Belastung pumpt man die Stoßdämpfer bis zu einem Minimaldruck von 1,4 kp/cm^2 auf. Der Höchstdruck beträgt 8 kp/cm^2, die Höchstbelastung liegt bei 350 kg. Durch die Druckluft wird das Wagenheck angehoben und nach entsprechendem Betätigen des Ventils kann der Druck wieder auf die normale Einstellung abgelassen werden.
Die Deutsche Fiat in Heilbronn hält komplette Einbausätze für den Fiat 131 zur Verfügung, die den Kolbenverdichter mit einer Leistung von bis zu 10 bar einschließen. Die Anlage ist wartungsfrei und kostet (ohne Montage) rund 300 Mark.

Die Radeinstellung
Pflegearbeit Nr. 31

Für den Nichtfachmann kommen, wie schon angedeutet, Arbeiten an den Radaufhängungen nicht infrage. Deshalb sollen hier nur die wichtigsten Begriffe der Radgeometrie erläutert werden. Man muß sie überprüfen lassen, wenn etwa die Reifen ein ungleichmäßiges Abnutzungsbild zeigen, wenn die Lenkung flattert und überhaupt natürlich nach einem Unfall, der die Radaufhängung in Mitleidenschaft gezogen hat. Fiat empfiehlt unabhängig davon eine Überprüfung alle 10 000 km.
Unter »Sturz« versteht man die leichte Schrägstellung der Räder, die sich in der Neigung der Radebene zu der auf der Standebene errichteten Senkrechten darstellt. Er bewirkt, daß die Räder stets am Radlager anlaufen, wodurch das Lagerspiel vermindert wird. Der Sturz der Vorderräder am Fiat 131 kann nicht verändert werden.
Durch den »Nachlauf« werden die Räder sozusagen gezogen und haben das Bestreben, von selbst die gerade Fahrtrichtung einzuhalten. Er wird erreicht, indem man die Achse des Achsschenkelbolzens so neigt, daß sich – grob ausgedrückt – aus der Verlängerung dieser Achse und aus einer Senkrechten auf der Fahrbahn ein meßbarer Winkel ergibt. Der Nachlauf wird durch die Zahl der Einstellscheiben bestimmt, die zwischen dem Anschlag der Stabilisatorenden und ihrer Befestigung am Querlenker anliegen.
Die »Vorspur« dient dazu, die Vorderräder in eine Stellung zueinander zu bringen, daß sie nicht in Versuchung kommen, nach außen wegzulaufen. Andernfalls würden sie, unterstützt durch ihren Sturz und durch Fahrwiderstände, den Wagen in eine Kurve hineinziehen. Deshalb stellt man sie vorne näher zusammen als hinten – sie laufen in einem spitzen Winkel aufeinander zu. Falsche

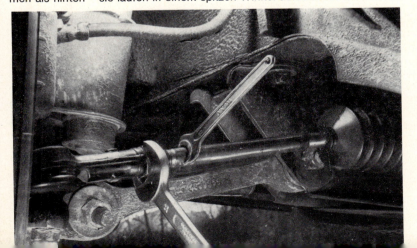

Zur Einstellung der Vorspur löst man in der Werkstatt die Kontermutter SW 22 an beiden Spurstangen. Dann wird jede Spurstange gleichermaßen entsprechend der vorzunehmenden Einstellung verdreht. Dazu setzt man auf die Ausfräsung der Spurstange einen Gabelschlüssel SW 12 und dreht die Spurstange mit diesem Schlüssel. Nach erfolgter Einstellung wird die Kontermutter wieder festgezogen.

Wenn man sich unterhalb des Wagens befindet, gewinnt man diesen Blick auf die Teile der Lenkung: 1 – unteres Gelenk der Lenksäule, 2 – Lenkgehäuse mit Zahnstangen-Zentrierstück unter dem Sechskant-Verschluß, 3 – Schutzmanschette, in der sich der linke Kugelbolzen zur Spurstange befindet, 4 – Befestigungsbügel des Lenkgehäuses an der Traverse.

Vorspur verschleißt die Reifen schneller und wirkt sich ungünstig auf das Lenkverhalten aus (Radflattern). Die Vorspur kann durch Verdrehen der Spurstangen auf den Gewinden der Kugelbolzen verändert werden.

Mit »Spreizung« bezeichnet man die Neigung des Achsschenkelbolzens gegenüber einer zur Wagenlängsachse senkrechten Ebene. Durch die Spreizung erreicht man, daß Stöße auf die Räder an einem kleinen Hebelarm angreifen: Der Rollkreishalbmesser (Abstand zwischen Reifenberührungspunkt und Schnittpunkt der Achsschenkelbolzenachse mit der Fahrbahn) wird kleiner.

Ob der Radsturz der Vorderräder stimmt, läßt sich auch ungefähr ermitteln, indem man den belasteten Wagen auf einen völlig ebenen Boden stellt und ein 90°-Winkelstück mit etwa 50-cm-Schenkellänge an das Rad anlegt. Gemessen werden die Entfernungen vom Felgenhorn oben und unten zum senkrecht stehenden Schenkel des angesetzten Winkels.

Zur Kontrolle der Vorspur bedient man sich eines Meßstabes, der in Höhe der Radachse an die Felgenhörner von Rad zu Rad angelegt wird. Bei den Vorderrädern beträgt die Vorspur 2–4 mm, sie müssen also hinten weiter auseinander stehen. Die Vorspur kann sich besonders nach einer scharfen Bordsteinberührung nachteilig verändert haben. Den Hinterrädern ist beim 131 keine Vorspur gegeben.

Die festgelegten Werte der in diesem Abschnitt einzeln genannten Begriffe sind auf Seite 226 zu finden. Korrekte Meßresultate setzen voraus: Vorschriftsmäßiger Reifendruck, richtig montierte Reifen, zulässiges Radlagerspiel und ebenso beachtete Spielfreiheit in der Lenkung sowie zwischen Achsschenkeln und Gelenkköpfen, gut funktionierende Stoßdämpfer. Die vorgeschriebene Belastung des Wagens, die beim Fiat 131 in diesem Fall aus 4 Personen oder aus dem Gewicht von 300 kg besteht, muß eingehalten werden.

Die Lenkung

Die Drehbewegung am Lenkrad wird auf das obere Lenksäulenteil übertragen, dem sich über ein Kardangelenk nach unten abgewinkelt der vordere Lenksäulenteil anschließt. Eine so geknickte Lenksäule bietet erhöhte Sicherheit bei Auffahrunfällen. Nach einem weiteren Kreuzgelenk greift ein Ritzel im Lenkgehäuse von oben in eine Zahnstange. Die einzelnen Teile der Lenksäule sind durch Verzahnungen miteinander verbunden. Unterhalb des Armaturenbretts wird das obere Lenksäulenteil von dem Stützlager gehalten, das nach Ausbau der Lenksäulenverkleidung zugänglich ist. Beim Special ist das obere Lenksäulenteil in der Höhe verstellbar.

Auch das Lenkrad sitzt auf einer Verzahnung und wird von der Lenkradmutter gesichert. Diese Mutter ist mit 5 kpm angezogen und zudem verstemmt. Zum Abnehmen des Lenkrades benötigt man eine besondere Abziehvorrichtung.
Das Lenkgehäuse ist an der Traverse der Vorderradaufhängung befestigt. In diesem Gehäuse befindet sich im Kreuzungspunkt unterhalb Ritzel und Zahnstange ein Zentrierstück, das von einer Druckfeder in seiner Lage gehalten und ständig gegen das Ritzel gedrückt wird.
Durch die Lenkradbewegung läuft das Ritzel auf der Verzahnung der verschiebbaren Zahnstange ab, die diese Hin- und Herbewegung auf die seitlich herausführenden Lenkspurstangen und damit an die Räder weitergibt. Das Lenkgehäuse ist mit Fett gefüllt, das aus den seitlichen, harmonikaförmig faltbaren Manschetten nicht heraustreten kann. Um den Spurstangen das von den Rädern verursachte Mitschwingen zu ermöglichen, befinden sich innerhalb der Manschetten gelenkige Verbindungen zwischen Zahnstange und Spurstangen: Kugelbolzen am Ende der Spurstangen sitzen in Pfannen an den Zahnstangenenden. Somit sind die Spurstangen schwenkbar gelagert.
Am Ende jeder Lenkspurstange sorgt ein Kugelkopfgelenk für bewegliche Verbindung in den Lenkhebeln an den Achsschenkeln. Beide Spurstangen sind in ihrer Länge verstellbar. Zur Fixierung der einmal gewählten Einstellung dienen Kontermuttern auf dem Einstellgewinde. Die Spurstangen besitzen Aussparungen zum Ansetzen eines Gabelschlüssels.

Das Prüfen des korrekten Lenkverhaltens sollte Bestandteil einer Probefahrt sein. Im Inspektionsprogramm von Fiat ist diese Kontrolle ausdrücklich enthalten und sie sollte alle 10 000 km vorgenommen werden.

Lenkung prüfen
Pflegearbeit Nr. 31

Noch im Stand kann man feststellen, ob sich im Lenkrad kein Spiel bemerkbar macht. Dabei sollen die Vorderräder in Geradeausfahrt stehen. Zugleich ist zu vermerken, ob sich die Lenkradspeichen dabei in waagerechter Stellung befinden. Man kurbelt das Seitenfenster herunter und stellt sich neben den Wagen. Dann greift man durchs Fenster, und während man das Lenkrad dreht, beobachtet man das linke Vorderrad und besonders die Felge. Denn die Reifen sind elastisch und können beim Drehen im Stand zunächst einen Teil des Einschlages »schlucken«, ehe sie sich bewegen. Bei stärkerem Einschlag der Räder kann ein geringes Lenkradspiel vorhanden sein.
In der Mittelstellung soll die Lenkung überhaupt kein Spiel aufweisen. Man fühlt es auch am Lenkrad. Es wird sogleich ein gewisser Widerstand bemerkbar. Auf einer ebenen Straße mit guter Fahrbahndecke kann man bei langsamer und auch bei schnellerer Fahrt die Geradeauslaufeigenschaft überwachen. Dazu gehört allerdings das Fehlen anderer Verkehrsteilnehmer, damit man bei dieser Kontrolle nicht gehindert wird. Wenn die Straße ganz frei ist, läßt man das Lenkrad während der Fahrt los. Der Wagen darf weder zur einen noch zur anderen Seite ziehen, sondern er muß schnurgerade in der Spur bleiben.
Ebenso kann man den Rückstelleffekt prüfen. Nach einer Kurve müssen sich die Vorderräder selbständig in die Geradeausrichtung zurückstellen. Dieser Geradeauslauf wird von der Anordnung und Geometrie der Achsschenkellenkung hervorgerufen. Ist er gestört, muß die Werkstatt dem abhelfen, ebenso wie man dort an der Lenkung notwendige Nachstellungen vornehmen kann.
Zu dieser Kontrolle gehört aber auch der prüfende Blick auf das Lenkgehäuse. Man forscht nach, ob irgendwo an dem Gehäuse Öl ausgetreten ist. Undichtigkeiten muß die Werkstatt abstellen, wo das Gehäuse schließlich mit Oliofiat W 90/M gefüllt wird.

Die Bremsen

Stopp-Stellen

Ihr eigenes Leben und das Leben anderer kann vom Zustand der Bremsanlage Ihres Wagens abhängen. Die einzelnen Teile dieser Anlage müssen deshalb regelmäßigen Kontrollen unterzogen werden. Das ist ein oberstes Gebot. Jeder verantwortungsbewußte Autobesitzer kann solche Sicht- und Funktionsprüfungen selbst ausführen.
Doch Wartungsarbeiten und besonders Reparaturen sollen Sache der Werkstatt bleiben. Hierbei kommt es auf die Einhaltung von Arbeitsmethoden an, die mit großer Sorgfalt auszuführen sind. Arbeiten an den Bremsen und an der hydraulischen Anlage verlangen neben der Beachtung absoluter Sauberkeit auch Gewissenhaftigkeit, nicht zum Schluß noch die Verwendung des vorgeschriebenen Materials. Die in diesem Kapitel gebotenen Beschreibungen sind daher nur unter diesen Gesichtspunkten zu sehen.

Die Bremsanlage

Der Tritt auf das Bremspedal löst im Hauptbremszylinder die Betätigung eines Kolbens aus, dessen Bewegung die Bremsflüssigkeit in den Bremsleitungen zu den Radbremsen drückt. (Unterstützend wirkt dabei der Bremskraftverstärker.) Bei dieser hydraulischen Übertragung erfolgt die nötige Ergänzung der Flüssigkeit selbsttätig aus dem Vorratsbehälter, der auf dem Hauptbremszylinder sitzt. Der Druck der Bremsflüssigkeit überträgt sich an den Scheibenbremsen auf Bremskolben und an den Trommelbremsen auf Radbremszylinder, welche die Bremsbeläge gegen die Scheiben bzw. Trommeln pressen. Um zu verhindern, daß bei scharfem Bremsen die dann entlasteten Hinterräder blockieren, ist in die Leitung ein Bremskraftregler eingesetzt.
Die von dieser Anlage getrennte Handbremse wirkt über einen Seilzug – mechanisch – auf die Hinterräder.

Bremsen prüfen

Bremsen müssen eingefahren sein. Mit neuen Bremsbelägen sollte man scharfes Bremsen während der ersten 300 km möglichst vermeiden. Bremsscheibe bzw. Bremstrommel und Bremsbelag müssen sich aneinander gewöhnen und ihre gemeinsame Oberfläche, auf der sie sich berühren, muß möglichst groß sein. »Trägt« der Belag nur auf wenigen Quadratzentimetern, ist die Bremswirkung schlecht und ungleichmäßig.
Bremsproben beginnt man, indem der Wagen zunächst aus mäßiger und dann aus höherer Geschwindigkeit abgebremst wird. Das gleiche wiederholt man mit losgelassenem Lenkrad. Damit erhält man – auf ebener, nicht gewölbter Straße – Aufschluß darüber, ob der Wagen beim Bremsen einseitig zieht und im Fall der Gefahr schleudern würde. Trotz unbelebter Straße sollte man vor der ersten Bremsung nicht schneller als 60 km/h sein. Erst wenn man sich über die Verhaltensweise des Autos im klaren ist, kann man zu den Versuchen das Tempo erhöhen.
Ungleichmäßig ziehende Bremsen deuten zumindest auf verschlissene Be-

läge, wenn nicht auf undichte Bremsleitungen, auf klemmenden Bremskolben oder auf stark verschmutzten Bremssattel hin. (Auch ungleicher Reifendruck wirkt sich derartig aus.) Wenn das Auto beim Bremsen nach einer Seite zieht, sind die Radbremsen der anderen Wagenseite nicht voll einsatzbereit.

Bremsflüssigkeitsstand kontrollieren
Pflegearbeit Nr. 3

Das Bremssystem wird aus einem Reservoir, dem Bremsflüssigkeitsbehälter, gespeist. Der darin enthaltene Vorrat an Bremsflüssigkeit muß immer in ausreichender Menge zur Verfügung stehen, und davon soll man sich alle 500 km oder wöchentlich einmal durch Sichtkontrolle überzeugen.
Der Behälter sitzt auf dem Hauptbremszylinder im Motorraum links hinten, vor der Trommel des Bremskraftverstärkers. Wenn das zweiteilige Gefäß sauber ist, läßt sein durchscheinendes Material den Flüssigkeitsstand von außen erkennen. Das Niveau soll nicht unter die Trennwand der beiden Behälterkammern abgesunken sein, sondern die Bremsflüssigkeit muß so hoch stehen, daß sie einen gemeinsamen Flüssigkeitsspiegel besitzen.
Bei völlig dichter Bremsanlage wird die Flüssigkeit im Betrieb nicht weniger. Doch ihr Spiegel sinkt im Laufe der Zeit entsprechend dem Belagverschleiß etwas ab. Auffallenden Flüssigkeitsverlust sofort untersuchen.
Zum Nachfüllen darf nur Original-Bremsflüssigkeit verwendet werden, etwa Liquido Fiat Etichetta Azzurra DOT 3, Lockheed 55 oder ATE. Niemals irgend etwas anderes, gar Motoröl, einfüllen! Bremsflüssigkeit hat einen hohen Siedepunkt, ist nicht kälteempfindlich und enthält Substanzen gegen Korrosion sowie gegen Zersetzung von Gummi. Allerdings ist sie wasseranziehend, giftig und wirkt ätzend auf Lack. Ab Mai 1975 sollen Bremsflüssigkeiten nicht mehr markentypisch eingefärbt sein. Dem amerikanischen Sicherheitsstandard gemäß ist sie künftig hell bis bernsteinfarbig.

Bremsanlage auf Dichtheit prüfen

Der Zustand der im Motorraum und am Wagenboden verlegten Bremsleitungen ist zu Ihrer eigenen Sicherheit etwa im 10 000-km-Rhythmus zu überwachen. Bremsschläuche mit Scheuerspuren müssen umgehend in ihrer Lage verändert und womöglich sogar ausgetauscht werden. Ebenso beachte man Beschädigungen durch Steinschlag und Korrosion. Die Rohrleitungen sind zwar durch Verzinkung gegen Rost geschützt, doch in wenigen Jahren kann der Schutz durch Streusalz angegriffen sein.
Benzin, Dieselkraftstoff, Petroleum, Fett, Lack und Absprühöl müssen von Bremsschläuchen ferngehalten werden. Am besten also überhaupt nicht einsprühen lassen (auch der serienmäßige Unterbodenschutz leidet dadurch) oder sorgfältig abdecken.

Im Motorraum links hinten sind wesentliche Teile der Bremsanlage untergebracht: 1 – Bremsflüssigkeitsbehälter, 2 – Verschlußdeckel des Behälters mit Entlüftungsloch, 3 – Hauptbremszylinder, von dem die Bremsleitungen abzweigen, 4 – Bremskraftverstärker (Unterdruck-Servobremse), der über einen Schlauch mit dem Saugrohr unterhalb des Vergasers in Verbindung steht.

Bremsen entlüften: Hier wird an der vorderen Scheibenbremse die Entlüftungsschraube mit einem Schraubenschlüssel geöffnet. Auf das Entlüftungsventil wird dann der Entlüftungsschlauch geschoben. Mit seinem anderen Ende liegt dieser in einem mit Bremsflüssigkeit teilweise gefüllten Glasgefäß, so daß man das Aufsteigen herausgepreßter Luftblasen beobachten kann. Steigen keine Blasen mehr auf, ist diese Bremse entlüftet und das Entlüfterventil wird geschlossen.

Die Zustandskontrolle geht Hand in Hand mit der Überprüfung auf Dichtheit der Anlage. Hüten Sie sich davor, an den Bremsleitungen oder -schläuchen irgend etwas selbst korrigieren zu wollen. Das ist Werkstattsache! Eine lebenswichtige Operation überläßt man dem Spezialisten. Ob aber an den Bremsleitungen alles in Ordnung ist, das können Sie selbst kontrollieren.
Bocken Sie den Wagen hoch und verfolgen Sie bei trockener Wagenunterseite den Verlauf der Bremsleitungen und -schläuche. Sie müssen trocken und dürfen nicht aufgequollen sein. Anschluß- und Verbindungsstellen beachten! Bremsflüssigkeit kriecht durch Schmutz, und wo dieser schwarz ist, muß eine undichte Stelle vermutet werden. Auch Radzylinder können undicht werden. Neben dieser vordringlichen Kontrolle sollte man auch beim gelegentlichen Blick in den Motorraum die Bremsleitungen und ihre Anschlüsse am Hauptbremszylinder überprüfen.

Bremsen entlüften

Wenn sich das Bremspedal zu tief durchtreten läßt, wenn das Pedal beim Betätigen federt oder wenn sich die richtige Bremswirkung erst nach »Pumpen« mit dem Pedal einstellt, dann ist Luft in der Bremsleitung. Veranlassen Sie in solchem Fall, daß die Bremsleitung auf schnellstem Wege entlüftet wird. Vor dem Entlüften ist zu kontrollieren, ob der Stand der Bremsflüssigkeit im Ausgleichbehälter (Motorraum) richtig gefüllt ist.
Durch das Entlüften soll, wie schon der Name verrät, die Luft wieder aus der Bremsanlage herausgebracht werden. Ein zweiter Mann drückt mit dem Bremspedal pumpenderweise die Flüssigkeit aus den Leitungen, und zwar so lange, bis sie keine Luftbläschen mehr mit sich bringt. Die Reihenfolge für das Entlüften (rechtes Hinterrad, linkes Hinterrad, rechtes Vorderrad, linkes Vorderrad) wird oft von den Werkstätten eingehalten, um die Luft aus den längeren Leitungen eher entweichen zu lassen. Da aber die eventuell vorhandene Luft im Hauptbremszylinder dann immer mitgepumt wird, ist es zweckmäßiger, die Bremsanlage völlig zu entleeren, neu zu befüllen und mit der Entlüftung des kürzesten Weges zu beginnen.
Werden nur an den vorderen oder an den hinteren Bremsen Arbeiten vorgenommen, die zum Entlüften zwingen, genügt es natürlich, nur den betreffenden Bremskreis zu entlüften. Der Arbeitsablauf läßt sich mit folgenden Worten beschreiben:
Schutzkappe von den dafür vorgeschriebenen Entlüftungsventilen entfernen (diese vorher mit Lappen von Schmutz säubern). Stramm sitzenden Schlauch über den Ventilnippel schieben. Schlauchende in Glasgefäß (altes Marmela-

denglas, kleinere Flasche) stecken. Das Gefäß muß schon mit Bremsflüssigkeit gefüllt sein, damit beim folgenden »Pedalpumpen« keine Luft in die Leitung zurückgesaugt wird. Das Schlauchende liegt demnach in der Flüssigkeit.
Mit Gabelschlüssel SW 8 das Entlüftungsventil etwa eine halbe Umdrehung lösen. Auf Zuruf des Mannes am Rad beginnt der Mann im Wagen mit dem Bremspedal zu pumpen (schnell treten, langsam zurückkommen lassen). Beobachtet der erste Mann, daß mit der Bremsflüssigkeit keine Luftblasen mehr herausgedrückt werden, ruft er »halt«. Der zweite Mann hält das Pedal in seiner tiefsten Stellung und der erste schließt das Entlüftungsventil. Schlauch abziehen, Staubkappe (gesäubert) aufsetzen.

■ Nach der Entlüftung an jedem Rad ist der Bremsflüssigkeits-Vorratsbehälter wieder aufzufüllen, eventuell auch während der Arbeit. Luft gerät wieder in Leitungen, wenn das Niveau zu weit absinkt.

■ Original-Bremsflüssigkeit gibt es in der Werkstatt oder in jedem Zubehörgeschäft zu kaufen. Literpreis etwa 9 Mark.

■ Nach der Arbeit bei laufendem Motor Bremsen mehrmals kräftig betätigen, dann Bremsproben während vorsichtiger Fahrt vornehmen.

Hauptbremszylinder für zwei Bremskreise

Im Hauptbremszylinder versorgt ein sogenannter Tandemkolben zwei getrennte Bremskreise. Im Zweikreis-Bremssystem von Fiat werden die Vorderradbremsen vom hinteren Teil des Kolbens und die Hinterradbremsen von dem vorderen Teil bedient.
Zwei Bremskreise garantieren für größere Sicherheit, falls einmal ein Bremskreis ausfallen sollte. In jedem Fall arbeitet dann noch der andere. Dabei ist die Bremswirkung spürbar geringer, wenn die vorderen Bremsen ausfallen, weil die Bremsanlage an jedem Auto so eingerichtet sein muß, daß die vorderen Bremsen kräftiger zugreifen als die hinteren.
Bestimmte Einstellungen im Hauptbremszylinder lassen es nicht zu, daß daran unsachlich repariert wird. Nur in der Werkstatt kann er zerlegt, überholt oder gegebenenfalls ersetzt werden, wonach er dann wieder mit dem Bremskraftverstärker verbunden werden muß.

Der Bremskraftverstärker

Bei den Scheibenbremsen entsteht kein selbstverstärkender Effekt, wenn die plananliegenden Beläge gegen die flachen Bremsbeläge gedrückt werden. (Bei der Trommelbremse nimmt die umlaufende Trommel die gegen sie »auflaufende« Bremsbacke mit, was den Anpreßvorgang verstärkt.) Mit der Einführung von Scheibenbremsen wurde daher bei schweren Wagen und später auch bei Mittelklassewagen ein gesonderter Bremskraftverstärker (Servobremse) erforderlich. Ein solcher, vom Typ Master-Vac, kommt auch beim 131 zum Einbau.
Er ist in zwei Kammern aufgeteilt, die jedoch mit der Bremsflüssigkeit nicht in Verbindung kommen. In beiden Kammern – getrennt durch eine Membrane – herrscht normalerweise Unterdruck. Bei Betätigung des Geräts (von der Pedalseite her, wenn also die Bremse getreten wird) strömt in die kleinere Kammer Außenluft, deren Druck sich auf die Membrane fortpflanzt. Diese drückt den luftverdünnten Raum der trommelförmigen großen Kammer, die über eine Leitung mit dem Ansaugrohr des Motors verbunden ist, zusammen und verstärkt dadurch den Druck auf den angeschlossenen Hauptbremszylinder. Bei stehendem Motor liefert der Servo natürlich keine (zusätzliche) Bremskraft. Deshalb muß man z. B. beim Abgeschlepptwerden wesentlich kräftiger auf das Pedal treten.
Ob die Servobremse funktioniert, ist festzustellen, indem der Unterdruck bei

149

abgestelltem Motor durch mehrmaliges Betätigen des Bremspedals abgebaut wird. Dann hält man das Pedal niedergetreten fest und startet den Motor. Wenn sich das Pedal infolge der neuerzeugten Hilfskraft weiter senkt, ist die Anlage in Ordnung. Senkt sich das Pedal dabei nicht weiter, sind wahrscheinlich die Unterdruckschläuche nicht einwandfrei. Andernfalls ist der Bremsverstärker defekt und muß von der Fiat-Werkstatt ausgetauscht werden.

Der Bremskraftregler

Ein Auto muß vorne wirksamer bremsen als hinten, da sich ein Teil des Wagengewichts beim Verzögern nach vorne verlagert. Der Bremskraftregler drosselt den Druck der Bremsflüssigkeit zu den Hinterrädern, damit die beim Bremsen entlastete Hinterachse den Wagen nicht schleudern läßt.
Der Bremskraftregler sitzt am Wagenboden vor dem linken Hinterrad und wird über einen Federstab, der an einem Bügel unterhalb des Achsrohres befestigt ist, durch die Vertikalbewegungen der Hinterachse betätigt. Eine eiförmige Schutzkappe umhüllt den Bremsdruckregler. Innerhalb der Schutzkappe bewegt das Ende des Federstabs einen Kolben, der die Durchflußmenge der Bremsflüssigkeit reguliert. Kontrollen und Einstellungen an diesen Geräten sind nur der Fiat-Werkstatt möglich, da es dazu verschiedener Lehren und besonderer Arbeitsmethoden bedarf.

Die Scheibenbremse

Das Arbeitsprinzip der Scheibenbremse ist mit einem Satz beschrieben: Parallel mit dem Rad dreht sich eine Stahlscheibe, gegen die von beiden Seiten Reibklötze gepreßt werden. Heute hat man sich allgemein zu Scheibenbremsen – zumindest für die Vorderräder – entschlossen, weil dieser Bremsentyp der althergebrachten Trommelbremse in einigen Punkten überlegen ist.
Wegen ihrer offenen Bauart zeichnet sich die Scheibenbremse durch bessere Ableitung der Reibungswärme, ferner durch Unempfindlichkeit gegenüber Schwankungen im Reibwert der Bremsbeläge (daher sorglosere Betätigung möglich) und durch ihre Wartungsfreundlichkeit aus. Schließlich ist die Scheibenbremse selbstnachstellend und im gewissen Maße auch selbstreinigend.
Ihre negativen Eigenheiten muß man aber kennen. Die Bremsbeläge sind für Scheibenbremsen wesentlich kleiner als für die Trommelbremsen. Daher nutzen sie sich schneller ab und müssen eher ausgetauscht werden. Weil die Beläge nicht völlig abzuschirmen sind, können zwischen diese und die Scheibe Fremdkörper eindringen. Das führt manchmal zu lästiger Quietscherei, was man durch Säubern oder Auswechseln des Belags beseitigen kann. Bisweilen

Links: Bei abgenommenem Vorderrad sind zu sehen: 1 – Bremsbelag, 2 – Bremsscheibe, 3 – Bremssattel, 4 – Bremszangenträger, 5 – oberer Gleitstein für die Sattelbefestigung, 6 – Haltefeder des Bremsbelages.
Rechts: Besonders die mit Pfeilen markierten Stellen zwischen Belag und Bremszange sind in gewissen Zeitabständen von Schmutz zu befreien.

hilft es, mit leicht getretenen Bremsen rückwärts zu fahren, wobei die Quietschgeister wieder ins Freie befördert werden. Bremsenquietschen kann aber auch an einem verdrehten Kolben im Radbremszylinder liegen. In der Werkstatt bringt man dann den Kolben mit einem speziellen Kolbendrehwerkzeug wieder in die richtige Stellung.

Von den zweierlei Arten der Scheibenbremse – Festsattel- und Schwimmsattelbremse – findet man beim 131 die letztere. Das bedeutet, daß der Bremssattel beweglich (»schwimmend«) angeordnet ist. Der Kolben im Radbremszylinder drückt den äußeren Bremsbelag gegen die Bremsscheibe. Dieser Druck wirkt im selben Maße auf den Boden des Radbremszylinders und verschiebt den Bremssattel seitlich, wodurch auch der innere Belag gegen die Scheibe gedrückt wird. Den Verschleiß der Bremsbeläge berücksichtigt ein selbsttätiger Spielausgleich.

Schwimmsattel-Bremsen haben den Vorteil, daß sich in ihrem Bremssattel die Bremsflüssigkeit nicht so stark erhitzen kann wie bei einer Festsattelbremse, weil ja nur ein Kolben und somit nur eine Zuleitung ohne Abzweig zur anderen Seite des Bremssattels vorhanden ist. (Erhitzte Bremsflüssigkeit kann Dampfblasen entwickeln und die Bremswirkung läßt nach.) Andererseits ist bei der Fiat-Bremse nachteilig, daß die Beweglichkeit der Bremsklötze von Schmutz beeinträchtigt werden kann. In krassen Fällen klemmen sie sogar. Um sich der steten einwandfreien Arbeit der Bremsen zu versichern, müssen sie hin und wieder auf übermäßige Verschmutzung kontrolliert werden. Vordringlich nach der Winterperiode ist der Zustand der Scheibenbremsen zu prüfen, da die Auftausalze bekanntlich aggressiv sind.

Bremsbeläge der Scheibenbremsen prüfen
Pflegearbeit Nr. 7

Die Stärke des Bremsbelags, also des abnutzbaren Teils der Bremsklötze, soll jeweils nach 5000 km kontrolliert werden. Bei ständig scharfer Fahrweise kann der Belag an den Vorderrädern schon nach 10 000 oder 12 000 km verschlissen sein (in sportlichen Einsätzen noch eher), behutsame Fahrer können auf die doppelte Wegstrecke kommen.

Zur Kontrolle muß man den Wagen an der betreffenden Seite hochbocken und das Rad abnehmen. Bei den Vorderrädern die Lenkung entsprechend einschlagen, damit der Bremssattel gut zugänglich ist.

Von wellenförmigen Druckfedern gehalten, sitzen beiderseits der Bremsscheibe die zwei Bremsklötze, die sich gegen die Bremsscheibe lehnen. Ohne irgend etwas zu lösen, läßt sich schräg von oben die Belagstärke feststellen. Sie soll nicht geringer sein als 1,5 mm. Dabei darf natürlich die Platte des Belagträgers nicht mitgemessen werden. An einer Achse müssen immer alle vier Bremsklötze ausgewechselt werden, wenn bei einer das Mindestmaß unterschritten ist und wenn auch andere Bremsbeläge noch als ausreichend stark erscheinen.

Bremsbelagplatten wechseln

Dieses ist eine Arbeit für Ihre Fiat-Werkstatt. Bei längeren Auslandsreisen (Ostblock) kann es freilich nötig werden, die Bremsklötze ohne fachlich geschulte Hilfe zu erneuern. Für diesen Fall, bei dem vielleicht ein einfacher Monteur unterstützt werden muß, sei hier der Arbeitsablauf aufgezeigt. Voraussetzung ist selbstverständlich das Vorhandensein passender Bremsklötze für die am Wagen befindlichen Bremssättel. Sollte man also einen »improvisierten« Belagwechsel in Aussicht haben, wird man von seiner Werkstatt bestimmt insofern Unterstützung bekommen, daß man die richtigen Belagplatten und außerdem ein paar Federn für den Bremsbelag als möglicherweise erforderlichen Ersatz für die Reise erhält.

151

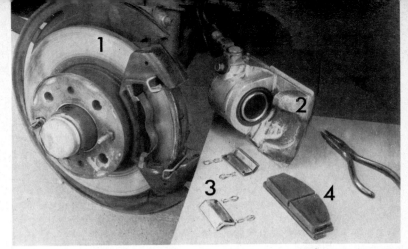

Auswechseln des Bremsbelags an der Bremse des linken Vorderrades.
1 – Bremsscheibe,
2 – Bremssattel (oder auch Bremszange), in der sich die Öffnung für den Bremskolben befindet,
3 – Gleitsteine mit daneben liegenden Splinten, 4 – Bremsbelag. Den Bremssattel kann man während der Arbeit an dem Bremsschlauch nach unten hängen lassen.

Zum Belagwechsel vorn den Wagen hochbocken und beide Räder abnehmen. Der Bremsflüssigkeitsbehälter muß teilweise durch Absaugen entleert werden.

Ober- und unterhalb am Bremssattel sitzen zwei winklig gebogene Metallplatten, die sogenannten Gleitsteine, die je durch zwei schlaufenförmige Splinte gegen seitliches Verrutschen gesichert sind und als Halter für den Bremsträger dienen. Diese Splinte greifen durch eine rechteckige Stahlklammer, die den Sitz der Gleitsteine garantiert. Dabei ist es wichtig, den guten Zustand der Splinte (Rost!) festzustellen, da ein gebrochener Splint den Gleitstein bereits herauswandern lassen kann, wonach sich, wie wir gleich sehen werden, der Bremsklotz samt Belag während der Fahrt entfernt. Danach ist die Bremswirkung – zumindest an diesem Rad – gleich Null.

Die vier Splinte lassen sich leicht mit einer Zange herausziehen. Danach kann man auch das Klemmstück – die Stahlklammer – entfernen. Um die Gleitsteine wegnehmen zu können, müssen sie meist mit dem Hammerstiel etwas locker geklopft werden; mit einer Rohrzange gepackt, kann man sie nach vorne wegziehen. Schon bei Herausnahme eines Gleitsteins stellt man fest, daß sich der Bremssattel lockert. Hat man den zweiten Gleitstein herausgezogen, kann man den Bremssattel seitlich wegnehmen. Gleichzeitig werden die beiden Bremsbeläge frei, die von einer länglichen Blattfeder im Bremssattel festgehalten werden. Den Bremssattel kann man am Bremsschlauch nach unten hängen lassen oder besser auf einer bereitgestellten Unterlage ablegen.

Der Bremssattel an der Scheibenbremse wird gelöst, indem man an jedem Gleitstein die beiden Sicherungssplinte herauszieht und danach die Gleitsteine mit einem Schraubenzieher vorsichtig heraushebelt. Beim Wiederzusammensetzen muß man für den zweiten Gleitstein zwischen Bremssattel und Bremszangenträger Platz schaffen. Auch hierbei dient der Schraubenzieher als Hebel, um diese beiden Teile so weit auseinander zu sperren, daß man den Gleitstein mit dem Hammerstiel in den entstandenen Spalt klopfen kann.

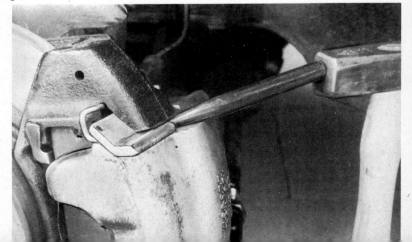

Bei der Demontage soll man sich genau die Stellung der Gleitsteine und der im vorletzten Abschnitt erwähnten Splinte und Stahlklammern einprägen, um den Zusammenbau wieder richtig vornehmen zu können. Notfalls muß man sich bei dem anderen Rad den Zusammenhalt der Teile nochmals ansehen. Wichtig ist es auch, die beiden Bremsklötze nicht zu verwechseln, da sich der Bremsbelag auf die Bremsscheibe eingebremst hat. Als Folge beim falschen Einbau wäre eine quietschende Bremse noch das kleinere Übel, die schlechtere Bremswirkung der an die andere Seite der Bremsscheibe gewöhnten Beläge wäre ein zwangsläufiges Resultat.

Beim Zusammenbau geht man in umgekehrter Reihenfolge wie eben beschrieben vor. Um neue Beläge einsetzen zu können, muß man den Kolben des Bremszylinders, der in der Bremszange sitzt, nach innen drücken. Alle Teile müssen sauber sein, aber zum Reinigen darf man weder Benzin noch Petroleum verwenden. Wasser und Bürste genügen dazu. An Tankstellen gibt es blaue ATE-Bremspaste in Tuben, mit der man die gesäuberten Teile (nicht die Beläge) dünn einschmiert. Das erleichtert das Zusammenfügen.

Da der Bremssattel auch nach Einschieben des ersten Gleitsteins nach beiden Richtungen etwas seitlich verschoben werden kann, wird der zweite Gleitstein in der günstigsten Position dann eingesetzt, wenn man die Stahlklammer mit einem Schraubenzieher nach der Radmitte hin abhebelt. Schwergängige Gleitsteine klopft man mit dem Hammerstiel in ihre Position.

Vor der Weiterfahrt: Bremsflüssigkeitsbehälter nachfüllen. Bei laufendem Motor (Unterdruck der Servobremse wird nur dann aufgebaut) das Bremspedal bis zum Auftreten spürbaren Widerstandes niedertreten.

Zustand der Bremsscheibe

Während der oben beschriebenen Arbeit läßt sich der Zustand der Bremsscheibe kontrollieren. Ihre Originalstärke: 9,95 mm–10,15 mm. Durch einmaliges Feinstdrehen dürfen diese Maße bis auf 9,35 mm reduziert werden. Danach darf die Scheibe nochmals bis 9 mm abgenutzt werden, dann ist sie auszuwechseln. Die Bremsscheibe darf höchstens einen Schlag von 0,15 mm hinsichtlich ihrer Drehachse aufweisen. In der Werkstatt kann das mit einer Meßuhr festgestellt werden, indem der Meßuhrstift etwa 2 mm entfernt vom Außendurchmesser angesetzt wird.

Ferner darf die Bremsscheibe keine zu tiefen Rillen aufweisen. Gewöhnlich rühren diese von den durch die Beläge aufgefangenen Fremdkörpern, seltener von zu weit abgenutzten Belägen her. Bläuliche Verfärbung der Bremsscheibe ist ohne Belang.

Fingerzeige: *Scheibenbremsen ziehen erwärmt am besten. Sie sollen also vor erkennbaren Situationen, bei denen mit baldigem Bremsen zu rechnen ist, öfter leicht angetippt werden.*

Wenn die Bremswirkung bei längeren Abfahrten im Gebirge nachläßt, hat es keinen Zweck, das Bremsen durch wesentlich erhöhten Fußdruck zu erzwingen. Damit werden nur die Bremsbeläge verdorben. Besser ist es, die Bremswirkung des Motors im 2. oder gar im 1. Gang auszunützen.

Die Trommelbremse

Alle Fiat 131 haben an den Hinterrädern Trommelbremsen. In ihnen werden zwei Bremsbacken von den Kolben des Radzylinders, der zwischen ihren oberen Enden an der Bremsträgerplatte sitzt, gegen die Trommel gedrückt. Die sinnreiche Aufhängung der Bremsbacken bewirkt eine Verstärkung der Bremskraft beim Bremsen und zentrischen Druck gegen die Bremstrommel. Daraus ergibt sich auch eine gleichmäßige Abnutzung beider Beläge.

Die Bremstrommel ist mit zwei SW 12-Bolzen am Radträger befestigt. Bei abgenommener Trommel erkennt man: 1 – Radbremszylinder, 2 – Bremsbacken mit Belag, 3 – Nachstellhebel, unten in den verzahnten Ansatz greifend, 4 – Handbremshebel, 5 – Bremsträger.

Gegenüber der früher bei Fiat üblichen Aufhängung mit Selbstnachstellung tritt hier während der Abnutzung der Bremsbeläge ein verzahnter Nachstellhebel in Aktion. Er wird durch eine Rückholfeder an der unterhalb des Bremszylinders quer angebrachten Traverse zurückgezogen und von dem kleinen verzahnten Ansatz in einer Stellung blockiert, die dem richtigen Spielwert entspricht. Somit werden die Bremsbacken nachgestellt. Ihr Rückweg, durch die Rückholfedern oben und unten verursacht, wird beim Loslassen des Bremspedals kleiner, da die Bremsbacken von den eben genannten Teilen in eine geeignete Stellung gebracht werden. Auch nach der Überholung der Bremse bewirkt in Luftspalt von 1–1,2 mm zwischen Zahn der Traverse und Anschlag im Nachstellhebelloch die Herstellung des Betriebsspiels bei der nächsten Bremsung. Eine Nachstellung der Bremse von außen entfällt.

Man sollte sich hüten, die Trommelbremse als veraltet zu bezeichnen. Unbestreitbar hat diese Bremsart Vorzüge; so ist der nötige Pedaldruck kleiner, zu erwähnen ist auch die Unempfindlichkeit gegen Nässe und die längere Lebensdauer der Bremsbeläge.

Zustand der Trommelbremsen prüfen
Pflegearbeit Nr. 32

Der Belag der Bremsbacken in den Trommelbremsen nutzt sich im Laufe der Zeit natürlich auch ab. Da man eine verminderte Bremsleistung in der Fahrpraxis kaum feststellen kann und erst vielleicht in einem Notfall mit Erschrecken bemerkt, wie dürftig die Verzögerung wegen total verbrauchter Beläge ist, kommt man nicht umhin, sich die Sache wenigstens einmal im Jahr gründlich anzusehen. Fiat schreibt eine Kontrolle für alle 10 000 km vor.

Dazu muß das betreffende Rad abgenommen werden. Wagen hinten hochbocken. Vorderräder mit Steinen, Bremsklötzen oder ähnlichem sichern. Die Handbremse muß gelöst sein, sonst läßt sich die Bremstrommel nicht von den nach außen drückenden Bremsbacken abziehen.

Die Bremstrommel wird von den beiden Radzentrierbolzen auf dem Radträger festgehalten. Die Bolzen löst man mit einem Ringschlüssel. Eventuell muß man dem Lockern der Trommel durch Klopfen mit dem Hammerstiel nachhelfen. Es empfiehlt sich, Bremstrommel und Nabe mit einem Ritzer zu markieren, damit die Trommel wieder nachher in der alten Lage aufgesetzt wird. Geht sie nicht gleich auf die Nabe, dreht man sie beim Aufsetzen etwas.

Der Innendurchmesser einer neuen Trommel beträgt rund 228,5 mm. Wenn die Bremsfläche der Trommel Rillen aufweist, muß sie ausgedreht werden. Auch unrunde Trommeln (machen sich durch »Rubbeln« bemerkbar) kann man ausdrehen (zentrieren) lassen, sofern die Materialstärke das zuläßt.

Nach dem Ausdrehen darf das höchstzulässige Durchmesser-Übermaß 0,8 mm ausmachen. Danach darf noch eine Abnutzung bis zu 230 mm stattfinden, bevor die Trommel auszuwechseln ist. Bremstrommeln müssen innen sauber und trocken sein. Dazu wischt man sie mit einem nicht fettigen Lappen aus. Rost wird mit Drahtbürste entfernt.
Der Bremsbelag ist mit dem Bremsbacken verklebt. Man wird also, wenn man nicht über komplette neue Bremsbacken verfügt, den eventuell notwendigen Belagwechsel seiner Werkstatt überlassen müssen. Man kann aber zumindest feststellen, ob die Abnutzung so weit fortgeschritten ist, daß neue Beläge montiert werden müssen.
Ein Bremsbelag darf nur bis zu einer Mindeststärke von 1,5 mm abgenutzt sein. Ebenso müssen veröfte Beläge und solche mit Rillen ausgewechselt werden. Reinigen mit Benzin und Abschleifen ist wirkungslos. Glatte, auch schwärzlich glänzende Oberflächen zeigen, daß die Beläge gut tragen. Die Trommelbremsbeläge sind etwa doppelt so lange wie die Scheibenbremsbeläge einsatzbereit.
Zum Austausch der Bremsbacken muß man sie selbstverständlich von der Bremsträgerplatte lösen. Auf dem Bild Seite 154 ist ersichtlich, wie und wo die Bremsbacken befestigt sind. Schwierigkeiten kann allenfalls das Lösen der oberen Rückzugfeder bereiten, wenn man keine Federzange besitzt, um sie aus ihrem Halt auszuhängen. Es gelingt aber auch, indem man mit einer Zange das Federende aus seinem Haltepunkt etwas lüftet und mit einem Schraubenzieher etwas nachfährt. Danach wird die Schraubenzieherklinge an einem festen Punkt innerhalb der Bremse angesetzt, um die jetzt am Schraubenzieherschaft eingehakte Feder aus der Backe herauszuhebeln. Hat man auch die Bremsbacken seitlich unten ausgehängt, sowie den Seilzug der Handbremse vom Bremshebel getrennt, lassen sich beide Bremsbacken entnehmen. Der Einbau erfolgt später in umgekehrter Reihenfolge der vorher verrichteten Arbeit.
Die Beläge der Bremsbacken haben eine gestreckte Länge von 168 mm und eine Breite von 39,5–40,5 mm. Bei neuen Belägen beträgt die Belagstärke normalerweise 5,2–5,5 mm, es können zur Not Beläge mit einer geringeren Stärke bis etwa 4,6 mm aufgebracht werden. Theoretisch kann man neue Beläge auf alte Bremsbacken aufkleben, doch das ist wesentlich umständlicher als der Tausch gegen neue Backen mit Belag. Mit Hausmitteln ist die Kleberei nicht durchführbar; dazu sind verschiedene Vorkehrungen sowie ein Trockenofen notwendig.

Links: Schon bei abgenommenem Hinterrad kann man die Stärke des Bremsbelags erkennen. Diese Kontrolle erlaubt das Schauloch in der Bremstrommel, hinter dem die Bremsbacke ausschnittweise sichtbar ist. Die Belagstärke läßt sich am sichersten in Höhe der bogenförmigen Rippe der Bremsbacke ermitteln.
Rechts: Die Bremsfläche der Bremstrommel ist niemals spiegelglatt, obwohl dies natürlich am idealsten wäre. Rillen in der Bremsfläche, die man mit den Fingern ertasten kann, schwächen jedoch die Bremswirkung erheblich. Diese Rillen entstehen durch Sandkörnchen, die in der Trommel eingefangen und vom Bremsbelag gegen die rotierende Trommel gepreßt werden. Bei erheblicher Rillenbildung muß die Trommel ausgedreht (geglättet) werden.

Handbremse auf Funktion prüfen und einstellen

Teil der Pflegearbeit Nr. 33

Die mechanisch auf die Hinterräder wirkende Seilzugbremse ist eine Feststellbremse, die in der Lage sein soll, den Wagen auch im Gefälle festzuhalten. Eine »Betriebsbremse«, mit der man während der Fahrt wirkungsvoll bremsen könnte, ist sie nicht, da ein aus schneller Fahrt nur hinten gebremstes Auto schwer kontrollierbar reagiert.

Handbremsen haben die Eigenart, ihre Wirksamkeit nach gewisser Zeit zu verlieren. Das hängt mit der Dehnbarkeit eines Seils zusammen, auch wenn dieses aus Stahldrähten geflochten ist. Deshalb sollte man es sich nicht angewöhnen, die Handbremse bei jedem Abstellen des Wagens anzuziehen. Am Berg legt man zum Festhalten einen kleinen Gang ein (als doppelte Sicherheit noch die Vorderräder zum Straßenrand einschlagen). In der Ebene braucht man das Auto überhaupt nicht zu blockieren. Je weniger man die Handbremse unnötig benutzt, um so seltener muß sie nachgestellt werden und um so mehr kann man sich auf sie verlassen, wenn man sie wirklich braucht. Allerdings muß man sich gelegentlich von ihrer Einsatzbereitschaft überzeugen; hierbei ist wieder ein 10 000-km-Intervall vorgesehen.

Von dem Handbremshebel auf der Mittelkonsole werden die Hinterradbremsen über einen Seilzug betätigt. Während die Seilenden jeweils unten am Bremshebel innerhalb der Trommelbremse eingehängt sind, läuft unter dem Wagenboden die Seilmitte über eine Rolle. Diese Rolle wird einerseits von einem Seilstück am Handbremshebel durch den Zug desselben angezogen, andererseits bei Ruhestellung des Handbremshebels von einer Rückzugfeder in ihre Ausgangsposition gezogen.

Die Hinterräder sollen beim Einrasten des Handbremshebels hinter dem dritten Zahn arretiert sein (die Einrastung ist hörbar, wenn man den Hebel langsam hochzieht). Exakt läßt sich diese vorgeschriebene Bremswirkung nur bei angehobener Hinterachse feststellen, allenfalls auch, wenn man das Auto auf leicht abschüssiger Straße rollen läßt und die Handbremse bedient.

Zur Einstellung muß das Auto hinten angehoben und auf Böcken aufgesetzt werden, die Vorderräder sind durch Keile oder Steine zu sichern. Unterhalb des Handbremshebels, vom Vordersitz aus erreichbar, befindet sich eine längliche Einstellmutter. Sie muß so weit angezogen werden, bis sich die frei hängenden Hinterräder nicht mehr drehen lassen, während der Handbremshebel in die dritte Raste angezogen ist.

Danach prüft man, ob die Blockierung der Räder nach mehrmaligem Anziehen der Handbremse in die dritte Raste weiterhin gegeben ist. Außerdem müssen sich die Räder frei und ohne Hemmungen drehen lassen, wenn sich die Handbremse in Ruhestellung befindet.

Mit dem Handbremshebel ist die Vorrichtung zur Einstellung der Handbremse verbunden. Das ist sehr praktisch, denn bei etwas Übung kann man die Handbremse auch einstellen, ohne die Hinterachse anzuheben. Man zieht dazu die Einstellmutter so weit an, bis der Wagen sich nicht mehr schieben läßt, dann dreht man die Mutter wieder gerade so weit zurück, daß der Wagen leicht rollt.

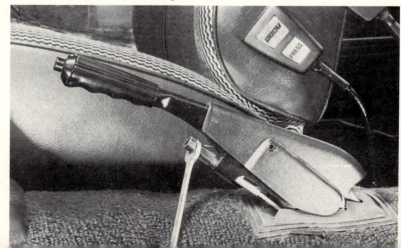

Zustand des Handbremsseils untersuchen
Teil der Pflegearbeit Nr. 33

Vor allem die Wintermonate mit den Auftausalzen auf den Straßen können den Zustand des Handbremsseilzuges beeinträchtigen. Bestimmt bietet sich im Frühjahr einmal die Möglichkeit – im Zusammenhang mit anderen Arbeiten – bei einer Tankstelle oder Werkstatt das Auto von unten zu betrachten und das Handbremsseil zu kontrollieren. Bei Fiat macht man das alle 10 000 km. Um eine gute Beweglichkeit zu sichern, sind die Rolle am Wagenboden sowie die Mündungen der Seilzughüllen mit Fett zu versorgen. Dazu zieht man den Handbremshebel so weit wie möglich an, um das Fett beim Zurücklassen mit dem Seil in die Hüllen zu transportieren.
Wenn das Seil angerostet ist oder anderweitige Beschädigungen aufweist, muß es komplett ersetzt werden. Das aber ist eine Arbeit für die Werkstatt.

Störungsbeistand
Bremsanlage

Die Störung		– ihre Ursache	– ihre Abhilfe
A	Wagen zieht nach rechts oder links beim Bremsen	1 Reifendruck ungleich	Korrigieren
		2 Bereifung ungleichmäßig abgenutzt	Auswechseln, daß auf jede Achse gleichmäßig abgenutzte Reifen kommen
		3 Verschmierte Beläge	Alle Beläge der betreffenden Achse erneuern
		4 Bremssattel oder Bremstrommel verschmutzt oder verrostet	Säubern und gängig machen
		5 Unrunde Bremstrommeln	Trommeln ausdrehen
		6 Kolben im Bremssattelzylinder verdreht	Kolbenstellung berichtigen
B	Bremsen quietschen	1 Schmutz an oder in den Bremsen	Mit Preßluft ausblasen und mit Bürste säubern
		2 Federn der Bremsbeläge gebrochen	Federn ersetzen
		3 Bremsscheibe hat Schlag	Erneuern
C	Pedalweg zu groß	1 Beläge abgenutzt	Beläge erneuern
		2 Bremsscheibe hat Schlag	Auswechseln
D	Pedalweg zu groß und federndes Durchtreten	1 Luft in Bremsanlage, evtl. Bremsflüssigkeit zu tief abgesunken	Bremsen entlüften, evtl. Vorratsbehälter auffüllen
		2 Beschädigte Manschette im Trommelbremszylinder	Auswechseln
		3 Undichtigkeit	Anlage kontrollieren
E	Pedalweg zu groß, trotz Lüftung	Dichtungen oder Bremsschläuche schadhaft	Beides auswechseln
F	Pedal läßt sich ganz durchtreten, Bremswirkung läßt nach	1 Undichtigkeit in der Leitung	Anschlüsse kontrollieren, evtl. Leitung auswechseln
		2 Haupt- oder Radzylinder-Manschette beschädigt	Manschette auswechseln (Werkstatt)
G	Schlechte Bremswirkung bei hohem Fußdruck	1 Gummidichtungen verquollen	Gummiteile und Bremsflüssigkeit erneuern
		2 Beläge in Trommelbremse verölt	Radlagerdichtung und Beläge erneuern
H	Bremse zieht von selbst	1 Ausgleichsbohrung im Hauptzylinder verstopft	Hauptbremszylinder überholen (Werkstatt)
		2 Gequollene Manschetten	Bremsanlage spülen, Manschetten auswechseln
		3 Bremsscheibe hat Schlag	Bremsscheibe zentrieren
		4 Rückzugfedern in Trommelbremsen erlahmt	Federn erneuern

Räder und Reifen

Abgerundete Sache

Als Fiat-131-Besitzer hat man es nicht schwer, die richtige Wahl bei der Neuanschaffung von Reifen zu treffen. Der Spielraum für die Möglichkeit, verschiedenartige Reifen zu montieren, ist nämlich ganz eng umrissen, so daß man beim Kauf von Schuhwerk für dieses Auto eigentlich keinen Fehler machen kann.

Auch die deutsche Zulassungsbehörde verschloß sich nicht den strengen Richtlinien von Fiat. Die vorgegebenen Reifengrößen und -typen bieten nämlich ein hohes Maß von Sicherheit und Fahrkultur, die in gründlichen Versuchen ermittelt wurden.

Bedeutung der Felgen- und Reifen-Bezeichnungen

Die Fiat-131-Limousinen sind mit Felgen der Größe 4½ J x 13 und die Kombiwagen mit 5 J x 13-Felgen ausgerüstet. Zur Befestigung haben sie vier Löcher. Mit den Bezeichnungen werden folgende international gültige Begriffe ausgedrückt:

4½, 5 = Felgenmaulweite in Zoll, an der Felgenhornbasis quer zur Laufrichtung gemessen.
J = Kennbuchstabe für die Felgenhornhöhe.
x = Zeichen für Tiefbettfelge.
13 = Felgendurchmesser, von Wulst zu Wulst in Zoll gemessen.

Mit derartigen Normangaben wird jedoch nur auf die für die Reifengröße wichtige Felgenabmessung Bezug genommen, nicht aber auf die Art der Felgenbefestigung. Die Zahl der Radmuttern und der Radius ihres Lochkreises sowie die Schüsseltiefe der Felge und andere Merkmale differieren trotz gleicher Normbezeichnung von Automarke zu Automarke. Beim Kauf neuer Felgen sind deshalb Fabrikat und Typ des Autos anzugeben, für das sie gebraucht werden sollen.

In gleicher Weise (und ebenfalls nach international gültigen Regeln) verbergen sich hinter der für den 131 möglichen Bezeichnung der Reifen verschiedene Bedeutungen:

155, 165 = Reifenbreite in Millimeter.
13 = Zollangabe für den Felgendurchmesser.
S = Kennbuchstabe für zulässige Höchstgeschwindigkeit von 180 km/h
R = Kennbuchstabe für Reifen in Gürtelbauart (Radialreifen)
RF = reinforced (englisch) = verstärkt, Gürtelreifen mit höherer Tragfähigkeit.

Leichtmetallfelgen

Die typischen Fiat-Lochfelgen, die man von Ansehen auch von anderen Fiat-Wagen her kennt, möchte vielleicht der eine oder andere 131-Besitzer gegen eindrucksvollere Leichtmetallfelgen austauschen. Solche stilistisch meist wesentlich vom Serienrad abweichenden Felgen haben neben ihrer opti-

Von den auf dieser Seite aufgezählten Reifenfabrikaten, die man für den Fiat 131 auswählen kann, gehört der Michelin zX zur serienmäßigen Ausrüstung. Man muß sich keinesfalls an eine Marke gebunden fühlen, doch sollte man darauf bedacht sein, auf einer Achse immer Reifen des gleichen Fabrikats zu fahren. Trotz gleicher Bauweise können Reifen von zwei verschiedenen Herstellern unterschiedliche Laufeigenschaften besitzen, die man erst kennenlernen muß.

schen Wirkung den Vorteil, wegen ihres leichteren Gewichts die Radaufhängung weniger zu beanspruchen. Bei Autos, die in sportlichen Wettbewerben eingesetzt werden, haben Leichtmetallfelgen unzweifelhaft ihre Bedeutung. In Deutschland wird diese Felgenart einer sehr strengen Kontrolle seitens des TÜV unterworfen, die sich auf verschiedene Belastungsfaktoren bezieht. Entweder müssen Leichtmetallfelgen ein TÜV-Zertifikat besitzen oder sie müssen eine Allgemeine Betriebserlaubnis (ABE) zu einem bestimmten Fabrikat oder Typ erhalten haben oder sie müssen vom Fahrzeughersteller freigegeben sein. So gibt es auf Wunsch ab Werk die italienischen Cromodora-Felgen der Größe 4,5 J x 13. Für diese aus einer Magnesium-Legierung gegossenen Räder gibt es eine Fiat-Werksfreigabe; eine Nachrüstung der Limousine mit diesen Leichtmetallfelgen ist jederzeit möglich. Felgen anderer Hersteller dürfen nicht montiert werden (bei ihrem Gebrauch entfällt der Versicherungsschutz!).

Fingerzeig: *Die Felgen erwarten gelegentlich einen prüfenden Blick. Anfahren an große Steine oder Bordkanten kann zu Beschädigungen am Felgenhorn (und an der Radaufhängung!) führen. Wenn die Felge nach Höhe und Seite um mehr als 1 mm »eiert«, muß sie ausgetauscht werden.*

Gürtelreifen sind Vorschrift

Wichtige Unterschiede bestehen zwischen Diagonal- und Radial-(Gürtel-) reifen. Die Diagonalreifen sind in ihrer Karkasse – dem Unterbau – durch Fäden in verschiedenen Gewebeeinlagen gekennzeichnet, die sich schräg (diagonal) zur Reifenachse übereinander kreuzen. Sie entsprechen der althergebrachten Reifenbauweise und werden deshalb als »konventionelle Reifen« bezeichnet. Die Benutzung solcher Reifen ist beim Fiat 131 untersagt, deshalb erübrigt sich eine weitere Beschreibung.
Die hier allein im Blickpunkt stehenden Gürtelreifen besitzen unter ihrer Lauffläche einen recht stabilen »Gürtel« aus verschiedenen Lagen von Stahl- oder Textilfäden. Je nach Fabrikat können diese in unterschiedlicher Fadenrichtung liegen. Bei wachsender Geschwindigkeit verändert sich dieser Gürtel in seinem Durchmesser kaum. Deshalb vergrößert sich die Lauffläche mit wachsender Geschwindigkeit nicht wie beim Diagonalreifen, dessen Bodenberührungsfläche dann kleiner wird. In der Lauffläche gibt er bei der Berührung mit der Fahrbahn keine Querbewegungen und es entsteht eine besonders gute Bodenhaftung. Gürtelreifen geben hauptsächlich in den weichen Reifenflanken nach, so daß manchmal der Eindruck entsteht, es fehle am richtigen

Luftdruck. Weil ihr Rollwiderstand geringer ist, bieten Gürtelreifen den Vorteil eines reduzierten Kraftstoffverbrauchs.

Dazu erübrigen diese Radialreifen in vielen Fällen die Anschaffung besonderer M+S-Reifen. Vor allem aber zeichnen sie sich durch geringen Abrieb aus, da ihre Lauffläche auf der Fahrbahn kaum walkt. Gürtelreifen erreichen wesentlich höhere Kilometerleistungen – sie liegen oft doppelt so hoch wie jene normaler Diagonalreifen.

Textil-Gürtelreifen sind gewöhnlich etwas komfortabler als Stahl-Gürtelreifen. Für den 131 kann man sich zu der einen oder anderen Qualität entscheiden. Stahl-Gürtelreifen besitzen eine weitgehend stabilisierte Lauffläche, was sie auch relativ gut wintertauglich macht.

Die erstgenannten sind in ihrem Ablauf etwas weicher und werden u.a. von Bridgestone, Dunlop, Firestone, Kelly, Kléber, Trelleborg und Vredestein hergestellt. Stahl-Gürtelreifen-Hersteller sind z. B. Ceat, Continental, ebenfalls Dunlop, Fulda, Gislaved, Goodrich, Goodyear, Metzeler, Michelin, Phoenix, Semperit, Uniroyal und Veith-Pirelli.

Wer günstig Reifen einer anderen Marke beziehen kann, soll sich jedoch nicht scheuen, zuzugreifen.

Mitbestimmung des TÜV

Viele Autofahrer bewegt beim Reifen-Ersatzbedarf die Frage: Könnte man sein Auto nicht auf andere Reifengrößen stellen? Man hört da so viel von verbesserter Straßenlage, schnellerer Kurvenfahrt, von Benzinersparnis und mehr Kilometern. Das alles trifft für den Fiat 131 nicht zu. Deshalb sind auch weder vom Werk noch vom TÜV andere Größen als die angegebenen freigegeben. Maßgebend für die Bereifung sind nur die in den Kraftfahrzeugpapieren enthaltenen Angaben.

Der Reifenverschleiß

Eine ganze Reihe von Einflüssen bestimmen die Lebensdauer eines Reifens. Da wäre zuerst die Beanspruchung, die sich durch Wagenbelastung, Geschwindigkeit und Fahrstil bemerkbar macht. Bedeutende Auswirkungen gehen von falschen Luftdrücken aus, wie noch später ausführlich erklärt wird. Der Straßenzustand spielt nur eine untergeordnete Rolle, weil es heutzutage kaum noch Schotterstraßen in unseren Breiten gibt. Bei der Beurteilung der Abreibfestigkeit kann es sich natürlich nur um Durchschnittsangaben handeln, die auch die allgemeine Lebensdauer einzelner Reifenmarken nicht berücksichtigen.

In gewissem Maß hängt die mögliche Laufstrecke eines Reifens auch von der Gummimischung ab. Bei Sommer-Gürtelreifen bestehen jedoch kaum große Unterschiede zwischen den einzelnen Reifenfabrikaten, sofern es sich um bekannte Marken-Fabrikate handelt. Mit ihnen wird man im Durchschnitt auf 25 000 km bis 35 000 km kommen. Natürlich ergeben sich Differenzen aus der Motorleistung. Das schwächere 1300-Modell etwa hat selbstverständlich einen geringeren Reifenverbrauch als die Version mit 1,6-Liter-Motor, die sich strammer fahren läßt. Die Reifen am Automatik-Fiat haben in der Regel eine längere Lebensdauer, etwa um 3000 bis maximal 5000 km.

Die Reifenwahl

Bauart-Vorschrift und vorgegebene Größe des Reifens begrenzen, wie erwähnt, die Auswahl neuer Reifen erheblich. Es bleibt eigentlich nur noch übrig abzuwägen, welchem Reifenfabrikat man den Vorzug geben soll.

Reifenhersteller rühmen selbstverständlich die lange Lebensdauer ihrer Produkte und wir weisen hier auf die tatsächlich geringen Unterschiede besonders hin. Andererseits plädiert der eine Fabrikant mehr für Regentauglichkeit und der andere lobt die zusätzliche Wintereigenschaft seiner Reifen. Wir wollen uns hier nicht festlegen, denn die individuelle Beurteilung hängt schließlich von verschiedenen Faktoren ab, die freilich auch die Gestaltung des Reifenprofils berücksichtigt. Denn bei dem Profil – die unterschiedlich breiten, sich wiederholenden Einschnitte auf der Lauffläche – kommt es sowohl auf Griffigkeit an als auch auf die Gegebenheit, Wasser auf der Fahrbahn aufzunehmen und in Sekundenbruchteilen so verdrängen zu können, daß der Kontakt Reifen/Straßenoberfläche dauernd erhalten bleibt. Immerhin ist es nicht verkehrt, wenn man den auf Seite 160 aufgeführten Fabrikaten den Vorzug gibt.

Für den Kombiwagen kann man sich auch verstärkte SR-Reifen (»reinforced«) anschaffen. Solche speziell für Kombifahrzeuge und Transporter entwickelten Reifen in Pkw-Dimensionen besitzen eine erhöhte Tragfähigkeit, die wiederum von der Festigkeit der Karkasse, nicht minder aber vom Luftdruck abhängig ist. Verstärkte Reifen sind für Geschwindigkeiten bis zu 170 km/h zugelassen. Vorgeschrieben sind solche RF-Reifen für den 131-Kombi aber nicht.

Neben den gängigen Reifenfabrikaten trifft man in Versandhäusern und Selbstbedienungsläden bisweilen auf preisgünstige Offerten meist ausländischer Herkunft. Normalerweise kann man davon ausgehen, daß die in namhaften Häusern offerierten Reifen von ordentlicher Qualität sind. Etwas Skepsis ist bei allzu billigen Reifen angebracht, weil die Abriebfestigkeit solcher Gelegenheitsangebote begrenzt sein kann. Es folgen hier einige Marken – Ursprungsland in Klammern –, die sich sogar einer teilweisen Beliebtheit erfreuen, sofern man keine zu harten Ansprüche an sie stellt: Barum (CSSR), Everest (Israel), Gislaved (Schweden), Mars (Israel), Pneumant (DDR), Yokohama (Japan) und Sava (Jugoslawien).

Reifenpreise

Eine Preisbindung für Reifen existiert nicht mehr und die Reifenpreise schwanken je nach Marktlage ständig. Aus diesen Gründen und wegen der anhaltenden allgemeinen Preissteigerung ist es nicht möglich, an dieser Stelle eine allgemeingültige Preistabelle einzusetzen. Es läßt sich aber davon ausgehen, daß ein handelsüblicher Markenreifen der Größe 155 SR 13 für die Limousine zwischen 70 und 95 Mark kostet und für den Kombi (165 SR 13) zwischen 80 und 110 Mark. Ein preiswerter Kaufhausreifen ist schon für ca. 60–70 Mark zu bekommen, wobei die Montage eingeschlossen ist. Für den passenden Schlauch muß man knapp 11 Mark ausgeben.

Obgleich nicht jeder Reifenhersteller sämtliche auf dem Markt vertretenen Größen produziert, gibt es für den Fiat 131 eigentlich kaum Bezugsschwierigkeiten. Engpässe können sich durch jahreszeitliche Bedingungen ergeben, aber dann bietet sich immer noch der Entscheid zu einem der anderen Reifenfabrikate, die der Handel auf Lager hat.

Serienmäßig mit Schlauch

In schlauchloser Ausführung soll man Gürtelreifen nicht auf Fiat-Felgen montieren. Schlauchlose Gürtelreifen erfordern eine besondere Felgen-Formung, die sogenannte Hump-Felge. Sie können bei zu niedrigem Reifendruck und extremen Fahrbedingungen (z. B. Schleudern bei einem Ausweichmanöver) von einer sonst üblichen Felge abspringen.

Fiat stattet seine Wagen nur mit Schlauch aus. Das zeugt von einer die Sicherheit bevorzugenden Zurückhaltung, weil man nicht garantieren kann, ob die Schweißstellen an den Felgen luftdicht bleiben. Andere Kraftfahrzeughersteller nehmen lieber schlauchlose Reifen, weil deren Montage im Werk kostensparend ist. Dazu sind sie einfacher zu reparieren und brauchen nicht einmal von der Felge abgenommen zu werden, wenn die Schadenstelle äußerlich erkennbar ist.

Runderneuerte Reifen

Runderneuerten Reifen braucht man grundsätzlich keine Skepsis entgegenzubringen. Namhafte Betriebe befassen sich mit Runderneuerung und führen diese Arbeit fachgerecht und sachkundig aus. Solche Groß-Betriebe findet man in vielen Städten und man sollte sich an seinem Wohnort von den Möglichkeiten überzeugen, die durch Reifen-Vertretungen gegeben sind.

Renommierte Runderneuerungsbetriebe nehmen einen Reifen erst nach gründlicher Inspektion an. Wenn Gewebebrüche, bis auf das Gewebe abgefahrene Profile, Durchschläge, größere Verletzungen und mürbe Seitenwände festgestellt werden, lehnen sie die Runderneuerung der Karkasse ab. Auch wenn mit einem runderneuerten Reifen nicht mehr ganz die Kilometerleistung wie zuvor erreicht wird, so rentiert sich das Runderneuern durch den verhältnismäßig niedrigen Preis doch noch. Runderneuerte Reifen lassen sich ohne weiteres auf die Vorder- oder Hinterachse montieren und man braucht damit nicht ängstlich zu fahren, wenn die Arbeit in einer vertrauenswürdigen Firma ausgeführt wurde und Garantie geboten wird. Entsprechende Preisunterschiede ergeben sich aus zwei Verfahren:

■ Runderneuern von Schulter zu Schulter. Über den Laufstreifen wird bis zur Seitenwand des Reifens neuer Gummi aufvulkanisiert. Diese Methode ermöglicht eine saubere Rundschulter des Reifens, ist aber eine billigere Art der Runderneuerung, bei der mit etwa 60 Prozent des Basispreises zu rechnen ist.

■ Runderneuern von Wulst zu Wulst. Es ist ein umfassendes und daher teures Verfahren, bei welchem der gesamte Reifen eine neue Oberschicht erhält. Alterungsrisse und Scheuerbeschädigungen der Reifenwände werden damit wieder in Ordnung gebracht. Hier kommt man auf etwa 70 Prozent des Basispreises von Markenreifen.

Über den Reifenhandel bezieht man für den Fiat runderneuerte Gürtelreifen für rund 60 Mark und im Discountladen noch 10 Mark billiger. Die Preise für Winterprofil liegen um einige Mark höher.

Beste Montagezeit ist der Herbst

So komisch es klingen mag: Neue und frisch runderneuerte Reifen müssen eingefahren werden. Je nach Bedingungen werden sie erst nach 500 bis 1000 km wirklich rutschfest. Erst danach ist die vom Vulkanisieren sehr glatte Reifenoberfläche angerauht und somit griffig genug, um den richtigen Kontakt zur Fahrbahn herzustellen. Auch können bei neuen Reifen die noch hohen Profilstellen (bei Gürtelreifen mit Sommer-Profil etwa 8 mm, bei Winter-Reifen etwa 12 mm) unter gewissen Fahrbedingungen umkippen, so daß auch hierdurch die Rutschfestigkeit geringer ist.

Die beste Montagezeit ist für alle Reifen der Herbst. Im heißen Hochsommer werden die noch dicken Profilstollen vor allem bei scharfer Fahrt sehr heiß, was sich in erhöhtem Abrieb bemerkbar macht. Im Herbst laufen sich dagegen die Reifen unter günstigen Temperaturbedingungen ein und der erste Abrieb wird durch die Kälte vermindert. Solche Reifen haben bis zu 30 Prozent längere Lebensdauer.

Die Reifenmontage

Unüberlegte Gewaltanwendung muß bei der Reifenmontage unterbleiben. Wichtig ist es, den Reifen nicht mit scharfkantigen oder unsachlich geführten Werkzeugen an seiner Wulst zu zerstören. Zur Montage sind nur dafür besondere, stumpfe Montiereisen geeignet. In der höchsten Not helfen auch zwei großkalibrige Schraubenzieher, die dann aber sehr behutsam zu benutzen sind.

So nimmt man einen Reifen von der Felge ab: Luft ablassen – gegenüber Schlauchventil einen Wulst in das Tiefbett drücken – dort beide Montiereisen ca. 20 cm voneinander entfernt zwischen Wulst und Felgenhorn ansetzen – einen Montierhebel festhalten, mit dem anderen Stück für Stück die Wulst über die Felge hebeln. Ist diese Felgenwulst völlig aus dem Felgenbett befreit, Ventil losschrauben und Schlauch aus der Decke heben. Wenn ein Teil der Wulst gut im Tiefbett der Felge liegt, läßt die zweite Wulst sich leicht von der Felge bringen.

Die Innenseite des neuen Reifens muß sauber und trocken sein. Schlauch und Wulstpartie der Decke sind gleichmäßig mit Talkum einzureiben. Schlauch schwach aufpumpen und in den Reifen einlegen. Felge mit Ventilloch nach oben auf den Boden legen – eventuell vorhandene Rotpunktmarkierung des Reifens soll am Ventil liegen. An Ventilseite der Felge Reifen mit unterem Wulst in Tiefbett schieben. Schlauchventil durch Ventilloch stecken und mit den Händen restlichen Wulst über Felgenkante drücken. Schräg sitzendes Ventil durch Verschieben des Schlauches im Loch zentrieren. Danach dreht man das Rad um.

Den jetzt obenliegenden Reifenwulst gegenüber dem Ventil so tief wie möglich ins Felgenbett drücken (daraufknien). Mit Montierhebel abschnittweise in Richtung Ventil die Wulst in die Felge hebeln. Dann den Reifen noch etwas aufpumpen und durch Schlagen oder Aufsetzen auf den Boden versuchen zu erreichen, daß der Schlauch falten- und spannungsfrei in der Decke sitzt. Die Kennlinie über dem Reifenwulst muß sich überall im gleichen Abstand vom Felgenrand befinden. Noch sicherer ist es, die Luft wieder abzulassen und den Reifen erneut aufzupumpen, damit sich der Schlauch überall gleichmäßig an Reifen- und Felgenwand anlegen kann.

Reifen sollen nicht in der Garage lagern, besser in einem kühlen und trockenen Keller. Gummi altert durch Sonnenlicht, Nässe, Wärme und Zugluft. Schädlich sind Öl, Fett und Benzin. Auf eine starke Holzunterlage legt man bis zu vier Reifen übereinander (nur schlauchlose Reifen sollen stehend lagern). Gebrauchte Reifen sind vor der Lagerung sorgfältig zu reinigen.

Räder austauschen?

Fiat empfiehlt, die Räder nach gewisser Laufzeit untereinander auszutauschen. Man will damit eine gleichmäßige Reifenabnutzung erzielen. Eigentlich halten wir nicht viel davon. Durch das Auswechseln der Räder werden Fehler der Lenkung, der Stoßdämpfer und der Gelenke usw. insofern verschleiert, als bestimmte Fehlerquellen dann nicht genügend Zeit haben, ihre Kennmarken auf dem Reifenprofil zu hinterlassen.

Falls Sie trotzdem den Fiat-Rat befolgen wollen (was allerdings keinesfalls innerhalb des 10 000-km-Turnus geschehen sollte, um einen gleichmäßigen Verschleiß der vorderen und hinteren Räder zu erwirken), dann können Sie die Räder einer Seite miteinander austauschen. Der manchmal praktizierte kreuzweise Austausch sollte aber unterbleiben, weil er einen besonders hohen Verschleiß zur Folge haben kann. Gürtelreifen sollen ohnehin nur in der einmal gewählten Laufrichtung montiert bleiben, was beim kreuzweisen Radtausch (z. B. rechtes Vorderrad gegen linkes Hinterrad) nicht gegeben ist, es sei denn, man montiert die Reifen ab und dreht sie auf der Felge um. Beispielsweise sind die Reifen XAS von Michelin an ihrer Außenseite besonders durch die Worte »côté extérieur« gekennzeichnet.

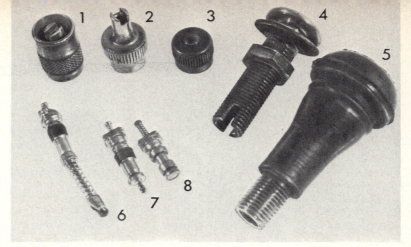

Es gibt unterschiedliches Reifenzubehör: 1 bis 3 – Ventilkappen, von denen man mit den ersten beiden auch das Ventil herausdrehen kann. Beim Wagenwaschen allerdings bleibt der Schwamm an Nr. 2 hängen, solche Kappen führt man besser im Handschuhfach mit. 4 – Ventil für Luftschlauch und 5 – Ventil für schlauchlose Reifen. 6 bis 8 – Ventileinsätze, wobei Nr. 6 die konventionelle Art darstellt. Die kleineren französischen Einsätze, z. B. von Michelin, sind besser, da sie keine Feder haben, die sich verbiegen kann.

Die Reifen mit dem besseren Profil gehören immer an die Vorderachse. In jedem Fall müssen alle Reifen, die getauscht werden, einer genauen Kontrolle auf ihren Zustand unterzogen werden. Ungleichmäßige Abnutzung ist verdächtig und ihre Ursache muß man in der Fiat-Werkstatt erforschen lassen – falsch eingestellte Radgeometrie (siehe Abschnitt »Die Radeinstellung«) läßt sich durch den Radaustausch nicht abstellen.

Reifenzustand prüfen
Pflegearbeit Nr. 35

Die vorgeschriebenen 10 000-km-Intervalle zur Kontrolle des äußeren Zustandes des Reifen sind ein sehr langer Zeitraum. In der Zwischenzeit kann sich allerhand an den Reifen verändert haben. Prüfen Sie öfter!
Die beste Möglichkeit ergibt sich, wenn der Wagen in der Tankstelle zum Ölwechsel oder zu einer Unterwagenwäsche hochgebockt wird. Bei dieser Gelegenheit hebelt man mit einem kleinen Schraubenzieher Fremdkörper aus der Reifendecke und prüft nach, ob bereits ernsthafter Schaden aufgetreten ist. Im Vordergrund der Reifenprüfung steht natürlich die Beobachtung der Reifenabnutzung. Ein zufriedenstellendes Anzeichen ist es, wenn jeweils die Reifen einer Achse über den gesamten Reifenumfang oder über die gesamte Profilbreite gleichmäßig abgenutzt sind. Entdeckt man jedoch einseitige Abnutzung oder hat das Profil wellige Vertiefungen in regelmäßigen Abständen, dann ist an der Radaufhängung oder am Rad selbst etwas nicht in Ordnung.
In diesem Falle sollten Sie einen wirklichen Fachmann zu Rate ziehen. Nur er kann durch die Art der ungleichen Reifenabnutzung erkennen, ob die Ursache bei zu viel oder zu wenig Luftdruck, bei unausgewuchteten Rädern, bei

Ein eigener Reifendruckprüfer ist zur Kontrolle des Reifendrucks bei noch kaltem Reifen – vor Antritt der Fahrt – zu empfehlen. Durch Fahrt erwärmte Reifen zeigen höheren Luftdruck, der nicht abgelassen werden darf, aber auch keinen korrekten Vergleich zuläßt. Die Meßgenauigkeit des eigenen Reifendruckprüfers kann man von Zeit zu Zeit an einer gepflegt geführten Tankstelle mit dem großen Reifenfüllmesser durch eine Vergleichsmessung prüfen. Zu wenig Luftdruck schadet den Reifen in jedem Fall, dagegen ist höherer Luftdruck nicht so schädlich.

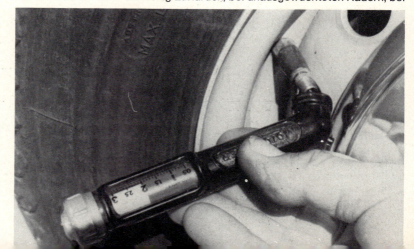

unwirksamen Stoßdämpfern, bei ausgeschlagenen Gelenken, bei Fehlern in der Vorspur- oder Radsturzeinstellung zu suchen ist. Diese Fehlerquellen hinterlassen ihre charakteristischen Spuren auf dem Reifenprofil. Unter Umständen müssen dann die Räder ausgewuchtet werden oder die betreffende Achse ist zu vermessen. Das sind jedoch Arbeiten, die Ihnen auch mit guten Heimpflege-Hilfsmitteln nicht möglich sein werden. Die dabei anfallenden Werkstattkosten haben Sie mit der dadurch gewonnenen Reifenersparnis in Kürze ausgeglichen.

Reifendruck-Vorschriften befolgen
Pflegearbeit Nr. 4

Als günstigste Kombination zwischen guter Straßenlage, angenehmem Fahrkomfort und langer Lebensdauer hat Fiat ganz klare Luftdruck-Empfehlungen gegeben. Sie sind einfach zu merken: Alle Wagen (einschließlich Kombi) vorn 1,8 bar, hinten bei der Limousine 2,0 bar, beim Kombi 2,2 bar. Was heißt das? Ein beispielsweise mit »1,8« angegebener Reifendruck bedeutet, daß der Luftdruck im Reifeninnern 1,8 kg auf 1 cm^2 beträgt, wobei dies üblicherweise immer noch in der Bezeichnung für den atmosphärischen Überdruck = atü angegeben wird. Die mathematische Luftdruckangabe kg/cm^2 entspricht der geläufigen, offiziell für die Einheiten im Meßwesen nicht mehr zulässigen Bezeichnung »atü«. Die für den Druck von Flüssigkeiten und Gasen festgelegte Grundeinheit heißt »bar« und entspricht etwa 1,02 kg/cm^2.

Die Belastung des Wagens und die bei individueller Fahrweise erreichte Geschwindigkeit geben zudem Ausschlag auf die Reifendruck-Vorschriften. Der richtige Luftdruck ist die wichtigste Voraussetzung für Lebensdauer und Sicherheit. Alle 500 km oder einmal wöchentlich sollte man sich deshalb um den Luftdruck kümmern. Nur braucht man natürlich nicht dauernd von einer Tankstelle zur anderen zu pendeln, um dort fortwährend die Luftpumpe zu strapazieren. Ungeachtet dessen kann man sich merken: Höherer Druck schadet weniger als zu niedriger.

Wenn das Ausnützen der dem Wagen eigenen Geschwindigkeit seitens der Behörden erlaubt ist, soll zu flotter Fahrt auf der Autobahn der Druck um 0,2–0,3 bar (atü) auf allen Reifen erhöht werden. Andere Autofirmen empfehlen das sogar; bei Fiat will man solche individuellen Entscheidungen dem Fahrer offenbar nicht zumuten. Die verstärkte Beanspruchung wirkt sich bei hoher Geschwindigkeit nämlich nicht übermäßig negativ auf die Lebensdauer der Reifen aus. Autofirman haben früher gewöhnlich zu Reifendrücken geraten, die für die entsprechenden Reifen gerade noch vertretbar waren. Dies geschah aus Gründen des Fahrkomforts und der Kompromiß zwischen Fahreigenschaften und Komfort mußte zu Lasten der Reifen geschlossen werden. Glücklicherweise denkt man heute realistischer.

Ein eigenes Luftdruck-Meßgerät sichert Ihnen stets gleichbleibende Meßgenauigkeit zu. Wenn Sie mit diesem Luftdruck-Prüfer bei der regelmäßigen Prüfung Druckverluste feststellen, liegt es an einem undichten Ventil, oder ein Fremdkörper hat sich durch die Reifendecke gebohrt. Wenn Sie der Ursache nicht nachgehen, kann die Instandsetzung des Reifens nach einer Dauerschädigung unmöglich werden.

Kalte Luft ist maßgebend

Nur am kalten Reifen darf der Reifendruck gemessen werden. Schon nach wenigen Kilometern zügiger Fahrt kann der Druck um 0,2 oder sogar 0,4 bar angestiegen sein. Dann wäre es falsch, beim nächsten Halt an einer Tankstelle den Luftdruck entsprechend zu reduzieren. Dieser Druckanstieg durch Erwärmung ist von den Reifenkonstrukteuren bereits einkalkuliert.
Wenn man keinen besonderen Verdacht auf mangelnden Luftdruck hat, ist

es keinesfalls notwendig, täglich den Luftdruck zu prüfen. Alle ein oder zwei Wochen genügt es, denn ein moderner Reifen darf in sechs bis acht Wochen nur etwa 0,1 bar verlieren. Schneller Druckverlust deutet auf einen Defekt.
Zu häufiges Luftdruckprüfen an Tankstellen ist sogar auf die Dauer von Nachteil. Bei dieser Tankstellen-Prüfung wird nämlich jedesmal zuerst ein kleiner Luftstoß in den Reifen gegeben und dadurch wird zwangsläufig Kondenswasserdunst, Schmutznebel und Öldunst aus dem Gerät durch das Reifenventil gepreßt. Mit der Zeit erhält die Ventilnadel eine Schmutzkruste und ihre Dichtfähigkeit läßt nach. Ein zu oft kontrollierter Reifen wird schließlich dauernd etwas Luft verlieren – obwohl er nicht beschädigt ist.

Der Radwechsel

Ein »Plattfuß« ist heutzutage selten. Tritt dann doch einmal dieser Fall ein, befinden sich manche Leute einer unbekannten Situation gegenüber. Für diejenigen, die über keinerlei Übung beim Radwechseln verfügen, ist dieser Abschnitt eingefügt. Natürlich braucht man diese Kenntnisse auch, wenn man z. B. den Zustand der Bremsen kontrollieren möchte.
Ein sich anbahnender Reifendefekt macht sich während der Fahrt durch einseitig ziehende Lenkung oder durch holperndes Rollen des Wagens bemerkbar; ein plötzlicher Reifenplatzer läßt den Wagen schlagartig instabil werden. Halten Sie sofort an (Warnlicht einschalten, Warndreieck in gebührender Entfernung aufstellen)! Jeder Meter Weiterfahrt schadet dem Reifen sofern er überhaupt noch brauchbar ist.
Auch für zarte Damenhände darf der Reifenwechsel keine unausführbare Tortur bedeuten. Dazu sind zweierlei Vorkehrungen zu treffen: Zum ersten muß sichergestellt sein, daß der Wagenheber leichtgängig funktioniert und zweitens dürfen die Radmuttern nicht festgerostet sein. Die Gewindespindel des Wagenhebers sollte mit zähem Fett oder (wegen der geringeren Verschmutzungsgefahr beim Umgang) mit Unterbodenschutzwachs, das es zur Fahrgestellkonservierung gibt, eingesprüht sein. Ein solcher Korrosionsschutz hält den Wagenheber stets einsatzbereit. Genau so sind die Gewinde der Radbolzen mit Fett zu bestreichen, bevor man sie eindreht und das Rad befestigt. Verlassen Sie sich dabei nicht auf die Werkstatt, dort vergißt man Ihren diesbezüglichen Auftrag doch. Zudem werden dort die Radmuttern meist mit elektrischen Schlagschraubern angeknallt und will man sie später lösen, gelingt das nur mit äußerster Kraftanstrengung.
Der Wagenheber ist links im Kofferraum untergebracht, das Reserverad befindet sich unter der Abdeckung im Kofferraum. Wie man den Bordwagenheber zum Radwechsel ansetzt, zeigt das Bild der nächsten Seite.

Festsitzende Radmuttern lassen sich lösen, wenn man den Bordwagenheber zu Hilfe nimmt und den Griff des Radmutterschlüssels – eventuell mit einem Rohrschlüssel verlängert – nach oben dreht. Das kann auch eine zarte Frauenhand. Damit der Wagen nicht rollt: Gang einlegen. Mehr Hebelkraft als bei diesem einarmigen Steckschlüssel kann man mit einem Kreuzschlüssel anwenden, darum sei dessen Anschaffung empfohlen.

Im Winter kann es bei einer Reifenpanne recht schwierig werden, den Zapfen des Wagenhebers in die Führung unter dem Wagenboden einzuschieben: Schmutz und Eis haben dann wahrhaft einen Riegel davorgeschoben. Damit einem zu allem Übel nicht auch noch dieses widerfährt, schneidet man für beide Seiten noch in der warmen Zeit zwei Korken passend und drückt sie in die Führungen für den Wagenheber, mit etwas Fett versehen. Im Notfall gibt es dann keinen Ärger, man zieht die Korken nur heraus.

Der Radwechsel geschieht folgendermaßen:
- Wagen möglichst auf ebenem und festem Boden anhalten
- Handbremse anziehen, kleinen Gang einlegen
- Räder der anderen Wagenseite mit Steinen oder Holz blockieren
- Radkappe (nicht beim Special) mit dem flachen Ende des Radbolzen-Schlüssels oder mittels Schraubenzieher abheben.
- Radbolzen am defekten Rad um einige Umdrehungen lockern
- Wagenheberzapfen in die Steckhülse unter dem Wagenboden bis zum Anschlag einsetzen
- Fahrzeug hochkurbeln, wie im Bild oben dargestellt, bis defektes Rad vom Boden abhebt
- Die vier Radbolzen ganz herausschrauben
- Rad abnehmen und Ersatzrad aufstecken
- Radbolzen über Kreuz gleichmäßig zuerst leicht, dann abwechselnd so stramm wie möglich anziehen
- Wagen ablassen, Wagenheber von der Halterung abnehmen
- Radmuttern über Kreuz endgültig fest anziehen und bei der Normalversion Radkappe aufsetzen und mit Handballenschlag auf der Felge anbringen
- Defektes Rad und Wagenheber verstauen.

Entgegen der üblichen Regel halten wir es für besser, die Radschrauben schon bei noch nicht belastetem Rad, wenn also der Wagen noch nicht abgesenkt ist, so fest wie möglich anzuziehen. Das Rad zentriert sich dann besser, als wenn das Wagengewicht darauf lastet. Wenn der Wagen dann wieder auf allen Vieren steht, muß man die Bolzen natürlich nochmals anziehen.

Hoffentlich hat Ihr Reserverad genug Luft. Sie brauchen sich darum keine Sorgen zu machen, wenn Sie beim Prüfen des Luftdrucks an der Tankstelle gelegentlich auch den Ersatzreifen kontrollieren lassen. Und zu aller Sicherheit geben Sie ihm immer 0,5 bar mehr als vorgeschrieben. Den Druck kann man im Bedarfsfall reduzieren.

Ab und zu, gemäß Fiat alle 10 000 km, sollte man kontrollieren, ob die Radbolzen fest angezogen sind. Es genügt dazu, wenn man sich mit einem Kreuzschlüssel oder gekröpften Ringschlüssel SW 19 vom festen Sitz der Schrauben überzeugt. Wenn sie nicht ohne mittlere Gewalt weiterbewegt werden können, dürfen sie nicht noch fester »angeknallt« werden.

Natürlich kann man zuerst die Bolzen losdrehen und die Gewinde aus dem oben beschriebenen Grund einfetten. Schrauben mit beschädigtem Gewinde

Radbolzen nachziehen
Pflegearbeit Nr. 34

sind auszutauschen. Fiat schreibt für diese Bolzen ein Anzugsmoment von 9 kpm vor. Sie haben die Fiat-Bestellnummer 4 136 465 und besitzen das Gewinde M 12 x 1,25.

Unwucht der Räder kontrollieren

Manchmal sieht man ein anderes Auto, an dem ein Rad oder gar mehrere ständig wackeln oder springen, obgleich das Auto auf ebener Fahrbahn rollt. Die Ursache dazu kann an einem defekten Stoßdämpfer liegen, der nicht mehr in der Lage ist, das Springen des federnden Rades zu verhindern. Sehr oft liegt dies jedoch an ungleicher Gewichtsverteilung des betreffenden Rades. Diese ungleichmäßige Gewichtsverteilung nennt man Unwucht, von der es zwei Arten gibt: die statische und die dynamische.
Derartige Kräfte, die an unausgewuchteten Rädern auftreten, sind beachtlich. Nicht nur, daß sich dabei die Fahreigenschaften verschlechtern, sondern auch die Radaufhängung und die Teile der Lenkung leiden unter den ständigen Vibrationen.
Die Kosten für das Auswuchten lohnen sich auf jeden Fall. Dazu müssen die Räder einzeln abgenommen und auf einer besonderen Auswuchtmaschine ausgewuchtet werden. Diese Maschinensysteme sind sehr unterschiedlich. Trotzdem erkennt man schnell, wie sie eine Unwucht anzeigen und kann durch Zuschauen die Qualität der Auswuchtarbeit unterstützen. In manchen Werkstätten stellt man nämlich die jüngsten Lehrlinge, denen es auf 20 Gramm mehr oder weniger nicht ankommt, an diese Maschine. Achten Sie auch beim Aufspannen des Rades auf die Maschine genau darauf, daß das Rad einwandfrei zentriert ist und mit allen vier Radmuttern – und nicht nur mit zwei oder drei – angeschraubt wird, sonst ergibt sich von vornherein eine Unwucht. Die Notwendigkeit des Nachwuchtens läßt sich mit feinem Fingerspitzengefühl am Vibrieren des Lenkrades erkennen.

Winterreifen

Ausführliche Hinweise zu den Reifen, die bei Glätte und Schnee ausreichende Qualitäten besitzen, finden Sie im Winterkapitel auf Seite 54.
Die gegenwärtig vom Handel angebotenen Winterreifen sind keine Alleskönner und man darf sich trotz teils großartiger Werbung für einzelne Fabrikate nicht darüber hinwegtäuschen lassen, daß sie immer nur relativ gute Eigenschaften für spezielle Straßenzustände besitzen und daß diese Eigenschaften wegen der unterschiedlichen Fahrwerkskonstruktion der einzelnen Automodelle bei jedem Wagentyp anders zur Geltung kommen. Gewöhnlich ist der Abrieb ihrer Lauffläche auf trockener Fahrbahn höher als bei »Sommer-Reifen«, weshalb man sie auch nicht extra deswegen benutzen sollte, weil der Kalender »Winter« anzeigt. Bauart und Profilgestaltung bedingen außerdem die Einhaltung eines Tempolimits, das bei Radial-M+S-Reifen 160 km beträgt.

Nicht „gemischt" montieren

Wegen ihrer besonderen Fahreigenschaften sollen Gürtelreifen nicht gemischt mit anderen Reifen gefahren werden. Gefährlich wird es nämlich, wenn auf den Vorderrädern Gürtelreifen mit Sommer-Profil und hinten M+S-Reifen montiert sind. Ebenso soll man bei der möglichen Mischbereifung Textil-Gürtel- und Stahl-Gürtelreifen letztere grundsätzlich auf der Hinterachse montieren. Andernfalls ergibt sich eine verstärkte Neigung zum Übersteuern.

Die Batterie

Strom-Behälter

Ein Automobil ist an kein Leitungsnetz angeschlossen, braucht aber zu seinem Betrieb Elektrizität. Im Stand und zum Starten liefert den nötigen Strom die Batterie (während der Fahrt die Lichtmaschine). Das ist – zunächst einmal simpel ausgedrückt – die Aufgabe der Batterie. Wie wir noch sehen werden, hat sie noch andere Pflichten.
Der Umgang mit dem elektrischen Strom ist in jedem Fall unbedenklich, wenn man sich in den Regeln, nach denen er wirksam ist, auskennt. Und diese Gesetze sind im Grunde recht einfach. Im Gegensatz zum Haushalt und Betrieb, wo man es mit Strom relativ hoher Spannung zu tun hat, baut sich im Auto die Versorgung der elektrischen Verbraucher auf einem Schwachstromnetz auf. Nur sehr unbedachte Handlungsweise stiftet hier Schaden. An einigen Stellen der Zündanlage wird mit hochgespanntem Strom gearbeitet, aber auch davor braucht man sich nicht zu fürchten.

Elektrik ohne Geheimnisse

Strom fließt immer nur in »eingeschalteten« Leitungen. Er kommt von dort, wo er erzeugt oder gespeichert wird – von der Lichtmaschine oder von der Batterie. Beim Blick auf den Schaltplan in der hinteren Buchklappe können Sie wie auf einer Landkarte den Start und die Wege und Abzweigungen zu den verschiedenen Zielen des elektrischen Stroms verfolgen.
Gewissermaßen »fließt« der »Strom« durch diese Leitungen wie Wasser. Stellen Sie sich die Batterie als Stausee vor, dessen abfließender Inhalt allerlei Maschinen antreibt. Neuen Vorrat für das Reservoir schafft die Lichtmaschine herbei, als Stromerzeuger pumpt sie laufend Reserven in die Batterie.

Was die Batterie leistet

Im Fiat 131 sitzt die Batterie rechts im Motorraum und ist leicht zugänglich. Sie verfügt über sechs Zellen, von denen jede etwa 2 Volt Spannung hat, was 12 Volt Batteriespannung ergibt. Alle Verbraucher, ob Anlasser, Bremslicht oder Innenleuchte, sind auf diese Spannung ausgelegt. Diese 12-Volt-Anlage bietet gegenüber einem Auto mit 6-Volt-Nennspannung den Vorteil leichteren Startens bei Kälte, außerdem liefert sie einen kräftigeren Zündfunken bei hohen Drehzahlen und der Spannungsabfall zwischen den verschiedenen Anschlüssen ist geringer.
Außer Markennamen und fabrikinterner Typenbezeichnung finden Sie auf der Batterie noch ihre wesentlichen Eigenschaften vermerkt: 12 V/45 Ah. Nach der Spannung (12 Volt) ist hinter dem Schrägstrich die Stromstärke, die in Ampere gemessen wird, in ihrer »Menge« angegeben. Das sind Ampere-Stunden (= Ah), die auf die Batteriekapazität hinweisen. Die im Fiat 131 eingebaute Batterie kann also theoretisch 45 Stunden lang 1 Ampere oder eine Stunde lang 45 Ampere abgeben, sofern sie vollgeladen ist. Selten, höchstens im Sommer nach langer Autobahnfahrt, ist sie ganz aufgeladen, so daß man praktisch nur mit zwei Dritteln oder der Hälfte ihrer Kapazität rechnet.

Bei stehendem Motor werden eingeschaltete elektrische Verbraucher nur aus der Batterie versorgt und nicht wie bei laufendem Motor von der Lichtmaschine. Es liegt auf der Hand, daß die Kapazität der Batterie dann um so eher erschöpft ist, je mehr Strom verbraucht wird. Das dauert bei eingeschalteten Scheinwerfern mit Abblendlicht, wobei auch Standlicht, Schlußlicht, Kennzeichenleuchte und Kontrollampen mitbrennen, rund fünf Stunden – vorausgesetzt, die Batterie war voll geladen. Das ist sie aber meistens, besonders im Winter, nicht.

Am stärksten belastet der Anlasser die Batterie. Er leistet je nach Motortyp 0,8 oder 1,3 PS und beim Einschalten kommt er durch Reibungsverluste auf einen Bedarf, der bei 1800 Watt liegen kann. Bei warmem Motor ist der Strombedarf des Anlassers geringer, weil jener sich wegen der verringerten Zähflüssigkeit des Öls leichter durchdrehen läßt. Mit Absinken der Temperatur und zunehmender Zähigkeit der Schmierstoffe steigen die Ansprüche an den Anlasser. Sehr schnell sinkt dabei die Betriebsspannung der Batterie auf etwa 9 oder im Winter auf noch weniger Volt ab. Leider verliert die Batterie im Winter zusätzlich an Kapazität, obgleich man in dieser Jahreszeit am meisten von ihr verlangt.

Springt der Motor nicht sofort an, soll man den Anlasser nur in Intervallen jeweils für 3–5 Sekunden betätigen. Dazwischen braucht die Batterie kleine Erholungspausen. Theoretisch könnte man bei einer zu zwei Dritteln geladenen Batterie den Anlasser fast hundertmal je 5 Sekunden lang betätigen. Aber ihre Spannung fällt schnell ab und in Wirklichkeit bringt sie manchmal schon nach 20 Startversuchen die für den Anlasser notwendige Kraft nicht mehr zuwege.

Man verringert die Mühen des Anlassers, indem man beim Einschalten zugleich das Kupplungspedal tritt (nur bei Schaltgetriebe möglich). Die Umdrehung der vom Anlasser über das Schwungrad bewegten Kurbelwelle setzt sich dann nicht bis ins Getriebe fort. Obwohl kein Gang eingelegt ist, bewegen sich verschiedene Innereien im Getriebe, gefüllt mit ebenfalls kaltem, steifen Öl, auch bei Starten. Der Motor ist nämlich über die Kupplung mit dem Getriebe verbunden. Die ausgerückte Kupplung schafft dem Anlasser somit Erleichterung.

Weil die Batterie im Winter an Unterernährung leidet, empfiehlt sich zur Außenbeleuchtung des im Dunkeln abgestellten Wagens die Anschaffung einer kleinen Klemm-Parkleuchte mit sparsamer 2,5-Watt-Birne. Dazu benötigt man eine Steckdose, die man im Wagen am Armaturenbrett anbringen kann. Derartige Steckdosen, die auch für andere Geräte nützlich sind,

Bei allen Arbeiten an der elektrischen Anlage ist das Massekabel, das von der Batterie zur Karosserie führt, zu lösen und nur zu Kontrollzwecken zwischendurch aufzustecken. Auch bei Kurzschlüssen und eventuellen Kabelbränden soll man mit ruhiger Überlegung zuerst dieses Kabel abschrauben. Deshalb: Griffbereit einen Schraubenschlüssel SW 10 im Handschuhfach oder an einer anderen sofort zugänglichen Stelle halten! Umgekehrt wird beim Einbau der Batterie das Minus-Kabel zuletzt angeschlossen.

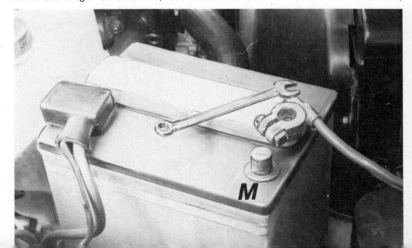

schließt man mit dem Plus-Kabel an Klemme 30, damit auch bei ausgeschalteter Zündung Strom vorhanden ist. Diese Parkleuchte wird auf die Fensterscheibenoberkante der linken Tür geklemmt, und dann kurbelt man die Scheibe hoch.

Fingerzeige: In kalten Nächten ist es von Vorteil, die Batterie auszubauen (beim Fiat unproblematisch), um sie in der Wohnung in Heizungsnähe aufzustellen. Der Wagen springt am nächsten Morgen mit einer warmen Batterie überraschend schnell an.

Der Ausbau der Batterie bei scharfem Frost hat einen weiteren Grund: Eine tief entladene Batterie (versehentlich nicht ausgeschaltete Scheinwerfer) kann schon bei −10° C gefrieren; bei einer halb geladenen Batterie reicht es allerdings für −27° C Frost. Eine gefrorene Batterie kann platzen und wird wertlos.

Säurestand der Batterie prüfen
Pflegearbeit Nr. 22

Wie hoch die Säure in der Batterie steht, soll man alle 2500 km nachsehen. Das mag Ihnen sehr pedantisch vorkommen, zumal andere Autofirmen für ihre Wagen und deren Batterien eine Kontrolle nach jeweils 10 000 km empfehlen. Nach den seit Ende 1974 gültigen Inspektionsvorschriften tut man das in der Fiat-Werkstatt auch nur noch alle 10 000 km. Es ist jedoch immerhin möglich, daß der Säurestand schon eher berichtigt werden muß.

Wir meinen, daß eine Überprüfung in kürzeren Zeitabständen eine erhebliche Sicherheitsreserve birgt, zumal im Sommer, wenn die Temperaturen für rascheres Verdunsten sorgen. Aber es liegt auch an den Betriebsumständen, wie schnell der flüssige Inhalt der Batterie »vergast«. Als Arbeit kann man die Kontrolle nicht bezeichnen.

Fiat liefert ab Werk die Wagen mit Batterien, die ein durchscheinendes Gehäuse haben. Bei ihnen läßt sich mit einem Blick von außen erkennen, ob der Säurestand stimmt. Unter dem breiten Rand der Batterieoberseite ist eine Markierungslinie angebracht, unter die der Flüssigkeitsspiegel in den sechs einzelnen Zellen nicht abgefallen sein darf. Zum erforderlichen Nachfüllen wird die lange Verschlußleiste auf der Batterie abgenommen und das destillierte Wasser ist in die jetzt freigewordene Schale zu gießen. Die Füllung ist erreicht, wenn die Flüssigkeit aus den kleinen Bohrungen neben den großen, umrandeten Löchern überläuft. In die großen Zellenöffnungen soll nichts eingefüllt werden (das sind Sie vielleicht von früheren, konventionellen Batterien her gewöhnt).

Bei diesen langsam aus der Mode kommenden Batterien zieht man die sechs Stopfen (oder die für die drei Zellenöffnungen zugleich vorgesehenen Verschlußleisten) ab. In den sechs Batteriezellen muß der Säurestand etwa 1 cm über den Batterieplatten sichtbar sein. Wenn der Säurespiegel schon so weit abgesunken ist, daß die Oberkante der Platten frei von Flüssigkeit ist, wird es zum Ergänzen des Inhalts höchste Zeit.

Es darf nur destilliertes Wasser nachgefüllt werden, niemals Batteriesäure. Auf völlige Reinheit der Nachfüllung ist zu achten. Leider bekommt man an einigen Tankstellen kein ganz sauberes destilliertes Wasser, deshalb legt man sich besser einen eigenen Vorrat davon zu (für einige Pfennige aus der Drogerie).

Ladezustand prüfen

Nur sekundär hängt der Ladezustand einer Batterie mit ihrem Säurezustand zusammen. Auch eine Batterie, deren Säurezustand in Ordnung ist, kann entladen sein. Das kann folgende Gründe haben. 1. sie mußte zu viele Verbraucher speisen, was ihre Kapazität übermäßig beanspruchte. 2. Lichtmaschine

171

oder Reglerschalter arbeiten nicht richtig. 3. die Batterie war über geraume Zeit unbenutzt, wodurch sich ihr Ladezustand verschlechterte.

Allgemein sollte man eine Batterie – auch wenn sie in ständigem Gebrauch ist – nach spätestens zwei Jahren auf ihren Ladezustand hin überprüfen. Sonst wird man womöglich eines Tages von ihrem »Ableben« überrascht. Ein Warnzeichen dazu ist es, wenn die Scheinwerfer beim plötzlichen Gasgeben heller aufstrahlen oder wenn sich die gefüllte Batterie nicht mehr erholt.

Dann muß man bei jeder einzelnen Batteriezelle den Ladezustand prüfen. Die zuverlässigste Messung erhält man in der Werkstatt oder beim Autoelektrik-Dienst, wo man die Batterie auch gleich richtig laden kann (Heimladegeräte schaffen das nicht immer). Dort mißt man mit einem Hebesäuremesser, und die Meßergebnisse bedeuten:

Batterie voll geladen	spez. Gewicht 1,285 kg/l	Anm.: Die Messung ist auf 20° C bezogen.
Batterie halb geladen	spez. Gewicht 1,20 kg/l	Je 14° C Temperaturunterschied ändern
Batterie entladen	spez. Gewicht 1,12 kg/l	das spezifische Gewicht um 0,01 kg/l

Weisen alle sechs Zellen eine gleichmäßige niedrige Säureschicht auf, kann es noch mit Nachladen getan sein, falls die Batterie nicht schon zu alt ist. Wenn nur eine Zelle entladen ist, muß die Fachwerkstatt prüfen, ob die Batterie noch eine Weile brauchbar ist. Stark verbrauchte Batterien erkennt man daran, daß sich die Plattenblöcke in den Zellen hochdrücken. Viel Freude bereitet eine solche Batterie nicht mehr.

Batterie sauber halten

An den Batteriepolen und an den daran sitzenden Polklemmen bilden sich gerne Oxydationskristalle. Diese schaden der Batterie, ermöglichen Kriechströme, die zur Selbstentladung führen (0,2–1 % pro Tag). Schmutzige Batterien zeugen überhaupt von Nachlässigkeit des Wagenhalters. Mit warmem Wasser und einer alten Bürste läßt sich der Oxydationsschmutz beseitigen. Säureschutzfett (z. B. »Ft 40 v 1« von Bosch) verhindert neue Oxydbildung, wenn man die Polköpfe und Klemmen nach dem Trocknen damit einfettet. Ungehinderte Oxydation kann die Kabelklemmen derart fest mit den Polköpfen verankern, daß sie nur mit einem Trick zu lösen sind. Keinesfalls darf dann irgendein Zwangsmittel angewendet werden, sonst zerspringt das Batteriegehäuse oder die Polköpfe brechen ab. Nur kochendheißes Wasser oder besser Sodalösung rettet aus dieser »Verklemmung«.

Der Ausbau der Batterie hat stets mit dem Abschrauben des Minus-Kabels zu beginnen (Gabelschlüssel SW 10). So vermeidet man Kurzschlußfunken durch versehentliches Berühren des Plus-Pols mit Metallteilen. Umgekehrt wird beim Einbau das Minus-Kabel zuletzt angeschlossen. Am Boden ist die Batterie durch eine Halterung befestigt, die man mit einem Schlüssel SW 13 löst.

Den SW 10-Schlüssel sollte man eigentlich immer griffbereit im Wagen halten. Bei Kurzschluß in der elektrischen Anlage oder bei einem Kabelbrand kann man dann sofort die Stromversorgung unterbrechen. Kaltblütig muß man in diesem Fall das Minus-Kabel an der Batterie abschrauben. Und das geht nur dann blitzartig, wenn die Batterie sauber ist.

So wird geladen

Eine allmähliche Entladung findet auch in der unbenutzten Batterie statt – im Winter etwas langsamer als im Sommer. Etwa nach 100 Tagen ist eine vorher vollgeladene Batterie leer, ihre Selbstentladung macht pro Tag bis zu 1 % aus. Die entladene Batterie leidet Schaden, deshalb muß sie bei stillgelegtem Wagen ausgebaut und einmal im Monat nachgeladen werden. Kann man sie

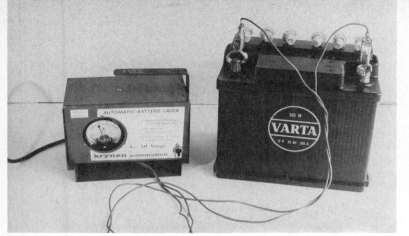

Zum Aufladen der Batterie gibt es einfache Garagengeräte, die für 12-Volt-Batterien etwa ab 60 Mark kosten. Beim Laden, das mehrere Stunden in Anspruch nimmt, sollen die Verschlußstopfen der Batteriezellen geöffnet werden. Bei im Wagen eingebauter Batterie soll man, um einer Entladung durch Kriechströme zu begegnen, die Klemme vom Minus-Pol abnehmen.

nicht zu anderweitigem Gebrauch verleihen, lohnt es sich, sie bei einem Elektro-Dienst in Pension zu geben und dort an ein Frischhaltegerät mit schwachem Ladestrom anschließen zu lassen.
Bei tiefer Entladung oder gründlicher Batterieüberholung muß die Batterie an ein leistungsstarkes Ladegerät angeschlossen werden. Das besitzen nur Werkstätten. Vor dem Laden – und das gilt grundsätzlich – darf destilliertes Wasser nur bis zur Bedeckung der inwendigen Platten eingefüllt werden, damit die Säure bei der Aufladung nicht »überkocht«. Der Anfangs-Ladestrom soll nicht mehr als 10 Prozent der Ah-Kapazität einer Batterie betragen, bei der Batterie im Fiat demnach 4,5 Ampere. Mit zunehmender Batteriespannung wird die Ladestromstärke verringert, was automatische Ladegeräte gewöhnlich selbst regulieren, sonst bekommt man eine überladene und geschädigte Batterie zurück. Eigentlich ist es richtig, wenn die Werkstatt die Batterie zuvor völlig entlädt. Der Gesamtvorgang dauert 10–15 Stunden.
Das während dieser Zeit sich bildende Gas muß entweichen können, deshalb ist die Verschlußleiste abzuziehen oder es sind die Verschlußstopfen der Batteriezellen zu öffnen. Es handelt sich dabei um Wasserstoff und Sauerstoff und in der Nähe dieses gefährlichen Knallgases darf man nicht mit Feuer hantieren. Der von den Gasblasen verursachte Sprühnebel schlägt sich um die Batterie herum nieder. Beim Laden der eingebauten Batterie muß man deren Umgebung mit Plastikfolie oder alten Zeitungen abdecken.
Die Batterie ist geladen, wenn eine Zellenspannung von 2,6 bis 2,7 Volt erreicht ist und wenn innerhalb von zwei Stunden die Säuredichte nicht mehr ansteigt. Zum Schluß muß noch einmal der Säurestand überprüft werden.
Auch ein Transformator für Modelleisenbahnen eignet sich zum Batterieladen, es muß aber ein wenigstens 1 Ah liefernder Gleichstrom-Transformator sein. Die rote Transformator-Klemme wird mit dem Plus-Pol der Batterie und die blaue mit dem Minus-Pol durch üblichen isolierten Draht verbunden. Bei der 12-Volt-Batterie ist der Reglerknopf bis zur höchsten Stufe einzustellen.

Schadet die Schnelladung?

Stundenlang das Laden der Batterie abzuwarten kann einen in arge Bedrängnis bringen. Schnelladen dauert nur den Bruchteil dieser Zeit. Aber es ist eine Roßkur, die nur ganz gesunde Batterien ohne weiteres überstehen, denn es wird mit fast 40 Ampere dabei geladen. Wenn sich eine einwandfreie Batterie beispielsweise über Nacht durch einen versehentlich eingeschalteten Stromverbraucher entladen hat, darf man sie ohne weiteres an einem Schnelladegerät wieder aufputschen lassen, damit man mit seinem Auto wieder davonfahren kann. Aber zur Regel soll man das nicht machen. Bei älteren Batterien heben sich beispielsweise die Plattenblöcke, und die Batterie ist hinüber. Fabrikneue Batterien dürfen auf gar keinen Fall an ein Schnelladegerät gehängt werden. Viele Batteriehersteller laden heute ihre Batterien trocken vor. Bei der Inbetriebnahme wird noch Säure eingefüllt und nach kurzer Wartezeit kann der Motor mit dieser Batterie gestartet werden. Allerdings muß sich sogleich eine längere Fahrt anschließen, damit die Lichtmaschine die neue Batterie langsam aufladen kann.

Bei der Drehstrom-Lichtmaschine im Fiat, die gegen Stromstöße äußerst empfindlich ist, und wegen des eventuell vorhandenen Transistoren-Radios müssen vor der Schnelladung die Batteriekabel gelöst werden. Spannungsspitzen würden sonst die Dioden bzw. Transistoren zerstören. Weitere wichtige Hinweise über die Drehstrom-Lichtmaschine im Kapitel »Lichtmaschine und Anlasser«.

Fingerzeig: *Batteriesäure und auch die Oxydationskristalle zerfressen Kleider und Polster. Nur sofortiges Auswaschen der Spritzer mit Sodalösung rettet Ihren Anzug!*

Starten mit leerer Batterie

Sollte man nicht gerade das Glück haben, von einem Berg herunterrollen zu können, um dadurch den Motor in Gang zu setzen, wird man sich – bei Verzicht auf eine volle 12-Volt-Batterie – anschleppen lassen müssen. Befestigen Sie Ihr Seil an dem Wagen des edelmütigen Helfers so, wie es im Kapitel »Schleppen und Abschleppen« beschrieben ist und behalten Sie einen ruhigen Kopf – der Motor wird schneller anspringen als Sie sich vorstellen.

Diese Startmethode funktioniert so: Zündung einschalten, Kupplung treten, 2. Gang einlegen. Während der Schleppwagen das Seil strafft zieht und Ihr Auto zu rollen beginnt, treten Sie einmal das Gaspedal nieder, als würden Sie den Motor wie üblich anlassen. Bei genügend Fahrt – etwa von doppelter Schrittgeschwindigkeit an aufwärts – Kupplung langsam kommen lassen, rechte Hand an der Handbremse, Fuß aufs Gaspedal lehnen. Springt der Motor an, sofort Kupplung treten und Gas geben, Handbremse sanft ziehen (Sie haben nur zwei Beine und können nicht noch auf die Fußbremse treten), damit Sie dem Vordermann nicht ins Hinterteil fahren, und dem Schleppfahrer Hupsignal geben. Jetzt den Gang heraus und Kupplung loslassen, immer noch etwas Gas geben (damit der Motor nicht stehen bleibt und Sie von vorne anfangen müssen) und zusammen mit dem Schleppwagen langsam abbremsen.

Den Fiat kann man auch mit Hilfe von zwei Leuten zum Laufen bringen, wenn diese kräftig schieben. Dazu muß allerdings die Zündanlage in guter Verfassung sein, sonst wird es schwierig. Weil man die notwendige Drehzahl durch Anschieben im 3. Gang – im allgemeinen auch nicht im 2. Gang – erreicht, wendet man einen Trick an: 1. Gang einlegen, Kupplung durchgetreten halten, Wagen anschieben lassen, bis er in Schwung ist, dann Kupplung schnell kommen lassen. Hierbei wird der Motor plötzlich schnell genug durchgedreht, was nötig ist, um in der Lichtmaschine ausreichend Strom für den Zündfunken zu erzeugen. Springt der Wagen an, sofort Kupplung treten und Gas geben. Wagen mit der Handbremse anhalten, denn die Füße braucht man, wie schon gesagt, für Kupplung und Gaspedal.

Was in diesem Abschnitt über das Anschleppen und Anschieben gesagt wurde, trifft natürlich nicht zu, falls Sie einen Fiat mit automatischem Getriebe besitzen. Siehe die Kapitel »Getriebe bis Achsantrieb" und »Schleppen und Abschleppen«.

Die schon genannte Empfindlichkeit der Drehstrom-Lichtmaschine macht es nicht möglich, ohne Batterie zu fahren. Bei Wagen mit herkömmlicher Lichtmaschine läßt sich das ohne weiteres unternehmen. Der mit Drehstrom-Lichtmaschine ausgerüstete 131 läßt es daher auch nicht zu, daß man sich anschleppen läßt, wenn keine Batterie eingebaut und angeschlossen ist.
Ebenfalls darf im Fiat keine defekte Batterie mit innerem Kurzschluß eingebaut werden. Die Lichtmaschine kann in ihr keinen Strom speichern. Die deshalb überlastete Lichtmaschine und der Reglerschalter schmoren in kürzester Zeit durch und die Stromversorgung bricht endgültig zusammen.

Fahren ohne Batterie nicht möglich

Häufige Müdigkeitserscheinungen beim Starten künden an, daß eine neue Batterie fällig ist. Meistens ist es nach drei bis vier Jahren so weit. Batteriehersteller rechnen mit einer Lebensdauer von 50 000 km. An der dann notwendigen Geldausgabe kommt man leider nicht vorbei.
Bei der Entwicklungsarbeit an Autobatterien sind in den letzten Jahren einige Fortschritte erreicht worden. Allmählich verschwinden die dickwandigen Hartgummiumhüllungen und machen dem leichten Polypropylen Platz. In diesen Batterien sind die Platten und Separatoren zu einem festen Sitz verspannt. Somit ergeben sich neue DIN-Maße mit geringerer Höhe und Länge unter Beibehaltung der für die Bodenbefestigung genormten Breite. Eines konnte bislang nicht wesentlich verbessert werden, nämlich die begrenzte Lebensdauer der handelsüblichen Batterien. Eisen-Nickel-Batterien, die ein ganzes Autoleben mitmachen, sind viel zu schwer und ungefügig, um in einem normalen Wagen Platz zu finden.
Aufputschmittel für Batterien taugen nichts. Es gibt jedoch ein Mittel, das chemisch defekte, also sulfatierte Batterien wieder aufmuntert. In eine noch junge Batterie eingefüllt, kann dieses »Cobalt-MG« ihre Lebensdauer erheblich verlängern. Einer drei Jahre alten Gebrauchsbatterie gaben wir das Mittel bei und erst nach weiteren vier Jahren versagte sie ihren Dienst. Der Vertrieb erfolgt über die Firma Krynen-Neuber GmbH, Jahnstraße 13, 5810 Witten, von wo es auch an Kaufhäuser und an den Fachhandel geliefert wird. Das Mittel darf nicht in ATSA-Batterien, die bereits mit Cobalt angereichert wurden, gegeben werden.

Kauf einer neuen Batterie

Fingerzeige: *Ein Riß im Kunststoffgehäuse einer Batterie läßt sich mit Ameisensäure (aus der Apotheke) abdichten und zukleben.*
Durch sehr rasches und zielstrebiges Arbeiten kann man auch einen abgebrochenen Polkopf wieder anlöten.

Trotz leerer Batterie läßt sich mit einem Satz Starthilfekabel der Motor anwerfen. Bitten Sie einen Autofahrer, dessen Motor läuft, so dicht an Ihren Fiat heranzufahren, daß mit den mindestens 2,5 m langen Kabeln eine direkte Verbindung von Batterie zu Batterie hergestellt werden kann. Dabei werden die Kabel an den Batteriepolen – Plus an Plus und Minus an Minus – angeklemmt. Dann gibt der hilfsbereite Autofahrer bei seinem Wagen Gas, damit seine Lichtmaschine kräftig Strom spendet, während Sie Ihren müden Fiat-Motor zu munterem Leben erwecken. Das funktioniert auch bei im Hilfswagen eingebauter Drehstrom-Lichtmaschine. Ebenso können Sie mit Ihrer 12-Volt-Anlage sogar einem Auto mit 6-Volt-Anlage wieder auf die Sprünge helfen.

Lichtmaschine und Anlasser

Geheime Triebkräfte

Die Lichtmaschine soll nicht nur wie ein Fahrraddynamo Licht erzeugen, sie muß vor allem Zündstrom für die Zündfunken zur Verbrennung des Kraftstoff-Luft-Gemisches schaffen. Von ihrer ursprünglichen, hier zuerst genannten Aufgabe zeugt noch ihr Name. Wegen ihrer zusätzlichen Arbeit heißt die Lichtmaschine aber heute schon häufig »Generator«. Sie muß nämlich auch noch Gleichstrom für die Batterie entwickeln, die Wechselstrom nicht speichern kann.

Beim Anlassen des Motors und durch die Versorgung anderer Stromverbraucher gibt die Batterie immer wieder Energie ab, die ergänzt werden muß. Den höchsten Stromverbrauch hat der Anlasser. Dessen Kraftentfaltung muß so groß sein, daß er auch einen vor Kälte fast starren Motor genügend rasch zum Starten durchdrehen kann. Der Startvorgang hängt von einer mehr oder weniger geladenen Batterie ab und deren Ladezustand wieder von der Tätigkeit der Lichtmaschine. Lichtmaschine, Batterie und Anlasser sind also ein Team, von dem nicht ein Mitglied ausfallen darf.

**Die Licht-
maschine**

Drehstrom-Generatoren, wie sie in den Fiat-131-Modellen eingebaut werden, zeichnen sich gegenüber den konventionellen Gleichstrom-Lichtmaschinen dadurch aus, daß sie bereits bei Motorleerlauf Leistung abgeben. Deshalb muß man nicht mehr fürchten, etwa bei einer nächtlichen Verkehrsstauung – die sich in Urlaubszeiten über weite Strecken ziehen kann – von schwächer werdendem Scheinwerferlicht überrascht zu werden. Moderne Lichtmaschinen sorgen unter nahezu allen Betriebsbedingungen für eine genügende Ladung der Batterie.

Die Gleichrichtung des erzeugten Drehstroms erfolgt durch Halbleiterdioden und nicht, wie bei der alten Lichtmaschine, über Kohlebürsten und Kollektor, die den dort erzeugten Wechselstrom gleichrichten. Kohlebürsten und Kollektor sind dem Verschleiß unterworfen und nur bis zu einer gewissen Drehzahl einsatzbereit. Ohne diese Teile ist der Wartungsbedarf der Drehstrom-Lichtmaschine geringer und sie vermag weitaus höhere Drehzahlen zu verkraften.

Selbstverständlich muß die Leistung der Lichtmaschine auf die Menge und Größe der zu versorgenden Stromverbraucher abgestimmt sein. Beispielsweise ist der Leistungsbedarf beim 131 Special mit stärkerem Anlasser oder mit heizbarer Heckscheibe höher als bei Wagen mit der Grundausstattung. Der üblicherweise eingebaute 770 Watt leistende dreiphasige Generator wird jedoch allen Ansprüchen gerecht, auch noch mit nachträglich montierten Zusatzscheinwerfern. Lediglich bei Wagen mit kompressorbetriebener Klimaanlage wird eine größere Lichtmaschine mit 1000 Watt Leistung verwendet.

Die 131-Motoren sind mit Lichtmaschinen des Fabrikats Marelli ausgerüstet. Am Motor ist die Lichtmaschine an der rechten Seite vorn angebracht und ihr

Antrieb erfolgt über einen Keilriemen durch die Kurbelwellenriemenscheibe. Das Übersetzungsverhältnis zwischen Kurbelwelle und Lichtmaschine beträgt genau 2, was bedeutet, daß die Lichtmaschine doppelt so schnell wie der Motor dreht.
Zur Gleichrichtung des Wechselstroms dienen dem 770-Watt-Generator Dioden, die auf einer besonderen Trägerplatte sitzen. Bei dem anderen Generatortyp erfolgt diese Umwandlung in Gleichstrom durch sechs Dioden auf zwei getrennten Trägerplatten.
Dioden sind elektronische Halbleiter, mit einem Ventil vergleichbar, das nur in einer Richtung durchlässig ist. Bei umgekehrter Polarität – weil Strom in verschiedenen Schaltungen in der Lichtmaschine statt nur in einer Richtung auch in die andere fließt – darf an bestimmten Schaltpunkten für den Strom keine ungehinderte Durchlässigkeit vorhanden sein. Solche Dioden unterliegen zwar keinem mechanischen Verschleiß, aber sie sind gegen hochgespannte Stromstöße (und gegen Hitze) empfindlich. Sie können durch diese Spannungsspitzen, die sich beispielsweise beim Einschalten von Stromverbrauchern ergeben, zerstört werden. Deshalb hat bei der Drehstrom-Lichtmaschine die Batterie die Aufgabe, als Spannungsbegrenzer zu dienen und deshalb ist sie mit der Lichtmaschine direkt durch Kabel verbunden.

Wichtige Vor-Vorsichtsmaßnahmen

Die Kabelverbindungen zwischen dieser Drehstrom-Lichtmaschine und der Batterie dürfen bei laufendem Motor niemals getrennt werden, was bei einer Gleichstrom-Lichtmaschine völlig harmlos ist. Batterie und Lichtmaschine (zusammen mit dem Regler) bilden in diesem Fall eine fest zusammengehörende Einheit. Ebenso darf der Motor nicht gestartet (und demnach auch nicht angeschleppt) werden, ohne daß eine Batterie angeschlossen ist. Zu beachten ist weiter, daß die Anschlüsse von Batterie, Reglerschalter und Lichtmaschine keinesfalls verwechselt werden. Überdies muß der Regler über einen sicheren Masseanschluß verfügen.
Wie schon im Kapitel über die Batterie bemerkt, ist es beim Aufladen derselben im Wagen unumgänglich, vorher beide Batterieklemmen – also Plus- und Minus-Anschluß – von der Batterie zu lösen.
Diese Hinweise sollten Sie im eigenen Interesse befolgen, um nicht Gefahr zu laufen, daß die Dioden plötzlich ausfallen. Der vorher angedeutete Vergleich zu einem Ventil, das eine Diode sinngemäß darstellt, läßt sich nämlich fortführen: Übersteigt die Kraft aus der Gegenrichtung die Schließfähigkeit der nur in dieser Richtung wirkenden Sicherung, wird das Ventil zerstört. Tritt in die Diode aus der falschen Richtung eine zu hohe Stromspannung, kann sie schlagartig ihren Dienst versagen.

Wartung der Lichtmaschine

Da die Drehstrom-Lichtmaschine von Haus aus wartungsfrei ist, hat man mit ihr auch kaum Ärger. Eventuell vorkommende Arbeiten kann man beruhigt einer Fachwerkstatt überlassen, denn dieser Stromerzeuger ist ein Aggregat mit empfindlichen Teilen. Bei der Kontrolle müssen die Schleifringe gereinigt werden und man hat zu prüfen, wie weit die Bürsten abgenutzt sind; gewöhnlich wird man sie bei dieser Gelegenheit ersetzen müssen. Immerhin kann man mit einer Lebensdauer der Bürsten von 100 000 km rechnen.
Ungeschickte Bastelübungen eines übereifrigen Heimwerkers nimmt die Drehstrom-Lichtmaschine übel. Ihre Lager sind nur mit entsprechenden Abziehvorrichtungen zu lösen und vor allem sind etliche Bauteile sehr empfindlich gegen Hitze (beim unvermeidlichen Löten), gegen Verdrehen, ungenauen Zusammenbau und gegen das Berühren mit nicht zusammengehörenden

Kontakten. Da kann der Heimwerker-Instandsetzungsversuch teuer werden. Besser vertraut man die Drehstrom-Lichtmaschine einer guten Autoelektrik-Werkstatt an.

Bevor man die Lichtmaschine abbaut: Batterie abklemmen! Sodann löst man die Befestigungen aller an der Lichtmaschine angeschlossenen Kabel. Der Generator wird oben an dem Schwenkbügel von einer Schraube festgehalten. Dieser Arm ist auch abnehmbar, jedoch genügt es, den Bolzen an dieser Spannvorrichtung zu lösen. Nach Lockern des unteren Bolzens läßt sich nun die Lichtmaschine in Richtung Motor drücken, so daß der Keilriemen und anschließend die Lichtmaschine abgenommen werden können.

Fehler einkreisen

Eine geräuschvoll arbeitende Lichtmaschine muß zunächst auf ihre feste Anbringung hin untersucht werden. Vielleicht ist auch nur der Keilriemen schadhaft? Ein abgenutztes Lager (zunächst das hintere) macht sich durch Pfeifen oder Singen bemerkbar. Ungewöhnliche Töne können von einer Gleichrichter-Diode, die Kurzschluß hat, herrühren.

Wenn die Lichtmaschine wenig, unregelmäßig oder überhaupt nicht die Batterie auflädt, sollte man zuerst die Keilriemenspannung überprüfen. Es kann auch sein, daß der Regler nicht richtig arbeitet, oder die Kohlebürsten sind verbraucht oder haben sich verklemmt. Schließlich ist eine Unterbrechung im Erreger- oder Ladestromkreises des Generators zu vermuten.

Wenn die Läufer- oder Ständerwicklung unterbrochen ist, führt das zu völligem Ausfall der Lichtmaschine. Hat der Ständer dagegen Masseschluß oder teilweise Kurzschluß, kommt es zu nur schwacher Ladung. Ebenso, wenn der Läufer teilweise Kurzschluß erleidet oder die Gleichrichter-Diode unter Kurzschluß steht.

Selbsthilfe an der Drehstrom-Lichtmaschine

Zerlegen und Pflegen der Drehstrom-Lichtmaschine sollte man nur dann durchführen, wenn man schon Erfahrungen auf diesem Gebiet gesammelt hat. Dann allerdings gibt es keine unüberwindlichen Probleme.

Nach Abklemmen der Batterie und Lösen aller Zuleitungen wird die Lichtmaschine wie beschrieben ausgebaut. Um sie auseinandernehmen zu können, ist sie an ihrer Riemenscheibe an einem Schraubstock mit Schutzbacken einzuspannen. So läßt sich die Befestigungsmutter von der Läuferwelle lösen. Die Riemenscheibe wird mit einem Abzieher von der Welle gezogen, der Sicherungskeil entnommen. Danach kann man die Spannbolzen, die das vordere und hintere Gehäuseteil (Lagerflansch der Riemenscheibenseite und der Gleichrichterdiodenseite) verbinden, lösen und den vorderen Flansch von der Welle ziehen. Welle mit dem Läufer und den Dichtring entnehmen.

Vor der weiteren Demontage sollte man die Anschlüsse zwischen Ständer und hinterem Lagerflansch anzeichnen, dann löst man die Kabelschuhe von der Dioden-Trägerplatte. Diese läßt sich abschrauben (bei der 1000-Watt-Lichtmaschine ist diese zweiteilig) und anschließend kann man den Zustand der Bürsten kontrollieren.

Arbeiten an den Dioden sollte man möglichst der Fachwerkstatt überlassen, wie auch dort nur die Funktion der einzelnen Bauteile mit Sicherheit ermittelt werden kann, wobei präzise arbeitende Meßgeräte eingesetzt werden müssen. Wurde eine defekte Diode festgestellt, muß der jeweilige Diodenträger komplett ausgebaut werden. Die für den Ersatz erforderlichen negativen Dioden müssen den Buchstaben R tragen. Zum Ausbau der alten Diode benutzt man einen Treibdorn; der Sitz muß mit einer Reibahle aufgerieben werden, da neue Dioden an ihrem Rand um 0,5 mm im Durchmesser größer sind. Bei De-

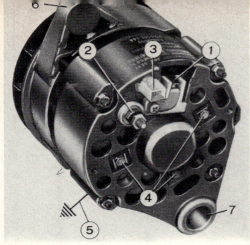

Die ausgebaute Drehstrom-Lichtmaschine des Fiat 131. 1 – Steckanschluß Klemme 67, 2 – Klemme 30, 3 – Anschluß der Erregerdioden, 4 Phasenende, 5 – Masse. Um den Keilriemen zu spannen, löst man den Bolzen –6– am oberen Bügel und ebenso den Bolzen –7– am unteren Lager, dann drückt man die Lichtmaschine nach außen und zieht zuerst wieder die obere Schraube fest, danach die untere.

fekt einer Erregerdiode oder einer positiven Leistungsdiode ist das ganze Bauteil auszutauschen. Wenn Dioden-Anschlüsse verlötet werden müssen, so ist ein kräftiger, sehr heißer Lötkolben zu verwenden, da rasch gearbeitet werden muß; zum Schutz der Diode gegen die Hitze greift man mit einer Zange zwischen diese und die Lötstelle.
Zerkratzte Schleifringe am Rotor können mit feinstem Schleifleinen poliert werden. Dabei ist der Rotor gleichmäßig zu drehen.

Der Reglerschalter

Je schneller die Lichtmaschine vom Motor angetrieben wird, um so mehr Strom liefert sie. Die Batterie als Stromsammler und die Stromverbraucher werden dagegen mit solchen schwankenden Leistungen nicht fertig. Besonders die Batterie muß gegen Überladen geschützt sein, und das Licht der Scheinwerfer wäre je nach Geschwindigkeit einmal schwach und einmal hell. Zur Maßhaltung des erzeugten Stroms ist der Reglerschalter an den Generator angeschlossen, der auf den jeweiligen Lichtmaschinentyp genau abgestimmt wurde. So gehört immer ein bestimmter Reglerschalter zu einer Lichtmaschine.
Beim Fiat 131 sitzt der Spannungsregler im Motorraum in der Nähe der rechten Stoßdämpferbefestigung. Er verbindet die Lichtmaschine nach Erreichen der Einschaltdrehzahl mit der Batterie, wobei als Bestätigung die Ladekontrollampe erlischt. Bei der Einschaltdrehzahl ist die Lichtmaschinenspannung bis zur Batteriespannung angestiegen, so daß die Lichtmaschine im gleichen Moment die Stromlieferung für Zündanlage, sonstige Stromverbraucher und zum Wiederaufladen der Batterie aufnehmen kann. Der Reglerschalter trennt ebenso wieder Lichtmaschine und Batterie voneinander, wenn diese Drehzahl unterschritten wird, wodurch eine Entladung der Batterie über die dann schwächer wirkende Lichtmaschine verhindert ist. Bei schnell laufender Lichtmaschine sorgt schließlich der Reglerschalter dafür, daß die angeschlossenen Stromverbraucher – Zündspule, Scheinwerfer usw. – keine zu hohe Spannung erhalten und daß die Batterie nicht überladen wird.

Reparaturmöglichkeiten am Reglerschalter?

An einem defekten Reglerschalter kann man in Selbsthilfe nichts reparieren. Reparaturversuche, etwa Abschleifen der Kontakte oder Andrücken der Schaltfedern, machen die Sache zumeist noch schlimmer. Schon kleine Federspannungsänderungen verfälschen seine Schalterei vollkommen. Defekte im Reglerschalter sind in krassen Fällen an »überkochender« oder ständig entladener Batterie, am Nichterlöschen oder Durchbrennen der Lade-

Das sind die Innereien des Reglerschalters. Nur eine Fachwerkstatt kann daran Regulierungen vornehmen. Man kann aber durch Augenschein feststellen, ob auffällige Verschmutzungen oder gar eine verschmorte Wicklung zu Störungen Anlaß geben. Dann muß der Regler ausgetauscht werden.

kontrollampe und grellem Aufleuchten der Scheinwerfer bei schnellem Gasgeben erkennbar. Leichtere Unstimmigkeiten des Reglerschalters sind mit elektrotechnischen Meßgeräten, wie sie in Fiat-Werkstätten oder bei Bosch-Diensten zur Verfügung stehen, feststellbar, und dort kann man auch Maßnahmen zu einer richtigen Tätigkeit treffen.

Der Regler hat die beiden Klemmen 15 und 67, deren Anschlüsse natürlich nicht locker sein dürfen. Der Masseanschluß des Reglers muß völlig störungsfrei sein, an ihm sind drei Kabel zu verschiedenen Stromverbrauchern angeschlossen.

Was sagt das rote Ladekontrollicht?

Die rote Ladekontrolleuchte, die beim Special unter dem mittleren Instrument rechts oder (bei Instrumententafel mit Drehzahlmesser) unter dem rechten Instrument und in der Normal-Ausführung ganz rechts sitzt, ist nicht absolut verläßlich. Sie trügt nämlich insofern, als man glaubt, wenn sie verloschen ist, würde auch die Batterie aufgeladen. Das geschieht nur bedingt, da das Lämpchen durch sein Verlöschen lediglich anzeigt, daß die Spannung jene der Batterie erreicht und der Reglerschalter umgeschaltet hat. Ob die Leistung der Lichtmaschine zum Laden der Batterie ausreicht oder ob diese noch für weitere Stromverbraucher – Licht, Radio, Gebläse, Scheibenwischer usw. – Strom aus eigener Kapazität hinzuliefern muß, ist nicht klar ersichtlich. Zur genauen Kenntnis dessen hilft nur die nachträgliche Installation eines Amperemeters, dessen Skala auf der Minus-Seite ebenso weit wie auf der Plus-Seite reichen muß (ein Gerät nur mit Plus-Anzeige taugt nicht viel).

Wenn Sie einmal den Schaltplan in der hinteren Buchklappe prüfen, können Sie erkennen, daß die Ladekontrolleuchte im Anzeigeninstrument einerseits über das schwarz-violette Kabel mit der Lichtmaschine verbunden ist, zum anderen durch das schwarze Kabel mit Klemme 15/54 am Zündschalter hängt, bei dessen Einschaltung eine Verbindung zur stets stromführenden Klemme 30 hergestellt wird. Steht die Lichtmaschine oder läuft sie nur wenig, dann hat dieses Plus-Kabel der Lichtmaschine keinen oder nur wenig »Plus«-Strom, ist praktisch also »Minus«; so daß die rote Lampe brennt, weil sie über den allgemeinen Anschluß von der Batterie her Plus-Strom erhält. Liefert die Lichtmaschine jedoch genügend Strom, liegt an beiden Kabelenden der Ladekontrolleuchte »Plus«, sie kann also nicht mehr leuchten. Ob es aber so viel Strom ist, daß die Batterie geladen werden kann, ist damit nicht erwiesen. Aber die Drehstrom-Lichtmaschine bietet in der Regel den Vorteil, auch bei niedrigen Drehzahlen die Batterie zu laden.

Wenn das rote Licht aufleuchtet

Wenn unterwegs plötzlich die rote Ladekontrolleuchte zu brennen beginnt, halten Sie unbedingt sofort an! Öffnen Sie die Motorhaube und prüfen Sie
- ob der Keilriemen überhaupt noch vorhanden ist (er kann zerrissen und weggeflogen sein) oder
- ob der Keilriemen eventuell zerfranst ist oder nur lose über die Riemenscheiben rutscht.

Die Lösung beider Probleme finden Sie im Verlauf dieses Kapitels beschrieben.
Sollte sich am Keilriemen kein Mangel feststellen lassen, prüfen Sie
- ob die Kabelverbindungen zwischen Lichtmaschine, Regler und Batterie in Ordnung sind.
- Lichtmaschine oder Regler können ausgefallen sein.

Die beiden letzten Möglichkeiten lassen es zu, mit eigener Kraft bis zur nächsten Autoelektrik-Werkstatt weiterzufahren.

Störungsbeistand
Batterie und Lichtmaschine

Die Störung		– ihre Ursache	– ihre Abhilfe
A	Rote Ladekontrollampe brennt nicht bei Motorstillstand und bei eingeschalteter Zündung	1 Anzeigelampe durchgebrannt	Neue Lampe einsetzen
		2 Batterie entladen	Batterie aufladen
		3 Batteriekabel lose oder gebrochen	Batteriekabel kontrollieren
		4 Zündschloß defekt	Behelfskabel zwischen Batterie und Zündspule ziehen
		5 Schwarz-violettes Kabel zwischen Klemme der Lichtmaschine und Lampe unterbrochen	Leitung überprüfen und instandsetzen
		6 Reglerschalter defekt	Austauschen
		7 Kurzschluß einer Plusdiode	Sofort Ladeleitung 30 an der Lichtmaschine abklemmen, sonst Entladung im Stand, mit Batteriestrom zur Werkstatt
		8 Kohlebürsten abgenutzt	Austauschen
		9 Oxydschicht auf Schleifringen, Unterbrechung der Läuferwicklung	Lichtmaschine instandsetzen lassen
B	Ladekontrollampe brennt nach Ausschaltung der Zündung weiter	1 Reglerschalter defekt oder Kurzschluß in der Lichtmaschine	Kabel 30 an der Lichtmaschine lösen und mit Batteriestrom zur Werkstatt
C	Ladekontrollampe erlischt bei höherer Drehzahl nicht	1 Keilriemen gerissen	Erneuern
		2 Die schwarz-violette Leitung hat Masseschluß	Leitung überprüfen und instandsetzen
		3 Reglerschalter defekt	Austauschen
		4 Gleichrichter schadhaft, Schleifringe verschmutzt, Masseschluß in der Läuferwicklung	Lichtmaschine instandsetzen lassen
D	Ladekontrollampe brennt im Stand richtig, aber glimmt bei Motorlauf	1 Übergangswiderstände im Ladestromkreis oder in der Leitung zur Anzeigelampe	Leitung ersetzen, Anschlüsse festziehen
		2 Reglerschalter defekt	Austauschen
		3 Lichtmaschinendiode defekt	Kabelstecker an Regler sofort abziehen und mit Batteriestrom zur Werkstatt

Die Störung		– ihre Ursache	– ihre Abhilfe
E	Ladekontrollampe flackert bei mittlerer und hoher Drehzahl	1 Keilriemen locker	Nachspannen
		2 Klemmen gelockert oder Kabel defekt	Kabel und Anschlüsse zwischen Lichtmaschine, Regler und Batterie prüfen
		3 Bei Kontaktreglern Einstellung falsch (Flattern) oder Reglerwiderstand durchgebrannt	Reglerschalter austauschen
		4 Batterie defekt	Gegenprobe mit zuverlässiger Batterie
		5 Kurzschluß in der Lichtmaschine	Instandsetzen lassen
F	Ladekontrollampe verlischt erst bei hoher Drehzahl	1 Lichtmaschine nicht in Ordnung	Prüfen lassen
		2 Reglerschalter arbeitet falsch	Austauschen
G	Ladekontrollampe erlischt, leuchtet aber wieder schwach auf	1 Oxydierte oder verschmutzte Kontakte bewirken Spannungsabfall	Kontakte der Kabel säubern Reglerschalter überprüfen lassen
H	Batterie wird überladen (Säurekristalle an der Batterieoberseite)	1 Spannungsregelung in Lichtmaschine oder Reglerschalter funktioniert nicht	In Fachwerkstatt prüfen lassen

Keilriemen-Probleme

Kaufen Sie sich einen Ersatz-Keilriemen! Den verstecken Sie so lange im Kofferraum, bis Sie ihn – vielleicht – einmal brauchen. Der Keilriemen ist bei Fiat-Händlern, Ersatzteilgeschäften und manchen Tankstellen zu haben. Beim Kauf muß man angeben, ob er für den Normal- oder den Special-Motor gebraucht wird (Längenunterschied).

Man muß es nicht unbedingt hören, wenn der Keilriemen abfliegt. Aber man sieht es am Fiat beim Aufleuchten der Ladekontrolleuchte bei laufendem Motor sofort (weil die Lichtmaschine nicht mehr angetrieben wird). Ebenso kann die Lampe brennen, wenn der Keilriemen nicht mehr die nötige Spannung hat und auf den Riemenscheiben durchrutscht. Der gleiche Verdacht auf einen gerissenen oder nicht genügend stramm sitzenden Keilriemen besteht, wenn plötzlich der Zeiger des Fernthermometers in das rote Feld klettert. Der Keilriemen treibt allerdings nur beim 1300-Motor den Lüfter direkt an. Bei dem stärkeren Motor erfolgt seine Einschaltung über den Wärmeschalter unten am Kühler. In jedem Fall bewegt der Keilriemen aber die Wasserpumpe, die für die Umwälzung des Kühlmittels sorgen muß.

Zögern Sie keineswegs anzuhalten, wenn die rote Ladekontrolle aufleuchtet und besonders, wenn die Temperatur auffällig steigt. Schäden durch unbedachte Weiterfahrt treten unweigerlich am Motor auf, wenn der Keilriemen nur noch wenig oder überhaupt nicht seine Aufgabe erfüllt. Der Umlauf des Kühlwassers wird unterbrochen und durch die Hitzeausdehnung im Motor kommt es zu Kolbenklemmern, die unreparierbare Zerstörung zur Folge haben können (z. B. Abreißen der Pleuel). Im günstigsten Fall, wenn der Keilriemen gerade noch »mitnimmt«, liefert die Lichtmaschine zu wenig Ladestrom. Aber ein zu stramm gespannter Keilriemen beansprucht die Lager der Lichtmaschine zu sehr. Vorzeitiger Verschleiß der Lager, besonders des hinteren, ist die Folge. Im Prinzip ist die richtige Keilriemenspannung deshalb so wichtig, weil der Riemen die doppelte Leistung des Generators vom Motor übertragen muß.

Keilriemenspannung prüfen
Pflegearbeit Nr. 21

Die Bedeutung der richtigen Keilriemenspannung wurde eben erläutert. Man kann mit einem verhältnismäßig einfachen Handgriff kontrollieren, ob die Spannung ungefähr stimmt: Drücken Sie von oben den Daumen auf halbem Weg zwischen den beiden Riemenscheiben kräftig auf den Keilriemen. Er soll sich etwa 10–15 mm durchbiegen lassen, wobei ein Druck von 10 kg gegeben werden muß.

Den Keilriemen spannt man folgendermaßen: Etwas die obere Befestigungsschraube der Lichtmaschine lockern und ebenso den unteren Gelenkbolzen. Dann drückt man die Lichtmaschine kräftig vom Motor weg, dadurch spannt sich der Riemen. Lichtmaschine festhalten und zunächst die obere Schraube, dann die untere festziehen. Riemenspannung erneut kontrollieren und gegebenenfalls nochmals korrigieren. Diese Arbeit ist für alle 10 000 km vorgesehen, ferner ist sie 1000 km nach jeder Motorüberholung oder nachdem ein neuer Riemen aufgelegt wurde vorzunehmen.

Das Auswechseln des Keilriemens ist nach der vorstehenden Beschreibung kein Problem. Gelegentlich ist der Zustand des Keilriemens zu überprüfen. Wenn die beiden Laufflächen und die nach außen gerichtete Seite des Riemens glatt und ohne Anrisse sind, ist er noch dienstbereit. Allerhöchste Zeit zum Wechseln ist es aber, wenn schon Teile des vulkanisierten Gummis oder des Gewebes abgelöst sind. Mit Fett oder Öl soll der Keilriemen nicht in Berührung gebracht werden.

Der Anlasser

Der zum Starten dienende Elektromotor, der Anlasser, sitzt am Motor links hinten. Beim 1300-Motor leistet er 0,8 kW und beim 1600er sogar 1,3 kW, also rund 1,7 PS. Ein derart kräftiger Anlasser ist ohne weiteres in der Lage, das Auto notfalls von der Stelle zu bringen. Es ist nämlich schon vorgekommen, daß durch irgendeinen unglücklichen Umstand der Motor ausgerechnet auf dem Bahnübergang abstirbt und in der Ferne schon der Zug naht. Ruhig Blut, eingelegter kleiner Gang und betätigter Anlasser retten aus solcher Situation. Aber für eine weiterreichende Reise eignet sich der Anlasser natürlich nicht, denn in seinem Innern verschmoren bei anhaltender Belastung die Wicklungen aus Draht.

Die Fiat-131-Modelle sind mit Anlasser eigener Herstellung ausgerüstet. Dabei handelt es sich um Schubschraubtrieb-Anlasser mit Magnetschalter. Das bedeutet, daß solch ein Anlasser beim Schließen des Stromkreises sein Antriebsritzel (Zahnrad) auf den Zahnkranz des Motorschwungrades schiebt und dieses erst dann – rechts herum – zu drehen beginnt. Ein Freilauf am Ritzel verhindert Belastungen des Anlassers, wenn der schnell startende Motor das Ritzel noch nicht gleich freigegeben hat und auf dem Schwungrad noch mitdreht. Natürlich schiebt sich das Anlaßritzel selbsttätig zurück, sowie der Zündschlüssel aus der Stellung »Starten« zurückgedreht wird. Der Anlasser hat Dauerschmierung, Störungen kommen selten vor.

Anlasser-Wartung

Der Aufbau des Anlassers ist dem einer Gleichstrom-Lichtmaschine, die man nur noch in kleinen Autos antrifft, sehr ähnlich. Er stellt also kaum höhere Ansprüche, wird aber wegen der zum Überprüfen erforderlichen Demontage besser von der Werkstatt kontrolliert. Die Kohlebürsten und der Kollektor sind dem Verschleiß unterworfen und müßten eigentlich nach zwei bis drei Jahren einmal überprüft werden. Das tut aber selten jemand. Bei Bedarf müssen sie eben ersetzt oder nachgearbeitet werden. Nach langer Betriebszeit haben sich die Kohlebürsten derart abgeschliffen, daß ihre Metallsockel Rillen in den Kollektor graben und der Kollektor abgedreht werden muß.

Die Zündanlage

Gesteuerte Blitze

Eine Störung an der Zündanlage bringt oft besonderen Verdruß mit sich, denn die elektrischen Vorgänge im Auto erscheinen dem Uneingeweihten als äußerst undurchsichtig. Auf den hier folgenden Seiten wird das, was mit der Zündung zu tun hat, Stück für Stück beschrieben. So wird es Ihnen möglich sein, erforderliche Wartungsarbeiten selbst vorzunehmen und eventuell auftretende Störungen – die jedes Auto befallen können – selbst zu beheben.

Ein paar Takte Theorie

Für die Entzündung des vom Vergaser produzierten Benzin-Luft-Gemischs besitzen alle Autos eine untereinander vergleichbare elektrische Anlage. Damit diese Verbrennung möglichst vollständig vor sich geht, wird sie für jeden Zylinder – sekundenbruchteilgenau – so gesteuert, daß der Kraftstoff optimal verwertet wird und die sich entfaltende Kraft am wirkungsvollsten ausgenutzt werden kann. Die Zündung muß in dem Augenblick erfolgen, wenn sich der auf- und abgehende Kolben gerade in der für die Arbeitsaufnahme günstigsten Stellung aufhält.
Die Zündkerzen sorgen für die Entflammung des Gemischs. An ihren Elektroden (Drahtstiften) springt der Funke über. Beim Start werden die Funken von der Batterie und während der Fahrt werden sie von der Lichtmaschine geliefert. Die 12 Volt der Batterie reichen aber bei weitem nicht, um gegen den Druck des im Zylinder zusammengepreßten Gemischs einen genügend kräftigen Zündfunken überspringen zu lassen. Für die erforderliche Hochspannung sorgt die Zündspule mit mehr als 10 000 Volt. Diese Stromspannung hat schlagartig und zur rechten Zeit an jeder einzelnen Zündkerze vorhanden zu sein – dafür sorgt der Zündverteiler.

Wie entsteht der Zündfunke?

Elektrischer Strom kann nur in einem geschlossenen Stromkreis fließen. Dieser Weg führt im Auto vom Plus-Pol der Batterie oder Lichtmaschine zum Stromverbraucher und durch diesen zur »Masse« (siehe Seite 198), von wo er wieder zum Minus-Pol der Batterie gelangt.
Bei der Batterie-Zündung, wie man diese Anlage auch nennt, gibt es einen doppelten Stromkreis, zwei Stromkreise sind gewissermaßen ineinander verschlungen. Im ersten, dem Primärstromkreis, fließen 12 Volt von Batterie oder Lichtmaschine und im zweiten, dem Sekundärstromkreis, der hochgespannte Strom für den kräftigen Zündfunken. Im Primärstromkreis kommt der Strom vom Plus-Pol der Batterie über das Zündschloß zur Zündspule, dann durch eine Wicklung aus dickem Draht – die Primärwicklung – weiter zum »Untergeschoß« des Zündverteilers. Dort wird der Primärstrom über den Unterbrecher, so lange dieser geschlossen ist, wieder an »Masse« geleitet. Somit ist der Primärstromkreis geschlossen. In der dicken Drahtwicklung der Zündspule entsteht dabei ein magnetisches Feld, das durch einen Eisenkern in der Mitte noch verstärkt wird.

Der öffnende Unterbrecher des Zündverteilers unterbricht den Primärstromkreis und das Magnetfeld und die Primärwicklung der Zündspule fällt schlagartig zusammen. Dabei entsteht in der zweiten Drahtwicklung der Zündspule, in der Sekundärwicklung, die aus vielen Lagen dünnen Drahtes gewickelt ist, ein plötzlicher Stromstoß bis zu 25 000 Volt für den Zündfunken. Diese Erzeugung elektrischer Spannung heißt Induktion = Entwicklung elektrischer Spannung durch Änderung des Magnetfeldes.
Der hohe Stromstoß gelangt über eine Zündleitung in das »Obergeschloß« des Verteilers, wo der sich drehende Verteilerläufer die vier Kontakte in der Verteilerkappe und somit die Zündkabel zu den Zündkerzen versorgt: Der Zündstrom springt an den Kerzenelektroden über und das Gemisch im Brennraum wird entzündet. Weil der Funke wieder an Masse – an die Masse-Elektrode – springt, schließt sich dabei auch der Sekundärstromkreis. Der Verlauf des Stromweges läßt sich im Schaltplan verfolgen.

Der Zündanlaßschalter

Im Fiat sitzt der Zündanlaßschalter (auch manchmal Lenk-Zünd-Anlaßschloß oder einfach Zündschloß genannt) rechts an der Lenksäule. Dieses Zündschloß ist ein elektrischer Schalter, in dem durch Drehen des Zündschlüssels je nach Stellung verschiedene Kontakte verbunden werden. Mit dem Schloß ist eine Diebstahlsicherung kombiniert, die in Ruhestellung die Lenksäule blockiert. Also während der Fahrt oder auch nur bei rollendem Wagen den Zündschlüssel nie ganz nach links drehen!
Das Zündschloß ist ein möglicher Störungsherd, falls Ihr Fiat einmal nicht anspringen will. Die Anleitung des Störungsfahrplans in der vorderen Buchklappe gibt Ihnen die Möglichkeit, einen solchen Fehler einzukreisen. Sollten Sie das Zündschloß als Ursache erkannt haben, sind zunächst die Kabelverbindungen zu prüfen. Die Anschlüsse des Zündschlosses sind zu erreichen, nachdem man die Lenksäulenverkleidung abgebaut hat. Dazu schraubt man die beiden Kreuzschlitzschrauben in den runden Aussparungen der unteren Verkleidung heraus und nimmt den oberen Teil ab. Zwei kürzere Schrauben in den länglichen Aussparungen halten den unteren Teil fest; nach Herausdrehen der Schrauben klappt man die untere Verkleidung zur Seite, um die darin von einer Metallklammer gehaltenen Kabelstränge zu befreien.
Haben sich alle Anschlüsse am Zündschloß als festsitzend erwiesen, liegt der Fehler voraussichtlich im Zündschloß. Sicherheitshalber ist aber zu prüfen, ob wirklich Strom zu der Plus-Klemme des Zündschlosses (Klemme 30, braun) gelangt. Mit einer Prüflampe läßt sich das feststellen: Einen Pol der Lampe an dieses Plus-Kabel, den anderen an Masse anlegen.

Zwei Kreuzschlitzschrauben halten das obere Teil der Lenksäulenverkleidung, sie sind in den runden Aussparungen der unteren Verkleidung zu erreichen. Zwei kürzere Schrauben sitzen in den länglichen Aussparungen und dienen zur Befestigung des unteren Verkleidungsteils. Das wird etwas zur Seite gedreht, dann befreit man die Kabel aus der Metallklammer. Nun sind zu sehen:
1 – Lenksäulenstütze,
2 – Zündanlaßschalter,
3 – Kombischalter,
4 – Kabel am Lenkstockkombischalter.

185

Wenn die Lampe dabei nicht aufleuchtet, sind die Kabelanschlüsse ab Batterie zu kontrollieren, denn die Plus-Klemme sollte eigentlich immer Strom führen. Der Strom kommt von der Batterie Plus über die dicke Leitung zum Anlasser, von wo bereits das Kabel der Klemme 30 abzweigt, das noch über eine Verbindung hinter dem Armaturenbrett führt und dann mit dem Zündschloß verbunden ist. Dies ist aus dem Schaltplan ersichtlich.

Brennt dagegen die Lampe, doch nach dem Drehen des Zündschlüssels folgt weiterhin nichts, ist das Zündschloß defekt. Unterwegs läßt es sich sicherlich nicht sogleich austauschen, also muß man versuchen, auf andere Art das Auto in Gang zu setzen. Stellen Sie eine Verbindung von Klemme 30 zu 50 her (letzteres Kabel führt zurück zum Anlasser), indem Sie ein isoliertes Stück Draht gegen diese blanken Anschlüsse am Zündschloß halten. Bequemer ist es vielleicht auch, mit einem Schraubenzieher die beiden Kabelklemmen vorn am Anlasser zu überbrücken. Bekommen Sie keinen Schreck: Es wird stark funken, aber der Anlasser dreht sich. Sowie der Motor angesprungen ist, sind Draht oder Schraubenzieher wegzunehmen.

Durch baldiges Erneuern des Zündschlosses ist dieser unpraktischen Startmethode abzuhelfen. Mit der Arbeit sollte eine Fiat-Werkstatt betraut werden, weil man dort die notwendigen Handgriffe besser kennt und Ihren Auftrag rasch erledigen wird. Auf die Sicherung gegen Diebstahl wird noch am Schluß dieses Kapitels eingegangen.

Fingerzeig: *Notieren Sie die Form und Kennzeichen (Nummer) des Zündschlüssels und verwahren Sie die Notiz bei Ihrem Kfz-Schein. Jeder Schlüsseldienst kann dann bei Verlust des Schlüssels kurzfristig für Ersatz sorgen. Manche Leute befestigen einen zweiten Schlüssel mit Isolierband an einer gesäuberten Stelle des Wagenbodens oder an der Innenfläche der Stoßstange.*

Die Zündspule

Die länglich runde Zündspule ist links am Innenblech des Motorraums befestigt. Das dicke mittlere Kabel führt hochgespannten Strom zur Mittelbuchse des Zündverteilers. Das dünne Kabel (orange) an Klemme B der Zündspule ist mit dem Anschluß 15/54 am Zündschloß verbunden, wobei die Verbindung am Sicherungskasten über die Brücke zwischen den Anschlüssen von Sicherung 1 zu Sicherung 2 verläuft und dort zum grauschwarzen Kabel wechselt. Die andere Klemme D dient zur Verbindung mit dem »Untergeschoß« des Zündverteilers.

An einer Zündspule gibt es nichts zu warten und nichts zu reparieren. Ist sie defekt, so muß sie ausgetauscht werden. Man sollte sie jedoch sauber und trocken halten, damit Kurzschlüsse, Kriechströme und überspringende Funken vermieden werden.

Zündspule prüfen

Die Sekundärwicklung besteht, wie wir schon am Anfang des Kapitels erwähnten, aus sehr vielen Wicklungen dünnen Drahtes. In ihr kann, gewissermaßen als Alterskrankheit der Zündspule, ein Kurzschluß entstehen. Dadurch bekommt die Zündkerze zu geringe Spannung, es kann kein wirksamer Funke überspringen, und das Gemisch im Brennraum kann von der Zündkerze nicht entzündet werden.

Eine genaue Kontrolle, ob die Zündspule einen solchen Defekt aufzuweisen hat, ist nur auf dem Prüfstand der Werkstatt möglich. Immerhin gibt auch die provisorische Prüfung im Wagen Anhaltspunkte:

Zündkabel von der Zündspule aus der Mitte des Verteilerdeckels herausziehen (es ist nur eingesteckt), Verteilerdeckel abnehmen (dazu Spannverschlüsse abklappen). Dann dritten oder vierten Gang einlegen und Wagen verschieben, bis die Unterbrecherkontakte geschlossen sind. Zündung einschalten, ohne zu starten. Zündkabelende mit einer Hand in etwa 10 mm Abstand gegen den Zylinderblock halten. Mit der anderen Hand Unterbrecherkontakt öffnen, indem man die Kontaktfeder mit einem Kugelschreiber oder Schraubenzieher (Klinge nicht an Masse kommen lassen) abhebt. Mehrmals wiederholen. Bei jedem Abheben muß zwischen Zündkabelende und Masse ein Funke überspringen. Kein Funke bedeutet: Zündspule auf jeden Fall defekt.

Primärwicklung prüfen

Wenn die Zündung zu lange eingeschaltet ist, ohne daß der Motor läuft, kann auch in der Primärwicklung ein Kurzschluß entstehen. Falls der Unterbrecher während dieser Zeit geschlossen ist, so daß dauernd der Primärstromkreis geschlossen bleibt, kann sich die Primärwicklung stark erwärmen, die Isolierung wird brüchig, und es können sich nach einiger Zeit dadurch Kurzschlußbrücken bilden. Das macht sich dann entweder an schnell verbrauchten Kontakten im Verteiler bemerkbar, weil die Stromstärke im Primärstromkreis ansteigt, oder an nachlassender Zündleistung bei warmem Motor, weil die sich selbst erhitzende Primärwicklung höheren inneren Widerstand hat. Dieser Defekt der Primärwicklung ist bei kalter Zündspule kaum zu bemerken.
Mit einer 12-Volt-Prüflampe kann man eine Unterbrechung der Primärwicklung feststellen, indem man das dünne Kabel, das von der Zündspule zur Verteilerunterseite läuft, an der Zündspule löst, dort das eine Kabelende der Prüflampe anlegt und bei eingeschalteter Zündung das andere Kabelende der Prüflampe an Masse hält. Dadurch wird der Stromweg über den Unterbrecher ersetzt. Die Prüflampe muß aufleuchten, anderenfalls ist die Primärwicklung defekt.
Bei notwendigem Ersatz ist nicht unbedingt der gleiche Spulentyp wie vorher eingebaut zu besorgen. Falls eine Fiat-Werkstatt nicht in der Nähe ist, kann jeder Bosch-Dienst aus der Verlegenheit helfen. Bosch-Zündspulen sind sogar mehr zu empfehlen als die von Marelli, weil letztere nicht so gut für die notwendige Entstörung abgeschirmt sind. Geeignet ist die Bosch-Spule Typ TK 12 A 17.

Der Kondensator

Beim Fiat 131 sitzt der Kondensator im Obergeschoß des Zündverteilers unter der Platte des Fliehkraftreglers, er hat die Form einer Kleinbildfilmspule. Er speichert Strom und hat die Aufgabe, Funkenbildung am Unterbrecher, der im folgenden Abschnitt besprochen wird, zu unterdrücken. Er hemmt den Ab-

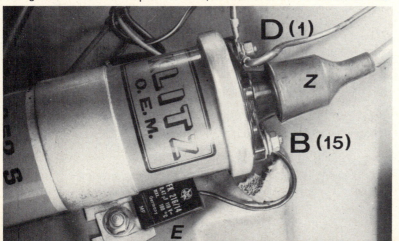

Die Zündspule ist durch die Klemme B mit dem Zündschloß (über die Strombrücke am Sicherungskasten von Sicherung 1 zu Sicherung 2) verbunden, durch die Klemme D mit dem Zündverteiler. Z – Hauptzündkabel zur Mittelbuchse des Verteilers, E – Entstörwiderstand.

Wenn der Motor nicht anspringen will, ist dies die erste wichtige Prüfung: Liefert das Hauptzündkabel Zündstrom an den Verteiler? Dazu Hauptzündkabel aus der Mittelbuchse des Verteilers ziehen (anderes Kabelende muß fest in der Mittelbuchse der Zündspule sitzen) und blankes Kabelende (Gummi-Regenschutzkappe zurückstreifen) auf etwa 10 mm Abstand gegen Motorblock oder an eine der nahesitzenden Befestigungsschrauben halten. Durch Helfer Motor – ohne Gasgeben – starten lassen. Bei jedem Abheben der Unterbrecherkontakte (kann man bei abgenommenem Verteilerkopf beobachten) muß ein kräftiger Funke zwischen Kabelende und Motorblock überspringen. Kein Zündfunke bedeutet: Zündspule oder Unterbrecher defekt.

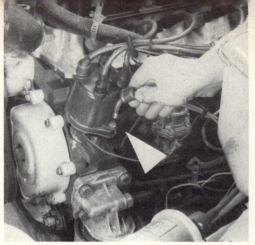

brand der Unterbrecherkontakte und fördert das schlagartige Zusammenbrechen des Magnetfeldes in der Zündspule (je schneller das Magnetfeld zusammenfällt, um so höher wird die Spannung im Sekundärstromkreis und um so besser ist der Zündfunke).

Ein schwacher Zündfunke, dessen Ursache man zunächst als Fehler in der Zündspule vermutet, kann auch an einem defekten Kondensator liegen. Dieser ist durch das grüne Kabel mit Klemme D der Zündspule verbunden. Eine genaue Prüfung des Kondensators auf »Durchschlag«, also Kurzschluß, Isolationsverlust und ausreichende Kapazität ist nur bei einem Autoelektrik-Dienst möglich. Wenn der Kondensator allerdings total ausgefallen ist, läßt sich dies eventuell bei abgenommenem Verteilerkopf an überspringenden starken Funken zwischen den Unterbrecherkontakten erkennen. Dabei muß ein Helfer den Motor mit dem Zündschlüssel starten.

Auch völliger Kurzschluß der Masse ist bei voll geöffneten Unterbrecherkontakten mittels Prüflampe erkennbar, die zwischen Klemme D der Zündspule und das davon abgezogene grüne Kabel geschaltet wird. Da die Unterbrecherkontakte geöffnet sind, besteht bei eingeschalteter Zündung kein legaler Weg des Batteriestroms zur Masse und die Prüflampe darf nicht aufleuchten. Fließt der Strom jedoch über einen Kurzschluß im Kondensator zur Masse, leuchtet die Prüflampe auf. Auch bei stark verschmorten Unterbrecherkontakten, die noch nicht lange im Betrieb sind, besteht Verdacht auf einen defekten Kondensator.

Langes Prüfen rentiert sich indessen meist nicht, zumal der Preis des Kondensators nur bei 5 Mark liegt. Ein neuer Kondensator muß bei 50–1000 Hz ebenfalls eine Kapazität von 0,20–0,25 µF aufweisen. Oft ist es praktischer, Kontrollen der Zündspule, des Kondensators und des nachfolgend beschriebenen Verteilers einer guten Fachwerkstatt zu überlassen. Dort besitzt man zuverlässige Apparaturen, mit deren Hilfe fast im Handumdrehen zu erkennen ist, wo sich ein Schaden verbirgt und welcher Art er ist. Daheim sucht man mit bescheidenen Mitteln vielleicht vergeblich danach.

Der Unterbrecher

Im Zündverteiler dreht sich die Verteilerwelle und auf ihr die Unterbrechernocken. Sie heben den Unterbrecherhebel ab. Der Unterbrecher bestimmt den Zündzeitpunkt, indem er den Primärstrom in der Zündanlage unterbricht, damit in der Sekundärwicklung der Zündspule (durch »Induzieren«) hohe Spannungen entstehen. Die Leistung des Motors ist vom Überspringen des Zündfunkens im richtigen Augenblick – vom Zündzeitpunkt – abhängig.

Wenn der Druck des brennenden Benzin-Luft-Gemischs unmittelbar bei Beginn der Abwärtsbewegung des Kolbens am größten ist, hat der Motor die beste Leistung. Zum vollen Entflammen des Gemischs wird stets eine gleichbleibende Zeit benötigt, die zwar nur rund 1/3000 Sekunde beträgt, wegen der hohen Geschwindigkeit des Kolbens aber zu einem bestimmten Zeitpunkt eher einsetzen muß.
Bei zu früh gelegtem Zündzeitpunkt schlägt das bereits entflammte Kraftstoff-Luft-Gemisch dem noch aufwärts strebenden Kolben entgegen: Der Motor klopft. Gibt man zu wenig Frühzündung, wird die Energie des Kraftstoffs nicht vollständig ausgenutzt und der Motor hat nur eine ungenügende Leistung. Die für wechselnde Geschwindigkeiten notwendige Zündverstellung arbeitet automatisch.

Die Zündverstellung

Bei steigender Motordrehzahl muß der Zündfunke früher überspringen, weil zur Verbrennung des Gemischs weniger Zeit bleibt. Die Verstellung des Zündzeitpunktes wird durch einen Fliehkraftregler besorgt, der mit der Verteilerwelle verbunden ist. Die Verteilerwelle wird im Motor von der Nockenwelle mit halber Drehzahl des Motors angetrieben. Eine zusätzliche Zündverstellung für Teillast, wie man sie bei einigen anderen Fabrikaten mit Hilfe von Unterdruck findet, ist beim Zündverteiler des Fiat 131 nicht erforderlich.
Durch ihr Eigengewicht verschieben sich bei zunehmender Drehzahl die Fliehgewichte auf der Scheibe der Fliehkraft-Zündverstellung entgegen der Spannkraft ihrer Haltefedern nach außen. Bei dieser Ausdehnung wird durch eine kleine Übersetzung die Verteilernockenwelle in ihrer Umlaufrichtung (rechtsdrehend) von 10° aus bis zu 20° ± 2° vorgestellt. Verteiler-Nockenwelle und Verteiler-Antriebswelle sind nicht starr verbunden, sondern gegeneinander drehbar gelagert.
Somit werden die Unterbrecherkontakte mit steigender Drehzahl früher geöffnet, was zunehmende Frühzündung bewirkt. Bei abnehmender Drehzahl vermindern die kleinen Schraubenfedern die Frühzündung wieder. Fliehgewichte und Rückholfedern sind genau aufeinander abgestimmt. Eine fehlerhafte Veränderung oder eine Störung an ihnen kann nur die Fachwerkstatt feststellen. Eine Störung kann man vermuten, wenn der Motor bei sonst einwandfreier Zündanlage in höheren Drehzahlbereichen nicht auf Leistung kommt, obwohl bei Leerlauf der Zündzeitpunkt stimmt.

Die Unterbrecherkontakte

Die Kontakte des Unterbrechers besitzen eine sehr dünne Auflage von Wolfram-Metall. Das ständige Öffnen und Schließen des Stromkreises hat einen unvermeidbaren Verschleiß durch Abbrand, Verschmoren oder Metallwanderung zur Folge, obgleich gerade Wolfram sehr widerstandsfähig ist. Durch den Abbrand (bei kleiner Drehzahl am größten) entsteht aus der punktförmigen Berührungsstelle zwischen Hammer- und Amboßkontakt bereits nach 1000 km Laufstrecke eine breitere Berührungsfläche, wobei sich die ursprünglich ebene Kontaktseite vom Hammer der Wölbung des Amboßkontaktes anpaßt. Der entstandene Kontaktquerschnitt ermöglicht einen besseren Durchfluß des notwendigen Maximalstroms von 5 Ampere.
Leider bilden sich mit der Zeit noch weitere Krater und Höcker, die eine genaue Messung des Kontaktabstandes mit der Fühlerlehre unmöglich machen. Anstatt den Wolfram-Belag, der äußerst dünn ist, glattzufeilen, tauscht man nach Verschleiß die Kontakte einfach aus. Sie kosten nur rund 3 Mark. Im Schnitt rechnet man für ihre Lebensdauer 15 000–25 000 km, wenn die Zündanlage nur einigermaßen in Ordnung ist.

Unterbrecherkontakte prüfen
Teil der Pflegearbeit Nr. 15

Gleichzeitig mit der Zündeinstellung soll man alle 10 000 km den Zustand der Unterbrecherkontakte und ihren Abstand voneinander überprüfen. Es besteht aber keine Vorschrift, sie grundsätzlich bei jeder 10 000-km-Inspektion auf den Schrott zu werfen. Bei einwandfreier Zündanlage müssen die Kontakte wesentlich länger einsatzbereit sein.

Zur Prüfung löst man die beiden Befestigungsschrauben des Verteilerdeckels und hebt diesen ab. Den auf der Verteilerwelle sitzenden Läufer braucht man nicht unbedingt ebenfalls abzuschrauben. Wenn man es doch tut, kann er später nicht verkehrt befestigt werden, weil sein Fuß nur in einer Stellung auf die Antriebswelle paßt.

Das Aussehen der Kontakte hat verschiedene Bedeutungen:
- Kontakte silberartig, wie hell poliert: Zündanlage in Ordnung
- grauer Überzug durch Oxydation: zu kleiner Kontaktabstand oder zu geringer Kontaktdruck
- verbrannt, blau angelaufen: Kondensator oder Zündspule nicht einwandfrei
- verkrustet: Öl, Fett oder Schmutz zwischen die Kontakte geraten.

Sind die Kontakte verkrustet, dann kann man mit einem scharfkantigen Schraubenzieher oder Taschenmesser den Schmutz abschaben (keine Feile oder Schmirgelleinen dazu verwenden). Anschließend ein Läppchen um einen dünnen Holzstab wickeln und mit Tetrachlorkohlenstoff (als Fleckenreinigungsmittel in Drogerien bekannt) tränken. Damit die Kontakte abwischen. Kein Benzin verwenden, da die Kontakte dagegen empfindlich sind.

Kontaktabstand prüfen und einstellen
Teil der Pflegearbeit Nr. 15

Im Do-it-yourself-Verfahren mißt man den Abstand mit einer Fühlerblattlehre, die auch zum Prüfen des Ventilspiels gebraucht wird. Zwischen den Kontakten soll bei voller Öffnung durch den Nocken ein Abstand von rund 0,4 mm (genau: 0,37–0,43 mm) bestehen. Zum Messen wird der Wagen bei eingelegtem 3. oder 4. Gang und bei geöffnetem Verteiler langsam so geschoben, bis der Verteilernocken die Kontakte auf größte Öffnung gebracht hat. Jetzt ist die 0,4-mm-Blattlehre dazwischen zu schieben. Sie soll die Kontakte nicht auseinanderdrücken oder Spiel haben.

Stimmt der Abstand nicht, muß die Sechskant-Schlitzschraube, die den Unterbrecheramboß festhält, ein wenig gelockert werden. Dann verschiebt man den Amboßhalter mit dem Schraubenzieher an der dafür vorgesehenen Kerbe auf der Grundplatte so weit, bis der Kontaktabstand stimmt. Schraube festziehen und nochmals messen, eventuell erneut – verbessert – einstellen.

Den Kontaktabstand mit der Fühlerblattlehre zu messen ist jedoch eine veraltete und ungenaue Methode. In Fiat- und Autoelektrik-Werkstätten stellt man statt dessen den Schließwinkel ein. Unebene Kontakte, die das Messen mit der Fühlerblattlehre negativ beeinflussen, stören dabei nicht. Der Schließwinkel besagt, um wieviel Winkelgrad sich die Verteilerwelle vom Schließen der Unterbrecherkontakte bis zu ihrem Öffnen weiterdreht. Je näher man die Kontakte aneinanderbringt, um so größer muß der Schließwinkel werden, weil die dicht beieinander liegenden Kontakte länger geschlossen bleiben. Dagegen ist der Schließwinkel bei größerem Kontaktabstand kleiner. Andererseits ist der Kontaktverschleiß bei zu kleinem Kontaktabstand größer.

In Kaufhäusern und Autozubehörgeschäften kann man kleine handliche Schließwinkelmeßgeräte für den Hausgebrauch kaufen. Ihnen liegen Bedienungsanleitungen bei, die es dem Heimwerker gestatten, den Schließwinkel in eigener Regie zu ermitteln. Der Schließwinkelwert beträgt bei allen 131-Motoren 55° (Toleranz ± 3°).

Unterbrecherkontakte austauschen

Verbrauchte Kontakte sind bald zu ersetzen, sonst kommt es zu Ärger beim Starten und beim Motorlauf. Es sind beide Teile, also Hammer und Amboß, gleichzeitig zu ersetzen. Sind die alten Kontakte verschmort oder blau angelaufen, genügt allerdings das Austauschen allein nicht, es muß auch nach dem verursachenden Fehler in der Zündanlage (Kondensator oder Zündspule) gesucht werden.
Zum Auswechseln der Kontakte ist die Anschlußklemme des dünnen Kabels von der Zündspule innen im Verteilergehäuse zu lösen, so daß die Klemme des kurzen Kabels herausgezogen werden kann. Dann die Sechskant-Querschlitzschraube, die auch zum Einstellen des Kontaktabstandes gelockert werden muß, herausdrehen und Hammer mit Amboß von ihrer Drehachse abheben.
Vor Einbau der neuen Unterbrecherkontakte wird die Nockenbahn der Verteilerwelle sauber gerieben und mit der Fingerspitze sparsam eingefettet (Bosch-Fett Ft 1 v 4), ebenso ist das Lager des Unterbrecherhebels zu fetten. Beim Einbau darauf achten, daß Hammer- und Amboßkontakte sich in gleicher Höhe befinden, notfalls müssen Ausgleichscheiben auf der Unterbrecherwelle unter den Unterbrecherhebel angebracht werden. Kontaktabstand und Zündzeitpunkt sind anschließend natürlich frisch einzustellen.

Zündzeitpunkt prüfen und einstellen
Pflegearbeit Nr. 16

Nach jeweils 10 000 km muß der Zündzeitpunkt überprüft und eventuell neu eingestellt werden. Das hat selbstverständlich auch beim Neueinstellen oder Auswechseln der Unterbrecherkontakte, nach dem Zusammenbau des Motors oder nach Wiedereinbau des Zündverteilers zu geschehen.
Die Zündeinstellung kann man selbst prüfen und nachstellen. Dazu braucht man eine kleine Prüflampe für 12 Volt Spannung. Das Einstellverfahren erfolgt dabei am stehenden Motor. Man darf auf diese Weise aber keine präzisen Ergebnisse erwarten, weil es sich hierbei um eine ungenaue Maßnahme handelt.
Eine genaue Zündeinstellung ist für die optimale Motorleistung wichtig. Durch ihre Überwachung behütet man den Motor vor Schäden. Zu viel Frühzündung läßt den Motor zu heiß werden, läßt ihn klingeln (siehe Seite 15) und führt in krassen Fällen sogar zu Lagerschäden. Zu späte Zündeinstellung vermindert die Leistung und erhöht den Benzinverbrauch, außerdem wird der Motor dabei auch zu heiß. Zu dieser exakten Einstellung, die bei laufendem Motor erfolgt, verwendet man in der Werkstatt eine Stroboskoplampe, die mit Lichtblitzen arbeitet.

Einstellen mit der Prüflampe

Um feststellen zu können, in welcher Position sich die Kolben befinden, schraubt man die Zylinderkopfhaube los. Dann bringt man den Kolben des 1. Zylinders (vorne) in Kompressionsstellung. Dazu verschiebt man den Wagen bei eingelegtem großen Gang so weit, bis beide Ventile des 1. Zylinders geschlossen haben. In dieser Stellung sollte sich die Bezugsmarke auf der Kurbelwellenriemenscheibe in der Nähe der Bezugsmarke auf dem Steuergehäusedeckel befinden.
Diese Bezugsmarken sind vorn am Motor zu sehen, wenn man schräg von oben herunterblickt. Auf dem Steuergehäusedeckel sind drei Markierungen angebracht: Die obere bezeichnet 10° Vorzündung und ist hier von Interesse, die mittlere bezeichnet 5° und die untere 0° Vorzündung. Die Wulst auf der Keilriemenscheibe muß durch vorsichtiges Verschieben des Wagens in eine Fluchtlinie mit der 10°-Marke gebracht werden. Ist dies der Fall, befindet sich der Kolben des 1. Zylinders 10 Grad/Kurbelwelle vor dem oberen Totpunkt.

Links: Zahlen auf der Verteilerkappe weisen auf den für die Zündkabel zuständigen Zylinder hin. Der Verteilerläufer ist mit zwei Schrauben befestigt. Rechts: 1 – Eins der beiden Fliehgewichte, 2 – Platte der Fliehkraftverstellung mit Aussparungen und Gewindebohrungen für den Läufer, 3 – Feder des Unterbrechers, 4 – Unterbrecherkontakte, 5 – Sockelschraube.

In der gefundenen Stellung ist die Zündung einzuschalten und bei abgenommener Verteilerkappe wird der eine Pol der 12-V-Prüflampe an die Klemme D des Verteilers angeschlossen und der andere Pol an Masse gelegt. Die Lampe muß aufleuchten. Tut sie es nicht, dann ist der Halteflansch am Fuß des Verteilers durch Lockern der Befestigungsschraube ein wenig zu lösen. Der Verteiler kann dann auch gedreht werden, was man nur ganz langsam tun soll. Zuerst im Uhrzeigersinn drehen, dann links herum. Sobald die Lampe beginnt aufzuleuchten (und der Unterbrecherhammer abzuheben), ist die Befestigungsschraube in der ermittelten Stellung des Verteilers festzuziehen. Anschließend ist der Kontaktabstand des Unterbrechers zu prüfen und eventuell zu korrigieren. In diesem Fall muß die Zündung nochmals eingestellt werden.
Um ganz sicher zu sein, schraubt man die Kerzen heraus (damit wird die hemmende Kompression ausgeschaltet) und schiebt den Wagen mit eingelegtem Gang, bei eingeschalteter Zündung und angeschlossener Prüflampe ganz langsam vorwärts. Sowie die Lampe aufleuchtet, sofort anhalten. Die Marke der Keilriemenscheibe muß dann genau in Höhe der 10°-Marke am Steuergehäusedeckel stehen.

Fingerzeig: Hat man beim Schieben des Wagens durch ruckartiges Nachgeben des Motors die Übereinstimmung der Bezugsmarken verfehlt, schiebt

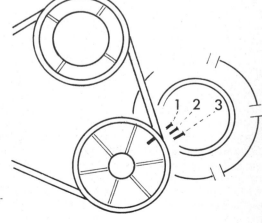

Auf dem Deckel des Nockenwellenrades sind folgende Markierungen angebracht: 1 – Kerbe für 10° Vorzündung, 2 – Kerbe für 5° Vorzündung, 3 – Kerbe für 0° Vorzündung. Zur einstellung des Zündzeitpunktes muß die Kerbe der Kurbelwellenriemenscheibe zur 10°-Marke gerichtet sein.

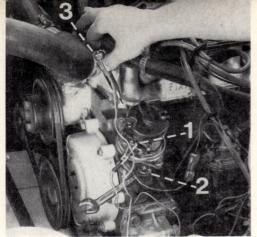

Um den Zündzeitpunkt zu verändern, wird zuerst mit einem Schraubenschlüssel SW 13 die Sockelschraube (2) am Verteiler leicht gelockert. Die Krokodilklemme der Prüflampe (3) ist an das blanke Ende des angeschlossenen, von der Zündspule kommenden dünnen Kabels oder an dessen Befestigungsmutter anzuklemmen (1). Dann wird die Prüflampennadel gegen »Masse« gedrückt. Nun ist der Verteiler, wie auf der vorausgegangenen Seite beschrieben, zu verstellen.

man das Auto ein gutes Stück zurück und beginnt vorsichtig von vorn. Damit schaltet man das stets vorhandene Spiel im Verteilerantrieb aus. Ebenso verfährt man beim Verdrehen des Verteilers, wenn der Aufleuchtzeitpunkt der Prüflampe verpaßt wurde.

Einstellen mit Stroboskoplampe

Damit diese Arbeit wirklich sinnvoll ist, überzeuge man sich davon, daß der Schließwinkel stimmt. Der Zündverteiler ist provisorisch einzustellen (falls er sich nicht in der bereits zu prüfenden Stellung befindet). Marken der Keilriemenscheibe und am Steuergehäusedeckel mit Kreide markieren. Impulsfühler der Zündlichtpistole am Hochspannungskabel der Zündspule und einen Drehzahlmesser anschließen. Motor starten und mit 850 U/min (bei automatischem Getriebe mit 800 U/min) drehen lassen. Die Lichtblitze der Stroboskoplampe senkrecht auf die Markierungen richten und gegebenenfalls den Zündverteiler so verstellen, bis die Einstellung von 10° vor o. T. stimmt.

Der Zündverteiler

Eigentlich besteht der Verteiler nur aus dem Verteilerläufer und dem Verteilerdeckel. Dennoch bezeichnet man das ganze Aggregat, also auch den Unterbrecher und den Fliehkraftversteller, als Verteiler. Sein Antrieb erfolgt über eine Welle mit Zahnrad, das mit einem Gegenrad der antreibenden Nockenwelle in Eingriff steht. Auf dem oberen Ende der Welle sitzt der Verteilerläufer, dessen Metallzunge in geringem Abstand an den vier Kontakten der Hochspannungsanschlüsse im Verteilerdeckel vorbeidreht. Der Läufer hat somit die Aufgabe, den im richtigen Zündzeitpunkt produzierten hochgespannten Stromstoß an die Zündkerzen weiterzuleiten. Diesen Stromstoß bekommt er über den Mittelanschluß im Verteilerdeckel von der Zündspule.
Bei einem Viertaktmotor leistet jeder Zylinder auf zwei Kurbelwellenumdrehungen nur einen Arbeitstakt, auf zwei Kurbelwellenumdrehungen entfallen also vier Zündungen, eine für jeden der vier Zylinder. Daraus geht hervor, daß die Drehzahl der Verteilerwelle und der sie antreibenden Nockenwelle gleich der halben Drehzahl der Kurbelwelle ist.
In die Bohrung seitlich der Verteilerwelle soll alle 10 000 km einige Tropfen Motoröl geträufelt werden. Diese Bohrung ist (nach Abnehmen des Verteilerdeckels) hinter den Unterbrecherkontakten zu erreichen. Außerdem kann gelegentliches Säubern der Deckelinnenseiten nicht schaden. Wenn man Kratzer oder gar Risse entdeckt, muß der Deckel ausgewechselt werden. Die Kohle, die in der Mitte durch Federkraft gegen das Zentrum des Läufers gepreßt wird, soll in ihrer Führung leichtgängig sitzen.

Fingerzeige: Um Kriechströme und Strombrücken zu vermeiden, muß man alle Teile der Zündanlage trocken und sauber halten. Besonders nach der Wagenwäsche achte man darauf. Vorhandene Feuchtigkeit, die auch bei starkem Regen zu Zündaussetzern führen kann, läßt sich heutzutage mit Hilfsmitteln »aus der Dose« auf einfachste Weise verdrängen (Kontakt-Spray, Zubehörhandel), indem man das Innere des Verteilers, elektrische Kontakte und andere Stellen der elektrischen Anlage kurz einsprüht.

Poröse, undichte oder durch Öl gequollene Gummikappen auf dem Verteilerdeckel müssen gegen neue ausgetauscht werden.

Es gibt Zündstörungen, die ihre Ursache in feinsten Haarrissen oder strichartigen Schmutzansammlungen im Verteilerdeckel haben. Das kann Stromüberschläge ergeben. Abhilfe schafft nur ein Austausch des Verteilerdeckels. Notbehelf: Risse mit Fingernagellack überpinseln.

Die Zündkabel

Zündkabel mit einer dicken Kupferlitze erfüllen ihre Aufgabe am besten. Wegen der vorgeschriebenen Funkentstörung haben sich aber manche Autohersteller Zündkabel mit einer Nylonseele anstelle von vernünftigen Metallfäden einfallen lassen. Solche sogenannten Widerstands-Zündleitungen mit graphierten Nylonfäden findet man bisweilen auch im 131. In ihnen steckt eine gewisse Heimtücke, weil sie kein Zerren und Knicken vertragen: Der graphitierte Nylonfaden bricht oder längt sich, der Widerstand steigt stark an und läßt keinen zündfähigen Hochspannungsstrom mehr hindurch. Die dann auftretenden Störungen sind nur schwer zu ergründen.

Wir empfehlen, bei passender Gelegenheit diese Widerstands-Zündkabel herauszuwerfen. In der Kontaktklemme, die in den Verteilerkopf gesteckt wird, können Sie den Querschnitt des Kabels und somit die Beschaffenheit, ob Nylon oder Kupfer, feststellen. Zuverlässiges Kupferlitzenkabel (Bosch Neoprene) kostet pro Meter etwa 1 Mark. Dazu gehören Widerstandstecker mit 5 Kilo-Ohm.

Eigene Erfahrungen zeigten, daß sich sogar die gelben Kabel der Fassaden- und Neonreklame als Zündkabel verwenden lassen (Abfälle davon sieht man oft an Baustellen und dort, wo Neonschrift montiert oder repariert wird). Sowohl der Querschnitt der Isolierung als auch der Metallseele ist der gleiche wie bei normalen Kerzenkabeln, wobei die Metallitze möglichst aus Kupfer bestehen sollte. Doch wenn es statt Kupfer andere Metallfäden sind, ist deren Lebensdauer den Nylonkabeln immer noch überlegen. Man muß aber die Klemmlaschen daran rasch und fest löten, sonst schmilzt die Kunststoff-Isolierung weg.

Bei der Inspektion werden die Zündkerzen ohne Aufforderung gewechselt. Das ist aber oft nicht nötig, denn gewöhnlich überstehen sie mindestens die doppelte Fahrstrecke. Teile der Zündkerze sind: A – die beiden Elektroden, deren Abstand beim Fiat 131 0,6 bis 0,7 mm betragen soll; B – das Gewinde darf vor dem Einschrauben in den Motor nicht eingeölt werden; C – Dichtring, dient dazu, Kompressionsverluste zu vermeiden; D – hier wird der Kerzenschlüssel SW 21 angesetzt; E – der Isolierkörper verhindert das Überschlagen von Funken; F – auf diesen Gewindestift wird der Stecker des Zündkabels aufgedrückt.

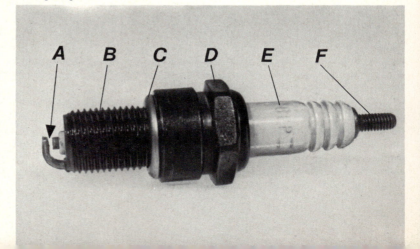

Wenn ein Radio eingebaut werden soll, müssen je nach Gerät noch zusätzliche Kondensatoren eingebaut werden. Den Entstörsatz mit Einbauanleitung bekommt man in der Fiat-Werkstatt und im Radiofachhandel. Die Kundendienstabteilung der Robert Bosch GmbH, Robert-Bosch-Platz 1, 7016 Gerlingen-Schillerhöhe, wie auch die Blaupunkt-Werke GmbH, Robert-Bosch-Straße 200, 3200 Hildesheim, erteilen über die zum Fiat passenden Radio-Entstörmittel und ihren Einbau gern Auskunft.

Die Zündkerzen

Normalerweise hat man mit den Zündkerzen wenig Ärger, obwohl sie innerhalb der Zündanlage am meisten arbeiten müssen. Aber eine fehlerhafte Zündkerze stellt jede noch so gute Funktion der Zündanlage in Frage, auch dann, wenn sie den richtigen Wärmewert besitzt. Daher empfiehlt Fiat, die Zündkerzen alle 10 000 km zu wechseln, obwohl das in den meisten Fällen nicht notwendig ist. Oft genügt das Nachprüfen des Elektrodenabstandes, der bei allen Motoren 0,6–0,7 mm betragen soll.
In der Werkstatt werden Zündkerzen ohne Auftrag nach Inspektionsplan gewechselt. Sollte man vorher selbst neue Kerzen eingesetzt haben, muß man das unbedingt vermerken lassen. Im Kaufhaus sind Zündkerzen überdies etwas billiger. Die Werkstatt berechnet zudem auch noch das Auswechseln.
Man schraubt die Zündkerzen mit einem Kerzenschlüssel SW 21 aus dem Motor. Beim Einschrauben sollen sie eigentlich mit einem bestimmten Anzugsmoment festgedreht werden, doch kann man den dazu nötigen Drehmomentschlüssel durch Einhalten folgender Empfehlungen entbehren: Kerze von Hand so weit in das Gewindeloch schrauben, bis sie sich nicht mehr weiterdrehen läßt (und der Dichtring anliegt). Dann mit dem Kerzenschlüssel eine Vierteldrehung anziehen, was etwa dem vorgeschriebenen Drehmoment von 4 kpm entspricht.

Fingerzeige: *Bei heißem Motorblock niemals kalte Zündkerzen zu fest einschrauben. Nach Erwärmung der Zündkerzen sitzt diese wie eingenietet fest. Das Zündkerzengewinde darf vor dem Einbau keinesfalls geölt werden, um es besser gängig zu machen. Öl würde verkohlen und die Zündkerze im Gewinde festbacken. Statt dessen mit einem Bleistift Graphit auf das Gewinde schaben. Zündkerze läßt sich später spielend leicht herausschrauben.*

Richtiger Wärmewert

Welcher Zündkerzentyp für Ihren Fiat 131 geeignet ist, ersehen Sie auf Seite 225. Serienmäßig werden die Motoren mit Kerzen der Marken Bosch, Champion oder Marelli ausgerüstet. Diese Fabrikate erhält man in Fiat-Ersatzteillagern.
Ob eine Zündkerze ihre Pflicht richtig erfüllen kann, ist in erster Linie von ihrem sogenannten Wärmewert abhängig. Da die verschiedenen Kraftfahrzeugmotoren sehr unterschiedliche Temperaturen in ihren Verbrennungsräumen entwickeln (es leuchtet ein, daß Motoren mit hoher Verdichung und hoher Leistung mehr Hitze erzeugen als gemütliche Durchschnittsmotoren), kann man nicht jede Zündkerze in jeden Motor einsetzen. Sie muß auf die vom Motor erzeugte Hitze abgestimmt sein. Diese Eigenschaft wird durch den Wärmewert gekennzeichnet, der bei deutschen Zündkerzen einheitlich angegeben wird, z. B. mit 200 oder 225. Je höher diese Zahl ist, um so mehr Hitze kann die Zündkerze ableiten, um selbst nicht zu heiß zu werden. Bei »kälter« arbeitenden Motoren darf man aber auch keinen zu hohen Wärmewert wählen, denn dann wird von der Zündkerze zu viel Wärme abgeleitet und sie hat nicht ihre günstige Betriebstemperatur, die zur sogenannten

Zündkerzen prüfen
Pflegearbeit Nr. 17

»Selbstreinigung« von Verbrennungsrückständen notwendig ist und an den Elektroden bie 800° C liegt. Bei ausländischen Zündkerzen ist dieser Wärmewert leider nicht so offensichtlich angegeben.

Zur regelmäßigen Kontrolle – alle 10 000 km – läßt man die Zündkerzen am besten in einer Werkstatt in das Zündkerzenprüfgerät einsetzen. Darin wird die Kerze unter hohem Druck geprüft, der etwa den Verhältnissen bei Kompression im Zylinder entspricht. Weil die Funkenbildung in freier Luft wesentlich einfacher möglich ist, sagt auch eine herausgeschraubte, mit dem Kerzenstecker verbundene und gegen Masse gehaltene Kerze überhaupt nichts darüber aus, ob sie den dabei gezeigten Funkenüberschlag auch im Brennraum zustande bringt.

Ein Prüfgerät mit kombiniertem Sandstrahlgebläse ist unter den Reinigungsverfahren das kleinere Übel, denn auch der scharfe Sandstrahl greift das Isoliermaterial der Zündkerze in gewissem Umfang an. Das leistet späterer Verschmutzung mit Strombrückenbildung Vorschub. Weniger von Vorteil sind Reinigungsversuche mit Taschenmesser oder Drahtbürste. Sie sind vorsichtig nur dann anzuwenden, wenn sich durch Verbrennungsrückstände, beispielsweise nach längerem Stadtverkehr, zwischen den Elektroden der Zündkerze unterwegs eine Strombrücke mit Kurzschlußwirkung gebildet hat.

Der Metallabbrand als natürlicher Verschleiß erweitert den Elektrodenabstand, so daß es dem Zündfunken schließlich nicht immer möglich ist, unter dem Kompressionsdruck von der Mittelelektrode zur Masseelektrode überzuspringen. Hauptsächlich deshalb empfiehlt Fiat, den Kerzenwechsel bei den relativ hochverdichteten 75-PS-Motoren alle 10 000 km vorzunehmen; der Einfachheit halber sind alle 131-Motoren in diesen Turnus eingeschlossen. Eigentlich ist das aber nicht erforderlich, denn Zündkerzen haben normalerweise ein längeres Leben.

Mit einer Zündkerzenlehre kann man den Elektrodenabstand genau nachmessen. Die keilförmige, sich verdickende Kante der Lehre wird zwischen die Elektroden der Kerze geschoben und an der Stelle, wo sie sich nicht weiter verschieben läßt, ist das Maß abzulesen. Bei Abweichungen wird die hakenförmige äußere Elektrode entsprechend nachgebogen (zu enger Abstand: vorsichtig mit Schraubenzieher oder Taschenmesser abwickeln; zu weiter Abstand: mit dem Griff dieses Werkzeugs leicht gegenklopfen).

Das Zündkerzengesicht

Die Kerzenelektroden lassen durch Aussehen und Färbung Rückschlüsse auf Vergasereinstellung, Wärmewert der verwendeten Kerze sowie Einsatzbedingungen des Wagens (Fahrweise) zu. So urteilt man über das »Kerzengesicht«:

- mittelbraun oder mittelgrau = gute Vergasereinstellung, Zündkerzen und Motor arbeiten richtig
- schwarz = Vergaser zu fett eingestellt oder Zündkerze ist im Betrieb durch vorwiegende Kurzstreckenfahrten zu kalt. Zündkerze mit nächstniedrigem Wärmewert probieren, wenn Vergasereinstellung stimmt
- hellgrau = Vergaser zu mager eingestellt
- silbrig = Zündkerze wird zu heiß, eventuell durch scharfe Langstreckenfahrten; Zündkerze mit nächsthöherem Wärmewert probieren. Oder Zündung zu früh gestellt
- verölt = Zündkerze setzt aus oder Kolbenringe undicht; wenn bei allen Zündkerzen, Fehler in der Zündanlage.

Diese Zusammenstellung läßt erkennen, daß man unter Umständen den Wärmewert der Zündkerzen für Ihren Fiat nach der vorherrschenden persönlichen Fahrweise abändern kann. Wer immer sehr verhalten fährt, wird vielleicht eine verrußte Zündkerze vorfinden und sollte es einmal mit dem nächst niedrigen Wärmewert versuchen. Und umgekehrt kann dem gleichen Motor bei hochsommerlicher Urlaubsfahrt – mit vollem Wagen – ein höherer Wärmewert besser tun. Es kommt auf den Versuch an, aber man sollte immer daran denken, daß die Autowerke – und so auch Fiat – aus gutem Grund nur bestimmte Zündkerzentypen empfehlen.

Schutz vor Diebstahl

Die mit dem Zündschloß gekoppelte Diebstahlsicherung ist keine absolute Garantie gegen »meisterhafte« Eingriffe eines Ganoven. Aber die vom Autohersteller eingebaute Maßnahme zum Schutz vor unbefugtem Benutzen durch fremde Personen entspricht dem Paragraphen 38a der Straßenverkehrszulassungsordnung. Sie hindert freilich nicht daran, daß im Wagen befindliche Wertgegenstände entwendet werden können. Der Begriff »Diebstahl-Sicherung« ist demnach gewissermaßen irreführend.
Je länger ein Spitzbube braucht, ein Fahrzeug zu öffnen (um daraus Gegenstände zu stehlen oder um den Motor in Gang zu setzen), um so wirkungsvoller ist eine Schutzvorkehrung. Das gilt für die Zusatzsicherungen, von denen nur die mechanischen (Punktschloß für Türen mit 3-cm-Riegel) und die seismischen Sicherungen (bewegliche Pendel schließen bei Erschütterung Kontakt zur Alarmanlage) genannt seien. Es gibt auch Kontaktsicherungen für aufklappbare Karosserieteile.
Bosch führt gepanzerte Zündspulen mit Panzerschlauch zum Zündschloß, womit ein Kurzschließen der installierten Zündanlage nicht möglich ist. Der Selvamat dagegen ist ein elektronisches Steuergerät, bei dem nach Öffnen der Türen nach einer bestimmten Zeit der richtige Zündschlüssel bedient werden muß, sonst schaltet sich der Alarm an. Und die Firma Büche in Radolfzell baut ein elektromagnetisches Ventil, das einfach zwischen Benzinpumpe und Vergaser geschaltet wird und ohne »Aufschließen« am Armaturenbrett keinen Kraftstoff hindurchläßt.
Eine einfache, aber wirkungsvolle Sicherung ist es, den Verteilerläufer abzuschrauben und mitzunehmen.

Elektrische Leitungen

Drahtzieher

Wie auch andere elektrische Geräte, etwa im Haushalt, benötigen die Stromverbraucher im Auto zwei Anschlüsse, durch die der Strom hin- und zurückfließen kann. An diesen Klemmen sind sie über elektrische Leitungen mit dem Stromspeicher (Batterie) oder dem Stromerzeuger (Lichtmaschine) verbunden. Jeder Verbraucher, ob Rücklicht, Gebläsemotor oder Fernlichtkontrolleuchte, braucht eine eigene, besondere Zuleitung. Bei der Summe der in heutigen Autos untergebrachten Leuchten und Geräte ergibt sich deshalb ein auf den ersten Blick unübersichtlich erscheinendes Kabelgewirr. Bei etwas näherer Betrachtung stellt sich jedoch heraus, daß die Wege des Stroms verhältnismäßig einfach verfolgbar sind.

Die im Autobau übliche Gepflogenheit, den »Rückweg« über gemeinsam leitende Metallteile zu vollziehen, trägt jedoch viel zur Vereinfachung in der elektrischen Anlage bei. Motor, Fahrwerksteile und Karosserie sind immer irgendwie miteinander verbunden und werden als Masseleiter benutzt. Daher sind auch im Fiat eine ganze Reihe von Verbrauchern und einige Schalter nur mit dem stromführenden »Hinweg«-Kabel verbunden, während sie durch ihre Befestigung – zumeist Schrauben – direkten Massekontakt besitzen.

Die Masse behüten

Lockerung und Korrosion führen dazu, daß die notwendigen Verbindungen zwischen den verschiedenen Stromverbrauchern und der Masse im Laufe der Zeit den rechten Kontakt verlieren. Aber auch Steckverbindungen der Kabel und Anschlußkontakte der Aggregate, also kurz: die Kabelklemmen, lockern sich bei steigendem Wagenalter und oxydieren. Wenn der Strom solche Anschlüsse nicht mehr ungehindert passieren kann, kommt es zu Spannungsabfall in den Leitungen. Zuerst macht sich dieser Mangel in z. B. immer müder leuchtenden Lampen bemerkbar, bis eines Tages der Stromverbraucher auf seine Einschaltung nicht mehr reagiert.

Kabelklemmen und Anschlüsse sind dann mittels Feile, Sandpapier oder auch nur mit dem Taschenmesser blank zu schaben. Auch die Umgebung der Klemme ist zu reinigen. Isolierspray, das man auf die Kontaktstellen sprüht, schützt diese blanken Stellen vor bald erneut einsetzender Korrosion und verhütet außerdem Kriechströme durch Feuchtigkeit. Die weißliche Schicht des im Winter angetrockneten Streusalzes ist ein böser Feind der Elektrik, denn diese Salzrückstände sind elektrisch leitend und können vor allem die Arbeit der Zündanlage stören.

Bei Verdacht auf oxydierte Schalterkontakte, die im Schaltergehäuse nicht zugänglich sind, überbrückt man zur Probe den Stromein- und -ausgang am Schalter mit einem kurzen Stück Draht. Zeigt sich beim Antippen der beiden Schalterklemmen mit dem Hilfsdraht eine verbesserte Leistung des dabei eingeschalteten Verbrauchers, liegt der Fehler eindeutig im korrodierten Schalter und ein neuer ist zu installieren.

Normung der Anschlüsse

Fiat bietet innerhalb der elektrischen Anlage eine nicht zu unterschätzende Hilfestellung: Damit man die Kabel im Auto zuverlässig verfolgen kann, sind sie von farbigen Isolierschichten umhüllt. Dabei kommen gewissen Farben wegweisende Bedeutungen zu. So hängt »grün« mit dem Scheinwerferlicht zusammen, »grau« mit dem Abblendlicht und »gelb« mit dem Standlicht (siehe Schaltplan). Zudem sitzen die meisten Kabel an numerierten Anschlüssen. Bei der Numerierung folgt man einer in verschiedenen europäischen Ländern gültigen Norm, die bei deutschen Autos sehr ausführlich praktiziert wird und auch mit vielen Anschlüssen im Fiat übereinstimmt. Beispielsweise tragen stets stromführende Kabel, die also mit der Batterie ständig in Verbindung stehen, die Klemmenbezeichnung »30«. Eine Aufstellung der Klemmenbezifferung, die im Fiat 131 vorkommt, befindet sich auf Seite 232.

Wie der Strom ausgenutzt werden kann, hängt schließlich von dem Querschnitt und der Länge eines Kabels ab. Zur Scheinwerferlampe mit 45 Watt Aufnahmemöglichkeit läuft ein Kabel mit größerem Querschnitt als zur 5-Watt-Innenraumleuchte. Wo der Strom am anderen Ende wirklich etwas leisten soll, darf er sich nicht durch ein zu dünnes Kabel zwängen müssen. Sonst tritt Spannungsabfall ein und statt der planmäßigen 12 Volt kommen nur 11 oder gar 10 Volt an. Ein zu schwaches Kabel heizt sich außerdem auf und es kann zu einem Kabelbrand kommen. Nach deutschen Norm-Vorschriften soll für 4,5 bis 5,5 Ampere Dauerstrom ein Querschnitt von je 1 mm^2 vorhanden sein.

Einziehen neuer Kabel

Im Haushalt gebräuchliche Kabel dürfen für die elektrischen Leitungen im Auto unter keinen Umständen verwendet werden. Autokabel besitzen eine benzin- und ölfeste Isolation, die zudem scheuer- und hitzebeständig ist. Solche Kabel kauft man in der Fiat-Werkstatt oder im Zubehörhandel und man verlangt gleich die vorgegebene Farbe und Stärke.

Dazu erhält man dort passende Flachstecker, Endverbinder und Kabelschuhe, die das Festlöten am Kabel ersparen. Die abisolierten und blankgeschabten Kabelenden sind in die entsprechenden Verbindungsstücke zu führen, wo man sie mehrmals kurz hintereinander festklemmt. Fachwerkstätten besitzen eigens dafür vorgesehene Quetschzangen, aber auch mit dem Schneideteil einer Kombizange lassen sich solche Verbindungen vorsichtig zusammenquetschen, ohne sie zu zertrennen. Eine verlötete Verbindung ist natürlich noch zuverlässiger.

Vor dem Ersatz eines Kabels ist zunächst das Masse- (Minus-) Kabel der Batterie zu lösen, um Kurzschlüsse zu vermeiden. Das neue Kabel soll auf mög-

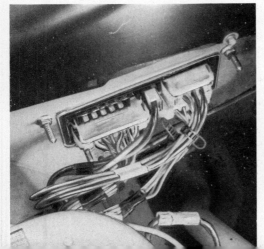

Im Motorraum wird der Diagnoseanschluß zugänglich, wenn man die vier Muttern SW 10 mittels Rohrschlüssel abschraubt und dann die Schutzkappe abnimmt. Auf diese Weise hat man die Rückseite des auf der übernächsten Seite abgebildeten Sicherungskastens freigelegt.

lichst kurzem Wege verlegt werden (Spannungsabfall!), jedoch darf man es auch nicht zu straff ziehen, damit es bei Vibrationen nicht abreißt. Kabel dürfen nicht lose herumhängen, sondern man befestigt sie mit Isolierband oder Tesafilm an schon vorhandenen Kabelsträngen.

Die Bedeutung der Kabelstärke wurde im vorangegangenen Abschnitt bereits erwähnt. Zu ergänzen ist noch, daß die Leitfähigkeit der Kabel von ihrem Material abhängt und Kupfer in dieser Beziehung die besten Voraussetzungen dazu bietet. Andere Metalle sind zu weich oder spröde (Blei, Aluminium) oder zu teuer (Silber, Wolfram). Es hat demnach seinen guten Grund, wenn in Autos ausschließlich Kupferkabel verwendet werden sollen – siehe auch den Abschnitt »Die Zündkabel« auf Seite 194.

Die Sicherungen

Zum Schutz vor Überlastung eines Verbrauchers und vor möglicherweise bösen Folgen durch Kurzschluß laufen nahezu alle Stromkreise im Fiat 131 über Sicherungen. Solche Sicherungen besitzen dünne Metallstreifen, die dann schmelzen, wenn sie von einer zu hohen Stromstärke durchflossen werden. Man sieht es einer Sicherung sofort an, wenn sie keinen Strom mehr hindurchläßt: Ihre Metallbrücke ist dann unterbrochen.

In allen 131-Ausführungen befindet sich der Sicherungskasten oberhalb des Fußraums vor dem Beifahrersitz unter dem Handschuhkasten. Je nach Ausführung weicht die Reihenfolge der Sicherungen und der durch sie geschützten Leitungen voneinander ab; am Ende dieses Kapitels finden sie eine Sicherungstabelle, in der die Abweichungen bei den einzelnen 131-Varianten berücksichtigt sind.

Die Schaltungen zwischen Batterie, Lichtmaschine, Anlasser und Zündschloß sind nicht durch Sicherungen überwacht. Springt der Motor nicht an, ist das Suchen nach einer durchgebrannten Sicherung also zwecklos.

Wenn eine Sicherung durchbrennt, muß dies als Warnsignal gelten, denn offensichtlich wurde sie überlastet. Oft hat es keinen Sinn, dann eine neue Sicherung einzusetzen, ohne nach der Ursache des Ausfalls geforscht zu haben. Mit einer Prüflampe kann man feststellen, ob in der fraglichen Leitung, wenn eingeschaltet, Strom fließt, ab welcher Stelle kein Strom mehr angezeigt wird oder ob auch Strom trotz Ausschaltung vorhanden ist. Entweder sind ein an der betreffenden Sicherung angeschlossener Stromverbraucher oder das dorthin führende beschädigte Kabel oder dessen Anschlüsse Ursache der Überlastung. Durch vorläufiges Abklemmen des auf diese Weise eingekreisten Störenfrieds kann man die Arbeit der übrigen, an die betreffende Sicherung angeschlossenen Verbraucher aufrechterhalten. Die gefundene Hemmung muß aber baldigst behoben werden – ein Elektrodienst oder die Fiat-Werkstatt hilft Ihnen dabei.

Solche Störungen kann man gleichermaßen mit einem Amperemeter einkreisen. Dieses Instrument wird anstelle der Sicherung zwischen deren Kontakte geschaltet und die an dieser Leitung hängenden Verbraucher schaltet man einzeln ein. Dabei wird abgelesen, wieviel Ampere jeweils beansprucht werden und der Übeltäter läßt sich lokalisieren. Ein Kurzschluß, der durch Wackelkontakt während der Fahrt auftritt, ist auf diese Weise allerdings nicht zu erkennen.

Die Nummern der Sicherungen sind nicht mit ihrer Reihenfolge im Sicherungskasten identisch. Das ist eine Eigenart, die man sich einprägen muß, wenn man die von Fiat aufgestellte Sicherungsliste mit der tatsächlichen Folge der Sicherungen vergleicht. Wir schließen uns in der nachstehenden Tabelle dieser vorgegebenen Besonderheit an, um keine Verwirrung zu stiften.

Neben den Sicherungen befinden sich im Sicherungskasten noch je ein Relais für: H – Signalhorn, F – Fernlicht, L – Lüfter, S – Scheibenwischer-Intervallschaltgerät. Man beachte: Die Numerierung der Sicherungen ist nicht mit ihrer Reihenfolge identisch.

Sicherungstabelle

Sicherung Nr.		Geschützte Stromkreise
1	8 Amp.	Rückfahrleuchte, Bremslicht, Blinkleuchten mit Kontrollampe, Kühlflüssigkeitsthermometer, Kraftstoffanzeige mit Reserveanzeigeleuchte, Öldruck-Warnlampe, Gebläsemotor, Lampe für Lichtleitkanal der Schalter (Special), Lampe für Symbole des Gebläses (Special), Erregerwicklung der Klimaanlage (auf Wunsch)
2	8 Amp.	Scheibenwischer, Scheibenwaschpumpe
3	8 Amp.	Standlicht rechts, Schlußlicht links
4	8 Amp.	Standlicht links, Schlußlicht rechts, Kennzeichenleuchte, Lampe für Zigarrenanzünder, Lampe für Instrumente, Kontrollampe für Standlicht (bei eingebautem Drehzahlmesser)
5	8 Amp.	Abblendlicht links
6	8 Amp.	Abblendlicht rechts
7	16 Amp.	Fernlicht außen rechts (Special), Fernlicht innen links (Special), Fernlicht rechts (Normal-Ausführung)
8	16 Amp.	Fernlicht innen rechts (Special), Fernlicht außen links (Special), Fernlicht links (Normal-Ausführung), Fernlicht-Kontrollampe
9	16 Amp.	Signalhörner mit Relais, Lüftermotor
10	16 Amp.	Innenleuchten, Zigarrenanzünder, Zeituhr
11	16 Amp.	Warnblinkanlage, Thermoheckscheibe
12	16 Amp.	Klimaanlage (auf Wunsch)
13	16 Amp.	Gebläsemotor der Klimaanlage (auf Wunsch)

Scheinwerfer und Leuchten

Lampionfest

Wenn Sie mit Ihrem Wagen unterwegs sind, wissen Sie dann genau, ob alle Lampen funktionieren? Wohl niemand kommt auf unseren Straßen nachts daher wie der berüchtigte Fliegende Holländer, ohne Licht und Kontrolle. Aber eine Leuchte, deren Ausfall unbeachtet bleibt, kann die Ursache eines Unfalls werden, der Sie oder andere trifft.

Licht schafft Sicherheit

Ob nun eine Lampe im Standlicht, Bremslicht, Rücklicht oder Blinker durchgebrannt ist, zu einer Gefahrenquelle wird dann jede einzelne »Leuchte«. Wer nur mit einem brennenden Scheinwerfer daherkommt, dessen Auto wirkt auf den Gegenverkehr wie ein Motorrad. Das gleiche gilt für die Rückleuchten und die Alarmglocke muß bei Ihnen vor allem dann klingeln, wenn das Licht – vorne oder hinten – links am Wagen erloschen ist. Sollten Sie in diesem Fall wirklich keine Reservebirne zur Hand haben, dann setzen Sie wenigstens die noch intakte Birne von der rechten ausgebauten Lichtquelle in die linke. So haben Sie zumindest die der Fahrbahnmitte zugewendete Seite des Wagens für Gegenverkehr oder Überholer gesichert. Die Weiterfahrt in dieser Weise sollte dann aber wirklich zur nächsten Tankstelle führen.

Sorgen Sie auch immer für saubere Scheinwerfer- und Leuchtengläser. Bei ungünstigem Wetter kann die Lichtstärke der dann verschmutzten Streuscheiben bis zur Hälfte der ursprünglichen Helligkeit abfallen. Das gilt auch bei beschlagenen Reflektoren und geschwärzten Glaskolben der Glühbirnen. Halogen-Lampen bekommen manchmal einen weißlichen Kolben, was ebenfalls die Lichtstärke mindert. Die Ursache dazu kann in oxydierten Kabelverbindungen (Spannungsabfall) liegen. Bei 13 Volt Spannung regeneriert sich eine solche Lampe meist und ist dann wieder richtig dienstbereit.

Wenn man von der Polizei wegen einer nicht funktionierenden Lampe gestoppt wird, kommt man nur dann ohne Strafmandat davon, wenn die Ersatz-

Von verschiedenen Lampenherstellern gibt es Zusammenstellungen von Glühlampen und Sicherungen als Reservevorrat, untergebracht in einem handlichen Kästchen. Da man nie weiß, wann eine Birne oder eine Sicherung durchbrennt, sollte man auf eine solche Eventualität stets vorbereitet sein. Der im Wagen mitgeführte Ersatz muß natürlich rechtzeitig ergänzt werden, wenn man ihn einmal hatte in Anspruch nehmen müssen.

birne griffbereit ist. Ein so vorsorglicher Autofahrer ist nach der Rechtsprechung glaubwürdig, wenn er behauptet, die Lampe müsse »gerade eben« durchgebrannt sein. Dafür kann er nicht zur Verantwortung gezogen werden.

Ersatzlampen auf Vorrat

Wissen Sie, welche Leuchte am Auto als nächste durchbrennt? Die Hersteller geloben z. B. für den Abblendfaden in den Hauptscheinwerferbirnen eine Lebensdauer von 150 Brennstunden. Haben Sie aber dafür eine Garantie? Deshalb ist es vorteilhaft, wenn Sie sich für Ihren 131 zu jeder der vorhandenen Beleuchtungseinrichtungen wenigstens eine Ersatzlampe kaufen. In einem stabilen Kästchen, ausgelegt mit Watte, Schaumstoff oder Papiertaschentüchern, nehmen diese Birnen kaum Platz weg.
Praktische Ersatzlampenkästchen von Osram und Philips, die vorsortierte Ersatzbirnen als Vorrat enthalten, bekommt man beim Zubehörhandel oder in Kaufhäusern. Tankstellen bieten oft weniger preiswerten Einkauf. Wir geben Ihnen hier eine Aufstellung der Lampen aller äußeren Beleuchtungseinrichtungen für Ihren Fiat, damit Sie sich über die spezielle Ersatzlampenbestückung im klaren sind. Selbstverständlich handelt es sich dabei um Lampen mit 12 Volt Spannung.

Hauptscheinwerfer:	Asymmetrische Zweifadenlampe	45/40 Watt
	zusätzlich beim 131 Special	
	Fernlicht: Kugellampe	45 Watt
Standlicht: Kugellampe		5 Watt
Vordere Blinkleuchten: Kugellampe		21 Watt
Seitliche Blinkleuchten: Röhrenlampe		4 Watt
Hintere Blinkleuchten: Kugellampe		21 Watt
Schlußlicht: Kugellampe		5 Watt
Bremslicht: Kugellampe		21 Watt
Rückfahrleuchte:	Kugellampe	21 Watt
Kennzeichenleuchte: Kugellampe		5 Watt

Im programmierten Diagnose- und Wartungsplan von Fiat ist die Prüfung der gesamten Beleuchtungseinrichtungen für alle 10 000 km vorgeschrieben.

Beleuchtungsanlage prüfen
Pflegearbeit Nr. 36

Man kann die Einsatzbereitschaft der einzelnen Lampen der Außenbeleuchtung vor einer Wand prüfen und kontrollieren, ob zwei Reflexionen nebeneinander vorhanden sind. Wenn ja, brennen beide Scheinwerfer, und durch Auf- und Abblenden erhält man zugleich Gewißheit über die richtige Einsatzbereitschaft von Fern- und Abblendlicht. Diese Methode kann man auch bei den vorderen Blinkern anwenden, und mit Hilfe des Rückspiegels hat man in gleicher Weise die Möglichkeit, das Aufleuchten der Schluß- und Bremslichter sowie der rückwärtigen Blinker zu beobachten. Beim Einlegen des Rückwärtsganges muß die Rückfahrleuchte brennen.
Bei einer ausgefallenen Leuchte kann die Lampe jedoch selbst in Ordnung sein, aber die Stromzufuhr klappt irgendwo nicht. Dann brennt vielleicht auch die neue Birne nicht, weil Lampenfassung, Kabelverbindung oder die dazugehörige Sicherung keinen Strom weiterleiten.
Abhilfe: Birne bei eingeschaltetem Schalter leicht hin- und herdrehen; flackert sie auf, Strom ausschalten und Lampenfassung und inwendige Kontaktzungen mit Taschenmesser vorsichtig blankschaben. Gleiches Verfahren bei der entsprechenden Schmelzsicherung (welche Zuständig ist, kann im Kapitel »Elektrische Leitungen« nachgesehen werden). Bleiben beide Versuche erfolglos, kann nur eine Kabelverbindung lose oder oxydiert sein. Beim Verfolgen der Kabel ist der Schaltplan hinten in diesem Buch behilflich.

Von der Wand, auf der Sie die im Text beschriebenen Markierungen zum Einstellen der Scheinwerfer anbringen, müssen Sie etwas über 9 mm ebene Fläche haben, damit auch die Hinterräder des Wagens noch darauf stehen, wenn das Auto 5 m zurückgerollt wird. Die beiden senkrechten Linien L und R zeigen die Entfernung der beiden Scheinwerfer voneinander, die bei O in einer Waagerechten in der Höhe A zu markieren sind. Danach rollt man das Auto 5 m von dieser Wand zurück, wo jetzt das Abblendlicht in der Höhe B erscheinen soll. An den Knickpunkten X verläuft die Hell-Dunkel-Grenze des asymmetrischen Lichtes.

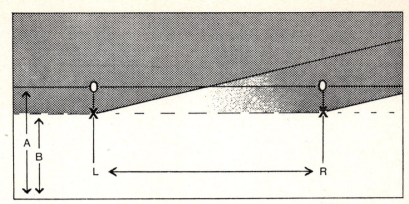

Schließlich sei noch vermerkt, daß das Auswechseln von Glühbirnen, von einer Werkstatt vorgenommen, von dieser auch – neben dem Glühbirnen-Neupreis – berechnet wird.

Die Einsatzbereitschaft der Kontrollampen in der Instrumententafel ist auch nicht schwierig. Beim Einschalten des Standlichts, des Fernlichts, der Blinker, der Warnlichtanlage, der Zündung, der Thermoheckscheibe und beim Anziehen des Handbremshebels müssen die entsprechenden Kontrollichter aufleuchten. Ob die Öldruck-Kontrolle funktioniert, überprüft man wie auf Seite 217 geschildert. Wenn man wissen will, ob die Anzeige der Kraftstoffreserve aufflammt, so muß man den Tank bis zu einer 5–8-Literbefüllung leerfahren. Das Auswechseln der einzelnen Lampen ist in den folgenden Abschnitten (Instrumentenbeleuchtung: im übernächsten Kapitel) beschrieben.

Scheinwerfer-einstellung kontrollieren
Pflegearbeit Nr. 37

Richtig eingestellte Scheinwerfer vermindern die Blendstörung beim Gegenverkehr. Durch falsch eingestellte Scheinwerfer kann der Geblendete nur noch Gegenstände in einer um etwa 75 % geringeren Entfernung als normal erkennen. Wollen Sie, daß Ihnen ein derart behinderter Autofahrer begegnet?

Die Scheinwerfer müssen so eingestellt sein, daß ihr Abblendlicht auch bei extremer Belastung des Wagens im vorschriftsmäßigen Winkel auf die Straße strahlen. Bei etwas Übung kann man selbst während der Fahrt beurteilen, ob die Fahrbahn nicht mehr richtig ausgeleuchtet wird. Das gleiche gilt für zusätzlich angebaute Nebelscheinwerfer.

Wer die Einstellung selbst ausführen will, muß zuvor folgendes beachten: Vorgeschriebener Reifenluftdruck und völlig ebener Boden sind Grundbedin-

In diesem und im oberen Bild rechts sind die Stellschrauben zur Höhenverstellung mit –H– und zur Seitenverstellung mit –S– bezeichnet. Hier die Anlage mit Doppelscheinwerfern.

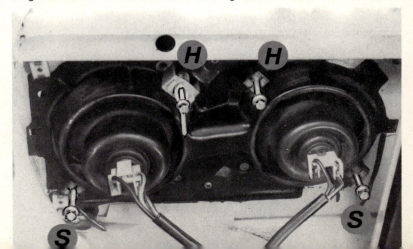

Auf dieser Seite unten beginnt der Abschnitt über die Höhenverstellung. Man findet sie im 131 bei beiden Scheinwerferausführungen. Hier im Bild ist der betreffende Hebel mit einem Pfeil gekennzeichnet, im Bild der vorangegangenen Seite unten sitzt dieser Hebel nur an der Höheneinstellschraube der äußeren Scheinwerfer.

gungen. Ferner benötigt man eine senkrechte glatte Wand, beispielsweise in der Garage. Man rollt den Wagen bis dicht vor die Wand und kennzeichnet auf dieser die Mittelpunkte der Scheinwerfer. Werden die Punkte durch eine Linie verbunden, muß dieselbe waagerecht sein. Danach schiebt man den Fiat 5 m zurück, wobei er auf dem neuen Platz auch noch exakt waagerecht stehen muß.

Wenn jetzt beim Wagen mit Scheinwerfern für kombiniertes Abblend- und Fernlicht das Abblendlicht eingeschaltet wird, müssen die durch das asymmetrische Abblendlicht erzeugten Knickpunkte 8 cm unterhalb der vorher eingezeichneten Markierungspunkte erscheinen. Der von den beiden Mittelpunkten nach rechts ansteigende Lichtwinkel hat etwa 15° zu betragen. Stimmen die Lichtgrenzen nicht, ist die Stellung der Scheinwerfer entsprechend zu verändern. Das geschieht mittels der Sechskantschrauben vom Motorraum aus, die auf den Bildern dieser Seiten zu erkennen sind.

Beim Wagen mit Doppelscheinwerfern verfährt man ebenso, nur ist dabei ein zusätzlicher Arbeitsgang nötig, der sich auf die inneren Fernscheinwerfer bezieht. Im Abstand von 5 m von der Wand müssen deren Lichtbündelmittelpunkte 5 cm unterhalb der vorher markierten Punkte auftreten. Eine erforderliche Einstellung geschieht wie bei den vorher erwähnten Scheinwerfern.

Bei der eben beschriebenen Justierung muß die Höhenverstellung der Scheinwerfer auf »hoch« eingestellt sein. Beide Scheinwerferarten lassen sich unabhängig von der Grundeinstellung in zwei Positionen einstellen, die man

Höhenverstellung bei Belastung

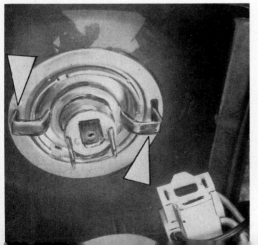

Die konventionellen Scheinwerfer des Fiat verfügen über sogenannte »Bilux-Birnen«, in denen Abblend- und Fernlichtfaden vereint sind. Der Haltering läßt sich durch Verdrehen herausnehmen. Zum Birnenwechsel muß der Dreifachstecker vom Lampensockel abgezogen werden. Siehe auch nächstes Bild.

Die neue Scheinwerferlampe faßt man nicht mit bloßen Händen an, denn auf dem Glaskolben bleiben auch bei sauberen Händen Fingerabdrücke – das sind Schweißabsonderungen – zurück, die bei Einschalten der Lampe durch die Hitze verdampfen und den Scheinwerferspiegel trüben. Ein verschmutzter Glaskolben ist mit einem unbenutzten Raschentuch sauber zu reiben.

nach dem Belastungszustand des Wagens wählt. Bei stark belastetem Auto senkt sich das Hinterteil der Karosserie derart, daß der Lichtschein des Abblendlichts nicht mehr im vorgeschriebenen Winkel auf die Straße fällt.
Am oberen Rand der im Motorraum zugänglichen Scheinwerfer sitzen die Hebel für die Korrektureinstellung auf den Schrauben der Höhenverstellung. Bei den doppeläugigen Wagen können natürlich nur die äußeren (Abblend-) Scheinwerfer zum Ausgleich der Wagenbelastung verstellt werden. Bei diesen wie bei den Einfachscheinwerfern wird die Normalstellung mit senkrecht nach unten gerichtetem Hebel und die Laststellung mit nach links gerichtetem Hebel erreicht.

Lampenwechsel
Scheinwerfer

Die Hauptscheinwerfer des Fiat 131 sind ab Werk nur für die Aufnahme konventioneller Zweifadenbirnen – auch Biluxlampen genannt – eingerichtet. Zusätzlich verfügt das Special-Modell über Fernscheinwerfer. Falls nur ein Faden einer »Bilux«-Lampe ausgefallen ist, wenn also nur Fernlicht oder Abblendlicht brennt, dann wird der Defekt kaum an der Stromzufuhr liegen und die Lampe muß ausrangiert werden. Brennen dagegen beide Fäden plötzlich nicht, ist der Verdacht begründet, daß kein Massekontakt mehr besteht.
Bei allen 131-Ausführungen sind die Birnen im Motorraum zugänglich. Von der Rückseite des Einzelscheinwerfers schiebt man zuerst die Abdeckung hoch und zieht dann zum Lampenwechsel den dreipoligen Stecker von dem Lampenfuß ab. Beim rechten Scheinwerfer muß man eventuell das Massekabel der Batterie lösen, weil es das Hochschieben der Abdeckung behindern

Unterhalb der Hauptscheinwerfer, in die Stoßstange eingelassen, sitzen die Gehäuse für Standlicht –S– und vordere Blinkleuchten –B–. Abgebildet ist die linke Kombileuchte. Man beachte, daß die Gummidichtung zur Lichtscheibe gut an deren Rand anliegt, damit keine Feuchtigkeit eindringen kann.

kann. Nach Aushängen der beiden federnden Bügel, die den Tellersockel der Lampe in der Fassung seitlich festhalten, läßt sich die Lampe entnehmen. Beim Einsetzen der neuen Birne achte man auf die am Rande des Birnensokkels angebrachten Aussparungen, die – wie ein Schlüssel in sein Schloß – nur in einer Richtung in die Fassung passen. Dabei befindet sich die mittlere Kontaktzunge einer Birne oben.
Der Wechsel einer Lampe der Doppelscheinwerfer geschieht ähnlich. Hier zieht man zuerst den Kabelstecker von den Kontaktzungen der Lampe. Dann löst man die elastische Abdeckung, die zur Abdichtung gegen Feuchtigkeit dient. Die Glaskolben der Lampen dürfen keinesfalls berührt werden, man faßt diese Lampen nur an ihrem Metallsockel oder z. B. mit einem Papiertaschentuch an.

Standlicht und vordere Blinkleuchten

Beide Leuchten werden von einer gmeinsamen Lichtscheibe bedeckt. Diese Leuchteinheit befindet sich unterhalb der Scheinwerfer in der Stoßstange. Standlicht geht von der kleineren Leuchte innen aus. Es muß bei eingeschalteten Scheinwerfern immer mitbrennen und bildet die Notbeleuchtung, wenn der Fernlicht- oder Abblendfaden im Hauptscheinwerfer ausgefallen ist.
Zum Erneuern der Lampen sind die beiden seitlichen Kreuzschlitzschrauben der lichtdurchlässigen Abdeckung herauszudrehen und das Glas abzunehmen. Lampe in die Fassung drücken und etwas nach links drehen, herausziehen. Ebenso wird eine neue Lampe durch Hineindrücken und leichter Rechtsdrehung in die Fassung gesetzt.
Die Blinkerlampen, in dem äußeren Gehäuseteil untergebracht, werden in gleicher Weise ausgetauscht. Beim Festschrauben der Lichtscheibe ist darauf zu achten, daß die Gehäusedichtung gut abdichtet.
Eine mangelhafte abschließende oder brüchige Dichtung läßt die während der Fahrt bei Regen aufprallende Nässe in das Gehäuse. Das führt bald zu korrodierten und verschmutzten Lampensitzen und Ausfall der Leuchten.

Seitliche Blinker

Ganz ohne Umstände lassen sich die seitlichen Blinker nicht austauschen. Man muß auf der betreffenden Seite den Wagen anheben und das Vorderrad abmontieren. Dann wird die untere Blechschraube SW 7 des Kotflügeleinsatzes aus Kunststoff gelöst, um diesen Einsatz vorn nach unten abziehen zu können, dabei knickt man ihn in der oberen Rundung etwas ein. Damit man die Lampe im Kotflügel ungehindert erreichen kann, wird der Einsatz durch ein etwa 25 cm langes Holzstück, nach schräg oben gerichtet, vom Kotflügel abgespreizt.

Wie man die Lampen der seitlichen Blinkleuchten auswechselt, ist auf dieser und der nächsten Seite beschrieben. Die Arbeit ist etwas umständlich, weil man dazu teilweise die Kunststoffabdeckung im Kotflügel lösen muß.

Rückleuchten, links Limousine, rechts Kombiwagen. 1 – Blinkleuchte, 2 – Schlußlicht, 3 – Bremsleuchte, 4 – Rückfahrtleuchte.

Jetzt läßt sich die Gummikappe von dem Lampensockel über die Kabel zurückschieben und beide Kabel werden von den Kontaktzungen gezogen. Das Leuchtengehäuse kann danach von außen entnommen werden. Die Lampe besitzt einen Bajonettverschluß und ist schließlich mit einem Handgriff ausgetauscht. Der Zusammenbau geschieht in umgekehrter Reihenfolge. Der Rand des Kotflügeleinsatzes muß wieder in die richtige Lage am Falz des Kotflügels eingepaßt werden.

Rückleuchten

An der Rückseite der 131-Modelle sind vier Leuchten untergebracht: Schlußleuchte, Bremsleuchte, Blinkleuchte und Rückfahrscheinwerfer. Die Anordnung der Leuchten ist jedoch unterschiedlich. Während bei den Limousinen jede Leuchte über ein besonderes Deckglas verfügt, das von zwei Kreuzschlitzschrauben (Rückfahrleuchte: eine Schraube) festgehalten wird, besitzt der Kombi Leuchteinheiten mit einer gemeinsamen Lichtscheibe, mit vier Schrauben befestigt und eine einzelne Rückfahrleuchte unterhalb der Stoßstange. Die Anordnung der Lampen ist den Bildern auf dieser Seite zu entnehmen.

Sollte eine Lichtscheibe an der Dichtung festkleben, hebelt man sie vorsichtig an der Seite mit dem Schraubenzieher ab. Die Lampen haben ebenfalls Bajonettverschluß: Hineindrücken und nach links drehen, entnehmen.

Kennzeichenleuchte

Die Beleuchtung des hinteren Kennzeichenschildes erfolgt durch zwei getrennte Lampen. Man kommt an die beiden Kugellampen heran, indem man

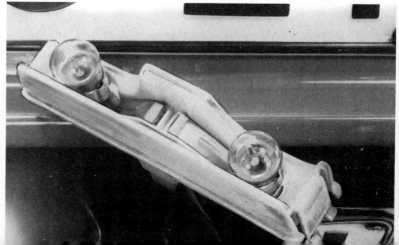

Der Einsatz der Kennzeichenbeleuchtung läßt sich nach unten aus dem Stoßfänger ziehen, wenn man die federnden Seiten des Gehäuses zusammendrückt. Ferner läßt sich der dreipolige Stecker von dem Gehäuse abziehen.

Der Kombiwagen verfügt über eine Rückfahrleuchte, die unterhalb des hinteren Stoßfängers befestigt ist. Zwei Schrauben halten ihre Lichtscheibe fest. Wie alle hinteren Leuchten ist diese bei schlechtem Wetter der Verschmutzung ausgesetzt.

unterhalb der Stoßstange eine der seitlichen Klemmlaschen nach innen drückt und den gesamten Einsatz nach unten herauszieht. Falls beide Birnen gleichzeitig ausgefallen sind, besteht der Verdacht, daß der Masseanschluß über das schwarze Kabel nicht mehr vorhanden ist.

Innenleuchte

Die Innenleuchte ist nur in der Aussparung des »Himmels« festgeklemmt. Man zieht sie einfach heraus. Die Sofittenlampe ist zwischen den beiden Kontaktzungen ebenfalls nur eingeklemmt. Letztere müssen stramm gegen die Lampe drücken.
Wenn die Innenbeleuchtung nicht funktioniert, ist womöglich der Türkontaktschalter der Übeltäter. Jede Vordertür besitzt einen eigenen Schalter im Türholm, der die Leuchte einschaltet. Durch Herausdrehen der Befestigungsschraube kann man einen solchen Schalter ausbauen. Kabelanschluß und Leichtgängigkeit des Kontaktstiftes prüfen und eventuell vorhandene Verschmutzung entfernen.
Der Special verfügt dazu noch über zwei Lampen im Fond, die man durch Drehen der Lichtscheibe einschalten kann. Das Lampengehäuse läßt sich aus der Fassung ziehen, es wird dort von drei federnden Klemmen festgehalten. Zum Wechseln der 4-Watt-Lampe den Kabelschuh von dem T-förmigen Kontaktblech abziehen und dieses so weit durch den Schlitz am Gehäuserand schieben, bis man sein anderes Ende aus dem Gehäuse herausziehen kann. So läßt sich die Lampe wechseln, danach muß die Geschichte in umgekehrter Reihenfolge zusammengebaut werden.

Links: Das Gehäuse der Innenraumbeleuchtung kann aus seinem Sitz herausgezogen werden. Möglich ist die Schaltung auf Dauerlicht oder nur für die Einschaltung bei geöffneter Tür.
Rechts: Einen Türkontaktschalter kann man nach Herausdrehen der Blechschraube abnehmen. Vorsicht, daß bei eventuellem Auswechseln des Schalters nicht das Kabel in die Karosserie zurückrutscht.

Zusätzliche Scheinwerfer

Gute und richtig eingestellte Nebelscheinwerfer strahlen kaum Licht nach oben ab, was die berüchtigte Eigenblendung verursacht. Sie leuchten den Fahrbahnrand zur Orientierung genügend aus und lassen – bei vernünftiger Fahrweise – Hindernisse noch rechtzeitig erkennen. Den Nebel können sie allerdings nicht durchdringen.

Wenn schon, dann zwei gleiche Exemplare – das ist Vorschrift. Ihre Anbringung ist auch am Fiat 131 Special mit Doppelscheinwerfern gestattet. Sie dürfen nicht höher als die Hauptscheinwerfer angebaut sein, am besten ist die Anbringung unter der Stoßstange, wo ihr Licht den am Boden nie so dichten Nebel unterläuft. Weitere Bestimmungen: Bei Anbau weniger als 40 cm vom äußeren Umriß des Wagens entfernt ist Schaltung nur mit Standlicht, bei mehr als 40 cm nur mit Abblendlicht statthaft. Bei eingeschaltetem Fernlicht müssen Nebelscheinwerfer nicht verlöschen, dürfen jedoch gemeinsam nicht eingeschaltet sein. Einstellung: Ihre Hell-Dunkel-Grenze muß in 10 m Entfernung um 20 cm geneigt sein.

Gelbe Streuscheiben senden ein zwar als angenehm empfundenes Licht aus, verschlucken aber 15 Prozent der Lichtstärke (vergleichbar mit dem Gelbfilter beim Fotoapparat).

Halogen-Nebelscheinwerfer gibt es als fertig vorbereitete Sets mit Kabeln, Relais und Schalter und mit genauer Einbauanleitung. Wir testeten eine Reihe von Nebelleuchten methodisch und haben bei folgend genannten die besten Ergebnisse gewonnen: Bosch 0 305 651 001, Carello Mirage, Hella 192 und Marchal 810.

Befestigung und Stellung zusätzlich montierter Scheinwerfer sind regelmäßig zu kontrollieren. Besonders nach Benutzen automatischer Waschanlagen kann die Einstellung solcher Scheinwerfer verändert sein und dadurch bei Gebrauch derselben den Gegenverkehr stören.

Zu den einfachen Hauptscheinwerfern des 131-Normal können aber auch Halogen-Fernscheinwerfer zusätzlich montiert werden. Sie dürfen zusammen mit dem Abblend- oder mit dem Fernlicht brennen. Hella 192 Rallye und Bosch 0 306 901 003 verfügen – wie wir feststellten – über die größte Reichweite der im Handel erhältlichen Leuchten.

Die Signaleinrichtungen

Dringende Mitteilungen

Blinker, Bremsleuchten und Hupe sind optische und akustische Einrichtungen, die den übrigen Straßenbenutzern Ihre Vorhaben anzeigen sollen. Mit ihnen können Sie sich im Verkehr verständlich machen. Dieser Kontakt zur Umwelt ist sehr wichtig und der Gesetzgeber schreibt deshalb vor, daß die Signaleinrichtungen stets einsatzbereit sein müssen. Denken Sie ruhig einmal egoistisch und überzeugen Sie sich regelmäßig von der Funktion dieser Nachrichtenübermittler.
Bereits im Kapitel über die Scheinwerfer wurde vorgetragen, wie Sie sich auch vom ordnungsgemäßen Aufleuchten der Blink- und Bremsleuchten auf einfache Weise überzeugen können. An der Hauswand, in der Garage oder in einer Schaufensterscheibe erkennt man beim Betätigen des Blinkerschalters den Lichtschein der Blinker. Und wenn Sie auf das Bremspedal treten, müssen die Reflexionen der Bremslichter auf der Karosserie des Wagens, der hinter Ihnen am Straßenrand steht, gleichzeitig erscheinen.

Die Blinkanlage

Blinkerschalter (links an der Lenksäule), je zwei vordere, seitliche und hintere Blinkleuchten, Blinkerrelais und die grüne Blinkerkontrollampe sind die Bestandteile der Blinkanlage. Die Blinkerlampen sind über die Sicherung Nr. 1 geschützt, das ist im Sicherungskasten die vierte Sicherung von rechts.
Eine Hilfe bei eventueller Fehlersuche an der Blinkanlage ist die Kenntnis von den Kabelfarben. Zu den Blinkern der rechten Seite führen hellblaue Kabel, die der linken Wagenseite sind mit hellblauschwarzen Kabeln verbunden. Überhaupt ist die blaue und die violette Farbe bei der Verdrahtung der Blinkanlage maßgeblich im Spiel. Aber man fühle sich nicht zu sicher: Auch z. B. die Scheibenwischerschaltung enthält teilweise blaufarbene Verkabelung.
Das Aussetzen einer Blinkleuchte macht sich durch wesentlich schnelleres Aufleuchten des Kontrollichts als üblich bemerkbar, oder die Kontrolleuchte blitzt nur einmal auf und bleibt dann dunkel. Das trifft aber nur für die wichtigeren vorderen und hinteren Blinker zu; die seitlichen besitzen einen Parallelanschluß zu dem vorderen Blinker und ihr Ausfall ist an der Blinkerkontrollampe gewöhnlich nicht festzustellen.
Eine ausgefallene Blinkerbirne muß baldmöglichst ersetzt werden. Es kann jedoch sein, daß die betreffende Lampe nur locker in ihrer Fassung sitzt oder einen oxydierten Sockel hat oder daß korrodierte Kabelanschlüsse den Stromfluß hemmen. Wie die Birnen der Blinkleuchten ausgewechselt werden, ist im Kapitel »Scheinwerfer und Leuchten« beschrieben. Von der vorgeschriebenen Watt-Zahl der Birnen hängt auch der richtige Schaltrhythmus des Blinkgebers ab. Schalten die Blinkerlampen auf »Dauerlicht«, ist im Blinkrelais wahrscheinlich ein Defekt.
Dieses Relais, auch als Blinkgeber bezeichnet, wird nach Ausbau der Instrumententafel (siehe Seite 215) zugänglich. Sein Ticken, wenn die Blinker einge-

Die Warnblinkanlage

schaltet sind, hilft die Suche nach dem Relais erleichtern. Es handelt sich um einen zylindrischen Aluminiumkörper von Daumenlänge, zu dem drei Kabel (hellblau-schwarz, violett, weiß) herangeführt sind.

Die gemäß der Zulassungsordnung installierte Warnblinkanlage ist über das gelb-schwarze Kabel über die Sicherung Nr. 11 an die ständige Stromzufuhr (über Klemme 30 am Anlasser) angeschlossen. Diese Tatsache verschweigt die Betriebsanleitung, weil die Warnblinkanlage im Fiat für Deutschland zusätzlich eingebaut und die Betriebsanleitung in Italien gedruckt wird.

Es ist naheliegend, daß die Warnblinkanlage in jeder Notsituation einsatzbereit sein muß. Obwohl sie sozusagen ein erweitertes Teil der Blinkanlage darstellt, besitzt sie einen eigenen Stromkreis. Ihre besondere Kontrollampe ist mit den im Warnblinkschalter überbrückbaren Schaltungen verbunden.

Das Bremslicht

Die Bremsleuchten haben über das rote Kabel, das sich innerhalb der »Diagnosezentrale« in ein hellblau-weißes Kabel wandelt, Anschluß an den Bremslichtschalter. Dieser erhält den Strom über das weiße Kabel von Sicherung Nr. 1. Falls diese Sicherung verschmort, kann auch ein anderer dort angeschlossener Verbraucher den Defekt ausgelöst haben (siehe Sicherungstabelle auf Seite 201). Die Sicherung steht nur bei eingeschalteter Zündung unter Strom.

Da die linke Bremsleuchte mit dem Anschluß der rechten Leuchte (über ebenfalls ein rotes Kabel) verbunden ist, muß man bei Nichtaufleuchten nur einer Birne vermuten, daß diese durchgebrannt ist. Eventuell hat sie nur mangelhaften Massekontakt.

Wenn beide Bremsleuchten bei Betätigen der Bremse nicht ansprechen und die Sicherung Nr. 1 in Ordnung, kontrolliert man zunächst mit einer Prüflampe, ob bei eingeschalteter Zündung an einer Klemme des Bremslichtschalters Spannung vorhanden ist. Die andere Klemme führt nur bei getretenem Bremspedal Strom. Zur Kontrolle kann man die beiden Klemmen am Schalter auch einfach mit einem Stück Draht überbrücken. Auf diese Weise läßt sich herausfinden, ob der Fehler im Schalter oder in den Kontakten oder Leitungen liegt. Dabei ist die Anordnung der Kabel an den Schalteranschlüssen gleichgültig; Massekontakt benötigt der Schalter nicht. Etwas Fett macht einen schwergängigen Schalterstift wieder beweglicher.

Ein defekter Schalter muß auf schnellstem Wege ausgetauscht werden. Nachdem man beide Kabel abgezogen hat, hält man die Mutter oberhalb der Befestigungsplatte mit einem Gabelschlüssel fest und dreht die Mutter unter-

Oberhalb des Bremspedals sitzt im Fußraum der Bremslichtschalter. Wie der Schalter bei eventuellem Nichtfunktionieren justiert wikrd, ist auf der vorigen Seite beschrieben. Eine Feineinstellung läßt sich zudem noch erreichen, indem man die Hutmutter aus Kunststoff, die am Ende des auf den Pedalhebel drückenden Schaltstifts sitzt, mit der Hand verdreht.

An die beiden Signalhörner kommt man heran, wenn man die Vorkehrungen getroffen hat, die auf Seite 207 zum Auswechseln der seitlichen Blinkerlampe erwähnt sind. Die Hörner sitzen in den Radläufen vor den Vorderrädern. Für den Anschluß des einen Kabels (links) und der beiden Kabel rechts sind je eine Kontaktzunge bestimmt, auf die man die Steckanschlüsse der Kabel schiebt. Zum Auswechseln dieser Hupe braucht nur das Kabel abgezogen und die Mutter an der Rückseite des Hupengehäuses (im Bild oben) gelöst zu werden.

halb der Platte los. Danach kann man den Schalter nach oben herausziehen. Der neue Schalter muß so eingestellt werden, daß die Bremslichter beim geringsten Niedertreten des Pedals aufleuchten. Probeweise wird der Schalter mit angeschlossenen Kabeln und bei eingeschalteter Zündung in die Bohrung der Halteplatte eingeführt, währenddessen ein Helfer das Aufleuchten und Verlöschen der Bremslichter beobachtet. Der Schalterstift muß durch den Hebel des in Ruhestellung befindlichen Pedals in den Schalter gedrückt werden und soll nach etwa 1 cm Pedalweg – am Pedal gemessen – die Bremsleuchten in Funktion setzen. Die obere Mutter dient zum Justieren des Schalters, die untere Mutter wird nach gefundener Einstellung festgezogen.

Die Signalhörner

Die beiden Hupen des 131 sind in den Radkästen vor den Vorderrädern angebracht. Jede ist mit einer Blechlasche als Halter durch Schrauben am Karosserieblech von innen befestigt. Eine Hupe erreicht man auf die gleiche Weise wie es beim Wechsel der seitlichen Blinkerlampen auf Seite 207 beschrieben ist – man muß die Kunststoffabdeckung des Kotflügels lösen.
Die Tonhöhe einer sonst noch brauchbaren Hupe kann man einstellen, wenn man die auf der flachen Rückseite der Hupe befindliche Schraube vorsichtig verdreht. Zunehmenden (heller werdenden) Ton erzeugt man durch Drehen der Tonstellschraube rechts herum, links herum Drehen läßt den Ton abfallen. Beide Hupen sind gekennzeichnet: Die eine ist für einen tiefen und die andere für einen hohen Ton bestimmt.

Die Signalhorntaste ist mit ihren vier Haken in Lenkradmitte befestigt, man braucht sie nur abzuziehen. Jedoch wird sich hier kein Defekt verbergen, falls die Hupe tonlos geworden ist. Allerdings müssen die beiden Schraubenfedern richtig an ihrem Platz sitzen.

In gleicher Weise kann ein Horn, das nur noch krächzt, wieder zu einer vernünftigen Tonlage gestimmt werden. Voraussetzung ist natürlich, daß die Hupe nicht durch übergroße Verschmutzung oder andere Einflüsse derart gelitten hat, daß ihre Membrane nicht mehr richtig arbeitet. Reparaturversuche lohnen sich meist nicht mehr, defekte Hupen sind auszutauschen.

Durch Niederdrücken der Signalhorntaste in Lenkradmitte werden die Signalhörner zum Tönen gebracht. Ihr Stromkreis wird von der 16-Ampere-Sicherung Nr. 9 geschützt. Von dieser Sicherung führt ein Kabel zur Klemme 87 b am Signalhornrelais, während dort ab Klemme 85 das violett-weiße Kabel zum Lenkrad führt, wo es in eine grau-schwarze Isolation wechselt und zur Taste gelangt. Ab Klemme 31/50 am Relais ist ein violettes Kabel zuerst zur rechten Hupe und von deren Anschluß zur linken Hupe gezogen.

Beide Hupen haben durch ihre Befestigung Massekontakt. Beim Niederdrücken der Signalhorntaste wird der Stromkreis über das schwarz-violette (weiß-schwarze) Kabel geschlossen, das als Massekabel zuerst zum Gebläse und von dort als schwarze Leitung noch weitere Aggregate verbindet.

Lichthupe

Alle Wagen verfügen im Lichtschalter links an der Lenksäule über eine Schaltung, die das Lichthupen ermöglicht. Beim Anziehen des Schalterhebels wird ein Kontakt zum Fernlicht hergestellt, nach Loslassen geht der Hebel wieder in seine Ausgangsstellung zurück.

Die stete Stromzufuhr am Abblendhebel rührt von der Verbindung mit der Klemme INT am Zündschloß her (ab Umschalter an der Lenksäule zuerst braunes, dann hellblau-rotes Kabel zum Lichtschalter am Armaturenbrett, von dort weißes Kabel zum Zündanlaßschalter). Deswegen ist die Lichthupe unabhängig von eingeschalteter Zündung und Beleuchtung ständig einsatzbereit, was z. B. beim Abgeschlepptwerden von Vorteil ist. Funktioniert die Lichthupe nicht, wenngleich die Scheinwerfer sonst einsatzbereit sind, kann das an dem Umschalter für das Scheinwerferlicht liegen. Dessen Reparatur lohnt sich normalerweise nicht und bei einem Defekt ist er in der Werkstatt austauschen zu lassen.

Instrumente und Geräte

Dienstboten

Zustand und Funktion des Motors und der Aggregate im Wagen können während der Fahrt nicht erraten werden. Auskunft darüber geben die Anzeigegeräte und Kontrolleuchten im Blickfeld des Fahrers. Sie müssen jederzeit verläßlich funktionieren, sonst ist die Sicherheit bedroht.

Die Instrumententafel

Im 131 Special ist eine Instrumententafel mit drei Instrumenten eingebaut, die es in zwei Ausführungen gibt. In der einen enthält das Tachometer – links – mit Gesamt-Kilometer- und einstellbarem Tageskilometerzähler unten die Kontrolleuchten für eingeschaltetes Standlicht (brennt bei Schaltung auf Abblend- und Fernlicht immer mit), für die Blinkleuchten und für Fernlicht. Das mittlere Instrument besteht aus der Zeituhr mit den Kontrollampen der Warnlichtanlage, der heizbaren Heckscheibe sowie die rote Ladekontrolleuchte. In dem rechten Instrument befindet sich die Kraftstoffanzeige mit Warnlampe, die Temperaturanzeige des Kühlmittels, ferner die Kontrollampen für Öldruck und angezogene Handbremse.
Die andere Special-Instrumententafel enthält einen Drehzahlmesser, woraus sich eine etwas verschobene Anordnung der übrigen Anzeigen ergibt. Ebenfalls links ist das Tachometer untergebracht, das zu den drei eben genannten Kontrollampen noch die Warnlichtkontrolle enthält. In der kleineren Zeituhr im Mittelinstrument sind die Kraftstoffanzeige mit Warnlicht und die Temperaturanzeige getreten, letztere besitzt noch eine Warnleuchte. Der schon erwähnte Drehzahlmesser füllt das rechte Instrument aus, dazu gehören die Leuchten der Thermoheckscheibe, die Ladekontrolle, die Warnlichter für Öldruck und Handbremse und schließlich noch eine freie, nicht angeschlossene Leuchte.
Die Version des 131 ohne Special-Ausstattung wartet mit einem einfacheren Kombiinstrument auf. Es besteht im linken Teil aus dem Tachometer, im rechten Teil oben aus dem Kraftstoffanzeiger mit Warnlampe und aus der Temperaturanzeige des Kühlmittels. Darunter sitzen, von links nach rechts, folgende Warn- und Kontrolleuchten: Warnlichtanlage, Fernlicht, Blinker, Standlicht, Thermoheckscheibe, Handbremse, Öldruck und Ladeanzeige.

Instrumententafel ausbauen

Wie man das Instrumentengehäuse aus seinem Sitz herauslöst, muß man besonders dann wissen, wenn eine durchgebrannte Kontrolleuchte ersetzt werden soll. Andere Arbeiten an den Instrumenten sind im Do-it-yourself-Verfahren so gut wie nicht durchführbar – gewöhnlich wird die Fiat-Werkstatt die gesamte Instrumententafel bei einem Schaden daran austauschen.
Die rechteckige Umrahmung der Instrumententafel läßt sich entnehmen, indem man die Längsseiten gegeneinanderdrückt. Oben und unten besitzt dieser Kunststoffrahmen vier Haken, die in den weißen Rahmen des Instrumentengehäuses eingreifen, nach Lösen derselben kann man den Rahmen

Die Öffnung für das Kombiinstrument gibt einen Blick frei auf die Anschlüsse zu diesem:
T – Tachometerwelle,
S – drei Flachstecker.
Wie das Kombiinstrument ausgebaut wird, ist auf dieser Seite beschrieben.

abnehmen. Diese vorbereitende Arbeit ist zwar für den Ausbau der Instrumententafel nicht unbedingt erforderlich, später ergibt sich aber für verschiedene Handgriffe etwas mehr Spielraum.

Die zu beiden Seiten der Instrumententafel angebrachten Schalterleisten müssen herausgezogen werden. Dazu hebelt man sie mit einem Schraubenzieher aus ihrem Sitz. Darunter verbirgt sich auf jeder Seite eine Kreuzschlitzschraube, die herauszudrehen ist; beide dienen der Befestigung der Instrumente. Die Instrumententafel kann nun weit genug abgehoben werden, um den Tachometerwellenanschluß lösen zu können. Eventuell muß man im Motorraum die Welle etwas nachschieben, man soll sie mit dem Instrument zusammen nicht zerren. Der Anschluß der Welle zum Tachometer besteht aus einem weißen Kunststoffdrehverschluß, der nur abgedrückt zu werden braucht (es handelt sich um keine Mutter). Schließlich kann man die Flachstecker vom Gehäuse abziehen, indem man die an jedem Stecker befindliche Nylonklemme mittels Schraubenzieher andrückt. Auf diese Weise ist die Instrumentengruppe vollständig ausgebaut.

Das Auswechseln der Kontrollampen – sogenannte Glassockellampen – ist problemlos. Sie sitzen in herausnehmbaren Fassungen, die auf der Rückseite des Gehäuses eingesteckt sind.

Beim Einbau der Instrumententafel muß man darauf achten, daß die Kabelstecker fest in ihren Anschluß gedrückt werden. Verwechseln lassen sich die Stecker wegen ihrer unterschiedlichen Formgebung nicht. Tachowellenanschluß nicht vergessen. Ohne das Gerät festzuschrauben, unterrichte man

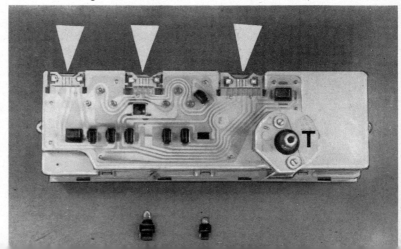

Auf der Rückseite des Kombiinstruments sind die Lampen der Kontrolleuchten und der Instrumentenbeleuchtung zugänglich. Im Bild ist je eine davon entnommen. Die Pfeile zeigen auf die Anschlußleisten der Stecker, die im oberen Bild zu sehen sind.

sich durch Einschalten der Zündung und der Scheinwerfer von der Funktion der Anzeigen. Ob das Tachometer auch funktioniert, ist durch eine Probefahrt von wenigen Metern festzustellen.

Die Öldruckkontrolle

Alle Schmierstellen im Motor müssen ständig mit Öl versorgt werden, das mit dem notwendigen Druck herangeführt werden soll. Um das überprüfen zu können, ist in den Ölkreislauf ein Druckschalter eingebaut. Mit diesem ist die rote Öldruck-Kontrollampe in der Instrumententafel verbunden, und zwar durch das graugelbe Kabel. Das von der Warnlampe abzweigende andere, blaue Kabel stellt – über verschiedene Zwischenstationen – die Verbindung zur Sicherung Nr. 1 her.

Der Öldruck ist bei kaltem Motor und daher zähem Motoröl höher, so daß die Lampe schon bei geringen Motordrehzahlen erlischt. Beim Wiederstarten eines im Hochsommer heißgefahrenen Motors mit dementsprechend dünnflüssigem Motoröl ist der Öldruck geringer, weshalb die Öldruck-Kontrolleuchte erst bei höheren Drehzahlen erlischt oder manchmal sogar bei langsamer Fahrt aufleuchten kann.

Brennt die rote Lampe während der Fahrt, so ist das grundsätzlich ein Alarmzeichen. Natürlich kann die Ursache dazu harmlos sein, weil der Öldruckschalter defekt ist oder weil das Kabel zwischen Kontrollampe und Druckschalter irgendwo Kurzschluß zur Masse hat. Aber in der Regel zeigt das Aufleuchten, daß der notwendige Öldruck zur Schmierung aller Motorteile aus irgend einem Grund nicht aufgebaut wird, manche Teile demnach ohne Schmierung laufen und bei sorgloser Weiterfahrt schnell schwere Schäden am Motor auftreten können. Deshalb muß man zuerst den Ölstand prüfen. Es ist immerhin möglich, daß sich das Motoröl auf den letzten Kilometern Straße verteilte, weil beispielsweise die Ölablaßschraube nicht fest sitzt. Ebenso kann eine Schmierstelle defekt sein, so daß das Motoröl ohne Widerstand aus dem defekten Lager läuft. Der Fehler kann auch an einer schadhaften Ölpumpe liegen, was allerdings ein seltener und kaum plötzlich auftretender Fall wäre. Wenn sich der Fehler nicht unterwegs als harmlos erweist, ist womöglich das Abschleppenlassen zur nächsten Werkstatt unumgänglich.

Der Öldruckschalter ist am Motor hinten links eingeschraubt. Eine Kontrolle über den tatsächlichen Öldruck bildet er leider nicht, dazu bedarf es eines Öldruckmessers. Bei einer Öltemperatur von 100° C soll der Öldruck 3,5–5 kp/cm^2 ausmachen. Ob überhaupt die Warnlampe funktioniert, kann man feststellen, indem man bei eingeschalteter Zündung das Kabel vom Öldruckschalter abzieht und es gegen Masse hält: Die Lampe muß aufleuchten.

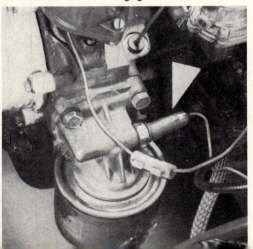

Oberhalb des Ölfilters sitzt der Öldruckschalter, der mit der Öldruck-Warnleuchte verbunden ist. Zur Kontrolle seiner Funktion zieht man bei eingeschalteter Zündung das Kabel ab und hält sein blankes Ende gegen Masse: Die Kontrollampe für mangelhaften Öldruck muß dann aufleuchten. Es kann vorkommen, daß sich das lose hängende Kabel durchscheuert; auch dann brennt oder flackert die Lampe.

Störungsbeistand Öldruckanzeige

Die Störung		– ihre Ursache	– ihre Abhilfe
A	Lampe leuchtet beim Einschalten der Zündung nicht auf	1 Steckkontakte locker?	Kabelsteckverbindungen überprüfen
		2 Kontrollampe defekt?	Lampe austauschen
		3 Öldruckschalter defekt?	Austauschen
B	Lampe leuchtet während der Fahrt auf	1 Ölmangel?	Motoröl auffüllen
		2 Kurzschluß am Kabel zwischen Lampe und Druckschalter?	Kabel auf Scheuerstellen untersuchen. Anderes Kabel zwischenschalten
		3 Ölkreislauf unterbrochen?	Zur nächsten Werkstatt. Motor wird nicht mehr geschmiert
		4 Öldruckschalter undicht?	Schalter auswechseln
C	Lampe verlischt erst bei Vollgas	1 Öldruck zu niedrig?	
		2 Ölpumpe schadhaft?	Untersuchen lassen
D	Lampe leuchtet bei heißem Motor im Leerlauf auf	1 Ansprechdruck des Öldruckschalters zu hoch?	Heißes, dünnflüssiges Motoröl bringt weniger Druck als kaltes Öl. Kein Grund zur Sorge.

Die Kraftstoffanzeige

Ein Geber im Tank und das Anzeigegerät mit Warnlampe in der Instrumententafel sorgen für Unterrichtung über die vorhandene Benzinmenge. Beide Teile sind durch zwei getrennte Kabel verbunden. Zuständig ist auch hier die Sicherung Nr. 1. Der Geber im Tank hat Verbindung zur Masse. Er sitzt auf einer demontierbaren kleinen Platte am Tank (siehe Abschnitt »der Tank« auf Seite 106).

Im Geber der Kraftstoffanzeige befindet sich ein elektrischer Widerstand, über dessen Wicklungen ein mit dem Schwimmer des Gebers verbundener Schleifkontakt läuft. Im Anzeigengerät sitzt ein elektrisch aufgeheiztes Bimetall-Thermogerät. Wenn sich der Tankinhalt neigt, schaltet der Schwimmer und mit ihm der Schleifkontakt den Widerstand des Gebers zunehmend ein. Es kann dann nur wenig Strom durch die Anlage fließen, das Bimetall wird nicht oder nur wenig aufgeheizt und der Zeiger hat keinen oder nur einen geringen Ausschlag. Je mehr der Tank gefüllt ist, um so kleiner hält der höher stehende Schwimmer den eingeschalteten Widerstand. Dadurch kann mehr Strom durch die Anlage fließen, das stärker aufgeheizte Bimetall gibt dementsprechend dem Zeiger einen stärkeren Ausschlag. Da zum Aufheizen des Bimetalles etwas Zeit notwendig ist, bringt der im Tank schwappende Kraftstoff den Zeiger nicht zum ständigen Hin- und Herpendeln.

Daneben ist noch ein weiterer Kontakt im Geber vorhanden, der in der Lage ist, den Stromkreis zur Warnlampe der Reserveanzeige zu schließen. Die Lampe beginnt aufzuleuchten, wenn noch etwa 5–8 Liter Kraftstoff im Tank sind.

Falsche Kraftstoffanzeige

Nur bei leerem oder vollem Tank kann man mit ziemlicher Sicherheit am Zeigerausschlag erkennen, ob Benzinstandanzeige und Geber richtig arbeiten. Im Zwischenbereich ist die Kraftstoffanzeige nicht genau zu ermitteln. Stimmt jedoch die Angabe bei leerem oder vollem Tank nicht oder zeigt die Meßuhr gar nichts an, so kann der Fehler sowohl im Anzeigengerät wie auch im Geber stecken. Man sollte deshalb auch die Sicherung und die Kabelverbindungen überprüfen. Ist nichts daran zu entdecken, müßten die Instrumententafel oder der Geber ausgebaut werden.

Wie der Geber ausgebaut wird, ist auf Seite 107 beschrieben. Am ausgebauten

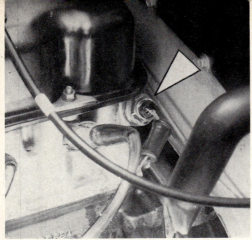

Am Zylinderkopf links hinten sitzt der Kontaktgeber für das Wasserthermometer. Ist man im Zweifel, ob er funktioniert, zieht man die Kabelaverbindung ab und beobachtet das Thermometer, das danach in Null-Stellung fallen muß. Ein defekter Kontaktgeber kann nur ausgetauscht werden.

Geber zuerst prüfen, ob der Schwimmer ein Loch hat (schwappt beim Schütteln Kraftstoff darin?). Wenn nicht, kann man zur Justierung den langen Schwimmerarm zweckentsprechend biegen. Diese Heimwerkerei ist allerdings nur sinnvoll, wenn man sorgfältig arbeitet und Ersatzteile, besonders eine neue Dichtung für die Geberplatte, zur Hand hat. Zweifellos kann sie aber billiger sein als ein voreiliger, von der Werkstatt vorgeschlagener Austausch des Gebers oder gar des Anzeigeninstrumentes.

Die Kühlwasseranzeige

Links hinten am Motor sitzt ein Wärmefühler zur Aufnahme der Kühlwassertemperatur. Zu seinem Herausschrauben ist es nötig, das Kühlwasser teilweise abzulassen. Dieser Temperaturfühler gibt seine Meldung über das grün-weiße Kabel dem Anzeigeninstrument weiter. Wenn die zuständige Sicherung Nr. 1 in Ordnung ist, können nur der Fühler, die Kabelanschlüsse oder das Gerät der Temperaturanzeige defekt sein.

Zeigt das Kühlmittel-Fernthermometer falsche Werte an, läßt es sich mit Heimwerkermitteln nicht prüfen, woran der Fehler liegt. Im übrigen ist es aber Werkstattsache, dem Übel auf den Grund zu gehen. Ein neuer, auch als Geber bezeichneter Fühler, darf nur nach Einstreichen seines Gewindes mit Dichtungsmasse eingebaut werden.

Das Tachometer

Im Tachometer sind Geschwindigkeitsmesser und Kilometerzähler vereinigt. Das Gerät wird zwar nicht elektrisch betrieben, doch beruht die Wirkung des Geschwindigkeitsmessers auf den erzeugten Wirbelströmen eines ringförmigen Magneten, von der Tachowelle angetrieben, die ihrerseits die Tachonadel mit sich zu ziehen versuchen.

Die Tachometerwelle bedarf keiner besonderen Pflege. Ist sie gebrochen oder macht sie durch eine zitternde Tachonadel darauf aufmerksam, daß sie bereits einen Knick hat und bald brechen wird (Ursache für die zitternde Tachonadel kann aber auch eine verschlissene Antriebsschnecke am Getriebe sein), muß die Welle baldmöglichst ausgetauscht werden. Das sollte man der Werkstatt überlassen, denn bei ungeübtem Einbau wird sie leicht wieder geknickt, was bereits der Anfang zum erneuten Bruch der Welle ist. Sie darf beim Einbau auch nicht gezerrt oder in zu engem Radius verlegt werden.

Wenn außer der Tachonadel auch der Kilometerzähler ausfällt, liegt die Schuld sicher an der Tachowelle. Es ist dann zu kontrollieren, ob der Renkverschluß am Anschluß des Gerätes richtig festgedreht ist oder ob sich eventuell die Welle am Getriebe gelöst hat.

Weil die Kilometerangabe auf dem Tacho beim Verkauf des Wagens als Dokument gewertet wird – es soll ja über die zurückliegende Beanspruchung des Wagens aussagen – darf man natürlich nicht mit gelöster Tachowelle fahren. Auch den Umtausch eines eventuell defekten Tachometers läßt man sich mit den entsprechenden Kilometerangaben von der Werkstatt bestätigen.

Der Drehzahlmesser

Dieses beim 131 Special auf Wunsch vorhandene Instrument sitzt an der Stelle der sonst dort serienmäßig eingebauten Kraftstoffstand- und Temperaturanzeige. In den Kapiteln »Prüfen ohne Werkzeug« und »Des Motors Innenleben« wurde dargelegt, weshalb es ratsam sein kann, die Motordrehzahl zu überwachen. Bei diesem Drehzahlmesser gilt, was Ausbau und Reparatur betrifft, das gleiche wie für die vorher beschriebenen Instrumente.

Der nachträgliche Einbau eines solchen elektronischen Geräts als Zusatzinstrument hat besonders für den Liebhaber hochtouriger Fahrweise einen Sinn. Man kann dazu auch ein Instrument einer anderen Herkunft wählen, sollte sich jedoch nur für ein Rundinstrument entschließen (z. B. von Moto Meter, Daimlerstraße, 725 Leonberg, oder VDO, Gräfstraße 113, 6 Frankfurt W 13, mit Montageerläuterungen). Ausreichende Größe, die gutes Ablesen ermöglicht, ist wertvoll. Anbringung des Instruments in der Nähe des vielleicht vorhandenen Radios ist wegen eventueller Empfangsstörungen zu vermeiden. Ab rund 60 Mark gibt es Drehzahlmesser zur Selbstmontage.

Die Zeituhr

Eine Zeituhr findet sich nur in den Instrumententafeln des Special-Modells. Sie wird elektrisch angetrieben und muß wieder eingestellt werden, wenn man einmal die Batterie abgeklemmt hatte. Ihr Ausfall kann natürlich auch einen Sicherungsdefekt (Sicherung Nr. 10) und somit den Schaden an den dort angeschlossenen Stromverbrauchern anzeigen. Hat sich der Fehler allerdings in der Zeituhr eingestellt, muß die Fiat-Werkstatt wegen Abhilfe bemüht werden.

Elektrische Schalter

Im Abschnitt »Die Masse behüten« auf Seite 198 wurde beschrieben, wie man die Funktion eines Schalters überprüfen kann, wenn man seiner Wirkungsweise nicht mehr sicher ist. Ferner sind einzelne Licht- und Instrumentenschalter innerhalb der betreffenden Kapitel abgebildet und erläutert.

Man muß aber unterscheiden zwischen der Einsatzbereitschaft eines Stromverbrauchers und des für ihn zuständigen Schalters. Beim Fiat 131 ist es allerdings nicht schwer, sich von der Arbeit der Schalter zu vergewissern: Wird

Die Schalterleisten zu beiden Seiten des Kombiinstruments lassen sich aus ihrem Sitz herausziehen. Mit einem Schraubenzieher hilft man dabei am Rand etwas nach. Der einzelne Schalter ist ebenfalls nur in der Öffnung der Schalterleiste eingeklemmt und kann nach vorn entnommen werden (Pfeil), wenn man den Schalterstecker abgezogen hat.

Wenn man die Verkleidung über dem Handbremshebel löst, gelangt man an den Schalter für die Handbremskontrolleuchte. Dabei handelt es sich um einen einfachen Druckschalter, der bei unbelastetem Schaltstift den Stromkreis schließt.

einer der Schalter betätigt, muß unmittelbar damit die entsprechende Reaktion eintreten. Nur beim Öldruckschalter und beim Wärmeschalter des Kühlerventilators ist man sich nicht absolut im klaren, weil sie selbsttätig wirken. Über ihre gute Funktion kann man sich dennoch unterrichten, wie in den betreffenden Abschnitten dargelegt ist.

Der Scheibenwischer

Je älter die Wischerblätter sind, um so schlechter können sie für gute Sicht sorgen. Das liegt natürlich manchmal auch an der verschmierten Windschutzscheibe, die mit einem verfetteten Fensterleder bearbeitet wurde. Silikonhaltige Lackpflegemittel hinterlassen auf den Scheiben vor allem bei Dunkelheit störende Schlieren, in denen sich das Licht bricht.

Die Sommersonne macht den Scheibenwischergummi porös, und die deshalb schlecht gewischte Windschutzscheibe ist besonders unangenehm, wenn mit Scheinwerferlicht gefahren werden muß. Schließlich sollten die Wischerblätter selbst auch von Zeit zu Zeit gereinigt werden, denn an ihnen setzen sich Fettrückstände von der Windschutzscheibe ab. Man reibt die Wischerblätter am besten mit einer festen Nylonbürste (Nagelbürste) und einer starken Waschmittellösung oder auch Brennspiritus ab. Geschickte Leute machen ihre Wischerblätter wieder jugendfrisch, indem sie deren Gummi schräg über sehr feinkörniges Sandpapier ziehen, etwa so, wie man ein Messer wetzt.

Die Scheibenwischerlager sind gelegentlich für einen Tropfen Öl dankbar, der bei zurückgeklapptem Wischerarm und laufendem Wischermotor an die Scheibenwischerwelle gegeben wird.

Im Schaltplan läßt sich verfolgen, welche Kabel für die Scheibenwischer-/Scheibenwaschanlage zuständig sind. Die Anlage hat eine Zweistufen-Schaltung, die einmal den Intervallbetrieb und zweitens den Dauerbetrieb ermöglicht. Nach dem Ausschalten des Wischermotors wird bewirkt, daß die Wischerblätter nicht sofort stehen bleiben, sondern in ihre Ausgangsstellung zurücklaufen. Dies ist ein besonderer Schalteffekt, durch den der Motor noch so lange Strom erhält, bis die Wischerblätter in Ruhelage stehen. Die Endstellung funktioniert nicht, wenn die Zündung ausgeschaltet wird und die ganze Wischeranlage keinen Strom mehr erhält.

Abgesichert ist der Scheibenwischer durch die Sicherung Nr. 2, die über das hellblau-rote Kabel mit dem Motor direkt Verbindung hat. Bleibt der Scheibenwischermotor nach dem Ausschalten nicht stehen, dann hat sich an einem Aggregat dieser Anlage (Scheibenwischermotor, Intervallschaltgerät,

Hebelschalter an der Lenksäule, Scheibenwaschpumpe) ein Massekontakt eingeschlichen. Man kann dann zur Not, falls es nicht mehr regnet, die Sicherung herausnehmen, weil durch sie – über das andere orangefarbene Kabel – nur noch der Hebelschalter an der Lenksäule selbst abgesichert ist.

Bleiben jedoch die Wischerblätter, etwa bei Schneetreiben, Frost oder durch trockene Reibung außerhalb ihrer Ruhestellung stehen, während die Zündung eingeschaltet ist, brennt womöglich die Ankerwicklung des Wischermotors durch, auch wenn der Wischerschalter ausgeschaltet wurde. Denn durch den Endstellungs-Schalteffekt bleibt der Wischermotor trotzdem unter Strom, kann sich aber nicht drehen. Abhilfe: Wischerblätter sofort von der Windschutzscheibe abheben, damit sie in Ruhestellung laufen können.

Der Scheibenwascher
Pflegearbeit Nr. 39

Das Kapitel »Winterschutz« behandelt auch die Füllung der Scheibenwaschanlage. Diese Anlage besteht aus der elektrischen Waschpumpe, dem Wasserbehälter, den Verbindungsschläuchen und den Spritzdüsen. Zur Verbindung zwischen Scheibenwaschschaltkontakt und Pumpe dient das Kabel, das anfangs orange-weiß und auf halbem Wege rosa-schwarz isoliert ist. Der Kontakt wird durch Anziehen des Schalterhebels in Richtung Lenkrad hergestellt, wobei die Stellung des Hebels in bezug auf die Scheibenwischertätigkeit ohne Belang ist.

Die Scheibenwaschdüsen verstopfen leicht, sei es durch Verschmutzung von außen, sei es durch unreine Waschfüllung. Letztere kann die Pumpe schädigen, wenn sie Schmutz ansaugt. Ein handelsüblicher Kraftstoffilter (z. B. Mann WK 31/2), in die Saugleitung vor der Waschpumpe eingebaut, verhindert solches Übel.

Die Thermoheckscheibe

Die auf Wunsch eingebaute heizbare Heckscheibe ist mit einem Kabel direkt mit Klemme 87/85 an ihrem Relais verbunden. Der Heizdraht der Scheibe hat Massekontakt. An der Klemme 30/51 erhält das Relais über das rosa Kabel Strom von Sicherung Nr. 11. Zwischen dem Schalter für die Heckscheibe und dem Relais verläuft das gelb-schwarze Kabel, das am Schalter einen Abzweig zur Kontrollampe besitzt.

Es kann vorkommen, daß ein Heizfaden in der Heckscheibe durch äußere Einflüsse beschädigt wird und somit der Stromkreis an dieser Stelle unterbrochen ist. Das kann man wieder instand setzen. Reparatursets für die aufgedampften Heizfäden liefert die Firma Sekurit Glas Union GmbH, Heumarkt 43, 5000 Köln, über den Zubehörhandel.

Technische Daten

Zahlen und Werte

Alle Angaben, die sich auf ein Auto mit Zahlen beziehen lassen, bezeichnet man als »Technische Daten«. Diese mit international gültigen Maßeinheiten angegebenen Werte werden von Kurzbezeichnungen für Teile des Motors, des Fahrgestells und der Karosserie ergänzt. Sie sind Bestandteil der Allgemeinen Betriebserlaubnis (ABE) und dürfen nicht oder nur unter besonderen Bedingungen verändert werden. Neben der Möglichkeit, Aufschluß über den Charakter der in diesem Buch beschriebenen Wagen zu gewinnen, lassen diese Daten auch den Vergleich zu anderen Automobilen zu. (Änderungen der auf den nachstehenden Seiten gemachten Angaben auf Grund von werksseitigen Verbesserungen vorbehalten.)

Motor

		131 A 6.000	131 A 1.000			131 A 6.000	131 A 1.000
Typ				Ventilspiel bei kaltem Motor			
Zylinderzahl		vier		Einlaß	mm	0,20	0,20
Anordnung		vorn, längsstehend		Auslaß	mm	0,20	0,20
Bohrung	mm	71,5	71,5	Ventilsteuerung			
Hub	mm	76	84	Einlaß:			
Hubraum effektiv	ccm	1297	1585	öffnet vor o.T.		10°	10°
Hubraum nach Steuerformel	ccm	1288	1574	schließt nach u.T.		52°	49°
Motorleistung	PS (DIN)/n	55/5000	75/5400	Auslaß:			
	kW	40,5	55,2	öffnet vor u.T.		50°	50°
Literleistung	PS/l	42,4	47,4	schließt nach o.T.		11°	9°
	kW/l	31,2	34,9	Ventilspiel für die Kontrolle der Steuerzeiten	mm	0,45	0,75
Verdichtung		7,8 : 1	9,2 : 1	Schmiersystem		Druckumlaufschmierung mit Zahnradpumpe	
Kraftstoff		Normal	Super				
Max. Drehmoment	mkg/n	9,8/2500	12,6/2800	Ölfilter		Hauptstromwechselfilter	
Mittlere Kolbengeschwindigkeit	m/s	12,9	12,9	Schmieröldruck bei 100° C	kp/cm^2	3,5–5	3,5–5
U/min bei 100 km/h im vierten Gang		3900	3700	Kühlung		Wasserumlaufkühlung mit Flügelradpumpe, thermostatisch geregelt	
Kurbelwellenlager		5	5				
Ventiltrieb		Seitlich liegende Nockenwelle, durch Zahnriemen angetrieben, über Stoßstangen und Kipphebel auf hängende Ventile wirkend		Kühlerantrieb		Keilriemen	elektrisch, durch Thermoschalter gesteuert

Kraftstoffanlage

Vergaser		Einrohrvergaser Fallstrom, Solex C 32 TD 1	Registervergaser, Fallstrom, Weber 32 ADF 3	
Beschleunigungspumpe		ja	ja	
Starterklappe		Kühlmittelbeheizte Startautomatik		
Vergaserdaten		1. Kanal	2. Kanal	
Durchmesser des Saugkanals	mm	32	32	32
Durchmesser des Lufttrichters	mm	23	23	23
Durchmesser des Nebenlufttrichters	mm	5	4,5	4,5
Durchmesser der Hauptdüse	mm	1,35	1,20	1,25
Durchmesse der Luftkorrekturdüse	mm	1,90	1,65	1,60
Mischrohr		N 65	F 73	F 73
Durchmesser der Leerlaufdüse	mm	0,47	0,50	0,50
Durchmesser der Leerlaufluftdüse	mm	1,30	1,60	0,70
Durchmesser der Pumpendüse	mm	0,50	0,50	--
Pumpenaustrittsbohrung	mm	0,40	0,40	--
Durchmesser der Anreicherungsdüse	mm	1,00	--	1,00
Durchmesser der Anreicherungs-Gemischdüse	mm	--	--	2,50
Durchmesser des Schwimmernadelventils	mm	1,60	1,75	--
Kraftstoffrücklauf	mm	--	1,00	
Einstellung des Schwimmerstandes	mm		6	

Luftfilter	Trockenfilter mit Wechselpatrone, für Sommer- und Winterbetrieb einstellbar
Kraftstoffpumpe	Mechanische Membranpumpe von Nockenwelle angetrieben
Fördermenge l/h	$\geq$ 75
Förderdruck bei 4000 U/min der Kurbelwelle kg/cm^2	0,2–0,3

Elektrische Anlage

Zündung	Batterie-Zündung, 12 volt
Batterie	45 Ah 45 Ah
Zündspule	Marelli BE 200 A oder Martinetti G 52 S oder Bosch TK 12 A 17
Zündverteiler	Marelli S 147 H
Anfangsvorzündung	10°
Automatische Fliehkraftverstellung	20°±2°
Kontaktabstand	0,37–0,43 mm
Isolierungswiderstand zwischen Klemmen und Masse bei 500 V Dauerstrom	>10 MΩ
Kondensatorkapazität bei 50-1000 Hz	0,20–0,25 µF
Öffnungswinkel	35°±3°
Schließwinkel	55°±3°
Zündfolge	1-3-4-2
Zündkerzen	Bosch W 200 T 30 oder Champion N 9 y oder Marelli CW 7 LP oder AC 41,2 XLS oder Autolite AG 22 oder Beru 200/14 A oder KLG GT 7 L oder Lodge H L N Y oder Marchal GT 34 HD oder NGK BP-6 ES
Gewinde	M 14 x 1,25
Elektrodenabstand	0,6–0,7 mm

	(Motor 1300)	(Motor 1600)
Anlasser Fiat	E 84-0,8/12 Var. 5	E 100-1,3/12 Var. 8
Spannung	12 V	12 V
Nennleistung	0,8 kW	1,3 kW
Drehsinn, Ritzelseite	rechtsdrehend	rechtsdrehend
Pole	4	4
Erregung (Wicklungen)	in Serie	serienparallel
Ritzeltrieb	mit Freilauf	mit Freilauf
Einschaltung	elektromagnetisch	elektromagnetisch
Innendurchmesser zwischen den Polschuhen	55,25-55,42 mm	67,80-67,97 mm
Außendurchmesser des Ankers	54,35-54,40 mm	66,85-66,90 mm

Drehstrom-Generator	Marelli A 124-14 V-44 A
Max. Leistung	770 W
Einschaltdrehzahl bei 12 V (20° C)	1000 ± 50 U/min
Stromabgabe bei 14 V auf Batterie, bei 7000 U/min und Betriebstemperatur	$\geq$ 43 A
Max. Stromabgabe	~ 53 A
Drehzahl dauernd	13 000 U/min
Drehzahl kurzzeitig (15 Min.)	15 000 U/min
Widerstand der Induktionswicklung bei 20° C, zwischen den Schleifringen	4,3 ± 0,2 Ω
Drehsinn (Antriebsseite)	rechtsdrehend
Übersetzungsverhältnis Motor/Lichtmaschine	2
Spannungsregler	RC 2/12 D
Scheinwerfer	Asymmetrisches Abblendlicht 40 Watt

Kraftübertragung

Kupplung		Einscheiben-Trockenkupplung mit Ausrück-Scheibenfeder	Antrieb	Auf Hinterräder
			Kardanwelle	zweiteilig
Leerweg des Kupplungspedals mm		ca. 25	Hinterachsgetriebe	Hypoidverzahnter, geräuscharmer Kegelradantrieb

			Untersetzung
			Motor 1300 10/41
			Motor 1600 10/39

Wechselgetriebe	Vierganggetriebe	Fünfganggetriebe	Automatisches Getriebe G.M.S. Typ ZL mit hydraulischem Dreielement-Drehmomentwandler
	Mechanischer Wechselgetriebe vollsynchronisiert, mit Mittelschalthebel		

Übersetzungsverhältnisse

– 1. Gang	3,667	3,612	2,4
– 2. Gang	2,1	2,045	1,48
– 3. Gang	1,361	1,357	1
– 4. Gang	1	1	--
– 5. Gang	--	0,870	--
– Rückwärtsgang	3,526	3,244	1,92

Fahrwerk

Vorderachse	Einzelradaufhängng an unteren Querlenkern und Federbeinen, bestehend aus hydraulischem Teleskopstoßdämpfer und Schraubenfeder mit koaxialem Gummipuffer, Querstabilisator als Schubstrebe
Stoßdämpfer	siehe Seite 141
Radsturz	0°–1°
Spreizung des Achsschenkels	4°–5°
Vorspur	1–5 mm
Axialspiel der Radnabenlager	0,025–0,100 mm
Hinterachse	Starrachse, geführt von zwei unteren Zug- und Schublenkern, zwei oberen Schräglenkern und einem Querlenker, Schraubenfedern und hydraulische Teleskopstoßdämpfer
Stoßdämpfer	siehe Seite 141
Lenkung	Ritzel und Zahnstange, für jedes Rad symmetrische, unabhängige Lenkspurstangen
Lenkradumdrehungen von Anschlag zu Anschlag	3,4
Entsprechender Zahnstangenweg mm	136±1
Wendekreisdurchmesser m	10,6
Einschlagwinkel:	
äußeres Rad	31°
inneres Rad	35°±1°30'

Bremsanlage	Hydraulische Zweikreis-Vierradbremse	
Fußbremse vorne	Scheibenbremsen mit schwimmender Bremszange und einem Bremszylinder	
Bremsscheiben		
Durchmesser	mm	227
Nennstärke	mm	9,95–10,15
Kleinstzulässige Stärke nach dem Abschleifen	mm	9,35
Kleinstzulässige Stärke infolge Verschleiß	mm	9
Fußbremse hinten	Hydraulische Trommelbremsen, selbstzentrierende Bremsbacken mit automatischem Spielausgleich	
Bremstrommeln		
Durchmesser	mm	228,3–228,6
Höchstzulässiger Durchmesser	mm	230
Servobremse	Unterdruck-Servobremse Typ Master-Vac	
Bremskraftregler	Im hinteren Bremskreis	
Handbremse	Mechanisch auf Hinterräder	
Felgen	4,5 J x 13, auch 5 J x 13	
Reifen		
Limousine	155 SR 13, auch 165 SR 13 oder 175/70 SR 13	
Kombi	165 SR 13, auch 175/70 SR 13	
Reifendruck	vorne	hinten
Limousine bar	1,8	2,0
Kombi bar	1,8	2,2

Fahrwerte (Werksangaben)

Höchstgeschwindigkeit bei Vollbelastung

		4. Gang-Getriebe		5. Gang-Getriebe	Automatisches Getriebe
		1300	1600	1600	1600
1. Gang	km/h	45	45	45	70
2. Gang	km/h	75	80	80	115
3. Gang	km/h	115	125	125	~155
4. Gang	km/h	~140	~160	~160	--
5. Gang	km/h	--	--	155	--

Steigfähigkeit bei Vollbelastung

		4. Gang-Getriebe				5. Gang-Getriebe		Automatisches Getriebe	
		Limousine		Kombi		Limousine	Kombi	Limousine	Kombi
		1300	1600	1300	1600				
1. Gang	%	32	40	29	36	39	35	38	34
2. Gang	%	17	21	15	19	20	18	21	19
3. Gang	%	10	13	9	11	13	11	15	13
4. Gang	%	7	9	6	8	9	8	--	--
5. Gang	%	--	--	--	--	6,5	5,5	--	--

Beschleuniung 0–100 km/h

Motor 1300	s	19
Motor 1600	s	12,8
Automatik	s	14,8

Maße und Gewichte

Radstand	mm	2490
Spurweite vorne/hinten	mm	1372/1 315 (Kombi 1376/1 319)
Länge	mm	4238 (Special 4264)
Breite	mm	1632 (Special 1642)
Höhe (unbeladen)	mm	1400
Bodenfreiheit (bei voller Beladung)	mm	120
Wendekreis ⌀	m	10,5
Sitzbreite vorne	mm	2 x 580
Sitztiefe vorne	mm	480
Kopffreiheit vorne	mm	920
Sitzbreite hinten	mm	1430
Sitztiefe hinten	mm	490
Kopffreiheit hinten	mm	880
Knieraum hinten	mm	180–320
Kofferraum	l	400
Leergewicht		
Limousine 2-türig	kg	985 (Special 995)
Limousine 4-türig	kg	990 (Special 1000)
Kombi 5-türig	kg	1020 (Special 1030)
Zuladung		
Limousine 2-türig	kg	480
Limousine 4-türig	kg	460
Kombi 5-türig	kg	470 (Special 480)
Zulässiges Gesamtgewicht		
Limousine 2-türig	kg	1385 (Special 1395)
Limousine 4-türig	kg	1385 (Special 1395)
Kombi	kg	1450 (Special 1460)
Zulässige Achslast		
vorne	kg	670
hinten	kg	800
Kombi hinten	kg	940
Zulässige Anhängelast		
gebremst	kg	800 (Special 900)
(auf Antrag)	kg	1000 (Special 1100)
ungebremst	kg	480
Dachlast	kg	50
Gewichtszuschläge		
Fünfganggetriebe	kg	5
Automatik	kg	20

Füllmengen

Kraftstoffbehälter	l	50
einschl. Reserve von	l	5–7
Kühler, Motor, Ausdehnungsgefäß und Heizungsanlage:		
mit Motor 1300	l	7,6
mit Motor 1600	l	7,4
Motor-Ölwanne mit Filter	l	4
Mechanisches Getriebe:		
4 Gänge	l	1,35
5 Gänge	l	1,80
Automatisches Getriebe	l	2,8
Differentialgehäuse	l	1,0
Lenkgehäuse	l	~ 0,15
Bremsflüssigkeitsbehälter	l	0,33
Behälter des Scheibenwaschers	l	2

Änderungen am Fiat 131

Entwicklungsjahre

Die folgende Aufstellung zeigt die Änderungen im Laufe der Produktionsjahre auf, die sich auf neue Gesichtspunkte in der technischen Entwicklung und auf Erfahrungen aus der Praxis stützen. Für Käufer und Gebrauchtwagenhändler ist die chronologische Übersicht gleichermaßen wertvoll, wie sie auch professionellen oder privaten Handwerkern interessante Anhaltspunkte bietet. Ausführliche technische Daten enthält das vorangegangene Kapitel.

1974
September: Vorstellung des Fiat 131 mirafiori auf dem Turiner Salon als 2- und 4-türige Limousine sowie als 5-türiger Kombiwagen. Neuentwicklung in Normal- und Special-Ausstattung, drei Motorvarianten mit 55, 65 und 75 PS Leistung.

1975
Januar: Auslieferungsbeginn des Fiat 131 in Deutschland. Typ 1300 (nur für Deutschland): 1297 ccm mit 55 PS, Betrieb mit Normalkraftstoff; Typ 1600; 1585 ccm mit 75 PS, Betrieb mit Superkraftstoff. Vierzylindermotoren mit seitlicher Nockenwelle, 1300 mit Einfachvergaser Solex C 32 TD, 1600 mit Registervergaser Weber 32 ADF. Typ 1600 auch mit Fünfgang-Getriebe oder Automatik.
Mai: Seat 131 aus spanischer Produktion wie Fiat 131 als Limousine und Kombi. Typ L: 1438-ccm-Motor mit 75 PS bei 5400 min; Typ E: 1592-ccm-Motor mit 95 PS bei 6000 min.
Oktober: Serienmäßige Ausstattung mit Automatikgurten für die Vordersitze.
Jahresende: Insgesamt wurden 1975 vom Modell 131 199 668 Exemplare produziert.

1976
Januar: Fiat Abarth 131 Rally, 2-türiger Fünfsitzer mit Fiat 132-Motor und mit 140 PS, Hubraum 1992 ccm, Spitze 190 km/h. Als zweisitzige Rennausführung mit Kugelfischer-Einspritzung: 215 PS und Spitze bei 230 km/h.
Februar: Verbessertes Diagnose- und Wartungssystem in Deutschland.

Stichwortverzeichnis

Wegweiser

	Seite
Abblendlicht	204
Abgase	119
Abschleppen	33
Achswellen	135
Achsschenkel	137
Altöl	72
Anhängerbetrieb	35
Anlasser	183
Anlasser, Stromverbrauch	170
Anschieben des Wagens	174
Anschleppen	174
Arbeitswerte	30
Aufbocken des Wagens	65
Auslandsreisen, Ersatzteile	23
Auspuffanlage	96
Austauschteile	28
Automatisches Getriebe	133
Auto-Shampoo	50
Batterie ausbauen	172
Batterie-Kapazität	169
Batterie laden	172
Batterieladezustand prüfen	171
Batteriepflege	172
Batterie-Säurestand prüfen	68, 171
Batterie, Störungsbeistand	181
Beleuchtungsanlage	202
Benzinpumpe	108
Benzinverbrauch messen	12
Benzinverbrauch, Einflüsse	13
Bereifung, siehe Reifen	
Beschleunigungspumpe	112, 124
Betriebsanleitung	27
Blinkerlampen auswechseln	207
Blinker-Relais	211
Blinker-Kontrollampe	215
Blinkanlage	211
Bordwerkzeug	19
Bremsanlage, Funktion	146
Bremsanlage prüfen	146
Bremsanlage, Störungsbeistand	157
Bremsbeläge prüfen	151, 154
Bremsbeläge auswechseln	151, 155
Bremse entlüften	148
Bremsflüssigkeit prüfen	68, 147
Bremskraftverstärker	149
Bremsleitungen	68, 147
Bremslichter auswechseln	208
Bremslichtschalter	212
Bremsproben	146
Bremstrommeln	154
Chrompflege	61
CO-Messung	119

	Seite
Destilliertes Wasser	171
Diagnoseanschluß	199
Diagonal-Reifen	159
Diebstahl	197
Differential	136
Drehzahlen	87
Drehzahlmesser	220
Drosselklappe	112
Drehstrom-Lichtmaschine	176
Düsen	225
Dynamische Unwucht	168
Eigenkontrolle	9
Einfahren	88
Eimerwäsche	47
Eis-Reifen	55
Elektrische Leitungen	188
Elektrodenabstand	195
Entlüftung	96
Entstörung der Zündanlage	194
Ersatzlampen	203
Ersatzteile	29
Ersatzteile für Auslandsreisen	23
Fahrgestell-Konservierung	59
Federung	138, 141
Fenster austauschen	43
Felgenabmessungen	158
Filtereinsatz	120
Fliehkraftregler	189
Frostschutz	53, 100
Frostschutz für Scheibenwascher	54
Fußbremse prüfen	146
Garantie	26
Geschwindigkeiten	16
Getriebe-Funktion	132
Getriebeölsorten	76
Getriebeölstand prüfen	76
Getriebeölwechsel	77
Gleichstrom-Lichtmaschine	176
Gleitschutzketten	56
Gürtel-Reifen	55, 159
Haftreifen	55
Halogen-Scheinwerfer	210
Handbremse	156
Haubenverschlüsse	39
HD-Öl	73
Heizbare Heckscheibe	222
Heizung	98, 105
Hinterachse	77, 135, 140
Hilfsmittel unterwegs	23, 57
Höchstgeschwindigkeit	16

	Seite
Hohlraumversiegelung	60
Hubraum	83
Hupe	213
Inspektionsarbeiten	64
Insekten entfernen	47, 52
Instrumente	215
Isolier-Spray	22
Kabelquerschnitte	199
Kardanwelle	135
Karosserieschäden	37
Keilriemenspannung	67, 183
Kennzeichenbeleuchtung	208
Kipphebel	89
Klemmenbezeichnung	199
Klingeln oder Klopfen	15
Kofferraumhaube	39
Kohlebürsten	183
Kolben	83
Kompressionsdruck prüfen	92
Kondensator	187
Konservierungsmittel	50
Kontaktabstand	190
Kontrollampen	215
Korrosionsschutz	58
Kostenvoranschlag	28
Kraftstoffanlage	106
Kraftstoffanzeige	218
Kraftstoffilter	122
Kraftstoffleitung	106
Kraftstoffpumpe	108
Kraftstoffqualität	14
Kraftstoffsieb	109
Kraftstofftank	106
Kraftstoffverbrauch	12
Kühler	101
Kühlerverschluß	101
Kühlung	98
Kühlflüssigkeit	53, 99
Kühlwasseranzeige	219
Kulanz	27
Kundendienst-Scheckheft	27
Kupplung	127
Kupplungs-Störungsbeistand	131
Kupplung nachstellen	130
Kurbelgehäuse-Entlüftung	96
Kurbelwelle	85
Lackpflege	49, 61
Lackpflegemittel	50
Lackschäden ausbessern	50
Ladekontrollampe	180
Laden der Batterie	172
Lagerschäden	85

	Seite
Lampen auf Funktion prüfen	68, 203
Lampen auswechseln	206–209
Leerlauf	95
Leerlauf einstellen	118
Leichtmetallfelgen	158
Lenk-Anlaß-Schloß	185
Lenkgetriebe	144
Lenkung	77, 144
Lichtanlage prüfen	68, 203
Lichthupe	214
Lichtmaschine	176
Luftfilter	120
Lufttrichter	112
Luftdruck (Reifen)	56, 68
Masse	198
Mehrbereichsöle	74
Motor, Funktion	82
Motoröle	58, 72
Motorölwechsel	70
Motorölstand prüfen	67, 69
Motorhaube	38
Motorreiniger	48
Motorschmierung	95
Motorwäsche	48
M+S-Reifen	55
Nachlauf	143
Nebelscheinwerfer	210
Nockenwelle	86
Normverbrauch	12
Nummernschildbeleuchtung	208
Oberer Totpunkt	191
Öl absaugen	76
Öldruckanzeige	217
Öldruckschalter	217
Öldruckkontrollampe	217
Ölpeilstab	70
Ölfilter wechseln	71
Ölpumpe	95
Ölsorten	72
Öltemperatur	86
Ölverbrauch	74
Ölviskosität	73
Ölwechsel	70
Ölzusätze	75
Pannenhilfe	32
Pflegeplan	64
Pflegeplatz	66
Poliermittel	50
Primärstromkreis	184, 187
Probefahrt	10
Prüfen im Stand	9
Prüfen während der Fahrt	10
Räder auswuchten	168
Radwechsel	166
Radial-Reifen	55, 159
Radiostörungen	195
Radlagerspiel	138
Regler der Lichtmaschine	179

	Seite
Reichweite einer Tankfüllung	13
Reifenabmessungen	158
Reifendruck	56, 68, 165
Reifengröße	158
Reifentypen	159
Reifen-Runderneuerung	162
Reifen-Unwucht	168
Reifenzustand prüfen	164
Rostschutz	22, 58
Rückfahrleuchten	208
Runderneuerte Reifen	162
Säuredichte der Batterie	172
Säurestand der Batterie	68, 171
Schalter	220
Schaltgetriebe	132
Scheibenbremse	150
Scheibenwaschwasser	68
Scheibenwascher	54, 222
Scheibenwischer	221
Scheibenwischermotor	221
Scheinwerferlampen wechseln	206
Scheinwerfer einstellen	204
Schiebemuffe	78
Schlauchlose Reifen	161
Schlauchwäsche	47
Schließwinkel	190
Schlösser pflegen	79
Schlüsselweiten	19
Schlußlichter wechseln	208
Schmierung	95
Schneeketten	56
Schutzkappen der Kugelgelenke	139
Schwimmer im Vergaser	111
Sekundärstromkreis	185
Servo-Bremse	149
Sicherungen	200
Sicherungstabelle	201
Signaleinrichtungen	211
Signalhorn	213
Sitze ausbauen	44
Shampoo-Wäsche	50
Solex-Anschrift	110
Spannungsabfall	200
Spezialwerkstätten	31
Spikes-Reifen	55
Spitzengeschwindigkeit	16
Spurstangengelenke	139
Spray-Dosen	22, 51
Stabilisator	137
Standlicht	207
Startautomatik	124
Starten mit leerer Batterie	174
Steuerung	93
Stillegung	61
Stoßdämpfer	141
Stößel	89
Stoßstangen ausbauen	40
Sturz der Räder	143
Tachometer	219
Tank	106
Tankstellen	31
Technische Daten	223

	Seite
Temperaturanzeige	219
Temperatureinfluß auf die Batterie	171
Temperaturfühler	219
Thermoheckscheibe	222
Thermostat	102
Totpunkt	191
Trommelbremse	153
Türen	40
Türschloß schmieren	79
TÜV-Kontrolle	11
Unterbrecher	188
Unterbrecherkontakte	189
Unterbodenschutz	59
Unwucht der Reifen	168
Ventilator	103
Ventile einstellen	89
Ventilfedern	87
Ventilspiel	89
Verbrauchermessung	12
Verbrennungsraum	91
Vergaserbeschreibung	110
Vergaserbestückung	110
Vergasereinstellung	120
Vergaser reinigen	121
Vergaserstörungen	125
Vergaser zerlegen	121
Verkehrssicherheit	11
Verteiler, Funktion	193
Verteiler ölen	78
Viskosität des Öls	73
Vorderachse	137
Vorspur	143
Wagenheber ansetzen	166
Wagenpflege-Hilfsmittel	21
Wagenwäsche	46
Wärmewert der Zündkerzen	195
Warnblinkanlage	212
Wartungsarbeiten	64
Waschkonservierer	50
Wasserpumpe	104
Weber-Anschrift	31
Werkstattprobleme	25
Werkzeug	18
Winterschutz	53
Winterhilfen unterwegs	57
Winter-Reifen	54, 168
Zahnriemen	94
Zubehör für den Winter	57
Zündanlage	184
Zündeinstellung	191
Zündfunke	184
Zündkabel	194
Zündkerzen	195
Zündschloß	185
Zündspule	186
Zündverteiler	78, 193
Zündzeitpunktverstellung	189, 191
Zusatzscheinwerfer	210
Zylinderkopf	90

229

Erläuterungen zum Schaltplan in der hinteren Buchklappe

Wiedergegeben ist der Schaltplan des Fiat 131 Special, der sich durch eine reichhaltigere Ausstattung von der Normal-Version unterscheidet und jene Normal-Anlage als Basis besitzt. Nachstehend folgt die Aufschlüsselung der Bezeichnungen für die verschiedenen Aggregate, die im Plan mit Buchstaben und Ziffern benannt sind.

Teile der elektrischen Installation

A	– Anlasser	L_2	– Scheinwerfer für Fernlicht	S	– Scheibenwischermotor
B	– Batterie		(nur Special)	S_1	– Intervallschaltgerät für Scheiben-
C	– Drehstrom-Lichtmaschine	L_3	– Standlicht		wischer
C_1	– Spannungsregler	L_4	– Fernlichtrelais	S_2	– Schalter für Scheibenwischer /
C_2	– Ladeanzeigeleuchte	L_5	– Fernlichtkontrolleuchte		Wascher
D	– Zündschalter	L_6	– Schlußleuchte	S_3	– Scheibenwaschpumpe
E	– Sicherungen	L_7	– Kennzeichenleuchte	S_4	– Schaltbrücke für Intervallschalt-
F	– Blinkgeber	L_8	– Hauptlichtschalter		gerät
F_1	– Vordere Blinkleuchte	M	– Instrumententafel	T	– Heizbare Heckscheibe
F_2	– Seitliche Blinkleuchte	N	– Türkontaktschalter für	T_1	– Kontrolleuchte für heizbare
F_3	– Hintere Blinkleuchte		Innenbeleuchtung		Heckscheibe
F_4	– Schalter für Blinkleuchten	N_1	– Deckenleuchte mit Schalter	T_2	– Schalter für heizbare Heckscheibe
F_5	– Blinkerkontrolleuchte	N_2	– Heckpfostenleuchte mit Schalter	T_3	– Relais für heizbare Heckscheibe
F_6	– Warnblinkkontrolleuchte		(nur Special)	U	– Zeituhr
F_7	– Warnblinkrelais	N_3	– Kabel für eventuelle Handschuh-	V	– Kühlerventilator
G	– Gebläse		kastenleuchte		(ausgenommen 1300 Normal)
G_1	– Schalter für Gebläse	O	– Öldruckschalter	V_1	– Wärmeschalter des Kühler-
G_2	– Lampe für Symbole des Gebläses	O_1	– Öldruckkontrolleuchte		ventilators
H	– Signalhorn	P	– Bremslichtschalter	V_2	– Ventilatorrelais
H_1	– Signalhornrelais	P_1	– Kabel für eventuellen Schalter	W	– Kühlflüssigkeit-Temperaturfühler
H_2	– Drucktaste für Signalhorn		der angezogenen Handbremse	W_1	– Thermometer der Kühlflüssigkeit
J	– Instrumentenbeleuchtung	P_2	– Bremsleuchte	X	– Leitung für automatisches
J_1	– Lampe für Lichtleitkabel der	P_3	– Leitung für eventuelle Warnlampe		Getriebe
	Instrumententafel (nur Special)		der Bremsanlage	X_1	– Kabel für automatisches Getriebe
K	– Kraftstoffanzeige-Geber	P_4	– Warnleuchte der defekten Brems-	X_2	– Kabel für Leuchte der Wählhebel-
K_1	– Kraftstoffstandanzeige		anlage bzw. eventuell angezoge-		stellung des automatischen
K_2	– Warnleuchte der Kraftstoffreserve		nen Handbremse		Getriebes
L	– Abblendlicht, Lichthupe	Q	– Freie Anzeigeleuchte	Y	– Zigarenanzünder mit Leuchte
L_1	– Scheinwerfer für Fern- und	R	– Rückfahrleuchte	Z	– Zündspule
	Abblendlicht	R_1	– Druckschalter für Rückfahr-	Z_1	– Zündverteiler
			leuchten	Z_2	– Zündkerzen

Kabelfarben

A	– grau	H	– hellblau	S	– schwarz
B	– braun	L	– blau	T	– rot
E	– gelb	O	– orange	V	– violett
G	– grün	R	– rosa	W	– weiß

Genormte Klemmenbezeichnungen im Schaltplan

Die nachstehenden Klemmenbezeichnungen sind sowohl im Schaltplan der hinteren Buchklappe an den betreffenden Stellen eingedruckt als auch meist auf den entsprechenden Bauteilen im Auto eingeprägt. Sie entsprechen den deutschen DIN-Normbezeichnungen, die auch in Italien, mit wenigen Abweichungen (in nachfolgender Tabelle in Klammern gesetzt) im Kraftfahrzeug üblich sind.

Klemme	Kabel	Klemme	Kabel
1	Zündspule – Unterbrecher	50	Zündschloß – Anlasser
15	Zündstrom bei eingeschalteter Zündung: Zündschloß – Zündspule (Klemme B)	67	Lichtmaschine – Spannungsregler
		(B)	= deutsche Norm 15
15/54	Zündschloß – Kombi-Instrument – Lade-Kontrolleuchte Sicherungen 1, 2	(D)	= deutsche Norm 1
		(INT)	= italienische Norm für Schalteranschlüsse: Zündschloß – Hauptlichtschalter, Scheibenwischermotor – Intervallschaltgerät – Schaltbrücke
30	Stets stromführende Leitungen: Batterie (+-Pol) – Lichtmaschine – Zündschloß, Batterie (+-Pol) – Anlasser – Sicherungen 9, 10, 11, 12, 13	⬅	Masseanschluß
31	Normbezeichnungen für Masseanschlüsse		

230

...daß er mot liest, kommt in erster Linie seinem Auto zugute

...und nicht zuletzt seiner Brieftasche. Sein eigener Wagen macht ihm deshalb wenig Kummer — und wenn, dann weiß er sich meist selbst zu helfen. Er kennt sich aus mit Autos. Selbst seine Freunde fragen ihn zuerst, wenn sie Schwierigkeiten mit ihrem Wagen haben. Er hat fast immer einen guten Tip parat. Und wenn er selbst einen braucht, weiß er, wo er ihn bekommt: von mot. mot ist eine Zeitschrift für Männer, die mehr über ihre Autos wissen wollen. Überzeugen Sie sich selbst — überzeugen kostet nichts.
Wir senden Ihnen gerne ein Probeheft.

Vereinigte Motor-Verlage
GmbH & Co KG
7000 Stuttgart 1
Postfach 1042

Erscheint 14-täglich
DM 2,20

SPEZIELL FÜR IHR AUTO – SPEZIELL FÜR SIE

Der MOTORBUCH VERLAG Stuttgart – Deutschlands Fachverlag für Motorliteratur – bietet Ihnen spannende und instruktive Bücher über Do-it-yourself, Fahrtechnik, Motordokumentation, Luftfahrt, sowie Schallplatten, Bildbände, Bildmappen und Kalender.

Fischer/Kümmel

AUTOTECHNIK – AUTOELEKTRIK

Hier werden weit über 300 Details behandelt. Ein Auto dürfte aus rund 4000 Teilen bestehen: Schräglenkerachsen, Differential, McPherson-Federung, de-Dion-Achse, Abgasvergaser, Luftkissenauto, Transistorzündung, asymmetrisches Licht, Halogenlicht, Wankelmotor, Vierspurauto – dies sind nur ein paar Begriffe, hinter denen eine interessante Technik steht. Die Experten Joachim Fischer und Helmut Kümmel erklären klipp und klar, worum es geht. Mit Hilfe vieler Bilder und Zeichnungen, die schnell erkennen lassen, worauf es ankommt. Dieses Handbuch erscheint bereits in der 6. Auflage. Dadurch ist es möglich, den Stand der Technik immer wieder einzuholen und zu überrunden.

»Der frühere Leitfaden für die Autotechnik hat sich zu einem Standardwerk gemausert. Das Anordnungsschema fördert die Übersichtlichkeit: Auf den rechten Seiten steht immer der Haupttext, auf den linken stehen die erläuternden Texte und das umfangreiche Bildmaterial.« (mot auto-journal)

300 Seiten, 370 Fotos und Zeichnungen, Leinen, DM 24,–

Stefan Woltereck

KOSTEN SPAREN BEIM AUTOFAHREN

230 Seiten, 53 Abbildungen, DM 22,–

In diesem Buche sind erstmals systematisch alle Möglichkeiten zusammengetragen, wie sich die Ausgaben fürs Auto in Grenzen halten lassen. Denn es hat kaum irgendwo in den letzten Jahren eine solche Kosten-Explosion gegeben wie beim Autofahren. Der Benzinpreis, die Reparaturkosten, die Versicherungsbeiträge, die Autopreise, alles wurde erheblich teurer.

Für spezielle technische Arbeiten

REPARATUR-ANLEITUNG

für Fiat 131 Mirafiori Band-Nr. 237

Ca. 100 Seiten, ca. 180 Abb., Maß- und Einstelltabellen, kartoniert, DM 16,–

Der technisch versierte Autofahrer, der größere Reparaturen an seinem Fiat selbst ausführen will, benötigt die spezielle Reparaturanleitung. Sie bietet alle notwendigen Hinweise und Angaben bis ins Detail.

Wenn Sie schneller und sicherer fahren, aber auch die Technik Ihres Autos kennenlernen wollen, dann geben Ihnen diese Bücher die notwendigen Hinweise und Ratschläge für die Praxis.

Gert Hack

AUTOS SCHNELLER MACHEN –

Automobil-Tuning in Theorie und Praxis
440 Seiten, 239 Abb., Zeichnungen, Diagramme, Maß- und Einstelldaten, Leinen, DM 38,–

Gert Hack hat mit seinem Buch eine Marktlücke gefüllt. Bei aller Gründlichkeit in seiner Darstellung motortechnischer Vorgänge fehlt niemals der Hinweis auf die Praxis...

(auto, motor und sport, Stuttgart)

Piet Olyslager

DAS AUTO INNEN UND AUSSEN

264 Seiten, 160 Abbildungen, Leinen, DM 36,–

In diesem Buch ist viel »Know how« enthalten. Es erklärt Energiequellen und Antriebsmittel, Elektronik und Elektrik, Bremssysteme, neue Arten der Gemischbildung, Abgasprobleme u.v.a.m.

Aber auch Fahrtechnik, Wartung und Instandhaltung kommen nicht zu kurz. Es ist ein hervorragender Ratgeber für alle Fälle.

Unsere Bücher erhalten Sie in allen Buchhandlungen, in den Buch- und Zubehörabteilungen der Kaufhäuser und im Autozubehör-Handel.

Motorbuch Verlag 7000 Stuttgart 1 · Postfach 1370